Sparkassenhandbuch

nebst Formularen und Mustern

von

E. Riedel
Kreissparkassenrendant
Elbing.

H. Rempel
Kreissparkassenkontroleur
Elbing.

Berlin 1900.
J. J. Heines Verlag.

Vorwort.

In vorliegendem Buche haben wir uns bemüht, die in dem Bereiche einer kommunalen Sparkasse regelmäßig vorkommenden Geschäftsvorfälle in möglichster Kürze zu behandeln.

Die Verwaltung und Buchführung wird sich zweifellos bei den einzelnen Sparkassen den örtlichen Verhältnissen entsprechend verschieden gestalten, so daß ein überall passendes Buchführungssystem bei der zeitigen Verfassung der Sparkassen nicht gut denkbar erscheint. Indessen, es erstreben ja alle Systeme dasselbe Ziel und wir haben uns hier die Aufgabe gestellt, dieses Ziel auf möglichst einfache Weise zu erreichen.

Das von den oberen Staatsbehörden ausgehende Bestreben nach Vereinfachung und Verringerung des Schreibwerkes hat bei den Sparkassen noch wenig Eingang gefunden. In der Buchführung mancher Kassen macht sich eine außerordentliche Verzwicktheit und durch große Bücher mit zahllosen Spalten und Titeln künstlich hervorgebrachte Umständlichkeit breit. Manuale mit 30 und mehr Spalten, die zudem noch Nebenmanuale erforderlich machen, sind keine Seltenheit. Zuweilen auch findet man unnöthiger Weise Spareinlagen, Hypothekendarlehne u. s. w. etatisirt.

Die Uebersichtlichkeit der Verwaltung leidet durch solch Gebahren ungemein.

Schon der Umstand, daß der Sparkassenvorstand zumeist aus nicht im Rechnungswesen geübten Personen besteht, macht eine möglichst einfache Handhabung der Geschäfte und der Buchführung erforderlich.

Hierauf nehmen wir in dem von uns dargestellten Buchführungssystem besonders Rücksicht.

Für die Geschäftszweige der Sparkassen bietet das Bürgerliche Gesetzbuch und seine Nebengesetze eine, allen deutschen Sparkassen gemeinsame Grundlage. Bleiben auch nach Artikel 99 des Einführungsgesetzes zum Bürgerlichen Gesetzbuche die landesgesetzlichen Vorschriften über die öffentlichen Sparkassen unberührt, so kann dieses hauptsächlich nur für die interne Verwaltung derselben in Betracht kommen, während für alle Geschäfte, durch welche Sparkassen in den Verkehr mit dem öffentlichen Leben treten, die allgemeinen Rechtsnormen maßgebend bleiben.

Diese Geschäfte der Sparkassen haben wir uns angelegen sein lassen, in dem IV. Theile dieses Buches, unter Anführung der zutreffenden gesetzlichen Bestimmungen, darzustellen.

Der nebenher vorkommenden Geschäftsvorfälle, wie Anleihen bei Geldinstituten, Deponirung von Wertpapieren, Beitreibung von Rückständen und dergleichen, ist im letzten Theil Erwähnung gethan.

Bei dem, über die Beitreibung von Rückständen handelnden Abschnitte haben wir geglaubt, uns besonders kurz fassen zu dürfen, weil eine eigentliche active Bethätigung in dieser Beziehung nicht den Sparkassen, sondern den Rechtsanwälten und Gerichten zufällt.

Elbing, im November 1899.

Die Verfasser.

Inhaltsverzeichniß.

Seite

Abkürzungen . . VIII

I. Theil: Verwaltung.

Vorstand 1
Aufsichts- und Anstellungsbehörde 1
Beamte:
Rechnungsführer (Rendant) 1
Gegenbuchführer (Kontroleur) 1
Syndikus 2
Rechnungsführer (Kalculator) 2
Bote 2
Dienstliche Stellung 2
Amtspflichten und Amtsverschwiegenheit 2
Anstellung und Besoldung 2
Amtshaftung (Kaution) 3
Stellvertretung 3
Nebenämter 4

II. Theil: Geschäftsführung.

Dienst- und Geschäfts-Stunden 4
Verkehr mit dem Publikum 4
Quittungsleistung 4
Geschäftsjournal und Terminkalender 5
Akten 5
Copirbuch 5
Portokosten und Portokontrole 5
Inventar 5
Verwaltungskosten-Voranschlag 5
Vorkehrungen zur Sicherheit der Kassenbestände und Aufbewahrung der Werthpapiere 6
Zinsenerhebung 8
Obliegenheiten des Rechnungsführers 8
" " Gegenbuchführers 8
Tageskassenabschluß 9
Sparkassennebenstellen, deren Geschäfts- und Buchführung . . . 9
Zahlungs- und Einnahme-Anweisungen 10

III. Theil: Buchführung.

Allgemeines 12
Einnahme und Ausgabe-Tagebuch 13
" " " Gegentagebuch 15
Hauptbuch von den Einlagen- bezw. Kontokarten 15

Seite
Die übrigen Hauptbücher (Allgemeines) 16
Inhaberpapierebuch 19
Gemeindedarlehnsbuch 20
Hypothekenbuch 20
Unterpfanddarlehnsbuch 20
Bürgschaftdarlehnsbuch 20
Buch von den sonstigen Einnahmen und Ausgaben 21
Spareinlagen-Kontrole 22
Einlegernamensverzeichniß 22
Inhaberpapierelagerbuch 22
Notizkalender über fällige Gelder 22
Postbuch 22

IV. Theil: Abschlüsse und Jahresrechnung.

Kassenübersicht 23
Vierteljahresabschluß (Bilanz) 23
Jahresrechnung 25

V. Theil: Revisionen.

Monatsrevision der Kasse 27
Unvermuthete Kassenrevision 29
Revision der Nebenstellen 31
Prüfung der Jahresrechnung 31

VI. Theil: Geschäftszweige.

Spareinlagen 33
Sparmarken 40
Inhaberpapiere
Allgemeines 41
Zinsscheine oder Koupons und Erneuerungsscheine oder Talons 44
An- und Verkauf von Inhaberpapieren und Subscriptionen 44
Stückzinsen 51
Kurs und Kurszettel 53
Lieferbarkeit der Inhaberpapiere 58
Verfahren bei Verlust von Inhaberpapieren 58
Kontrole über Verloosung, Kündigung und Aufgebot 62
Reichsschuldbuch (Staatsschuldbuch) 63
Hypothekendarlehne, Grundschuld und Rentenschuld
Allgemeines 67
Darlehnsantrag und Darlehnsbewilligung 74
Die Eintragung der Hypothekenforderung in das Grundbuch, die Schuld- und Verpfändungsurkunde, der Hypothekenbrief und der Hypothekensicherungsschein 77
Uebertragung einer Hypothek 90
Laufende Verwaltung der Hypothekenbestände 103
Darlehne an Kreise, Gemeinden, öffentliche Genossenschaften und dergl., sowie Aufstellung von Tilgungs- oder Amortisationsplänen darüber 110
Faustpfand-, Unterpfand- oder Lombarddarlehne 111
Bürgschaftsdarlehne. Schuldscheine mit Bürgschaftserklärung. Der Wechsel in seinen verschiedenen Gestalten 121

VII. Theil: Verschiedenes.

Beitreibung von Rückständen 140
Anleihen bei Geldinstituten und die Deponirung von Inhaberpapieren 155
Giroverkehr der Reichsbank 170

Seite

Zahlmittel 174
Die Versendung von Geld und Werthpapieren durch die Post 177
Statut 184

Muster und Formulare.

Muster 1 Geschäftsjournal . . . . . 194—195
„ 2 Allgemeiner Terminkalender zum Geschäftsjournal 196
„ 3 Periodischer Terminkalender 197
„ 4 Akten-Verzeichniß 198
„ 5 Porto-Kontrole 199
„ 6 Inventarien-Verzeichniß 199
„ 7 Verwaltungskostenanschlag 200
„ 8 Tresor-Notizbuch 200
„ 9 Vorläufige Quittung der Nebenstellen 201
„ 10 Quittung „ „ 201
„ 11 Tagebuch „ „ 202
„ 12 Lieferzettel „ „ 203
„ 13 Unterpfanddarlehns-Belag 204
„ 14 Einnahme- und Ausgabe-Tagebuch . . . . . 205—207
„ 15 Einlagen-Konto 208
„ 16 Inhaberpapierebuch 209
„ 17 Gemeindedarlehnsbuch 210
„ 18 Hypothekenbuch . . . . . 211—214
„ 19 Unterpfanddarlehnsbuch 215
„ 20 Bürgschaftsdarlehnsbuch 216
„ 21 Buch von den sonstigen Einnahmen und Ausgaben . . . . . 217—223
„ 22a Spareinlagen-Kontrole 224
„ 22b Einleger-Namensverzeichniß 224
„ 23 Inhaberpapiere-Lagerbuch 224
„ 24 Postbuch 225
„ 25 Kassenübersicht 226
„ 26 Jahresrechnung über Spareinlagen 227
„ 27 „ „ Inhaberpapiere 228
„ 28 „ „ Gemeindedarlehne, Hypotheken, Unterpfanddarlehne und Bürgschaftsdarlehne 228
„ 29 „ „ Grundstückeverwaltung, Anleihen b. Geldinstituten, Verwaltungskosten und verschiedene Ausgaben, verschiedene Einnahmen ꝛc. . . . . . 229—230
„ 30 Abschluß 231
„ 31 Sparbuch 232
„ 32 Sparkarte 232
„ 33 Sparmarkenkontrole 233
„ 34 Schlußnote 233
„ 35 Antrag auf eine erste Eintragung in das Reichsschuldbuch 234
„ 36 Verzeichniß zu vorigem Antrage 235
„ 37 Hypotheken-Darlehnsantrag 236
„ 38 Mittheilung über die Bewilligung eines Hypothekendarlehns 237
„ 39 Schuld- und Verpfändungs-Urkunde über ein Hypothekendarlehn 238
„ 40 Ueberreichung einer Schuld- und Verpfändungsurkunde an das Amtsgericht 239
„ 41 Empfangs-Bestätigung 239
„ 42 Abtretungs-Erklärung 240
„ 43 Ueberreichung einer Abtretungserklärung nebst Hypothekenbrief an das Grundbuchamt 241
„ 44 Erklärung über eine Vorrechtseinräumung 241
„ 45 Erklärung über Mitverpfändung eines Grundstückes 242
„ 46 Entpfändungs-Erklärung 242
„ 46a Löschungs-Bewilligung 242
„ 47 Tilgungsplan 243

			Seite
Muster	48	Schuldurkunde über ein Gemeindedarlehn	244
„	49	Faustpfand-Hinterlegungs-Schein	244
„	50	Schuld- und Verpfändungs-Urkunde über ein Pfandscheindarlehn	245
„	51	Pfandschein	246–247
„	51a	Verzeichniß der verpfändeten Werthstücke	248
„	52	Sola-Wechsel	248
„	53	Quittung über Pfandscheindarlehne	248
„	54	Ablieferungsschein	248
„	55	Schuldschein mit Bürgen	248
„	56	Gezogener Wechsel an fremde Ordre	249
„	57	Gezogener Wechsel an eigene Ordre	249
„	58	Domicilwechsel	250
„	59	Domicilirter Solawechsel mit Aval	250
„	60	Prozeß-Vollmacht	250
„	61	Darlehnsklage im Urkundenprozeß	250
„	62	Klage im Wechselprozeß	252
„	63	Gesuch um Zahlungsbefehl	252
„	64	Ladung nach erhobenem Widerspruch gegen einen Zahlungsbefehl	253
„	65	Gesuch um Vollstreckungsbefehl	253
„	66	Zwangsverwaltungsantrag	254
„	67	Subhastationsantrag	254
„	68	Anmeldung einer Forderung mit abgesonderter Befriedigung zur Konkursmasse	55
„	69	Rother Check	55
„	70	Weißer Check	55
Berichtigungen			56
Sachregister			57

Abkürzungen:

B. G. = Börsengesetz vom 22. Juni 1896.
B. G. B. = Bürgerliches Gesetzbuch vom 18. August 1896.
C. P. O. = Civilprozeßordnung in der Fassung nach den Gesetzen vom 17. Mai 1898.
E. G. z. B. G. B. = Einführungsgesetz zum Bürgerlichen Gesetzbuche vom 18. August 1896.
G. O. = Grundbuchordnung vom 24. März 1897.
G. ü. frw. G. = Gesetz über die Angelegenheiten der freiwilligen Gerichtsbarkeit vom 17. Mai 1898.
H. G. B. = Handelsgesetzbuch vom 10. Mai 1897.
K. O. = Konkursordnung vom 17. Mai 1898.
R. St. G. = Reichsstempelgesetz vom 27. April 1894.
W. O. = Wechselordnung vom 5. Juni 1869.
Zw. = Gesetz über die Zwangsversteigerung und die Zwangsverwaltung vom 24. März 1897.

I. Theil: Verwaltung.

A. Der Vorstand.

Die Verwaltung der Sparkassen erfolgt durch einen Vorstand, dessen Mitgliederzahl, Wählbarkeit, Stellvertretung und Geschäftsthätigkeit durch das Statut geregelt wird.

Die Namen der Vorstandsmitglieder sind durch Aushang im Kassenzimmer bekannt zu machen.

B. Aufsichts- und Anstellungs-Behörde.

Die Geschäftsführung der Sparkassenverwaltung unterliegt der Beaufsichtigung

a. des Kreisausschusses bei Kreissparkassen,
b. des Magistrats-Kollegiums bei städtischen Sparkassen,
c. des Gemeindevorstandes bei Gemeindesparkassen.

Von den Behörden zu a, b und c erfolgt auch die Anstellung der Sparkassen-Beamten.

C. Die Beamten.

Rechnungsführer und Gegenbuchführer.

Für jede kommunale Sparkasse, mag dieselbe im Entstehen oder noch so mäßigen Umfanges sein, ist es unbedingt nothwendig, mindestens 2 verantwortliche Beamte und zwar einen Rechnungsführer (Rendanten) und einen Gegenbuchführer (Kontroleur) anzustellen.

Hierdurch wird erreicht

1. für den, die Kasse vertretenden Kommunalbezirk die weitgehendste Sicherheit gegen Veruntreuungen,
2. für die Beamten eine gleiche Sicherheit gegen Irrthümer im Kassenbestande und in der Buchführung.

Ist der Umfang einer Kasse so geringfügig, daß zwei Beamte keine genügende Beschäftigung finden, so können dieselben mit andern, ihrem Bildungsgrade und ihrer Stellung entsprechenden Arbeiten Seitens der Aufsichtsbehörde nebenher betraut werden.

Reicht dagegen bei größerem Umfange die Arbeitskraft zweier Beamten nicht aus und ist auch durch Zuweisung geeigneter Hülfskräfte (Kassen-Gehülfen, Kassen-Schreiber) der Verkehr nicht erschöpfend zu bewältigen, dann empfiehlt sich die Anstellung weiterer verantwortlicher Beamten, von denen je zwei die Thätigkeit eines Rechnungsführers und eines Gegenbuchführers versehen und eine besondere Annahmestelle verwalten.

Ob und in wie weit in solchem Falle einem von sämmtlichen Beamten besondere Befugnisse als Haupt-Rechnungsführer und dergleichen zu übertragen sind, wird von dem Geschäftsumfange und den Zweckmäßigkeitsgründen abhängen, was der Entscheidung und Entschließung des Vorstandes und der Aufsichtsbehörde überlassen bleibt.

Syndikus.

Falls es die Kassengeschäfte nothwendig erscheinen lassen, ist zur Begutachtung gewisser Geschäftsangelegenheiten, besonders in Hypothekensachen und zur Vertretung der Kasse in Rechtsstreiten ein Syndikus nebenamtlich zu bestellen.

Rechnungsprüfer (Kalkulator).

Zur rechnerischen Prüfung der Kassenbücher bei Revisionen, sowie zur Prüfung der Jahresrechnungen empfiehlt es sich, einen außerhalb des Geschäftsbereiches der Kasse stehenden Rechnungsprüfer (Kalkulator) etwa aus dem Beamtenkreise der Verwaltung des die Kasse vertretenden Kommunalverbandes zu ernennen.

Bote.

Zur Besorgung der Botendienste ist den Beamten ein Bote zur Verfügung zu stellen, für dessen Handlungsweise den Kassenbeamten jedoch keine Verantwortung aufzuerlegen ist, es sei denn, daß Unregelmäßigkeiten in Folge mangelhafter Beaufsichtigung entstehen sollten.

Dienstliche Stellung.

Den Anordnungen der Aufsichtsbehörde haben die Beamten unbedingt Folge zu leisten, desgleichen sind sie zur Ausführung der Beschlüsse des Vorstandes verpflichtet.

Rechnungsführer und Gegenbuchführer sind in dienstlicher Beziehung gleichgestellt, mit der Maßgabe, daß Ersterer die Geschäfte eines Bureauvorstehers zu versehen hat.

Amtspflichten und Amtsverschwiegenheit.

Die Beamten haben die Verpflichtung, ihr Amt, dem Sparkassen-Statut und der etwa dazu ergangenen Geschäftsanweisung gemäß, gewissenhaft wahrzunehmen. Ueber die vermöge ihres Amtes ihnen bekannt gewordenen Angelegenheiten haben sie Verschwiegenheit zu beobachten, auch nachdem das Dienstverhältnis aufgelöst ist.

Anstellung und Besoldung.

Es empfiehlt sich, die Anstellung des Rechnungsführers und Gegenbuchführers nach Maßgabe der für die Staatsbeamten geltenden Bestimmungen — Pensionsberechtigung, Wittwen- und Waisen-Versorgung, Gehaltsfestsetzung nach Altersstufen — erfolgen zu lassen.

Auskömmliche Gehaltsbezüge, deren Höhe sich freilich je nach dem Umfang der Kasse verschieden gestalten wird, sind erforderlich, um öfterem Wechsel in dem Personal vorzubeugen und Veruntreuungen in Folge von Verlegenheiten keinen Vorschub zu leisten.

Da der Rechnungsführer, selbst bei der größten Vorsicht im Geldverkehr, Fehlbeträge, deren Erstattung ihm obliegt, zu verzeichnen haben wird, erscheint es geboten, demselben einen Pauschalsatz als Ausfall- (Manko-) Geld zu gewähren.

Dem Syndikus, dem Rechnungsprüfer und dem Boten sind ihren Dienstverrichtungen entsprechende Entschädigungen zuzubilligen.

Amtshaftung (Kaution).

Wenngleich in der staatlichen Kassenverwaltung die Kautionsbestellung bereits abgeschafft ist, wird derselben hier dennoch Erwähnung gethan, weil viele Kommunalverbände glauben, darauf nicht verzichten zu können.

Rechnungsführer und Gegenbuchführer haben vor Antritt ihrer Stellung eine Amtshaftung entweder in baarem Gelde oder solchen Werthen (Inhaberpapieren, Hypotheken) zu bestellen, zu deren Erwerbung die Sparkasse nach ihrem Statut berechtigt ist.

Baare Haftsummen werden mit den für Spareinlagen geltenden Zinsfüßen und nach den für solche bestehenden Bestimmungen verzinst.

Ausnahmsweise dürfte die Ansammlung der Haftsumme oder eines Theiles derselben durch Gehaltsabzüge oder die Hinterlegung derselben durch Lebens- (Kautions-) Versicherungsgesellschaften zu gestatten sein.

Ob und in wie weit vom Boten die Hinterlegung einer Amtshaftung zu beanspruchen ist, möge je nach Lage der ihm obliegenden Verantwortung bestimmt werden.

Stellvertretung.

Die Stellvertretung des Rechnungsführers und Gegenbuchführers in Behinderungsfällen (Dienstreisen, Urlaub, Krankheit) ist ein für alle Mal zu regeln.

Empfehlen wird es sich, die Vertretung des Rechnungsführers stets dem Gegenbuchführer, der neben letzterem mit allen Geschäften der Kasse am besten vertraut sein dürfte, zu übertragen. Der Gegenbuchführer wäre durch einen zuverlässigen Kassengehülfen zu vertreten. Ist ein solcher nicht vorhanden, so müßte sonstwie aus dem Beamtenkreise des garantirenden Kommunalverbandes Vertretung beschafft werden.

Sollten ausnahmsweise beide Beamte gleichzeitig behindert sein, so wird für jeden derartigen Fall besonders Bestimmung durch den Vorsitzenden zu treffen sein.

Die Kosten der Vertretung trägt die Kasse.

Eine Haftsumme von dem Vertreter dürfte nur im Falle einer längeren Vertretungsdauer zu beanspruchen sein.

Nebenämter.

Ohne Genehmigung des Vorstandes bezw. der Anstellungsbehörde dürfen Rechnungsführer und Gegenbuchführer Nebenämter und Nebenbeschäftigungen, für welche wiederkehrende Entschädigungen gewährt werden, nicht übernehmen.

II. Theil: Geschäftsführung.

Dienststunden.

Der Vorstand bezw. die Aufsichtsbehörde setzt die Dienststunden für den Rechnungsführer und Gegenbuchführer und innerhalb derselben die Geschäftsstunden für den öffentlichen Verkehr fest.

Die für den öffentlichen Verkehr festgesetzten Geschäftsstunden sind im Kassenlokale durch Aushang bekannt zu machen.

Es wird empfohlen, die Geschäftsstunden nicht auf die volle Tagesdienstzeit auszudehnen, damit den Beamten Zeit zur Fertigstellung der schriftlichen Arbeiten und Abwickelung der Buchführung, des Tages-Abschlusses und dergl. verbleibt.

Verkehr mit dem Publikum.

Den Verkehr mit dem Publikum besorgen Rechnungsführer und Gegenbuchführer gemeinsam. Zu empfehlen ist, daß sich der Gegenbuchführer mit den Erschienenen über ihr Anliegen verständigt. Handelt es sich um allgemein vorkommende Geschäfte, wie Ein- oder Auszahlungen auf Sparguthaben, Einzahlungen von Zinsen oder um Darlehnstilgungen, dann besorgt der Gegenbuchführer die Eintragungen in die Sparbücher bezw. die Ausstellung von Quittungen und übergiebt die Schriftstücke nach erfolgter Buchung im Gegentagebuche dem Rechnungsführer zur Buchung im Tagebuche und Abwickelung des Geldgeschäftes.

Bei Anträgen auf Gewährung neuer Darlehne, welche eine Prüfung der erforderlichen Unterlagen bedingen, sowie bei sonstigen außergewöhnlichen Geschäften mögen die Beamten die Abfertigung zweckmäßig unter sich vertheilen.

Quittungsleistung.

Ueber sämmtliche Einnahmen, solche mögen in baar oder in Werthpapieren erfolgen, quittiren beide Beamte gemeinsam, ebenso bescheinigen beide jede Rückzahlung auf Sparguthaben durch ihre Unterschrift im Sparbuche.

Diese Vorschrift ist in das Statut aufzunehmen und durch Aushang im Kassenzimmer unter Bezeichnung der Namen der zur Quittungsleistung berechtigten Beamten und Mittheilung eines Musters der Unterschriften bekannt zu machen.

Die gemeinsame Quittungsleistung hat sich auch auf alle mit der Post eingehenden Geld- und Werthsendungen zu erstrecken.

Geschäfts-Journal und Termin-Kalender.

Ueber den im Geschäftsverkehr der Kasse vorkommenden Schriftwechsel ist ein „Geschäfts-Journal" zu führen. Muster 1

Zur Kontrole über die Erledigung dieses Schriftwechsels ist ein „Allgemeiner Terminkalender" anzulegen. Muster 2

Ueber die bei der Kassen- und Geschäftsverwaltung allgemein einzuhaltenden, in bestimmten Zeitabschnitten oder an gewissen Tagen des Jahres wiederkehrenden Termine ist ein „Periodischer Terminkalender" zu führen. Muster 3

Akten.

Aus den erledigten Schriftstücken sind Akten zu bilden, über welche ein „Aktenverzeichniß" anzulegen ist. Das hierzu gegebene Muster stellt gleichzeitig in Kürze einen Registraturplan dar. Muster 4

Kopirbuch.

Von Anfragen und Mittheilungen geringfügiger Bedeutung sind Kopien in einem Kopirbuche zurück zu behalten, während von sonstigen Schriftstücken die Entwürfe zu den Akten gehen.

Portokosten.

Zur Bestreitung der Portokosten wird dem Rechnungsführer aus der Kasse ein sogenannter eiserner Vorschuß gewährt. Ueber das verausgabte Porto hat derselbe eine „Kontrole" zu führen, diese monatlich oder vierteljährlich abzuschließen und den verausgabten Betrag zur Erstattung zu liquidiren.*) Muster 5

Die Untereinnehmer (siehe S. 9/10) erhalten ebenfalls zur Bestreitung der Portokosten Vorschüsse. Die vierteljährlich zur Erstattung berechneten Beträge werden gegen Aushändigung einer quittirten Zusammenstellung aus dem Portovorschuß des Rechnungsführers bestritten, welcher dieselben in seiner Kontrole verausgabt. Die Zusammenstellungen der Untereinnehmer sind der Portokontrole des Rechnungsführers als Beläge beizufügen.

Inventar und Dienstsiegel sind in ein „Inventarienverzeichniß" einzutragen und den Beamten beim Dienstantritt zu übergeben. Muster 6

Für angemessene Versicherung des Inventars gegen Feuerschaden ist Sorge zu tragen.

Verwaltungskosten-Voranschlag.

Ueber die von der Kasse während eines Rechnungsjahres voraussichtlich zu verausgabenden Verwaltungskosten ist vor Beginn des Rechnungsjahres ein „Verwaltungskostenvoranschlag" vom Vorstand aufzustellen. Derselbe bedarf der Bestätigung der zuständigen Körperschaft (Kreistag bei Kreissparkassen, Stadtverordneten-Versammlung bei städtischen Sparkassen und Gemeinde-Vertretung bezw. -Versammlung bei Gemeindesparkassen). Muster 7

---

*) Die Gewährung bestimmter Pauschalsätze an den Rechnungsführer zur Bestreitung des Portos, wie es zuweilen üblich, ist nicht rathsam, da dann durch übermäßiges Sparen an Portokosten leicht Mißhelligkeiten herbeigeführt werden können.

Vorkehrungen zur Sicherheit der Kasse und Aufbewahrung der Werthpapiere.

Zur Aufbewahrung von Geld, Werthpapieren, Belägen, Geschäftsbüchern und dergleichen diene ein diebes- und feuersicherer Geldschrank — bezw. mehrere, oder besser ein solches Gewölbe, in dem die Geldschränke ihren Platz finden — mit Doppelverschluß, d. h. einer Schließvorrichtung, welche nur beiden Beamten gemeinsam den Zugang ermöglicht. In diesem Doppelverschluß-Gelaß sind gesonderte Behälter einzurichten, zu denen der Vorsitzende des Sparkassenvorstandes die Schlüssel führt, so daß diese Behälter sich unter dreifachem Verschluß befinden.

Ferner ist dem Rechnungsführer zum Einzelverschluß für die Tageskasse ein hinreichend sicherer Geldschrank oder dergleichen zur Verfügung zu stellen.

Unter dreifachen Verschluß sind zu nehmen:*)

1. der Reserve-Fonds, falls derselbe besonders verwaltet wird,
2. die eigenen Inhaberpapiere nebst Zinsscheinen — die Inhaberpapiere jedoch getrennt von den Zinsscheinen in besonderem Behälter,
3. die Hinterlegungsscheine über die von der Kasse verpfändeten Effekten und sonstigen Werthpapiere,
4. die eigenen Hypothekendokumente,
5. die nicht zum laufenden Verkehr nothwendigen Sparmarken.

Ueber die aus dem dreifachen Verschluß herausgegebenen Werthstücke hat sich der Vorsitzende zwecks Kontrole bei der nächsten Revision Notizen zu machen und dieselben am Besten unter dreifachem Verschluß aufzubewahren. (Muster 8)

Unter zweifachen Verschluß sind zu nehmen:

1. die als Darlehns-Unterpfand dienenden Werthpapiere,**)
2. die Schuld- und Pfandscheine,**)
3. die Wechsel,**)
4. die Kassensiegel und sonstigen Werthgegenstände
   stets,
5. der ganze Baarbestand der Kasse für die Zeit vom Tages-Kassenabschlusse bis zur nächsten Kassenöffnung.

Unter Einzelverschluß hat der Rechnungsführer die Tageskasse, deren Höhe sich nach dem jeweiligen Bedarf richtet, während der Zeit von der

---

*) Diese Aufbewahrungsweise erhöht die Gewähr für die Sicherheit des Kassenvermögens, erleichtert um ein bedeutendes die Kassen-Revision und beeinflußt, da die in Rede stehenden Papiere nur selten gebraucht werden, die neu hinzukommenden aber ausnahmsweise und falls nicht früher angängig, bis zur Kassenrevision unter „zweifachen Verschluß“ genommen werden können, den Geschäftsgang durchaus nicht in nachtheiliger Weise.

**) Ist bei einer Kasse während der Geschäftsstunden ständig der Vorsitzende, oder ein ihn vertretendes Vorstandsmitglied anwesend, dann mag man auch diese Werthpapiere unter dreifachen Verschluß legen. Wo das jedoch nicht der Fall ist, wird man auf den dreifachen Verschluß verzichten müssen, weil diese Papiere verhältnißmäßig häufig im Geschäftsverkehr gebraucht werden und der dreifache Verschluß dann äußerst geschäftsstörend wirken würde.

Kassenöffnung bis zum Tageskassenabschluß aufzubewahren. Bietet der für Aufbewahrung der Tageskasse zur Verfügung gestellte Behälter nicht genügende Sicherheit, so wird der Tageskassenbestand allerdings auch während der Mittagspause unter Doppelverschluß zu legen sein.

Die Beamten haben die ihnen anvertrauten Schlüssel in strenger Obhut zu halten, stets für ein ordnungsmäßiges Verschließen der Kassenbehälter Sorge zu tragen und sind, falls eine Beraubung des Kassenvermögens in Folge mangelhaften Verschließens der Behälter oder wegen Nachlässigkeit im Aufbewahren der Kassenschlüssel ihrerseits erfolgt, für den Verlust verantwortlich.

Um bei Abhandenkommen eines Kassenschlüssels jeder Störung im Geschäftsbetriebe zu begegnen, sind von sämmtlichen Kassenschlüsseln Duplikate anzufertigen. Sie sind unter Anwendung des Dienstsiegels zu verpacken und unter Verschweigung des Inhalts der Reichsbank oder einer öffentlichen Kasse zur Aufbewahrung zu übergeben. Falls diese Aufbewahrungsweise nicht angängig oder rathsam sein sollte, möge man die Duplikate den Inhabern der Unikate zur verantwortlichen Aufbewahrung anvertrauen.

Die der Kasse gehörigen Inhaberpapiere

sind, nach den einzelnen Sorten gesondert, in Mappen, deren Aufschrift den Inhalt kennzeichnet, aufzubewahren. Jede Sorte für sich ist unter Anwendung von, mit Aufschrift versehenen leichteren Umschlägen nach Litera und in dieser Eintheilung nach der Nummer geordnet, zu halten.

Dasselbe gilt von den Zinsscheinen.

Jedes auf die Kasse lautende Hypothekendokument

ist in einen mit Aktenschwanz versehenen Deckel zu legen oder zu heften. Auf dem Aktenschwanz ist die Nummer des „Hypothekendarlehnsbuches“ (Muster 18) und dieses selbst durch „H“ zu bezeichnen (z. B. H 126). Sämmtliche Dokumente wiederum sind, nach der Nummer geordnet, in größeren Mappen mit entsprechender Aufschrift zusammen zu halten.

In gleicher Weise sind die Unterpfänder für jeden Schuldner besonders in einem mit der Nummer und „U“ (Unterpfanddarlehnsbuch) bezeichneten Deckel und alle zusammen in einer oder mehreren Mappen mit diesbezüglicher Aufschrift nach der Nr. geordnet, aufzubewahren.

Die auf Gemeinden, Genossenschaften und Korporationen lautenden Schuldscheine

sind, mit Nummer und Buchbezeichnung „G“ (Gemeindedarlehnsbuch) versehen und nach der Nummer geordnet, in eine Mappe mit entsprechender Aufschrift zu legen.

Die auf Unterpfand-Darlehne lautenden Schuld- und Pfandscheine

haben die Nummer und Buchbezeichnung „U“ (Unterpfanddarlehnsbuch) zu erhalten und sind nach der Nummerfolge in einer Mappe mit betreffender Aufschrift aufzubewahren.

Die Schuldscheine über Bürgschaftsdarlehne

sind in gleicher Weise unter Anwendung der Buchbezeichnung „B" (Bürgschaftsdarlehnsbuch) in besonderer Mappe zu halten.

Die Wechsel

sind in einer mit Aufschrift versehenen Mappe bezw. Tasche, nach dem Fälligkeitstermin geordnet, aufzubewahren.

Zinsenerhebung.

Die Fälligkeitstermine der Zinsen sind, mit Ausnahme derjenigen für Inhaberpapiere und Wechsel, zur Vereinfachung der Kontrole auf die Vierteljahresersten bei nachträglicher Erhebungsweise zu legen. Wechselzinsen (Diskont) sind bei Auszahlung des Darlehns vorweg in Abzug zu bringen.

Die Zinsscheine

a. der eigenen, bei der Kasse befindlichen Inhaberpapiere sind spätestens am Fälligkeitstermine zu entnehmen und umzusetzen,

b. der eigenen, von der Kasse verpfändeten Inhaberpapiere hat das dieselben in Pfand haltende Bank-Institut so früh als möglich, spätestens am Fälligkeitstermine, zu entnehmen, umzusetzen und den Erlös dem Konto der Kasse gut zu schreiben; daß dieses geschieht, ist von der Kasse rechtzeitig zu veranlassen;

c. der bei der Kasse in Pfand befindlichen Inhaberpapiere sind, sobald es die Fälligkeit gestattet, entweder den Schuldnern auf Erfordern gegen Quittung herauszugeben oder von der Kasse umzusetzen und ist deren Erlös auf die Zinsen der Schuldner zu vereinnahmen.

Obliegenheiten des Rechnungsführers.*)

Der Rechnungsführer

1. nimmt sämmtliche Gelder in Empfang und leistet sämmtliche Zahlungen, hat
2. das Tagebuch,
3. das Inhaberpapiere-Lagerbuch,
4. das Inventarienverzeichniß,
5. die Porto-Kontrole,
6. den Notizkalender,
7. den gesammten Schriftwechsel

   zu führen,
8. die Einleger-Konten nachzurechnen,
9. am Jahresschlusse die gesammte Rechnungslegung mit Ausnahme derjenigen der Spareinlagen auszuführen.

Obliegenheiten des Gegenbuchführers.*)

Der Gegenbuchführer hat

1. das Gegen-Tagebuch,

*) Selbstverständlich wird diese Arbeitseintheilung nicht für jede Kasse anwendbar, vielmehr zweckmäßig den Verhältnissen entsprechend abzuändern sein.

2. die Kontokarten über Spareinlagen und sämmtliche Hauptbücher,
3. das Geschäftsjournal nebst „allgemeinem“ und „periodischem“ Termin-Kalender

zu führen,

4. am Jahresschlusse die Rechnungs-Abtheilung über die Spareinlagen zu legen.

Tages-Kassenabschluß.

Nach Ablauf der Geschäftsstunden für den öffentlichen Verkehr haben Rechnungsführer und Gegenbuchführer das Soll des Baarbestandes auf Grund des Tagebuches und Gegentagebuches (Muster 14) festzustellen, der Rechnungsführer hat dem Gegenbuchführer den Tageskassenbestand vorzuzählen und beide haben diesen Bestand unter Doppelverschluß zu nehmen.

Stimmt das Tagebuch-Soll mit dem Baarbestande oder das Soll des Tagebuches mit demjenigen des Gegen-Tagebuches nicht überein, dann haben die Beamten durch Vergleichung und sonstige Ermittelungen auf die Beseitigung der Verschiedenheiten hinzuwirken. Steht fest, daß im Baarbestande ein Fehlbetrag enthalten ist, dann vermerken letzteren die Beamten im Tage- und Gegentagebuche. Ist der Rechnungsführer zur sofortigen Erstattung des Fehlbetrages nicht in der Lage, dann machen die Beamten dem Vorsitzenden von dem Vorfalle Anzeige.

Weist der Baarbetrag einen Mehrbestand auf, dann ist dieser Ueberschuß, falls derselbe die von dem Vorstande zu bezeichnende Grenze, bis zu der die Mehrbeträge in das Eigenthum des Rechnungsführers übergehen, überschreitet, als Einnahme zu buchen und die Beamten haben hiervon dem Vorsitzenden Anzeige zu machen, welcher darauf Einnahme-Anweisung ertheilt.

Macht späterhin Jemand Ansprüche auf einen derartigen Kassenüberschuß und den Beamten erscheinen die erhobenen Ansprüche begründet, dann möge man dem Betreffenden den beanspruchten Betrag unter, durch schriftliche Erklärung abzugebenden Erstattungs-Vorbehalt, falls andererseits berechtigtere Ansprüche darauf erhoben werden sollten, auf Anweisung des Vorsitzenden auszahlen.

Sparkassen-Nebenstellen (Recepturen).

Um den Sparsinn zu fördern und dem Publikum die Benutzung der Sparkasse, namentlich in einem räumlich ausgedehnten Bezirke zu erleichtern, empfiehlt es sich, besondere Sparkassen-Nebenstellen (Recepturen) einzurichten.

Die diese Nebenstellen verwaltenden Untereinnehmer dürfen Namens der Sparkasse bis zu einer gewissen Grenze Spargelder in Empfang nehmen und auszahlen,*) ferner Kündigungen von Spargeldern entgegen nehmen und die erfolgte Kündigung im Sparbuche vermerken.

*) Die Grenze für Auszahlungen ist gering zu bemessen, damit durch etwa geschickt gefälschte Bücher nicht erhebliche Verluste eintreten können.

Uebrigens dürfen die Untereinnehmer nur an bekannte Personen Zahlungen leisten.

Bei Einzahlungen sind die Sparbücher von den Untereinnehmern innerhalb 8 Tagen der Sparkasse zur Eintragung der Einzahlungs-Vermerke und Zwecks Abführung der Bestände einzureichen. Nach erfolgter Eintragung der Vermerke erhalten die Untereinnehmer die Sparbücher zur Aushändigung an die Empfangsberechtigten zurück.

Den Sparern werden bei Abgabe der Sparbücher bezw. Einzahlung der Einlagen von den Unternehmern „Vorläufige Quittungen" ausgehändigt, welche bei Empfangnahme der Sparbücher an die Untereinnehmer wieder zurück zu geben sind und von letzteren gelegentlich an die Sparkasse eingereicht werden. Muster 9

Die Untereinnehmer bewirken die ihnen obliegenden Rückzahlungen von Spareinlagen nur gegen amtlich beglaubigte „Quittungen" der Abheber schreiben die abgehobenen Beträge in den Sparbüchern ab und reichen die Quittungen der Sparkasse ein. Muster 10

Ferner haben die Untereinnehmer über ihre Geschäftsführung ein „Tagebuch" zu führen und bei Abführung von Einlagen an die Kasse einen „Lieferzettel" in zweifacher Ausfertigung beizufügen, wovon eine Ausfertigung bei der Sparkasse verbleibt und die andere, von der Kasse mit Quittung versehen, an den Untereinnehmer zurückgeht. Muster 11 Muster 12

Die bei den Untereinnehmern eingegangenen Kündigungen von Guthaben sind gelegentlich der Sparkasse mitzutheilen,

Den Untereinnehmern ist ein eiserner, stets zu ergänzender Bestand zu Auszahlungen zu gewähren.

Die Formulare zu den Quittungen nach Muster 9 sind an jeden Untereinnehmer mit, durch Nummerir-Apparat versehener laufender Nummer auszuhändigen. Dadurch, daß die Sparkasse auf die Rückreichung der Quittungen nach der laufenden Nummer achtet, kann in einfacher Weise eine Kontrole über die ordnungsmäßige Verwendung der Formulare ausgeübt*) werden.

Um das Interesse der Untereinnehmer für die Sache rege zu halten, empfiehlt es sich, denselben am Jahresschluß einen Prozentsatz der von ihnen vereinnahmten Spareinlagen als Entschädigung zu gewähren.

Zahlungs- und Einnahme-Anweisung.

Ausgenommen die Einzahlungen und Auszahlungen von Spareinlagen und die Einnahmen aus dem Sparmarken-Verkauf, müssen sämmtliche Einnahmen, soweit es sich nicht um Einziehung von Forderungen (ausstehende Kapitale und Zinsen davon) handelt und sämmtliche Ausgaben durch Anweisungen belegt sein.

Die Anweisungen werden vom Vorsitzenden erlassen und in denjenigen Fällen, wo es sich um nachträglich von den Vorstandsmitgliedern zu genehmigende Kapital-Anlagen (siehe § 12 des Statuts) handelt, von diesem eventl. später vollzogen.

*) Unterbliebe diese Kontrole über die Quittungsformulare, dann wäre es dem Untereinnehmer ein Leichtes, an Stelle der ursprünglich ausgestellten Quittungen andere auszufertigen und der Kasse einzureichen.

Auf sämmtlichen Belägen über Kapitalanlagen hat auf der Rückseite oder wo es sonst zweckmäßig erscheint, die Berechnung der Sollzinsen in der im Muster 12 angedeuteten Weise zu erfolgen. Durch dieses Verfahren wird die Rechnungslegung wesentlich vereinfacht und die für jene aufzuwendende Arbeit auf das ganze Jahr vertheilt, indem durch Beifügung so vollständiger Beläge die spezielle Zinsenberechnung in der Jahresrechnung (Muster 28) erübrigt wird. Es genügt vielmehr die Wiedergabe der Resultate an Kapital und Zinsen, gleichwie bei den Spareinlagen, ohne daß die Revisionsfähigkeit eine Einbuße erleidet.

Das beigegebene Muster zu einem „Belag über ein Unterpfanddarlehn" ist, dem jeweiligen Zweck und dem Vordruck im Kopfe der bezüglichen Hauptbuchformulare entsprechend abgeändert, auch für Hypotheken- und Bürgschaftsdarlehne anzuwenden, während für Gemeindedarlehne eine kurze Anweisung etwa in nachstehender Form: Muster 13

„An die Gemeinde N. N. ist am .... ein, mit .... Prozent verzinsliches Darlehn von Mark .... zu zahlen.

Ort Datum.

Der Vorsitzende des Sparkassen-Vorstandes. Die Vorstandsmitglieder."

zu erlassen ist.

Wird ein Antrag auf Gewährung eines Hypotheken-, Unterpfand- oder Bürgschafts-Darlehns gestellt, dann ist besagtes Belagsformular auszufüllen und, falls es erforderlich bezw. vorgeschrieben ist, mit den dazu gehörigen Unterlagen an den Syndikus zu senden. Der Syndikus läßt die Sache nach Abgabe seines Gutachtens an den Vorsitzenden gelangen, welcher Beleihungsgrenze und Darlehnssumme feststellt und den vollzogenen Belag an die Kasse abgiebt.

Weitere, auf dasselbe Jahr bezügliche Darlehnsanträge und die Anweisungen des Vorsitzenden dazu sind auf demselben Belage nieder zu schreiben. Kündigungs- und Abzahlungsvermerke sind ebenfalls auf diesem Belage zu verzeichnen und von den Kassenbeamten unterschriftlich zu vollziehen.

Falls es sich um Veränderungen von Kapital oder Zinsfuß eines aus Vorjahren herrührenden Darlehns handelt, ist auf Grund des Hauptbuches ein Belag auszufertigen und in demselben auf den Ursprungsbelag unter Angabe von Jahrgang und Belags-Nummer zu verweisen.

Ueber Abänderungen des allgemeinen Zinsfußes für Unterpfanddarlehne (siehe Muster 45 § 5) ist Ausfertigung des bezüglichen Vorstandsbeschlusses als Belag erforderlich.

Ueber Gehälter, sonstige Verwaltungskosten und dergl. sind Quittungen der Empfangsberechtigten beizubringen.

Bezüglich feststehender Ausgaben ersetzt der Verwaltungskosten-Voranschlag eine besondere Anweisung.

III. Theil: Buchführung.

Allgemeines.

Die zu führenden Geschäftsbücher zerfallen in drei Arten und zwar in:

I. Tagebücher, welche zur Aufnahme sämmtlicher Einnahmen und Ausgaben der Zeitfolge nach bestimmt sind und zwar:
   a. das Einnahme- und Ausgabe-Tagebuch,
   b. das Einnahme- und Ausgabe-Gegentagebuch.

II. Hauptbücher zum Nachweis von Vermögen und Schulden, ihrer Art nach getrennt und zwar:
   a. das Einlagenbuch, oder an dessen Stelle die Einlagenkarten,
   b. das Inhaberpapierebuch,
   c. das Gemeindedarlehnsbuch,
   d. das Hypothekenbuch,
   e. das Unterpfanddarlehnsbuch,
   f. das Bürgschaftdarlehnsbuch,
   g. das Buch von den sonstigen Einnahmen und Ausgaben.

III. Nebenbücher:
   a. die Spareinlagen-Kontrole.
   b. das Einlegernamensverzeichniß,
   c. das Inhaberpapierelagerbuch,
   d. den Notizkalender,
   e. das Postbuch.

Man achte auf Handlichkeit der Bücher und einen dauerhaften Einband.

Sehr zweckmäßig ist das Zwischenbinden von Löschblatt, wo es angängig ist.

Rasuren dürfen in den Büchern nicht vorgenommen werden. Unrichtiges wird durch Ausstreichen, jedoch so, daß das Gestrichene noch leserlich bleibt, beseitigt. Das Richtige wird darüber, daneben oder darunter gesetzt.

Die unter I bezeichneten Bücher sind für jedes Geschäftsjahr, wo es der Umfang der Kasse erfordert, für jedes Halbjahr oder Vierteljahr anzulegen.

Die übrigen unter II und III bezeichneten Bücher, mit Ausnahme des täglichen Notizbuches, welches auch nur auf ein Jahr zu beschaffen ist, werden auf längere Zeit eingerichtet.

Die Seiten bezw. die Blätter der Bücher unter I und II sind mit fortlaufenden Ziffern zu bezeichnen.

Jeder Geschäftsvorfall ist stets unverzüglich in die Geschäftsbücher einzutragen. Pfennige sind in den Spalten als Hunderttheile der Mark zu behandeln und daher bei 1—9 Pfennigen stets eine Null vorzusetzen.

Zwecks Ermittelung von Vermögen und Schulden, sowie von Gewinn und Verlust werden sämmtliche unter I und II benannten Bücher am Ende des Rechnungsjahres abgeschlossen. Da erst mit dem letzten Tage des Rechnungsjahres die Zinsen von den ausgeliehenen Kapitalien für das letzte Vierteljahr fällig sind, auch mit der Zuschreibung bezw. Zusammenrechnung der Einlagenzinsen alsdann erst begonnen werden kann, müssen die Bücher noch eine Zeitlang, je nach Umständen einen halben bis einen Monat während des neuen Rechnungsjahres, zur Vereinnahmung und Verausgabung auf das alte Rechnungsjahr sich beziehender Beträge, offen gehalten werden. Hauptsächlich wird hierdurch eine möglichst restenfreie Rechnungslegung bezweckt.

I. Die Tagebücher.

Das Einnahme- und Ausgabe-Tagebuch.

Das Einnahme- und Ausgabe-Tagebuch ist bestimmt, sämmtliche Einnahmen und Ausgaben ihrer Zeitfolge nach, unter laufender, jedes Jahr mit eins beginnender Nummer aufzunehmen. Dasselbe wird von dem Rechnungsführer geführt. Um unbemerktes Austrennen von Blättern zu verhindern, ist das Buch mit einer Schnur zu durchziehen und dieselbe vom Vorsitzenden des Kassenvorstandes anzusiegeln. Auf dem ersten Blatte ist von demselben die Anzahl der Blätter handschriftlich zu vermerken. Muster 14

Jeder Einnahme- oder Ausgabebetrag wird nach Bezeichnung von laufender Nummer, Konto-Nummer bezw. -Seite, Datum, Einzahler oder Empfänger, in die Geldeinnahme- (Sp. 6) oder Geldausgabe-Spalte (Sp. 15) und in diejenige der Nebenspalten 8—14 bezw. 16—23 eingetragen, in welche er, seiner Bestimmung nach, gehört.

Bei Zinseneinzahlungen und wenn es sonst nöthig erscheint, ist in Spalte „drei" außer der Kontonummer auch das Hauptbuch mit folgenden Abkürzungen zu bezeichnen:

Hauptbuch von den Inhaberpapieren = J.
" " " Gemeindedarlehnen rc. = G.
" " " Hypotheken = H.
" " " Unterpfanddarlehnen = U.
" " " Bürgschaftsdarlehnen = B.
Buch von den sonstigen Einnahmen und Ausgaben S.

Diese Abkürzungen gelten auch sonst noch in dem Geschäftsverkehr.

Sobald eine Seite vollgeschrieben ist, erfolgt deren Aufrechnung durch sämmtliche Spalten. Die Summen der Einnahmenebenspalten 7—14 zusammengerechnet, müssen gleich der Summe der Geldeinnahmespalte 7 sein. Ebenso verhält es sich bezüglich der Ausgabespalten. Alsdann ist ein Vergleichen der Uebertragungssummen mit denen des Gegentagebuches (siehe S. 15) vorzunehmen. Etwaige Irrthümer sind sofort zu berichtigen.

Aus Vorstehendem erhellt, daß Tagebuch und Gegentagebuch mit den Seiten gleichzeitig auskommen müssen. Die Seitensummen sind auf die erste Linie der nächsten Seite in den gleichen Spalten vorzutragen.

Täglich beim Schluß der öffentlichen Geschäftsstunden sind die Geldeinnhme- und Geldausgabe-Spalten (Sp. 6 u. 15) aufzurechnen und die

Resultate in der Tagesabschlußspalte (Sp. 24), wie im Muster ersichtlich, gegenüberzustellen, wodurch der Kassensollbestand ermittelt wird.

Während der Zeit, in welcher am Jahresschlusse bezw. Beginn des neuen Jahres die Tagebücher zweier Rechnungsjahre nebeneinander geführt werden, ist der Tages-Kassenabschluß in beiden Büchern zu fertigen und der Bestand aus dem alten Buche dem des neuen Buches zuzuzählen.

Tritt der Fall ein, daß in einem der beiden Tagebücher die Ausgabe überwiegt, dann ist der Abschluß wie folgt zu formulieren:

16. Januar 1893.
(Neues Tagebuch)

Einnahme	87217	Mk.	78	Pf.
Ausgabe	92314	„	16	„
Mehrausgabe	5096	Mk.	38	Pf.
Dagegen Bestand v. 1892	7612	„	22	„
Kassenbestand	2515	Mk.	84	Pf.

Der den Kassenbestand ausweisende Tages-Abschluß ist stets im Tagebuche des neuen Rechnungsjahres niederzuschreiben. Bei dem Endabschluß des alten Tagebuches wird der Bestand aus demselben in das Tagebuch des neuen Rechnungsjahres unter „Sonstige Einnahmen" übertragen.

Am letzten Tage des Monats und, falls an diesem Tage die ordentliche Monatsrevision nicht vorgenommen wird, auch am Revisionstage, wird das Tagebuch zwecks Anfertigung der Kassenübersicht (Muster 25) in allen Spalten abgeschlossen. Die Geldeinnahme- und Ausgabespalten werden gegenüber gestellt und es wird so der baare Kassenbestand ermittelt.

Die Schlußsummen sämmtlicher Spalten sind, wie beim gewöhnlichen Seitenübertrag, auf die erste Reihe der nächsten Seite für den neuen Monat vorzutragen.*)

Berichtigungen in den Geldspalten dürfen nach dem Tagesabschluß nur durch Zu- oder Absetzungen mittelst besonderer Eintragung erfolgen, wie es im Muster unter der angenommenen laufenden Nummer 219 ausgeführt ist.

Zuviel ausgezahlte oder erhobene Beträge, welche nicht durch nachträgliche Wiedervereinnahmung oder Verausgabung behoben werden können, sind

*) Wünscht man jeden Monat gesondert nachzuweisen, dann unterbleibt dieses Vortragen für den neuen Monat.

Am Schlusse des Monats wird die Summe gezogen, derselben die der Vormonate zugezählt, die Einnahme- und Ausgabegesammtsumme (Sp. 6 u. 15) gegenübergestellt und so der Bestand ermittelt.

Der Tagesabschluß wird bei dieser Buchführungsart in Sp. 24 in folgender Weise ausgeführt.

Bestand vom Vormonat	—	Mk.	—	Pf.
Dazu Einnahme (Sp. 6)	—	„	—	„
	—	Mk.	—	Pf.
ab Ausgabe (Sp. 15)	—	„	—	„
Bestand	—	Mk.	—	Pf.

durch Absetzen in der den Irrthum ausweisenden Spalte und durch Zusetzen in der Spalte von den „Sonstigen Einnahmen und Ausgaben" zu beseitigen.

Im Hauptbuche von den sonstigen Einnahmen und Ausgaben wird der Betrag unter „Durchlaufende Posten" geführt (siehe Muster 21).

Die auf das nächstfolgende Rechnungsjahr entfallenden, unter durchlaufenden Posten zu führenden Vorhinein-(Pränumerations-)Zinsen — hauptsächlich während des letzten Rechnungsvierteljahres aufgekommenen Wechselzinsen — werden am Jahresschlusse summarisch verausgabt und im Tagebuche des neuen Jahres, möglichst in einzelnen Posten, vereinnahmt.

Sind Nebenkassen zu verwalten, so wird für jede derselben im Einnahme- und Ausgabetagebuch je eine Nebenspalte für Einnahme und Ausgabe einzufügen sein.

Die Einnahmen und Ausgaben von Nebenkassen geringen Umfanges können im Einnahme- und Ausgabetagebuch einzeln gebucht werden. Für bedeutendere Nebenkassen aber empfiehlt sich die Anlegung besonderer Nebentagebücher, aus welchen täglich die Einnahmen und Ausgaben summarisch in das Hauptbuch zu übernehmen sind.

Einnahme- und Ausgabe-Gegentagebuch.

Das Einnahme- und Ausgabe-Gegentagebuch wird vom Gegenbuchführer in derselben Weise, wie das Einnahme- und Ausgabetagebuch geführt, welchem es in seiner Einrichtung genau entspricht.

II. Die Hauptbücher.

Hauptbuch von den Einlagen oder an dessen Stelle: Konto-Karten.

Das hierzu gegebene Muster eignet sich sowohl für die Buchform, als auch für das System der sogenannten „Fliegenden Konten". Muster 15

Dem letzteren ist entschieden der Vorzug zu geben, da es eine weit schnellere und bequemere Abfertigung des Publikums und sofortige Kalkulation und Kontrole gestattet.

Ueber das Für und Wider Erörterungen anzustellen, erachten wir hier für überflüssig, verweisen vielmehr auf die mehrfachen bezüglichen Artikel in der volkswirthschaftlichen Zeitschrift „Die Sparkasse".

Die Karten werden auf Postkartenkarton in ungefährer Größe von 23×14 cm hergestellt. Ueber jedes ausgegebene Sparbuch wird eine mit gleicher Nummer und Namensbezeichnung, wie jenes, versehene Karte angelegt.

Die Karten werden in einem mit Schubfächern, welche oben und vorn offen sind, versehenen Schranke, der Nummer nach und aufrechtstehend, aufbewahrt.

Bei jeder Einzahlung oder Abhebung wird die betreffende Karte ihrem Fache von dem Gegenbuchführer, welcher auch die Eintragungen in die Sparbücher besorgt, entnommen und die Zu- oder Abschreibung an Kapital, wie auch der zu- oder abgehenden Zinsen ausgeführt.

Die fertig gestellte Karte wird in ein für Einlagen und Rückzahlungen in zwei Fächer geteiltes Kästchen gestellt. Demselben entnimmt der Rendant,*) sobald es seine Zeit im Laufe des Tages erlaubt, die darin befindlichen Karten und vergleicht die Eintragungen mit seinem Tagebuche, wobei die verglichenen Beträge unterstrichen werden. Gleichzeitig hat die Prüfung der berechneten Zinsen in Sp. 5 der Karte und der Additionen oder Subtraktionen zu erfolgen. Die richtig befundenen Ziffern sind ebenfalls zu unterstreichen.**) Die geprüften Karten sind wieder in die Fächer des Kartenschrankes einzureihen, jedoch mit Ausnahme der eingegangenen Karten, welche der Nummernfolge nach bei dem Archiv der Sparkasse aufbewahrt werden.

Der Rendant hat ferner zu prüfen, ob im Tagebuche alle Einlagen, Rückzahlungen und Zinsen (Sp. 7, 16, 17) angestrichen sind, und bezüglich etwaiger Differenzen Aufklärung und Richtigstellung herbeizuführen.

Irrthümlich zuviel ausgezahlte Beträge sind unter „Sonstigen Einnahmen" der Kasse wieder zuzuführen. Auf der Karte wird ein entsprechender Vermerk gemacht. In Muster 15 ist dieser Fall dargestellt.

Sofort nach stattgehabtem Jahresabschlusse sind für das begonnene Rechnungsjahr unter Angabe der Monateanzahl zwölf (in Sp. 4) die Zinsen (in Sp. 5) vorzutragen.

Für, im Laufe des Rechnungsjahres einkommende Spareinlagen sind (vorausgesetzt, daß die Kasse nur für volle Kalendermonate Zinsen gewährt) vom nächsten Monatsersten ab bis zum Jahresschlusse die Zinsen zu berechnen und, falls auf dem Konto schon ein Guthaben vorhanden, den Zinsen des letzteren zuzuzählen.

Von den erhobenen Kapitalien sind die Zinsen vom ersten des Monats, in dem die Rückzahlung erfolgt, abzusetzen.

Findet die Rückzahlung in demselben Monate statt, in welchem die Einzahlung erfolgte, dann sind natürlich nur soviel Zinsen in Abgang zu bringen, als vorher bei der Einzahlung in Zugang gestellt sind. Ist in solchem Falle die Rückzahlung größer, als die im selben Monat voraufgegangene Einzahlung, so muß erstere in zwei Summen zerlegt werden und zwar derart, daß zunächst von dem Bestande der, der im selben Monate voraufgegangenen Einzahlung entsprechende Kapitalbetrag mit den für ihn in Ansatz gebrachten Zinsen, und alsdann der Kapitalrest mit den, seit dem voraufgegangenen Monatsersten abzusetzenden Zinsen in Abzug kommt. Die Karte weist somit stets den augenblicklichen Kapitalbestand nebst den bis zum nächsten Jahresschluß berechneten Zinsen nach.

Die Zinsenspalte ist nicht nur zum Verzeichnen der Zinsen-Zu- und Abgänge, sondern auch für die Verbuchung der am Jahresschlusse und der bei Aufhebung des Kontos im Laufe des Jahres erfolgenden Zinsenauszahlungen bestimmt.

*) Selbstverständlich können diese Arbeiten auch anders vertheilt sein.
**) Siehe Abschnitt: Spareinlagen-Kontrole.

Nicht ausgezahlte Zinsen werden am Jahresschlusse dem Kapital (Sp. 3) zugerechnet.

Wo nicht statutarische Bestimmungen entgegenstehen, ist zu empfehlen, von Markbruchtheilen Zinsen nicht zu berechnen und alle bei der Zinsenberechnung sich ergebenden Pfennigbruchtheile fortzulassen.

Diejenigen Kassen, welche für Einlagen zwei oder mehr verschiedene Zinsfüße anwenden, haben, da die Karte das Formular auf jeder Seite zweimal nebeneinander enthält, auf derselben für jeden Zinsfuß einen besonderen Abschnitt zu bilden.

Bei Abhebungen ist zu beachten, daß, wenn der Einleger es nicht anders bestimmt, stets von der niedrigst verzinsten Einlage zuerst abgeschrieben wird.

Uebersteigt der zurückverlangte Betrag das zu dem niederen Zinsfuße verzeichnete Kapital, dann ist dieses zunächst nebst Zinsen abzuschreiben und der Ueberrest von dem höher verzinsten Kapital zu entnehmen.

Reicht eine Karte nicht aus, dann ist entweder eine zweite mit gleicher Nummer zu versehende Karte anzuheften, was zweckmäßig durch Verschlußklammern, wie sie beim Versand von Waarenmustern Anwendung finden, geschieht, oder diese zweite wird allein im Geschäftsgange benutzt, während die alte Karte im Archiv der Sparkasse aufzubewahren ist.

Auszahlungsproteste sind sogleich bei deren Einbringen auf dem Konto möglichst auffällig (etwa mit farbiger Tinte) zu vermerken. Das Gleiche gilt von Sperrvermerken.

Wird dem Einleger an Stelle eines verloren gegangenen Buches ein zweites ausgefertigt, dann ist dies auf dem Konto ersichtlich zu machen.

Bezüglich derjenigen Kassen, bei denen außer dem Rendanten und dem Kontroleur noch ein Gehülfe oder dergl. thätig ist, empfiehlt es sich, eine Spareinlagen-Kontrole nach Muster 22a zu führen.*) In dieselbe werden vom Gehülfen die eingezahlten und abgehobenen Spareinlagen aus den Konto-Karten (Muster 15), bevor letztere im Kartenschrank eingefächert werden, eingetragen.

Durch Führung dieser Kontrole werden etwa vorgekommene Irrthümer bei Uebertragung der Einlagen aus dem Gegentagebuch (Muster 14) in die Konto-Karten jeder Zeit ermittelt, indem bei einer Aufrechnung die Endsummen von Rubrik 3 der Einnahme-Kontrole und Rubrik 7 des Tagebuches, sowie von Spalte 3 der Ausgabe-Kontrole und Spalte 16 des Tagebuches übereinstimmen müssen. Bei großen Kassen ist es zweckmäßig, diese Kontrole in mehreren Abtheilungen serienweise anzulegen, indem z. B. für die Konto-Nr. 1 bis 10000, 10001—20000, 20001—30000 je ein besonderes Kontrolbuch geführt wird.

---

*) Sollte diese Kontrole auch bei Kassen, bei denen kein Gehülfe vorhanden, eingeführt werden, würde sich der Rendant der Führung derselben unterziehen müssen.

In diesem Falle muß eine Zusammenstellung der Endsummen dieser Abtheilungen erfolgen, um eine Vergleichung mit dem Tagebuche vornehmen zu können.

Dieser Serien-Eintheilung entsprechend, würde dann auch die Jahresrechnung (siehe Muster 26) in gleiche Unterabtheilungen zu zerlegen sein.

Da, wo mehrere Zahlstellen vorhanden sind, ist diese Kontrole selbstverständlich denselben anzupassen.

Die übrigen Hauptbücher

und zwar:

Muster 16 das Inhaberpapierebuch,
Muster 17 „ Gemeindedarlehnsbuch,
Muster 18 „ Hypothekenbuch,
Muster 19 „ Unterpfanddarlehnsbuch,
Muster 20 „ Bürgschaftsdarlehnsbuch

sind derart eingerichtet, daß die linke Blattseite die begebenen Kapitalien und die davon der Kasse zustehenden Zinsen, also die Beträge, welche die Kasse erhalten **soll**, und die rechte Blattseite diejenigen Beträge, welche die Schuldner darauf bezahlt **haben**, nachweist.

Mit Ausnahme des Inhaberpapierebuches sind die oben genannten Hauptbücher ferner zur näheren Bezeichnung der dazu gehörigen Werthpapiere bezw. Urkunden eingerichtet, was die Führung besonderer Lagerbücher entbehrlich macht.

Während der letzten Quartalsmonate sind die für die betreffenden Quartale fällig werdenden Zinsen zu berechnen und in Sp. 5 zum Soll zu stellen. Spätestens zu den Quartalsersten muß diese Arbeit fertig gestellt sein, damit die Zinsenvereinnahmung glatt von Statten gehen kann.

Bei Berechnung des letzten Vierteljahressolls ist zu beachten, daß etwa in den ersten drei Quartalen abgerundete Bruchpfennige oder vorgekommene Irrthümer derart Berücksichtigung finden, daß die vier Quartalssummen zusammen das Jahressoll ausmachen.

Am Jahresschlusse oder auch früher, falls sämmtliche, für das betreffende Jahr zum Soll stehenden bezw. fälligen Beträge eingekommen sein sollten, wird die Soll-, wie auch die Habenseite aufgerechnet und beide werden einander gegenübergestellt. Der auf der Sollseite hervortretende Rest ist der Sollvortrag für das nächste Rechnungsjahr. Die Sollzinsen müssen mit der bezüglichen Berechnung auf dem etwa vorhandenen Belag übereinstimmen (siehe S. 11). Ebenso wird das Konto bei Aufhören der Schuld abgeschlossen und alsdann hervortretende Ueberzahlungen oder Reste bedeuten endgiltig erzielte Gewinne oder erlittene Verluste. Solche Gewinne können nur bei eigenthümlich der Kasse gehörenden Grundstücken vorkommen.

Bei Vorhineinzinsen, welche auf zwei Rechnungsjahre entfallen — hauptsächlich Wechselzinsen und irrthümlich über das Gesammtzinsensoll erhobene

Beträge im letzten Rechnungsvierteljahre, — wird in das Hauptbuch zunächst der, auf das alte Rechnungsjahr entfallende Betrag eingetragen, alsdann das Konto für das alte Jahr geschlossen und endlich darunter für das neue Rechnungsjahr der auf dieses entfallende Betrag gebucht.

Gleichzeitig wird letzterer im „Hauptbuche von den sonstigen Einnahmen und Ausgaben" unter „Durchlaufende Posten" vereinnahmt. Am Jahresschlusse werden sämmtliche überzahlte Zinsen als durchlaufende Posten im Hauptbuch und Tagebuch des alten Jahres summarisch verausgabt und im Tagebuch des neuen Jahres vereinnahmt (siehe S. 15).

Am Schlusse dieser Hauptbücher befinden sich alphabetisch geordnete Inhaltsverzeichnisse, in welche die Schuldner unter Bezeichnung der Seite, unter der sie im Hauptbuche zu finden sind, eingetragen werden. Die Einrichtung der Inhaltsverzeichnisse gleicht der im Muster zum Einlegernamensverzeichnisse (Muster 22 b) gegebenen.

Erlischt ein Konto, dann ist der bezügliche Name im Inhaltsverzeichnisse zu streichen.

Zu den einzelnen Hauptbüchern ist zu bemerken:

Das Inhaberpapierebuch

dient zum Nachweis der in Inhaberpapieren angelegten Kapitale. Muster 16

Jede Art von Papieren erhält ein Konto.

Besitzt die Kasse Gattungen, innerhalb deren die Zinsscheine nicht gleichzeitig fällig werden, dann ist es erforderlich, diesen Fälligkeitsterminen entsprechend verschiedene Konten anzulegen, z. B. ein Konto für:

$3^1/_2$ proz. Preuß. Consols.
Zinsenfälligkeitstermine:
2. Januar und 1. Juli.

Ein zweites Konto für:

$3^1/_2$ proz. Preuß. Konsols.
Zinsenfälligkeitstermine:
1. April und 1. October.

Weil neben dem fortwährend wechselnden Kurswerthe der Papiere zwecks Ermittelung der damit verknüpften zeitweiligen oder endgültigen Gewinne oder Verluste, auch der ursprüngliche Anschaffungswerth und zwecks Kontrole und Zinsenberechnung auch der Nennwerth in Betracht zu ziehen ist, erfährt das Formular in dieser Beziehung gegen das sonst in den Activa-Büchern angewandte, durch Hinzufügen je zweier entsprechender Kapitalspalten eine Erweiterung.

Wie der Jahresschluß und die dabei zu Tage tretenden Kursgewinne und -Verluste zum Ausdruck zu bringen sind, zeigt das beigegebene Muster.

Wenngleich die Zinsscheine zumeist in halbjährigen Intervallen fällig werden, so stellt man dieselben doch, den Rechnungsvierteljahren entprechend, zum Soll, um dadurch eine Grundlage für den Quartalsabschluß zu schaffen.

Bei theilweisem Verkauf einer Effectengattung ist der Ankaufswerth für den verkauften Theil aus dem zu Buche stehenden Gesammtankaufswerthe folgendermaßen zu berechnen: Der Gesammtnennwerth verhält sich zum Nennwerthe des veräußerten Theiles wie der Gesammtankaufswerth zum Ankaufswerthe des veräußerten Theiles, oder auf die entsprechenden Posten im Muster 16 angewandt:

$$10\,000 : 5000 = 10\,600 : X \qquad \frac{10\,600.\ 5000}{10\,000} = 5300.$$

Die beim Ankauf von Inhaberpapieren berechneten Stückzinsen werden vorschußweise bei „Durchlaufende Posten" verausgabt und bei Fälligkeit der nächsten Zinsscheine durch Vereinnahmung an derselben Stelle erstattet (siehe S. 22).

Das Buch von den Gemeindedarlehnen

Muster 17 enthält die Angaben über die an Gemeinden, Kreise, Genossenschaften und Korporationen begebenen Kapitale.

Das Hypothekenbuch

Muster 18 weist sowohl die ausgeliehenen Hypotheken-Darlehne, als auch diejenigen Kapitalien nach, welche in, der Kasse gehörigen Gründstücken angelegt sind.

Der für ein angekauftes Grundstück oder für Erweiterungsbauten und dergl. aufgewandte Betrag gilt als Hypothekenschuld an die Kasse.

Das Konto über Erträgnisse, Verwaltungskosten und dergl. wird im „Buche von den sonstigen Einnahmen und Ausgaben" geführt. Siehe dieses (S. 21 I).

Das Unterpfanddarlehnsbuch

Muster 19 dient zum Nachweis der auf Unterpfand gewährten Darlehne.

Da bei diesen innerhalb eines Rechnungsvierteljahres öfters Veränderungen eintreten, können die Zinsen bis zum Eintritt einer Veränderung, sobald diese erfolgt, berechnet werden, was die in den letzten Vierteljahresmonaten vorzunehmende Zinsenberechnung (siehe S. 18) wesentlich erleichtert.

Für jeden Schuldner ist möglichst nur ein Konto anzulegen.

Das Bürgschaftsdarlehnsbuch

Muster 20 führt den Nachweis für alle, lediglich auf Personalkredit beruhenden Wechsel- und Schuldscheindarlehne. Sind einer Person mehrere Darlehne gegeben, so ist für jedes ein besonderes Konto anzulegen. In den einzelnen Konten ist auf einander zu verweisen.

In das Inhaltsverzeichnis sind außer den Namen der Schuldner auch die der Bürgen einzutragen und demgemäß auch darin bei Erlöschen eines Kontos zu streichen.

Die von Wechseldarlehnen über den Jahresschluß hinaus erhobenen Vorhinein-(Pränumerations-)Zinsen, sind auf „Durchlaufende Posten" zu vereinnahmen und am Jahresschlusse ebenda zu verausgaben (siehe S. 18).

Das Buch von den sonstigen Einnahmen und Ausgaben Muster 21

enthält alle in die vorbezeichneten Hauptbücher nicht gehörigen Einnahmen und Ausgaben. In diesem Buche werden für die wesentlichen Vorkommnisse besondere Abschnitte gebildet, hauptsächlich folgende:

I. Grundstücksverwaltung. Für jedes der Kasse gehörende Grundstück wird ein Konto angelegt, in welchem alle Einkünfte und Aufwendungen verbucht werden. In die Spalten „Soll-Einnahme" und „Soll-Ausgabe" (Sp. 1 bezw. 6) sind vorweg die Beträge einzusetzen, welche auf Grund von Verträgen, Verpflichtungen u. dergl. zu erheben bezw. zu zahlen sind. Die Bestimmung der anderen Spalten ergiebt sich aus dem Muster, desgleichen die Herstellung des Jahresabschlusses.

Der Vereinfachung wegen verausgabe man die Hypothekenzinsen am Schlusse des Rechnungsjahres in einer Summe und vereinnahme sie ebenso im Hypothekenbuche (siehe S. 20).

II. Anleihen bei Bankinstituten. Für jeden Gläubiger wird ein besonderes Konto angelegt.

Außer der im Muster gewählten Form kann dieses Konto zweckmäßig auch in Kontokorrentformen dargestellt werden: s. Abschnitt „Anleihen bei Geldinstituten pp."

III. Verwaltungskosten und sonstige Ausgaben, dem Bedürfniß und dem Verwaltungskostenanschlag entsprechend, in Unterabtheilungen gegliedert.

IV. Verschiedene Einnahmen, ebenfalls nach Bedarf in Unterabschnitte eingetheilt.

V. Durchlaufende Posten. In diesem Abschnitt finden alle diejenigen Einnahmen und Ausgaben Aufnahme, welche an andere bezw. von anderen Personen und Behörden zu erstatten sind und einen Zinsenaufwand oder -Genuß für die Kasse nicht bedingen.

Hierher gehören hauptsächlich:

a) Der Sparmarkenverkehr. Der Erlös für Sparmarken wird hier vereinnahmt, wie auch der Werth für baar eingelöste oder auf Sparbücher gutgeschriebene Sparkarten verausgabt. Die Beträge für die den Nebenstellen vorschußweise übergebenen Sparmarken werden als Sparmarkenerlös vereinnahmt und als Vorschuß verausgabt (siehe nächsten Abschnitt).

b) Vorschüsse. Alle an die Kassenbeamten, Nebenstellen, Behörden, Rechtsanwälte und dergl. gezahlten Vorschüsse*) werden hier verausgabt und bei deren Wiedererstattung vereinnahmt. Am Jahresschlusse verbleibende Vorschüsse werden für das nächste Rechnungsjahr vorgetragen.

---

*) Die an die Kassenbeamten herausgegebenen Sparmarken stellen natürlich einen Vorschuß nicht dar.

c) Sonstige durchlaufende Posten sind hauptsächlich die bei Ankauf von Inhaberpapieren berechneten Stückzinsen (siehe S. 20) und die Vorhinein-(Pränumerations-)Zinsen von Wechseldarlehnen, welche sich auf zwei Rechnungsjahre erstrecken (siehe S. 20).

Am Jahresschlusse sind in sämmtlichen Abtheilungen dieses Hauptbuches die Einnahmen und Ausgaben aufzurechnen und die Resultate zu einer Schlußzusammenstellung zu vereinigen; deren Endsumme muß alsdann Uebereinstimmung mit den Summen in Sp. 14 und 23 des Einnahme- und Ausgabetagebuches ergeben.

Man beachte hierbei, daß es sich nur um Einnahmen und Ausgaben des laufenden Jahres handelt und Vorträge aus dem Vorjahre nicht mitzurechnen sind.

III. Die Nebenbücher.

Die Spareinlagen-Kontrole

Muster 22a dient zur Prüfung für die richtige Uebertragnng der eingezahlten und abgehobenen Spareinlagen aus dem Gegentagebuch in die Einlagen-Konten (s. S. 17).

Das Einlegernamensverzeichniß

Muster 22b hat den Zweck, die Einlegernamen alphabetisch geordnet, mit Konto- bezw. Kartennummer nachzuweisen.

Die Namen geschlossener Konten werden im Namensverzeichnisse gestrichen.

Das Inhaberpapierelagerbuch

Muster 23 dient zum Nachweis, der der Kasse eigenthümlich angehörigen Inhaberpapiere.

Die in Folge Veräußerung und dergl. ausscheidenden Stücke sind in demselben zu streichen und ist dementsprechend Stückeanzahl und Nennwerth abzuändern. Eine gleiche Aenderung erfolgt auch bei Zugängen.

Für jede Art ist eine besondere Abtheilung und innerhalb derselben sind für die einzelnen Abschnitte des Papieres Unterabtheilungen zu bilden.

Sollte das Buch nach einer Reihe von Jahren infolge vieler Streichungen an Uebersichtlichkeit eingebüßt haben, so empfiehlt es sich, nach dem zeitweiligen Zustande (also unter Weglassung der gestrichenen Nummern) ein neues Buch anzulegen. Das alte Buch ist aufzubewahren.

Der Notizkalender.

Zum Vermerken gekündigter Einlagen, gekündigter oder neu zu begebender Darlehne, der Wechselverfalltage und dergl. mehr verwende man die für Komptoirzwecke eingerichteten, in Papier- und Buchhandlungen erhältlichen Notizkalender z. B. „Tägliches Notizbuch", Verlag von Bayel Düsseldorf, „Paul Mosers Notizkalender", Verlag des Berliner Lithogr. Instituts (Inhaber Moser) Berlin.

Das Postbuch

Muster 24 ist nur bei solchen Kassen zu führen, welche ihre Postsachen von dem Postamte abholen lassen; dasselbe hat hauptsächlich den Zweck, unrechtmäßige Erhebungen zu verhindern, indem von der Postanstalt Gelder und Werthsachen nur ausgehändigt werden, wenn zu den quittierten Postanweisungen ꝛc. auch das mit den bezüglichen Eintragungen versehene Postbuch vorgelegt wird. Daher ist dasselbe derart aufzubewahren, daß es Unbefugten unzugänglich ist.

Die abzuhebenden Gelder ꝛc. werden in dasselbe der Zeitfolge nach von der Kasse eingetragen und die erfolgten Abhebungen von der Postanstalt daneben schriftlich bestätigt.

IV. Theil: Abschlüsse und Jahresrechnung.

Kassen-Uebersicht.

Als Grundlage für die Revision ist aus dem abgeschlossenen Tagebuch eine Uebersicht zwecks Ermittelung des Sollbestandes an baarem Gelde, Inhaberpapieren u. s. w. anzufertigen. Findet die Revision nicht am Monatsletzten statt, so ist außerdem auch am Monatsschlusse eine solche Uebersicht aufzustellen. Muster 25

In den Spalten 1—3 stellt die Uebersicht lediglich eine Abschrift des Tagebuchabschlusses dar, welche durch Zerlegung der „Sonstigen Einnahmen und Ausgaben" in Unterabtheilungen, wie Grundstückeverwaltung, Anleihen bei Geldinstituten u. s. w., eine Erweiterung erfahren hat.

Spalte 4 und 5 dient zur Ermittelung der Differenzen zwischen den Summen in Spalte 2 und 3.

Spalte 6 nimmt die Bestände an Einlagen, Inhaberpapieren und dergl. vom Beginne des Rechnungsjahres, also wie die letzte Jahresrechnung sie nachweist, auf und in Spalte 7 erfolgt die Berechnung der Bestände am Abschlußtage aus den Spalten 4—6.

Zwischen Abschluß und Revision vorkommende Einnahmen sind dem Abschlußbestande zu, Ausgaben aber abzurechnen.

In der Zeit, während welcher (am Jahresschlusse, bezw. zu Beginn des neuen Jahres) die Tagebücher zweier Jahre nebeneinander geführt werden, (siehe S. 14), sind aus jedem derselben Uebersichten zu fertigen.

Die Schlußübersicht eines Jahres wird der Jahresrechnung beigefügt.

Vierteljahresabschlüsse.

Zur Information über die Geschäftslage sind am Schlusse der einzelnen Vierteljahre Abschlüsse nach dem Muster des Jahresabschlusses (Muster 30) zu fertigen.

Bemerkt sei jedoch, daß diese Abschlüsse nicht durchaus nothwendig sind. Bei präciser Geschäftsführung wird man aber nicht gerne darauf verzichten.

Bei Herstellung derselben ist darauf zu achten, daß etwa zu Tage tretende Differenzen zwischen dem Tagebuch und den Hauptbüchern aufgeklärt und richtig gestellt werden. Gerade hierin liegt der wesentliche Werth der Abschlüsse.

Zwecks Anfertigung des Abschlusses sind aus den Hauptbüchern Auszüge, den einzelnen Rechnungsabtheilungen entsprechend, zu fertigen, darin aber die Spalten: „Nr. der Vorrechnung und Belagsnummer“ unausgefüllt zu lassen. (Muster 28).

Lediglich die Spareinlagen erfordern eine abweichende Behandlung, da eine Zusammenstellung der einzelnen Konten zu zeitraubend wäre.

Man berechne (z. B. für das I. Vierteljahr des Rechnungsjahres) von dem Einlagenbestand am Anfange des Rechnungsjahres die Zinsen bis zum Vierteljahresabschlusse, also für 3 Monate. Dazu treten die Zinsen von der Gesammtsumme der im ersten Vierteljahresmonat eingekommenen Einlagen für 2 Monate und für die Summe der Einlagen aus dem zweiten Vierteljahresmonat für einen Monat, während für die Einlagesumme des letzten Vierteljahresmonats Zinsen nicht in Ansatz kommen.

Hiervon gehen ab die Zinsen von der Gesammtsumme der Einlagen aus dem

ersten Vierteljahresmonat für 3 Monate
zweiten „ „ 2 „ und
dritten „ „ 1 „

Das Resultat ergiebt die reinen Einlagensollzinsen, welche im Abschlusse als Verlust figuriren.

Zieht man davon die thatsächlich erhobenen Zinsen ab, so erhält man die Restzinsen, welche in den Abschluß als Passiva einzustellen sind.

Kassen, welche gleichzeitig verschiedene Einlagenzinssätze anwenden, müssen dieser Berechnung einen entsprechenden Durchschnittszinsfuß zu Grunde legen.

Zur Erläuterung diene nachstehendes Muster einer Berechnung zum Abschlusse des ersten Vierteljahres:

	Bestand und Zugang an				Abgang an			
	Kapital		Zinsen		Kapital		Zinsen	
Bestand am 1. Januar (Zinsfuß 3%)	2.042.472	43	15.318	54	—	—	—	—
Im Monat Januar	142.980	—	714	90	94.696	10	710	22
„ „ Februar	90.110	—	225	27	100.200	33	501	—
„ „ März	160.020	50	—	—	100.040	—	250	10
	2.435.582	93	16.258	71	294.936	43	1.461	32
ab Abgang	294.936	43	1.461	32				
Kapitalbestand und Sollzinsen am Quartalschlusse	2.140.646	50	14.797	39				
Ab erhobene Zinsen (Sp. 17 des Tagebuches)			612	39				
Restguthaben an Zinsen (Schulden)			14.185	—				

In den Auszügen aus den Hauptbüchern von den Inhaberpapieren u. s. w. sind die seit Beginn des Jahres bis zum Abschlusse aufgelaufenen Sollzinsen, die eingegangenen Zinsen, sowie die Zinsen- und Kapitalrückstände zusammenzustellen. Bei den sonstigen Einnahmen handelt es sich dementsprechend um die bis zum Abschlusse zu berechnenden Soll-, Ist-, Rest-Einnahmen und -Ausgaben.

Die Buchauszüge dienen gleichzeitig als Restekontrole.

Im übrigen beachte man die Anleitungen zur Aufstellung der Jahresrechnung und wende das dort Gesagte auf die Vierteljahresabschlüsse sinngemäß an.

Die Jahresrechnung

stellt durch Zahlungsanweisungen, Verwaltungskostenanschlag, Quittungen und dergl. belegte Auszüge aus den Hauptbüchern dar und zerfällt in, den einzelnen Hauptbüchern entsprechende Abtheilungen.

Die Jahresrechnung muß möglichst bald nach dem Jahresschlusse fertiggestellt werden; deshalb ist mit den Vorarbeiten rechtzeitig zu beginnen.

Im letzten Monate des Rechnungsjahres werden aus dem Spareinlagenabschnitte der alten Rechnung, in die für die neue Rechnung bestimmten Formulare die Sparbuchnummern unter Fortlassung der im Laufe des Jahres eingegangenen Nummern vorgetragen und dahinter die bis dahin im laufenden Jahre zugekommenen Nummern, soweit dieselben nicht wieder zu bestehen aufgehört haben, verzeichnet. Muster 26

In die so vorbereitete Jahresrechnung werden aus den am Jahresschlusse abgeschlossenen Karten sodann neben jeder Nummer der Einlagenbestand, die zugeschriebenen Zinsen und die Summe beider eingetragen.

Am Ende muß die Summe der Spalte 1 Einlagenbestand mit der entsprechenden Summe in Spalte 7 der Uebersicht (Muster 25) übereinstimmen.

Um die Gesamtziffer der im ganzen Rechnungsjahre erwachsenen (Soll-) Zinsen zu ermitteln, rechne man der Summe der zugeschriebenen Zinsen die erhobenen Zinsen laut Tagebuchspalte 17 hinzu.

Die Abtheilungen von den Inhaberpapieren. Gemeinde-, Hypotheken-, Unterpfand- und Bürgschaftsdarlehnen sind ebenfalls rechtzeitig vorzubereiten, indem laufende Nummer, Nummer der Vorrechnung und Hauptbuchbezeichnung bereits vor dem Jahresschlusse auf Grund der Vorrechnung beziehungsweise der Hauptbücher vorgemerkt werden. Muster 27 u. 28

Kurze Zeit vor dem Jahresschlusse kann bereits das Zinsensoll (Spalte 5) vorgetragen werden. Man beachte dabei aber besonders, daß etwa später bis zum Jahresschlusse vorkommende Aenderungen des Zinsensolls in der Rechnung Berücksichtigung finden.

Nach dem Abschluß der Hauptbücher sind aus diesen die bezahlten (Haben-)Zinsen und die Kapitalbestände in die Rechnung zu übernehmen.

Das Formular zu dem Rechnungsabschnitt von den Inhaberpapieren ist, dem Hauptbuche entsprechend, bezüglich des Nennwerthes, Kurswerthes, Kursgewinnes und -Verlustes erweitert. Muster 27

Bei Abtheilung VI „Bürgschaftsdarlehne“, verzeichne man Schuldner und Bürgen in Spalte 10, um dem Rechnungsrevisor die Möglichkeit der Prüfung über die Kreditfähigkeit der Schuldner zu geben.

Die Kapitalbestandsresultate der einzelnen Abschnitte müssen mit den bezüglichen Beständen in Spalte 7 der Uebersicht übereinstimmen.

Die End-Summen der drei Zinsenspalten aus den Rechnungsabtheilungen I—VI (Soll, Haben, Rest) sind zusammenzustellen. Das Schlußresultat in Spalte 6 muß mit der durch die Uebersicht (Muster 25) nachgewiesenen Zinseneinnahmesumme (Spalte 2) übereinstimmen.

Die Abtheilung von den sonstigen Einnahmen und Ausgaben ist den
Muster 29 im Hauptbuche befindlichen Unter-Abschnitten entsprechend einzutheilen.

Am Ende eines jeden Abschnittes setzt man von der Solleinnahme sowohl, als auch von der Sollausgabe etwaige darin enthaltene vorjährige Reste ab, um das reine Soll für das betreffende Rechnungsjahr zu ermitteln.

Die Schlußsummen der Ist-Einnahme und -Ausgabe der einzelnen Abschnitte müssen Uebereinstimmung mit den bezüglichen Summen in Spalte 2 und 3 der Uebersicht (Muster 25) ergeben.

Zu beachten ist ferner, daß bei den Abschnitten „Anleihen bei Geldinstituten“ und „Sparmarkenverkehr“ jede Isteinnahme die Sollausgabe und bei dem Abschnitte „Vorschüsse“ umgekehrt jede Ist-Ausgabe die Solleinnahme gleichzeitig darstellt.

Die Resultate der einzelnen Rechnungsabtheilungen werden zu einem
Muster 30 Abschlusse zwecks Ermittelung von Vermögen und Schulden, sowie Gewinn und Verlust zusammengestellt, wie folgt:

1. Zugeschriebene und ausgezahlte Einlage-Zinsen zusammen . . . . = Verlust
2. Einlagen einschl. der bis Ende des Jahres zugerechneten Zinsen . . . . = Schulden
3. Kurs- oder Ankaufswerth (je nach den Vorschriften) der Inhaberpapiere . . . . = Vermögen
4. Die Kapitalbestände an Gemeinde-Darlehnen, Hypotheken, Unterpfand-Darlehnen und Bürgschafts-Darlehnen . . . . = Vermögen
5. Das reine Zinsensoll (also ausschließlich vorjähriger Reste) für das betreffende Rechnungsjahr von den Kapitalien zu 3 und 4 . . . . = Gewinn
6. Die Zinsenrückstände von denselben Kapitalien (zu 3 und 4) . . . . = Vermögen
7. Aus der Grundstückeverwaltung:
   a) Die Einnahmerückstände . . . . = Vermögen
   b) Die Ausgaberückstände . . . . = Schulden
   c) Ueberschüsse . . . . = Gewinn
   d) Fehlbeträge . . . . = Verlust
8. Geldinstituten pp. schuldige Darlehne und dafür rückständige Zinsen . . . . = Schulden
9. Das reine Zinsensoll von den Darlehnen zu 8 . . = Verlust

10. Verschiedene Einnahmen, ausschließlich des Kassenbestandes vom Vorjahre . . . . = Gewinn
11. Soll der Verwaltungskosten für das betreffende Rechnungsjahr nach Inabgangstellung endgültiger Ersparnisse . . . . = Verlust
12. Rückständige Verwaltungskosten . . . . = Schulden
13. Ueberweisungen aus dem Geschäftsgewinne an den garantirenden Kreis oder dergl. . . . . = Verlust
14. Werth der im Verkehr befindlichen Sparmarken . . = Schulden
15. Der Kasse zu erstattende Vorschüsse . . . . . = Vermögen
16. Der am Schlusse des Jahres verbliebene Kassenbestand = Vermögen

Rechnet man die Abschnitte Vermögen und Schulden im Abschlusse auf und zieht die Schulden- von der Vermögenssumme ab, so erhält man als Rest den, den Reservefonds darstellenden Vermögensüberschuß. Zieht man davon wiederum den Bestand des Reservefonds vom Ende des Rechnungsvorjahres ab, so ergiebt der Rest den Vermögenszuwachs, welcher gleich dem im zweiten Theile des Abschlusses berechneten Reingewinn ist.

Der Rechnung sind als Beläge beizufügen:

Abtheilung I die eingelösten Sparbücher

„ II bis XI die Zahlungsanweisungen, Quittungen, eingelösten Sparkarten und dergl.

Die Beläge sind mit fortlaufenden Nummern zu versehen, auf welche in der bezüglichen Rechnungsspalte zu verweisen ist, und aktenmäßig zu heften.

Bei den Belägen zu den Inhaberpapieren hat auf dem letzten Belag einer jeden Papierkategorie die Zusammenstellung des Nennwerthes und der Sollzinsen zu erfolgen. z. B.

Nach der vorjährigen Rechnung:

		Nennwerth = Mk.	100 000	Zinsensoll Mk.	4000
Nach der Ankaufsnote Belag Nr.	210	„	5 000	„ „	210
„ „ „ „ „	211	„	5 000	„ „	23,33
		zusammen Mk.	110 000	Zinsensoll Mk.	4233,33

Die Aufstellung der Rechnungsabtheilungen von den Inhaberpapieren, Gemeinde-, Hypotheken-, Unterpfand- und Wechseldarlehnen ist so zu beschleunigen, daß eine Vergleichung der darin nachgewiesenen Kapitalguthaben mit den Urkunden darüber, bei der letzten Jahresrevision (Mitte oder Ende Januar, je nachdem der definitive Jahresabschluß erfolgt) vorgenommen werden kann. (Siehe S. 29).

V. Theil. Kassenrevisionen u. Rechnungsprüfung.

A. Monatsrevisionen der Sparkasse.

Am zweckmäßigsten findet die Monatsrevision am letzten Werktage des Monats in den Nachmittagsstunden statt.

Sind auf den Nachmittag öffentliche Geschäftsstunden gelegt, so empfiehlt es sich, den Verkehr mit dem Publikum während der Zeit, in welcher Bücherabschluß und Bestandsaufnahme erfolgt, auszusetzen.

Der Gang der Revision ist folgender:

Das von den Beamten abgeschlossene Einnahme- und Ausgabe-Tagebuch und Gegentagebuch (Muster 14), sowie die aufgestellte Uebersicht (Muster 25) werden von einem, außerhalb des Geschäftsbereiches der Kasse stehenden Beamten rechnerisch geprüft, d. h. die Spalten 6 und 15 des Tagebuches werden vom Abschnitte der letzten Revision ab nachgerechnet, die Uebersicht wird mit dem Buchabschlusse verglichen und ebenfalls nachgerechnet. Endlich erfolgt die Vergleichung von Tagebuch und Gegentagebuch, um deren Uebereinstimmung zu prüfen.

Währenddessen läßt sich der Revisor zunächst den Kassenbestand vorzählen und prüft auf Grund des Tresor-Notizbuches (Muster 8), ob die Gegenwerthe für die seit der letzten Revision aus dem dreifachen Verschluß herausgegebenen Werthpapiere, soweit dieses erforderlich, zur Vereinnahmung im Tagebuche gelangt sind.

Alsdann folgt die Prüfung sämmtlicher, in den Spalten 18—23 des Tagebuches seit der letzten Revision verzeichneten Ausgabeposten auf Grund der zugehörigen Zahlungsanweisungen und Werthpapiere 2c. Letztere sind, soweit dieses vorgeschrieben (siehe S. 6), bei dieser Gelegenheit unter dreifachen Verschluß zu bringen.

Die unter Doppelverschluß gehaltenen Schuldurkunden von den Unterpfand-, Gemeinde- und Bürgschaftsdarlehnen, sowie die zu den ersteren Darlehnen gehörigen Unterpfänder werden mit den bezüglichen letzten Vierteljahresbuchauszügen (siehe S. 23) verglichen, etwaige Kapital-Zu- und Abgänge zu- bezw. abgerechnet, worauf die Resultate Uebereinstimmung mit den in Spalte 7 der Uebersicht verzeichneten Beständen ergeben müssen.

Ferner ist der Sparmarkenbestand der Beamten nachzusehen.

Endlich werden einzelne Buchungen zwischen Tagebuch einerseits und den Kontokarten, Hauptbüchern — wenn angängig auch Sparbüchern — andererseits verglichen, um zu ermitteln, ob die Buchführung sich auf dem Laufenden befindet.

Finden sich Ausstellungen, so werden dieselben auf der Rückseite der Uebersicht niedergeschrieben. Deren Erledigung ist bei der nächsten Revision zu prüfen.

Tagebuch, Gegentagebuch und Uebersicht sind vom Revisor und Kalkulator mit Revisions- bezw. Nachrechnungsvermerken zu versehen. Z. B.:

Revidirt den ....ten .... 189.....

Der Vorsitzende des
Kreissparkassenvorstandes.
(Unterschrift.)

Nachgerechnet.
(Unterschrift.)

Bei der letzten Revision im Rechnungsjahre (15. bezw. 31. Januar), welche zweckmäßig vom Gesammtvorstande abgehalten wird, damit dieser in der Lage ist, die auf dem Titelblatte der Rechnung (Muster 26) vorgedruckte Bescheinigung später abzugeben, sind die in den Rechnungsabtheilungen von den Inhaberpapieren, Gemeinde-, Hypotheken-, Unterpfand- und Bürgschaftsdarlehnen aufgeführten Kapitalguthaben mit den bezüglichen Werthpapieren zu vergleichen. Endlich ist die rechnerische Feststellung der Kapitalspalten der Jahresrechnung (Muster 27/28), falls dieselbe soweit fertig, vorzunehmen. Die Resultate müssen mit den in Spalte 7 der Uebersicht (Muster 25) berechneten Beständen übereinstimmen.

Außerdem ist die Uebertragung des Kassenbestandes in die Einnahmespalte des neuen Einnahme- und Ausgabetage- und Gegentagebuches (Muster 14) zu prüfen und, daß dieses geschehen, in der Uebersicht zu bescheinigen.

B. Unvermuthete Revision der Sparkasse.

Der Zeitpunkt der Revision ist den Kassenbeamten gegenüber streng geheim zu halten.

Bei seinem Eintritt in das Kassenlokal hat der Revisor die Kassenbeamten mit dem Zwecke seiner Anwesenheit bekannt zu machen und, falls die Revision nicht selbst von dem direkten Vorgesetzten der Beamten abgehalten wird, denselben dessen schriftlichen Auftrag bezw. dessen Einverständnißerklärung vorzuzeigen.

Hierauf versieht der Revisor Tagebuch und Gegentagebuch unter der letzten Eintragung mit einem Abschlußstriche.

Es erfolgt alsdann die Aufnahme des baaren Kassenbestandes.

Tagebuch und Gegentagebuch sind, wie zur Monatsrevision, abzuschließen und rechnerisch festzustellen.

Im Uebrigen wickelt sich die Revision gleich einer Monatsrevision ab, nur sind außer den Beständen an Unterpfand- und Wechselwerthen, sowie den Schuldscheinen über Gemeinde-Darlehne auch die Werthe an Inhaberpapieren nebst Zinsscheinen und die Urkunden über die Hypothekendarlehne auf ihre Uebereinstimmung mit Spalte 7 der Uebersicht zu prüfen. Ferner ist bezüglich der Hypotheken- und Unterpfand-Darlehne darauf zu achten, ob die Beleihungsgrenze eingehalten ist, sowie bei den Gemeinde-Darlehnen festzustellen, daß ordnungsmäßige Beschlüsse über Aufnahme der Darlehne vorliegen.

Ueber die unvermuthete Revision ist eine Verhandlung, von der Abschrift zu den Akten der Kasse zu geben ist, aufzunehmen, wozu nachfolgendes Muster einen ungefähren Anhalt bieten mag:

Revisionsverhandlung.

Ort Datum

Zufolge Verfügung des ....
vom ....ten .... begab sich der Revisor ....
.... heute Vormittag .... Uhr in das Geschäftslokal
der Kreissparkasse zu .... und
fand dort den Rechnungsführer .... und den
Gegenbuchführer .... anwesend. Denselben
wurde der Revisionsauftrag vorgezeigt.

Gleich darauf wurden Tagebuch und Gegentagebuch unter der letzten Eintragung mit einem Abschlußstriche versehen und der Sollbestand an baarem Gelde ermittelt.

Bei Nachzählung des baaren Kassenbestandes wurde Uebereinstimmung hiermit festgestellt.

Muster 25 Nachdem die Tagebücher abgeschlossen und die anliegende Uebersicht aufgestellt war, wurden die Bestände sämmtlicher Werthpapiere geprüft, wobei sich Uebereinstimmung mit den in der Kassen-Uebersicht berechneten Sollbeständen ergab.

Die Zinsscheine von den Inhaberpapieren, vom nächsten Fälligkeitstermine ab, und die Zinsscheinanweisungen sind vorhanden. Der Inkurssetzungsstempel wird vom Vorsitzenden aufbewahrt.

Die in § 12 des Statuts für die Anlage der Geldmittel gegebenen Vorschriften haben durchweg Beachtung gefunden.

Nach Kontrole und Tagebuch sollen sich für .... Mk. .... Pfg. Sparmarken in den Händen der Beamten befinden. Dieselben sind richtig vorgezeigt.

Das bis zum Revisionsabschlusse rechnerisch festgestellte Tagebuch ist bezüglich der nach der letzten Monatsrevision vorgekommenen Ausgaben mit den Zahlungsanweisungen verglichen. Derart wurden auch noch Stichproben von der letzten Monatsrevision zurück bis zur letzten unvermutheten Revision vorgenommen, welche zu Ausstellungen keinen Anlaß boten.

Ferner wurde durch eine Anzahl Stichproben festgestellt, daß die Einnahmen und Ausgaben ordnungsmäßig aus dem Tagebuche in die Kontokarten und Hauptbücher übertragen sind.

Der Bestand des Vorjahres ist richtig in das Tagebuch für das laufende Jahr übernommen.

Von den während der Revision in den Geschäftsverkehr gekommenen Sparbüchern ist eine größere Anzahl mit den bezüglichen Kontokarten verglichen und mit denselben übereinstimmend befunden.

Die öffentliche Bekanntmachung der Einlegerguthaben (§ 17 des Statuts) ist laut Kreisblatt vom ....ten .... unterm ....ten .... erfolgt.

Die Jahresrechnungen sind bis einschließlich .... gelegt und bis einschließlich .... entlastet.

Nach den Vermerken im Tagebuche ist die Kasse regelmäßig jeden Monat revidirt.

Ausweislich der Akten sind die Nebenstellen zuletzt im Jahre .... revidirt.

Das im Inventarienverzeichniß aufgeführte Inventar ist vorgefunden.

Revisionsschluß am ....ten .... Nachmittags .... Uhr.

v. g. u.

Die Kassenbeamten.

v. w. o.

Der Revisor.

C. Revision der Nebenstellen.

Da es zumeist nicht möglich sein dürfte, die Nebenstellen regelmäßig jeden Monat zu revidiren, wird man sich hier mit unvermutheten, bei jeder Stelle mindestens einmal im Jahre vorzunehmenden Revisionen begnügen müssen.

Das in dem Abschnitte von den unvermutheten Sparkassenrevisionen bezüglich der Geheimhaltung des Revisionsdatums, der Legitimation des Revisors, des Einnahme- und Ausgabetagebuchabschlusses und dessen rechnerischer Feststellung, sowie der Bestandsaufnahme Gesagte ist auch bei den Nebenstellenrevisionen sinngemäß anzuwenden.

Außerdem ist die Uebereinstimmung der in den Lieferzetteln verzeichneten Einlagen, Ein- und Rückzahlungen, sowie der Ablieferungen an die Kasse mit den Eintragungen im Tagebuche (Muster 11) zu prüfen.

D. Prüfung der Jahresrechnung.

Die Rechnung ist zunächst von einem außerhalb der Sparkassenverwaltung stehenden Beamten, etwa dem behufs rechnerischer Feststellung der Kassenbücher zu den Monatsrevisionen zugezogenen Beamten, nach jeder Richtung hin vorzuprüfen.

Zunächst rechne man sämmtliche Seitensummen, deren Zusammenstellungen und Quersummen (z. B. Einlagenbestand + zugeschriebene Zinsen = zusammen) nach und vergleiche die Uebertragung der Resultate in den Abschluß, sowie deren Uebereinstimmung mit der Uebersicht.

Sodann folgt die eingehende Prüfung der einzelnen Abtheilungen und der dazugehörigen Beläge, Position für Position.

In der ersten Abtheilung von den Spareinlagen (Muster 26) müssen alle diejenigen Sparbuchnummern (Spalte 1), welche gegenüber der Vorrechnung fehlen, mit den zugehörigen eingelösten Sparbüchern belegt sein. In gleicher Weise müssen von den im Laufe des Jahres neu hinzugekommenen Sparbuchnummern die in der Nummernreihe fehlenden belegt sein.

Die eingelösten Sparbücher sind mit den bei der Kasse aufbewahrten Kontokarten zu vergleichen, wobei letztere rechnerisch zu prüfen sind.*)

Schließlich ist zu kontroliren, ob die eingelösten Sparbücher quittirt und kassirt sind.

In den folgenden Abtheilungen von den Inhaberpapieren, Gemeinde-, Hypotheken-, Unterpfand- und Bürgschaftsdarlehnen müssen alle diejenigen Positionen, welche bezüglich des Kapitalbestandes und Zinsfußes mit der Vorrechnung nicht übereinstimmen, belegt sein.

Alle mit der Vorrechnung übereinstimmenden Posten kennzeichne man durch Unterstreichen und prüfe alsdann die in Spalte 5 berechneten Sollzinsen.

Bei den übrigen, nicht unterstrichenen Positionen ergiebt sich Zinsensoll und Kapitalbestand aus den zugehörigen Belägen.

---

*) Dieses ist nicht durchaus erforderlich, weil die Kontokarten bereits vordem im laufenden Geschäftsverkehr rechnerisch geprüft sind (s. S. 16).

Alsdann ist festzustellen, ob die Beleihungen den Statutsbestimmungen entsprechen und ob die Zinsen auf den Belägen richtig berechnet sind.

Ferner ist die richtige Einstellung der Kurswerthe, der Kursgewinne und -Verluste der Inhaberpapiere auf Grund des Kurszettels zu prüfen.

Zu achten ist darauf, daß bei den Amortisationsdarlehnen in Spalte 10 der Rechnung Fälligkeit und Höhe der Annuität übereinstimmend mit den Angaben in den zugehörigen Belägen vermerkt und daß diese Vermerke immer in die nächstfolgende Rechnung richtig übernommen werden, weil auf Grund dieser Angaben Zinsensoll und Kapitalguthaben zu prüfen sind, wie nachfolgendes Muster zeigt:

Angenommen, die Rechnung für 1891 weist an Kapitalguthaben 17106 Mk. 17 Pf. nach, wofür $4^1/_2$ % Zinsen zu zahlen sind. Die am 1. Januar und 1. Juli fällige Annuität beträgt 570 Mark:

	17106 Mk. 17 Pf.	Kapitalguthaben am 1. Jan. 1892. Am 1. Juli sind gezahlt	570 Mk. — Pf.
		darin $4^1/_2$ % Zinsen von 17106 Mk. 17 Pf. auf 6 Monate	384 „ 89 „
ab	185 „ 11 „	ergiebt Kapitaltilgung . .	185 Mk. 11 Pf.
	16921 Mk. 06 Pf.	Kapitalguthaben am 1. Juli 1892. Am 1. Januar 1893 sind gezahlt	570 „ — „
		darin $4^1/_2$ % Zinsen von 16921 Mk. 06 Pf. auf 6 Monate	380 „ 72 „
ab	189 „ 28 „	ergiebt Kapitaltilgung . .	189 Mk. 28 Pf.
	16731 Mk. 78 Pf.	Kapitalguthaben am 1. Januar 1893.	

Zinsensoll 384,89 Mark + 380,72 Mark = 765,61 Mark (siehe das Rechnungsmuster).

Bei den Bürgschaftsdarlehnen ist zu prüfen, ob die Verpflichteten der Kreditliste noch genügende Sicherheit gewähren.

Endlich sind die einzelnen Positionen der Rechnungsabtheilungen VII bis zum Schluß mit den zugehörigen Belägen zu vergleichen. Wo solche nicht vorliegen, z. B. über Pacht, ist das Erforderliche durch Einsicht der Verträge Akten ꝛc. bei der Kasse festzustellen.

Das Soll an, für eingegangene Sparbücher aufgekommenen Kosten (siehe § 9 des Statuts) läßt sich aus den zur Abtheilung I beigegebenen Belägen leicht ermitteln.

Bei Ausstellungen sei den zuständigen Stellen die Anordnung empfohlen, daß ganz geringfügige Differenzen, etwa bis 2 Pfennig bei einer Position, nicht zu vermerken sind.

Durch diese Maßnahme wird das Schreibwerk wesentlich vermindert, ohne daß das Institut eine Einbuße erleidet; denn durch Bearbeitung dieser Pfennigserinnerungen wird unnöthig viel Zeit und Material verschwendet, wohl auch die Aufmerksamkeit von anderen wichtigeren Erinnerungen abgelenkt.

Ueber das Resultat der Vorprüfung hat der Rechnungsprüfer eine Verhandlung aufzunehmen und dieselbe nebst der Rechnung und den Belägen dem Sparkassenvorstande zu überreichen. Der Vorstand läßt die gezogenen Erinnerungen durch die Sparkassenbeamten beantworten und reicht darauf die Rechnung nebst Belägen, sowie die Vorprüfungsverhandlung nebst Beantwortung der Erinnerungen an die Rechnungs-Revisions-Behörde bezw. -Kommission ein, welche die Rechnung nochmals prüft und bei zuständiger Stelle*) (Kreistag, Stadtverordnetenversammlung oder Gemeindevertretung) Entlastung beantragt.

Nach ertheilter Entlastung ist die Rechnung nebst den dazugehörigen Belägen und Schriftstücken bei der Kasse aufzubewahren.

VI. Theil: Geschäftszweige.

Spareinlagen.

Die Spareinlagen stellen Darlehne seitens der Einleger an die Sparkasse im Sinne der §§ 607—610**) des bürgerlichen Gesetzbuches dar. Die Satzungen oder Statuten bilden den Darlehnsvertrag.

Ueber die Spareinlagen sind „Sparbücher" unter fortlaufendender Nummer auszufertigen.***) Die Nummer ist derjenigen gleich, welche das bei der Kasse darüber geführte Kontoblatt führt (s. S. 15). Muster 31

*) Diese Körperschaften wählen zur Prüfung der Rechnung meistens eine Rechnungs-Revisions-Kommission.

**) § 607 B. G. B. Wer Geld oder andere vertretbare Sachen als Darlehen empfangen hat, ist verpflichtet, dem Darleiher das Empfangene in Sachen von gleicher Art, Güte und Menge zurückzuerstatten.

Wer Geld oder andere vertretbare Sachen aus einem anderen Grunde schuldet, kann mit dem Gläubiger vereinbaren, daß das Geld oder die Sachen als Darlehen geschuldet werden sollen.

§ 608 B. G. B. Sind für ein Darlehen Zinsen bedungen, so sind sie, sofern nicht ein Anderes bestimmt ist, nach dem Ablaufe je eines Jahres und, wenn das Darlehen vor dem Ablauf eines Jahres zurückzuerstatten ist, bei der Rückerstattung zu entrichten.

§ 609 B. G. B. Ist für die Rückerstattung eines Darlehens eine Zeit nicht bestimmt, so hängt die Fälligkeit davon ab, daß der Gläubiger oder der Schuldner kündigt.

Die Kündigungsfrist beträgt bei Darlehen von mehr als 300 Mk. drei Monate, bei Darlehen von geringerem Betrage einen Monat.

Sind Zinsen nicht bedungen, so ist der Schuldner auch ohne Kündigung zur Rückerstattung berechtigt.

§ 610 B. G. B. Wer die Hingabe eines Darlehens verspricht, kann im Zweifel das Versprechen widerrufen, wenn in den Vermögensverhältnissen des anderen Theiles eine wesentliche Verschlechterung eintritt, durch die der Anspruch auf die Rückerstattung gefährdet wird.

***) Ziffer 14 Absatz 1 des Preuß. Sparkassenreglements vom 12. Dezember 1838. Die Sparkassenbücher sind unter fortlaufenden Nummern auszustellen, dergestalt, daß die Bücher der Kasse hinsichtlich der Nummer und des Einlagebetrages den den Einlegern ausgehändigten Sparkassenbüchern sebst entsprechen. In beiden ist der Name des Einlegers einzutragen.

Die Bücher sind auf dem Titelblatte mit den Unterschriften der Vorstandsmitglieder und dem Dienstsiegel des Vorstandsvorsitzenden zu versehen (siehe § 9 des Statuts). Die Seiten jedes Buches sind mit fortlaufenden Nummern zu bezeichnen, um unbemerkbares Austrennen von Blättern zu verhindern.

Dem Buche ist ein Statutenabdruck und eine Tabelle beizuheften, aus welcher ersichtlich, wie die Einlagen durch Zuschreibung der Zinsen in einer Reihe von Jahren anwachsen.*)

Zu Einbanddecken für die Bücher wird starkes Deckelpapier oder Pappe empfohlen. Auf dem vorderen Deckel ist die Firma der Kasse und die Buchnummer zu verzeichnen.

Empfehlenswerth ist die Beigabe einer festen Hülle zu jedem Buche — wie dieses bei den Militärpässen üblich —. Die Hülle hat dieselbe Bezeichnung wie der Deckel des zugehörigen Sparbuches zu tragen.

Bei jeder Präsentation des letzteren auf der Kasse, bleibt die Hülle in den Händen des Buchinhabers zurück und dient demselben als Legitimation zur Empfangnahme von Buch und etwa gewünschtem Geld, da beides nur dem Inhaber der Hülle von den Kassenbeamten auszuhändigen ist.

Das Publikum kann sich vor Verlusten durch unredliche Hände dadurch noch besonders schützen, daß Sparbuch und Hülle getrennt aufbewahrt werden. Kommt Jemand auf unrechte Weise in den Besitz eines Sparbuchs, dem die Hülle fehlt, so wird er nach Vorstehendem weder Geld noch Buch, bei Präsentation des letzteren, von der Kasse erhalten. Auf diese Sicherheitsmaßregeln wäre das Publikum durch Aushang im Kassenlokale und in sonst geeigneter Weise aufmerksam zu machen.

An Stelle der Hülle läßt sich durch Beigabe von besonderen Marken aus Metall, Pappe oder dergl. der vorerwähnte Zweck ebenfalls erreichen.

Die Eintragungen in die Sparbücher über Ein- und Rückzahlungen, sowie über Zinsen haben stets beide Beamte zu bescheinigen.

Bei Abhebung des Restguthabens ist von dem Empfänger über das Guthaben wie folgt zu quittieren:

Guthaben erhalten.
Ort. Datum.
Unterschrift.

Das Buch verbleibt der Kasse und ist durch kleine Einschnitte (etwa in der Weise, daß man das Buch faltet und in den Falz mit der Scheere einige Einschnitte thut) oder mittelst Stanze zur ferneren Benutzung unbrauchbar zu

---

*) Ziffer 13 des Preuß. Sparkassenreglements vom 12. Dezember 1838. Den Büchern, welche die Sparkassen ausstellen, soll überall das Statut, imgleichen eine Tabelle beigedruckt werden, aus welcher zu ersehen ist, welchen Ertrag jede Einlage von dem zu verzinsenden Minderbetrage an bis zur Höhe von 100 Rthlr., oder, insofern ein niedrigeres Maximum bestimmt wäre, bis zu diesem, in jedem der nächstfolgenden zehn Jahre unter Zurechnung der Zinsen und Zinseszinsen gewähren wird. Die weitere Ausdehnung der Tabellen auf größere Summen und längere Zeit bleibt den Communen anheimgestellt.

machen. Die eingelösten Bücher werden zur Belegung der Jahresrechnung verwendet.

Bei allen Einzahlungen und Auszahlungen sind die durch das Statut gegebenen Bestimmungen zu beachten, weil ersteres, wie am Eingange dieses Abschnittes erwähnt, den Darlehnsvertrag darstellt, welchen der Schuldner sowohl, als auch der Gläubiger einzuhalten haben.

Bei den Einzahlungen ist verhältnißmäßig weniger zu beachten, als bei den Rückzahlungen. Lediglich die mit besonderen Vorbehalten gemachten Einlagen (siehe § 9 des Statuts) erfordern eine, von der allgemeinen Regel abweichende Behandlung, indem die Vorbehalte (Sperrvermerke) sowohl auf dem Titelblatte des Sparbuches, als auch auf dem Kontoblatte (s. S. 17) vermerkt werden müssen. Soll ein solcher Vorbehalt aufgehoben werden, so empfiehlt es sich, eine, von dem dazu berechtigten Antragsteller zu unterzeichnende Verhandlung aufzunehmen, in welcher er ausdrücklich die Löschung des Vorbehalts beantragt.

Um Weiterungen vorzubeugen, ist es ferner zweckmäßig, den Antragsteller durch eine bekannte Person recognosciren zu lassen, welch letztere die Verhandlung als Zeuge mitzuvollziehen hat.

Wenngleich es Sache der Einleger selbst ist, die erforderlichen Vorbehalte zu beantragen, sei hier doch auf die Bestimmung der §§ 1807 und 1809*) des B. G. B. über, für Mündel anzulegende Spargelder hingewiesen.

Die Auszahlung von Spareinlagen darf stets nur gegen Vorlegung des Sparbuches, in welchem der abgehobene Betrag vermerkt wird, erfolgen.**)

Nicht unerwähnt darf bleiben, daß zwar nach § 371***) des B. G. B. auch ohne Rückgabe des Sparbuches gültig Zahlung geleistet werden darf, worüber die Kasse dann auf Kosten des Gläubigers ein öffentlich beglaubigtes

---

*) § 1807 B. G. B. Die im § 1806 vorgeschriebene Anlegung von Mündelgeld soll nur erfolgen:

1. pp.

5. bei einer inländischen öffentlichen Sparkasse, wenn sie von der zuständigen Behörde des Bundesstaats, in welchem sie ihren Sitz hat, zur Anlegung von Mündelgeld für geeignet erklärt ist.

§ 1809 B. G. B. Der Vormund soll Mündelgeld nach § 1807 Abs. 1 Nr. 5 oder nach § 1808 nur mit der Bestimmung anlegen, daß zur Erhebung des Geldes die Genehmigung des Gegenvormundes oder des Vormundschaftsgerichts erforderlich ist.

**) § 808 B. G. B. Wird eine Urkunde, in welcher der Gläubiger benannt ist, mit der Bestimmung ausgegeben, daß die in der Urkunde versprochene Leistung an jeden Inhaber bewirkt werden kann, so wird der Schuldner durch die Leistung an den Inhaber der Urkunde befreit. Der Inhaber ist nicht berechtigt, die Leistung zu verlangen.

Der Schuldner ist nur gegen Aushändigung der Urkunde zur Leistung verpflichtet. Ist die Urkunde abhanden gekommen oder vernichtet, so kann sie, wenn nicht ein Anderes bestimmt ist, im Wege des Aufgebotsverfahrens für kraftlos erklärt werden. Die im § 802 für die Verjährung gegebenen Vorschriften finden Anwendung.

***) § 371 B. G. B. Ist über die Forderung ein Schuldschein ausgestellt worden, so kann der Schuldner neben der Quittung Rückgabe des Schuldscheins verlangen. Behauptet der Gläubiger, zur Rückgabe außer Stande zu sein, so kann der Schuldner das öffentlich beglaubigte Anerkenntniß verlangen, daß die Schuld erloschen sei.

Anerkenntniß verlangen kann. Um Einwänden und damit verbundenen Weiterungen, möglicherweise auch Prozessen zu entgehen, wird man zweckmäßig dennoch stets auf Vorlegung des Sparbuches bestehen müssen.

Ist ein Sparbuch verloren gegangen, so mag der Einleger dasselbe gerichtlich aufbieten lassen. Auf dem Kontoblatte ist sogleich bei Erstattung der Verlustanzeige ein entsprechender Vermerk zu machen, um unbefugte Abhebungen zu verhindern (s. S. 17). Meldet sich alsdann ein Dritter und verlangt gegen Vorlegung des Sparbuches Zahlung, so ist letztere abzulehnen und die betreffende Person zur Geltendmachung ihrer Ansprüche an das Gericht zu verweisen.

Der § 808 Abs. 2*) d. B. G. B. gestattet allerdings, an Stelle des Aufgebotsverfahrens „etwas anderes" zu bestimmen. Von dem Aufgebotsverfahren sollte jedoch nur dann abgewichen werden, wenn die Vernichtung des Sparbuches unzweifelhaft nachgewiesen wird, auch Bedenken über die Berechtigung des Beantragenden bezw. derjenigen Person, welche das Guthaben erheben will, nicht bestehen. Es wird in solchem Falle also nur an denjenigen zu zahlen sein, auf dessen Namen das in Verlust gerathene Sparbuch lautete, oder an den durch Urkunden, wie Testament, Erbbescheinigung, Cession und dergl. legitimirten Rechtsnachfolger.

Das Aufgebotsverfahren hat der Verlierer bei dem zuständigen Amtsgerichte zu beantragen. Zur Begründung des Antrages ist dem Verlierer eine Abschrift des Kontoblattes zu ertheilen.**)

Das Gericht erläßt, sofern Einsprüche nicht erhoben werden, das Ausschlußurtheil.

Derjenige, welcher das letztere erwirkt hat, ist berechtigt,***) den durch die Urkunde Verpflichteten — also der Sparkasse — gegenüber die Rechte aus der Urkunde geltend zu machen. Er kann also die Ausfertigung eines neuen Sparbuches verlangen, darauf Geld erheben und solches einlegen.

Das Ausschlußurtheil unterliegt zwar der Anfechtungsklage, solange der Kasse jedoch die Aufhebung desselben nicht bekannt ist, sind Zahlungen, welche auf Grund dieses Urtheils erfolgt sind, auch Dritten, insbesondere dem Anfechtungskläger gegenüber wirksam.***)

---

*) siehe 2. Anmerkung auf voriger Seite.

**) § 1007 C. P. O. Der Antragsteller hat zur Begründung des Antrages:

1. entweder eine Abschrift der Urkunde beizubringen, oder den wesentlichen Inhalt der Urkunde und alles anzugeben, was zur vollständigen Erkennbarkeit derselben erforderlich ist;
2. den Verlust der Urkunde, sowie diejenigen Thatsachen glaubhaft zu machen, von welchen seine Berechtigung abhängt, das Aufgebotsverfahren zu beantragen;
3. sich zur Versicherung der Wahrheit seiner Angaben an Eidesstatt zu erbieten.

***) § 1018. C. P. O. Derjenige, welcher das Ausschlußurtheil erwirkt hat, ist dem durch die Urkunde Verpflichteten gegenüber berechtigt, die Rechte aus der Urkunde geltend zu machen.

Wird das Ausschlußurtheil in Folge einer Anfechtungsklage aufgehoben, so bleiben die auf Grund des Urtheils von dem Verpflichteten bewirkten Leistungen auch Dritten, insbesondere dem Anfechtungskläger, gegenüber wirksam, es sei denn, daß der Verpflichtete zur Zeit der Leistung die Aufhebung des Ausschlußurtheils gekannt hat.

Bei regulärer Erhebung von Spareinlagen ist darauf zu achten, daß nicht etwa an erkennbar geschäftsunfähige Personen*) Zahlung geleistet wird.

Fordert eine, in ihrer Geschäftsfähigkeit beschränkte Person**) gegen Vorlegung eines Sparbuches ein Guthaben ganz oder theilweise zurück, so wird man in der Regel annehmen dürfen, daß sie im Sinne der §§ 165, 185 und 362 d. B. G B.***) als Vertreter des Gläubigers oder, falls es sich um eine Einlage, welche auf ihren eigenen Namen lautet, handelt, mit Einwilligung ihres gesetzlichen Vertreters†) die Erhebung besorgt.

Im Uebrigen enthebt der § 808 Absatz 1 d. B. G. B.††) die Kassenbeamten der Legitimationsprüfung, sofern im Statut zum Ausdrucke gebracht ist, daß Zahlungen an jeden Inhaber des Sparbuches geleistet werden können, der Inhaber jedoch nicht berechtigt ist, die Leistung ohne Legitimationsprüfung zu verlangen (s. § 9 des Statuts).

Vor der Auszahlung einer Spareinlage ist stets das Kontoblatt (s. S. 17) zur Hand zu nehmen und nachzusehen, ob überhaupt soviel an Guthaben vorhanden ist, als verlangt wird. Ferner sind etwaige Sperrvermerke Verlustvermerke und Pfändungsvormerkungen zu beachten. Jedes Versehen in Bezug hierauf, macht den Beamten bezw. die Kasse aus § 823

---

*) § 104 B. G. B. Geschäftsunfähig ist:

1. wer nicht das siebente Lebensjahr vollendet hat;
2. wer sich in einem, die freie Willensbestimmung ausschließenden Zustande krankhafter Störung der Geistesthätigkeit befindet, sofern nicht der Zustand seiner Natur nach ein vorübergehender ist;
3. wer wegen Geisteskrankheit entmündigt ist.

§ 105 B. G. B. Die Willenserklärung eines Geschäftsunfähigen ist nichtig. Nichtig ist auch eine Willenserklärung, die im Zustande der Bewußtlosigkeit oder vorübergehender Störung der Geistesthätigkeit abgegeben wird.

**) § 106 B. G. B. Ein Minderjähriger, der das siebente Lebensjahr vollendet hat, ist nach Maßgabe der §§ 107 bis 113 in der Geschäftsfähigkeit beschränkt.

***) § 165 B. G. B. Die Wirksamkeit einer von oder gegenüber einem Vertreter abgegebenen Willenserklärung wird nicht dadurch beeinträchtigt, daß der Vertreter in der Geschäftsfähigkeit beschränkt ist.

§ 185 B. G. B. Eine Verfügung, die ein Nichtberechtigter über einen Gegenstand trifft, ist wirksam, wenn sie mit Einwilligung des Berechtigten erfolgt.

Die Verfügung wird wirksam, wenn der Berechtigte sie genehmigt oder wenn der Verfügende den Gegenstand erwirbt oder wenn er von dem Berechtigten beerbt wird und dieser für die Nachlaßverbindlichkeiten unbeschränkt haftet. In den beiden letzteren Fällen wird, wenn über den Gegenstand mehrere mit einander nicht in Einklang stehende Verfügungen getroffen worden sind, nur die frühere Verfügung wirksam.

§ 362 B. G: B. Das Schuldverhältniß erlischt, wenn die geschuldete Leistung an den Gläubiger bewirkt wird.

Wird an einen Dritten zum Zwecke der Erfüllung geleistet, so finden die Vorschriften des § 185 Anwendung.

†) § 107 B. G. B. Der Minderjährige bedarf zu einer Willenserklärung, durch die er nicht lediglich einen rechtlichen Vortheil erlangt, der Einwilligung seines gesetzlichen Vertreters.

††) siehe 2. Anmerkung auf Seite 35.

D. B. G. B. ersatzpflichtig.*) Es folgt daraus, daß die vorerwähnten Vermerke, sobald sie bei der Kasse beantragt werden, unverzüglich auf dem Kontoblatte zur Niederschrift gelangen müssen und zwar in einer leicht in die Augen fallenden Weise, etwa mit farbiger Tinte.

Eine Einlagenforderung gilt der Sparkasse gegenüber als beschlagnahmt, sobald ihr eine diesbezügliche Benachrichtigung**) über die bevorstehende Pfändung oder ein Zahlungsverbot,***) welches in der Regel mit einem Ueberweisungsbeschlusse†) verbunden sein wird, zugeht.

Im ersteren Falle gilt die Beschlagnahme als erloschen, wenn nicht innerhalb 3 Wochen die thatsächliche Pfändung erfolgt ist.

Von der Kasse können, und zwar geschieht es wohl regelmäßig, be-

---

*) § 823 d. B. G. B. Wer vorsätzlich oder fahrlässig das Leben, den Körper, die Gesundheit, die Freiheit, das Eigenthum oder ein sonstiges Recht eines Anderen widerrechtlich verletzt, ist dem Anderen zum Ersatze des daraus entstehenden Schadens verpflichtet.

Die gleiche Verpflichtung trifft denjenigen, welcher gegen ein den Schutz eines Anderen bezweckendes Gesetz verstößt. Ist nach dem Inhalte des Gesetzes ein Verstoß gegen dieses auch ohne Verschulden möglich, so tritt die Ersatzpflicht nur im Falle des Verschuldens ein.

**) § 845 C. P. O. Schon vor der Pfändung kann der Gläubiger auf Grund eines vollstreckbaren Schuldtitels durch den Gerichtsvollzieher dem Drittschuldner und dem Schuldner die Benachrichtigung, daß die Pfändung bevorstehe, zustellen lassen mit der Aufforderung an den Drittschuldner, nicht an den Schuldner zu zahlen, und mit der Aufforderung an den Schuldner, sich jeder Verfügung über die Forderung, insbesondere der Einziehung derselben zu enthalten. Der vorherigen Ertheilung einer vollstreckbaren Ausfertigung und der Zustellung des Schuldtitels bedarf es nicht.

Die Benachrichtigung an den Drittschuldner hat die Wirkung eines Arrestes (§ 930), sofern die Pfändung der Forderung innerhalb drei Wochen bewirkt wird. Die Frist beginnt mit dem Tage, an welchem die Benachrichtigung zugestellt ist.

***) § 829 C. P. O. Soll eine Geldforderung gepfändet werden, so hat das Gericht dem Drittschuldner zu verbieten, an den Schuldner zu zahlen. Zugleich hat das Gericht an den Schuldner das Gebot zu erlassen, sich jeder Verfügung über die Forderung, insbesondere der Einziehung derselben zu enthalten.

Der Gläubiger hat den Beschluß dem Drittschuldner zustellen zu lassen. Der Gerichtsvollzieher hat den Beschluß mit einer Abschrift der Zustellungsurkunde dem Schuldner sofort zuzustellen, sofern nicht eine öffentliche Zustellung erforderlich wird. Ist die Zustellung an den Drittschuldner auf unmittelbares Ersuchen des Gerichtsschreibers durch die Post erfolgt, so hat der Gerichtsschreiber für die Zustellung an den Schuldner in gleicher Weise Sorge zu tragen. An Stelle einer an den Schuldner im Auslande zu bewirkenden Zustellung erfolgt die Zustellung durch Aufgabe zur Post.

Mit der Zustellung des Beschlusses an den Drittschuldner ist die Pfändung als bewirkt anzusehen.

†) § 836 C. P. O. Die Ueberweisung ersetzt die förmlichen Erklärungen des Schuldners, von welchen nach den Vorschriften des bürgerlichen Rechts die Berechtigung zur Einziehung der Forderung abhängig ist.

Der Ueberweisungsbeschluß gilt, auch wenn er mit Unrecht erlassen ist, zu Gunsten des Drittschuldners dem Schuldner gegenüber solange als rechtsbeständig, bis er aufgehoben wird und die Aufhebung zur Kenntniß des Drittschuldners gelangt.

Der Schuldner ist verpflichtet, dem Gläubiger die zur Geltendmachung der Forderung nöthige Auskunft zu ertheilen und ihm die über die Forderung vorhandenen Urkunden herauszugeben. Die Herausgabe kann von dem Gläubiger im Wege der Zwangsvollstreckung erwirkt werden.

stimmte Erklärungen über das Guthaben vom betreibenden Gläubiger verlangt werden.*)

Tritt der Fall ein, daß eine Forderung für mehrere Personen gepfändet ist, so überhebt der § 853 C. P. O.**) die Kasse der Verpflichtung, direkt an die Drittschuldner zu zahlen. Ihr steht vielmehr das Recht zu — und auf Antrag eines Gläubigers ist sie dazu verpflichtet — den Schuldbetrag bei dem Amtsgerichte, dessen Beschluß ihr zuerst zugestellt ist, zu hinterlegen.

Zur Erhebung gepfändeter Spareinlagen ist ebenso, wie im gewöhnlichen Geschäftsverfahren, die Vorlegung des Sparbuches oder an Stelle dessen des Ausschlußurtheils (s. S. 36) bei der Sparkasse erforderlich. Es ist Sache des Gläubigers, sich in den Besitz desselben zu setzen, zu welchem Zwecke er die Herausgabe eventl. im Wege der Zwangsvollstreckung erwirken kann.***)

Für im Verwaltungszwangsverfahren gepfändete Spareinlagen findet das vorstehend Angeführte entsprechende Anwendung.

Die Verjährung der Spareinlagen und der davon erwachsenen Zinsen erfolgt in 30 Jahren, sofern das Statut nicht eine andere Frist vorschreibt.†)

Die Verjährung wird unterbrochen,††) wenn das Sparbuch innerhalb dieser Frist, zwecks Zuzahlung, Abhebung, Zinsenzuschreibung oder sonstwie, besonders auch mit der ausdrücklichen Absicht, die Verjährung zu unterbrechen, vorgelegt wird.

---

*) § 840 C. P. O. Auf Verlangen des Gläubigers hat der Drittschuldner binnen zwei Wochen, von der Zustellung des Pfändungsbeschlusses an gerechnet, dem Gläubiger zu erklären:

1. ob und inwieweit er die Forderung als begründet anerkenne und Zahlung zu leisten bereit sei;
2. ob und welche Ansprüche andere Personen an die Forderung machen;
3. ob und wegen welcher Ansprüche die Forderung bereits für andere Gläubiger gepfändet sei.

Die Aufforderung zur Abgabe dieser Erklärungen muß in die Zustellungsurkunde aufgenommen werden. Der Drittschuldner haftet dem Gläubiger für den aus der Nichterfüllung seiner Verpflichtung entstehenden Schaden.

Die Erklärungen des Drittschuldners können bei Zustellung des Pfändungsbeschlusses oder innerhalb der im ersten Absatze bestimmten Frist an den Gerichtsvollzieher erfolgen. Im ersteren Falle sind dieselben in die Zustellungsurkunde aufzunehmen und von dem Drittschuldner zu unterschreiben.

**) § 853 C. P. O. Ist eine Geldforderung für mehrere Gläubiger gepfändet, so ist der Drittschuldner berechtigt und auf Verlangen eines Gläubigers, welchem die Forderung überwiesen wurde, verpflichtet, unter Anzeige der Sachlage und unter Aushändigung der ihm zugestellten Beschlüsse an das Amtsgericht, dessen Beschluß ihm zuerst zugestellt ist, den Schuldbetrag zu hinterlegen.

***) siehe 4. Anmerk. auf Seite 38.

†) § 195 B. G. B. Die regelmäßige Verjährungsfrist beträgt 30 Jahre.

§ 224 B. G. B. Mit dem Hauptanspruche verjährt der Anspruch auf die von ihm abhängenden Nebenleistungen, auch wenn die für diesen Anspruch geltende besondere Verjährung noch nicht vollendet ist.

††) § 208 B. G. B. Die Verjährung wird unterbrochen, wenn der Verpflichtete dem Berechtigten gegenüber den Anspruch durch Abschlagszahlung, Zinszahlung, Sicherheitsleistung oder in anderer Weise anerkennt.

Eine neue Verjährung kann erst hiernach wiederum beginnen.*)

Die Zinsen würden zwar in 4 Jahren verjähren.**) Da sie nach dem Statut (s. § 8) jedoch alljährlich dem Kapital zugerechnet werden und sie sich somit selbst zur Hauptforderung umgestalten, gilt für sie ebenfalls die 30jährige Verjährungsfrist.

Sparmarken.

Um das Sparen ganz geringer Beträge zu ermöglichen, ist die Einführung des Sparmarkensystems zu empfehlen.

Zu diesem Zwecke sind Sparmarken zum Satze von 10 Pf. etwa in der Größe von deutschen Reichspostmarken mit der Bezeichnung „Kreis-Sparkasse N. N. 10 Pf. Sparmarke" zu beschaffen.

Das Druckmuster der Marken ist, zur Vermeidung von Nachahmungen, sorgfältig herzustellen. Vom Hersteller ist ein Revers zu verlangen, daß er für etwa in seinem Betriebe mißbräuchlich gefertigte Marken haftet.

Der Vertrieb der Marken erfolgt durch die Sparkasse, deren Nebenstellen und geeignete Personen.

Muster 32 Außerdem sind aus Kartonpapier hergestellte Sparkarten zum Einkleben der Marken unentgeltlich zu verabfolgen.

Gegen Ablieferung solch einer, mit 30 Sparmarken beklebten Karte, hat dann die Kasse dem Ueberbringer entweder ein Sparbuch über 3 Mark auszufertigen, oder einem vorgelegten Buche diesen Betrag zuzuschreiben, oder endlich den Betrag baar auszuzahlen.

Die von der Kasse eingelösten Sparkarten sind zu entwerthen, was zweckmäßig durch einen über die ganze Markenfläche reichenden Farbenstempel, oder besser noch durch eine Perforirmaschine geschieht.

Die so entwertheten Marken sind mit Datum der Einlösung und mit Tagebuchnummer versehen, nach letzterer geordnet, aufzubewahren, bis sie der Jahresrechnung als Beläge beigefügt werden.

Der Vorrath an Sparmarken ist unter dreifachem Verschluß (Vorsitzender, Rechnungsführer und Gegenbuchführer (siehe S. 6) aufzubewahren. Ueber
Muster 33 dieselben wird eine Kontrole geführt und unter gleichem Verschluß gehalten.

Den Kassenbeamten wird eine, dem Geschäftsumfang entsprechende, bestimmte Anzahl Marken vom Vorsitzenden herausgegeben. Bei jeder Monatsrevision — falls erforderlich auch zwischenein — ist dieser Markenbestand um soviel zu ergänzen, als seit der letzten Herausgabe durch Verkauf abgegangen ist.

---

*) § 217 B. G. B. Wird die Verjährung unterbrochen, so kommt die bis zur Unterbrechung verstrichene Zeit nicht in Betracht, eine neue Verjährung kann erst nach der Beendigung der Unterbrechung beginnen.

**) § 197 B. G. B. In vier Jahren verjähren die Ansprüche auf Rückstände von Zinsen, mit Einschluß der als Zuschlag zu den Zinsen zum Zwecke allmählicher Tilgung des Kapitals zu entrichtenden Beträge, die Ansprüche auf Rückstände von Mieth- und Pachtzinsen, soweit sie nicht unter die Vorschrift des § 196 Abs. 1 Nr. 6 fallen, und die Ansprüche auf Rückstände von Renten, Auszugsleistungen, Besoldungen, Wartegeldern, Ruhegehalten, Unterhaltsbeiträgen und allen anderen regelmäßig wiederkehrenden Leistungen.

Die Nebenstellen und mit dem Vertrieb der Sparmarken betrauter Personen erhalten ihren Bedarf aus dem Bestande der Kassenbeamten.

Auf den Sparmarkenverkehr finden die §§ 793 Abs. 1, 794 Abs. 1 796, 797 und 807 des B. G. B. und Art. 102 Abs. 1 des Einführungsgesetzes dazu Anwendung.*)

Zu letzterer Gesetzesbestimmung sei noch bemerkt, daß für die in § 807 B. B. G. bezeichneten Marken reichsgesetzlich eine Kraftloserklärung nicht vorgesehen ist.

Inhaberpapiere.

Allgemeines.

Inhaberpapiere, auch Effekten genannt, sind auf den Inhaber lautende Schuldverschreibungen, d. h. es ist nicht, wie in einem gewöhnlichen Schuldscheine, eine bestimmt benannte Person Gläubigerin des Ausstellers, sondern Jeder, der im Besitz der Urkunde sich befindet.

Zur Eigenthumsübertragung der durch die Urkunde verbrieften Forderung genügt deren Uebergabe**) gleichwie bei einer Sache.

Infolge der hierdurch bedingten leichten Eigenthumsübertragbarkeit sind diese Papiere gewissermaßen Handelsartikel geworden und wird an den Börsen damit gewerbsmäßiger Handel getrieben.

Den Sparkassen sind sie deshalb eine angenehme Kapitalanlage, weil sie jeder Zeit wieder veräußert oder lombardirt werden können. Das in ihnen angelegte Kapital ist leicht flüssig zu machen, was von wesentlicher Bedeutung

---

*) § 793 Abs. 1 d. B. G. B. Hat Jemand eine Urkunde ausgestellt, in der er dem Inhaber der Urkunde eine Leistung verspricht (Schuldverschreibung auf den Inhaber), so kann der Inhaber von ihm die Leistung nach Maßgabe des Versprechens verlangen, es sei denn, daß er zur Verfügung über die Urkunde nicht berechtigt ist. Der Aussteller wird jedoch auch durch die Leistung an einen nicht zur Verfügung berechtigten Inhaber befreit.

§ 794 Abs. 1 B. G. B. Der Aussteller wird aus einer Schuldverschreibung auf den Inhaber auch dann verpflichtet, wenn sie ihm gestohlen worden oder verloren gegangen oder wenn sie sonst ohne seinen Willen in den Verkehr gelangt ist.

§ 796 B. G. B. Der Aussteller kann dem Inhaber der Schuldverschreibung nur solche Einwendungen entgegensetzen, welche die Gültigkeit der Ausstellung betreffen oder sich aus der Urkunde ergeben oder dem Aussteller unmittelbar gegen den Inhaber zustehen.

§ 797 B. G. B. Der Aussteller ist nur gegen Aushändigung der Schuldverschreibung zur Leistung verpflichtet. Mit der Aushändigung erwirbt er das Eigenthum an der Urkunde, auch wenn der Inhaber zur Verfügung über sie nicht berechtigt ist.

§ 807 B. G. B. Werden Karten, Marken oder ähnliche Urkunden, in denen ein Gläubiger nicht bezeichnet ist, von dem Aussteller unter Umständen ausgegeben, aus welchen sich ergiebt, daß er dem Inhaber zu einer Leistung verpflichtet sein will, so finden die Vorschriften des § 793 Abs. 1 und der §§ 794, 796, 797 entsprechende Anwendung.

Artikel 102 Abs. 1 des E. G. z. B. G. B. Unberührt bleiben die landesgesetzlichen Vorschriften über die Kraftloserklärung und die Zahlungssperre in Ansehung der im § 807 d. B. G. B. bezeichneten Urkunden.

**) § 929 B. G. B. Zur Uebertragung des Eigenthums an einer beweglichen Sache ist erforderlich, daß der Eigenthümer die Sache dem Erwerber übergiebt und beide darüber einig sind, daß das Eigenthum übergehen soll. Ist der Erwerber im Besitze der Sache, so genügt die Einigung über den Uebergang des Eigenthums.

deshalb ist, weil die Sparkassen selbst ihren Gläubigern (den Einlegern) gegenüber zur kurzfristigen Rückzahlung verpflichtet sind.

Auf den Inhaberpapieren findet man bezüglich der Rückzahlung und Verzinsung die für beide Theile — Schuldner, wie Gläubiger — verbindlichen Bedingungen abgedruckt.

Außerdem giebt das im Verlag für Börsen- und Finanzliteratur A.G. zu Leipzig erscheinende „Saling's Börsenjahrbuch II finanzieller Theil" ebenfalls über die, für die einzelnen Papiere maßgebenden Bedingungen Aufschluß.

Für beschädigte oder sonstwie zum Umlauf nicht mehr geeignete Stücke kann der Inhaber von der Ausgabestelle auf seine Kosten Ersatz verlangen.*)

Von den an der Börse gehandelten Werthpapieren kommen für die Sparkassen wohl nur die zu einem festen Zinsertrage ausgegebenen Schuldverschreibungen (Obligationen) in Betracht. Mit Rücksicht darauf, daß sie Antheile von größeren Anleihen sind, werden sie auch Theil-Schuldverschreibungen, Stücke, Partialobligationen genannt. Die festen, meistentheils halbjährlich nachträglich fälligen Zinsen dafür werden durch die, jedem einzelnen Stücke beigegebenen Zinsscheine (Kupons) erhoben.

Man nennt die Werthpapiere je nach Zweck und Ursprung Reichsanleihen, Staatsanleihen (auch Fonds), Provinzial-, Kreis- und Stadt-Obligationen.

Zu den Staatspapieren sind noch zu rechnen die Aktien und Prioritätsobligationen der verstaatlichten Eisenbahnen und zwar: Bergisch-Märkische, Berlin-Potsdam-Magdeburg, Homburger, Köln-Minden, Cöthen-Bernburg, Magdeburg-Wittenberge, Niederschlesisch-Märkische, Schleswig-Holsteinische Marschbahn, Werrabahn, Westholsteinische und Mecklenburgische Friedrich Franz-Eisenbahn.

Für solche Schuldverschreibungen verpfänden die Aussteller bezw. Verbände, ihre Einkünfte, ihr Vermögen, ihren Kredit, sowie die Steuerkraft der Verbandsangehörigen.

Von den Landschaften und Hypothekenbanken werden Schuldverschreibungen unter der Bezeichnung Pfandbriefe ausgegeben. Dieselben haben als Unterlagen die auf den, von den Landschaften beliehenen Grundstücken eingetragenen Hypotheken und das eigene Vermögen dieser Institute.

Schließlich sind noch die, ebenfalls auf Grundbesitz fundirten Preußischen Rentenbriefe, die bayrischen Grundrentenablösungs-Schuldbriefe, die Obligationen der Bayrischen Landeskulturrentenanstalt, die staatlich garantirten Obligationen der Herzoglichen Landesbank von Sachsen-Altenburg, die Schuldverschreib-

---

*) § 798 B. G. B. Ist eine Schuldverschreibung auf den Inhaber in Folge einer Beschädigung oder einer Verunstaltung zum Umlaufe nicht mehr geeignet, so kann der Inhaber, sofern ihr wesentlicher Inhalt und ihre Unterscheidungsmerkmale noch mit Sicherheit erkennbar sind, von dem Aussteller die Ertheilung einer neuen Schuldverschreibung auf den Inhaber gegen Aushändigung der beschädigten oder verunstalteten verlangen. Die Kosten hat er zu tragen und vorzuschießen.

ungen der großherzoglichen Landeskreditkasse zu Weimar und diejenigen der Landeskreditkasse für das Fürstenthum Schwarzburg-Rudolstadt zu erwähnen.

Die Inhaberpapiere sind seitens der Gläubiger unkündbar.

Die allmälige Tilgung der Schuld erfolgt in der Regel durch vorweg festgesetzte Auslosungen, d. h. es werden an bestimmten Terminen durch das Loos diejenigen Stücke bezeichnet, welche zwecks Einlösung zu kündigen sind. Die Ausgabestelle behält sich wohl auch das Recht vor, an Stelle der Auslosung einen entsprechenden Theil durch Ankauf einzulösen. Durch Erwerb eines Antheils solch fest verzinslicher Anleihen sichert man sich gewissermaßen den Genuß einer dauernden, staatlich garantirten Rente, weshalb diese Anleihen auch Rentenanleihen oder kurzweg Renten genannt werden. (Nicht zu verwechseln mit Rentenbriefen.)

Für Anleihen mit allmäliger Tilgung behält sich die Ausgabestelle gewöhnlich das Recht vor, die Tilgung beliebig zu verstärken, auch die ganze Anleihe auf einmal kündigen zu dürfen. Hauptsächlich wird von diesem Kündigungsrechte zwecks Herabsetzung des Zinsfußes Gebrauch gemacht, wenn die allgemeinen Geldverhältnisse dieses erforderlich und rathsam erscheinen lassen. Bei Vornahme der Zinsenherabsetzung (Konversion) werden sämmtliche Stücke einer Anleihe gekündigt und bleibt dem Inhaber dann die Wahl, entweder den Nennwerth baar, oder neue Stücke von demselben Nennwerthe, aber mit dem herabgesetzten Zinsfuße in Empfang zu nehmen. Oft werden die alten Stücke nur abgestempelt, d. h. mit einem Stempelabdrucke versehen, welcher die Zinsherabsetzung ausdrückt. An Stelle der alten Zinsscheine werden neue zum ermäßigten Satze behändigt, oder die alten Zinsscheine erhalten einen bezüglichen Stempelaufdruck.

Zuweilen wird den auf eine Konversion eingehenden Gläubigern eine besondere einmalige Vergütung, Konversionsprämie genannt, vom Schuldner gewährt.

Endlich seien auch die Prämien- oder Lotterieanleihen erwähnt. Dieselben eignen sich zwar nicht zur Anschaffung für Sparkassen, können aber unter Umständen von denselben beliehen — lombardirt — werden. Diese Anleihen sind etweder ganz unverzinslich oder es ist dafür ein nur geringfügiger Zinsatz ausgesetzt. Als Aequivalent für den Zinsenverlust kommen bei den Tilgungsauslosungen Gewinne oder Prämien zur Ausspielung. Ohne Gewinn ausgelooste Stücke — Nieten — werden zum Nennwerthe, oder je nach den Bestimmungen, zu dem festgesetzten niedrigsten Einlösungsbetrage bezahlt.

Die Ansprüche aus einem gekündigten Inhaberpapiere verjähren gesetzlich in 30 Jahren nach der Fälligkeit.

Erfolgt die Vorlegung oder die gerichtliche Geltendmachung des Anspruches, so verjährt letzterer in 2 Jahren von dem Ende der Vorlegungsfrist an. Bezüglich der letzteren kann die Ausgabestelle in der Urkunde „etwas anderes" bestimmen.*)

Zinsscheine oder Kupons und Erneuerungsscheine oder Talons.

Zinsscheine oder Kupons heißen die, den Inhaberpapieren mit festem Zinsfuße auf eine Reihe von Jahren (Zinsscheinreihe, -Serie) behufs Erhebung der fälligen Zinsen beigegebenen, gedruckten Erhebungsanweisungen, welche bei den darin bezeichneten Zahlstellen gegen Baar eingelöst werden.

Für jedes einzelne Stück befinden sich die sämmtlichen zu einer Zinsscheinreihe gehörigen Zinsscheine zusammenhängend auf einen Bogen und darunter ein Erneuerungsschein (Talon), gegen welchen die nächstfolgende Zinsscheinreihe ausgehändigt wird.

Die einzelnen Zinsscheine sind an den Fälligkeitsterminen abzuschneiden und einzulösen.

Die Einlösungsstellen verlangen dazu gewöhnlich ein nach Sorten geordnetes Verzeichnis.

Außer den auf den Zinsscheinen angegebenen Zahlstellen werden die Zinsscheine der Reichsanleihen bei den Reichsbankstellen, diejenigen der Preuß. Staatsanleihen bei den Regierungs-Haupt- und Kreiskassen, sowie den Reichsbankstellen, und diejenigen der Preußischen Rentenbriefe bei den Königlichen Kreiskassen eingelöst.

Die Zinsscheine verjähren 4 Jahre nach der Fälligkeit.**)

Es empfiehlt sich, die Zinsscheinbogen von den dazugehörigen Stücken gesondert aufzubewahren, da die letzteren ohne Zinsscheinbogen unverkäuflich sind und daher bei einer Entwendung nicht verwerthet werden können.

An- und Verkauf von Inhaberpapieren und Subscriptionen.

Wie auf Seite 41 bereits bemerkt, erfolgt der Handel mit Inhaberpapieren an den in den größeren Handelsstädten (Berlin, Frankfurt a. M., Hamburg u. a.) bestehenden Fondsbörsen.

Für jede Börse besteht nach Vorschrift des § 4 des Börsengesetzes vom 22. Juni 1896 eine Börsenordnung. Außerdem sind für die Börsengeschäfte gewisse Bedingungen und Usancen maßgebend.

Da die Sparkassen indessen nicht direkt an der Börse Geschäfte abschließen können — es sei denn, daß sich eine Börse am Sitze der Kasse

*) § 801 B. G. B. Der Anspruch aus einer Schuldverschreibung auf den Inhaber erlischt mit dem Ablaufe von dreißig Jahren nach dem Eintritte der für die Leistung bestimmten Zeit, wenn nicht die Urkunde vor dem Ablaufe der dreißig Jahre dem Aussteller zur Einlösung vorgelegt wird. Erfolgt die Vorlegung, so verjährt der Anspruch in zwei Jahren von dem Ende der Vorlegungsfrist an. Der Vorlegung steht die gerichtliche Geltendmachung des Anspruchs aus der Urkunde gleich.

Bei Zins-, Renten- und Gewinnantheilscheinen beträgt die Vorlegungsfrist vier Jahre. Die Frist beginnt mit dem Schlusse des Jahres, in welchem die für die Leistung bestimmte Zeit eintritt.

Die Dauer und der Beginn der Vorlegungsfrist können von dem Aussteller in der Urkunde anders bestimmt werden.

**) siehe obige Anmerkung und zwar Absatz 2 des § 801.

befindet und ein Vertreter für letztere zum Börsenbesuch zugelassen ist — so erübrigt es, auf diese Bestimmungen einzugehen. Ausführliches darüber findet man in „Saling's Börsen=Papiere Theil I".

Die Sparkassen sind darauf angewiesen, sich zum An= und Verkauf von Effekten der Vermittelung eines Bankgeschäftes, „Kommissionärs", im Sinne des Handelsgesetzbuches vom 10. Mai 1897 zu bedienen.*)

Der Auftrag zu einem solchen Geschäfte erfolgt in Form eines gewöhnlichen Briefes, worauf seitens des ersuchten Bankgeschäftes eine Bestätigung erfolgt.**)

Die Sparkasse kann bestimmen, daß bei dem Ankauf ein gewisser Höchstpreis nicht überschritten und daß bei einem Verkauf unter einen bestimmten Mindestpreis nicht herabgegangen werden darf. Man nennt das einen limitirten Auftrag. Kann derselbe nicht sogleich ausgeführt werden, so erhält der Auftraggeber hiervon Nachricht, woran in der Regel die Bemerkung geknüpft wird, daß das Bankhaus für Erfüllung des Auftrages bis Ultimo (Schluß des betreffenden Monats) bemüht bleiben wird.

Sofern der Auftrag nicht limitirt wird, erfolgt dessen Ausführung „bestens", d. h. die Papiere werden zum Tageskurse ge= oder verkauft.

Solange der Auftrag nicht ausgeführt ist, kann er widerrufen werden.***)

---

*) § 383 H. G. B. Kommissionär ist, wer es gewerbsmäßig übernimmt, Waaren oder Werthpapiere für Rechnung eines Anderen (des Kommittenten) in eigenem Namen zu kaufen oder zu verkaufen.

**) § 362 H. G. B. Geht einem Kaufmann, dessen Gewerbebetrieb die Besorgung von Geschäften für Andere mit sich bringt, ein Antrag über die Besorgung solcher Geschäfte von Jemand zu, mit dem er in Geschäftsverbindung steht, so ist er verpflichtet, unverzüglich zu antworten; sein Schweigen gilt als Annahme des Antrags. Das Gleiche gilt, wenn einem Kaufmann ein Antrag über die Besorgung von Geschäften von jemand zugeht, dem gegenüber er sich zur Besorgung solcher Geschäfte erboten hat.

Auch wenn der Kaufmann den Antrag ablehnt, hat er die mitgesendeten Waaren auf Kosten des Antragstellers, soweit er für diese Kosten gedeckt ist und soweit es ohne Nachtheil für ihn geschehen kann, einstweilen vor Schaden zu bewahren.

§ 663 B. G. B. Wer zur Besorgung gewisser Geschäfte öffentlich bestellt ist oder sich öffentlich erboten hat, ist, wenn er einen auf solche Geschäfte gerichteten Auftrag nicht annimmt, verpflichtet, die Ablehnung dem Auftraggeber unverzüglich anzuzeigen. Das Gleiche gilt, wenn sich Jemand dem Auftraggeber gegenüber zur Besorgung gewisser Geschäfte erboten hat.

***) § 130 B. G. B. Eine Willenserklärung, die einem Anderen gegenüber abzugeben ist, wird, wenn sie in dessen Abwesenheit abgegeben wird, in dem Zeitpunkte wirksam, in welchem sie ihm zugeht. Sie wird nicht wirksam, wenn dem Anderen vorher oder gleichzeitig ein Widerruf zugeht.

Auf die Wirksamkeit der Willenserklärung ist es ohne Einfluß, wenn der Erklärende nach der Abgabe stirbt oder geschäftsunfähig wird.

Diese Vorschriften finden auch dann Anwendung, wenn die Willenserklärung einer Behörde gegenüber abzugeben ist.

§ 671 B. G. B. Der Auftrag kann von dem Auftraggeber jederzeit widerrufen, von dem Beauftragten jederzeit gekündigt werden.

Der Beauftragte darf nur in der Art kündigen, daß der Auftraggeber für die Besorgung des Geschäfts anderweit Fürsorge treffen kann, es sei denn, daß ein wichtiger Grund für die unzeitige Kündigung vorliegt. Kündigt er ohne solchen Grund zur Unzeit, so hat er dem Auftraggeber den daraus entstehenden Schaden zu ersetzen.

Liegt ein wichtiger Grund vor, so ist der Beauftragte zur Kündigung auch dann berechtigt, wenn er auf das Kündigungsrecht verzichtet hat.

Das Bankgeschäft ist jedoch berechtigt, auch in diesem Falle Provision zu berechnen.*)

Der Beauftragte haftet dem Auftraggeber für ordnungsmäßige Ausführung des Geschäfts. Er darf ohne des letzteren Genehmigung nicht ungünstiger abschließen, als ihm vorgeschrieben ist.**) Gelingt es ihm indessen, das Geschäft zu günstigeren Bedingungen zu erledigen, so genießt den Vortheil der Auftraggeber.***)

Das beauftragte Bankgeschäft wird in der Regel nicht die zum Ankauf beorderten Papiere aus eigenen Beständen liefern, ebensowenig zum Verkauf angebotene selbst erwerben. Es kauft resp. verkauft vielmehr, den ihm ertheilten Aufträgen gemäß, die Werthe an der Börse durch Vermittelung der Kursmakler, welche für ihre Bemühungen eine Entschädigung, Kurtage genannt, berechnen. Letztere beträgt gewöhnlich $^1/_2$ vom Tausend.

Ferner bringt das Bankgeschäft für seine Bemühungen eine Provision,†) welche 1‰ bis $^1/_4$% zu betragen pflegt, neben sonstigen Auslagen an Stempel- und Portokosten in Ansatz. Der Provisionsatz geht zuweilen noch unter 1‰ herab, besonders für Staatspapiere.

(Die Reichsbank berechnet $1^1/_2$ vom Tausend des Nennwerthes an Provision.)

Ist der Ankaufspreis für die Kasse seitens der Bank verauslagt, so werden bis zur Erstattung des Vorschusses Zinsen berechnet.†)

---

*) § 396 H. G. B. Der Kommissionär kann die Provision fordern, wenn das Geschäft zur Ausführung gekommen ist. Ist das Geschäft nicht zur Ausführung gekommen, so hat er gleichwohl den Anspruch auf die Auslieferungsprovision, sofern eine solche ortsgebräuchlich ist; auch kann er die Provision verlangen, wenn die Ausführung des von ihm abgeschlossenen Geschäfts nur aus einem in der Person des Kommittenten liegenden Grunde unterblieben ist.

Zu dem von dem Kommittenten für Aufwendungen des Kommissionärs nach den §§ 670[1], 675[2] des B. G. B. zu leistenden Ersatze gehört auch die Vergütung für die Benutzung der Lagerräume und der Beförderungsmittel des Kommissionärs.

**) § 386 H. G. B. Hat der Kommissionär unter dem ihm gesetzten Preise verkauft oder hat er den ihm für den Einkauf gesetzten Preis überschritten, so muß der Kommittent, falls er das Geschäft als nicht für seine Rechnung abgeschlossen zurückweisen will, dies unverzüglich auf die Anzeige von der Ausführung des Geschäfts erklären; andernfalls gilt die Abweichung von der Preisbestimmung als genehmigt.

Erbietet sich der Kommissionär zugleich mit der Anzeige von der Ausführung des Geschäfts zur Deckung des Preisunterschieds, so ist der Kommittent zur Zurückweisung nicht berechtigt. Der Anspruch des Kommittenten auf den Ersatz eines den Preisunterschied übersteigenden Schadens bleibt unberührt.

***) § 387 H. G. B. Schließt der Kommissionär zu vortheilhafteren Bedingungen ab, als sie ihm von dem Kommittenten gesetzt worden sind, so kommt dies dem Kommittenten zu Statten.

Das gilt insbesondere, wenn der Preis, für welchen der Kommissionär verkauft, den von dem Kommittenten bestimmten niedrigsten Preis übersteigt oder wenn der Preis, für welchen er einkauft, den von dem Kommittenten bestimmten höchsten Preis nicht erreicht.

†) § 354 H. G. B. Wer in Ausübung seines Handelsgewerbes einem Anderen Geschäfte besorgt oder Dienste leistet, kann dafür auch ohne Verabredung Provision und, wenn es sich um Aufbewahrung handelt, Lagergeld nach den an dem Orte üblichen Sätzen fordern.

Für Darlehen, Vorschüsse, Auslagen und andere Verwendungen kann er vom Tage der Leistung an Zinsen berechnen.

Ueber alle Kosten und Auslagen werden eingehende Rechnungen ertheilt, welche die Sparkasse zur Belegung der Jahresrechnung (s. S. 27) zu verwenden hat.

Nicht nur das Geschäft zwischen der Kasse und dem Bankinstitute, sondern auch dasjenige, welches letzteres in Folge des ihm ertheilten Auftrages an der Börse abgeschlossen hat, ist steuerpflichtig.*) Da für das an der Börse abgewickelte Geschäft die Steuer vom Käufer und Verkäufer je zur Hälfte getragen wird, findet man in den Bankrechnungen allgemein den $1^1/_2$ fachen Tarifsatz angesetzt, nämlich $^1/_2$ der Steuer für das Geschäft an der Börse und die volle Steuer für das Geschäft zwischen dem Bankhaus und der Kasse.

Auch wenn das Bankgeschäft den ihm ertheilten Auftrag in der Weise ausführt, daß es verlangte Papiere selbst liefert oder angebotene selbst erwirbt,** ist es berechtigt, dieselben Spesen zu berechnen, als wäre das Geschäft an der Börse abgeschlossen.***)

*) § 8 Abs. 3 R. St. G. Ist das Geschäft von einem Kommissionär (§ 383 des H. G. B.) abgeschlossen, so ist die Abgabe sowohl für das Geschäft zwischen dem Kommissionär und dem Dritten, als auch für das Abwickelungsgeschäft zwischen dem Kommissionär und dem Kommittenten zu entrichten, sofern nicht die Bestimmung des § 12 Absatz 2 eintritt.

§ 12 Abs. 2 R. St. G. Wird bei Kommissionsgeschäften für einen auswärtigen Kommittenten, welcher seinerseits als Kommissionär eines Dritten handelt, die Schlußnote mit dem Zusatze „in Kommission" ausgestellt, so bleibt das Abwickelungsgeschäft zwischen ihm und seinem Kommittenten von der Abgabe befreit, wenn er die Schlußnote mit dem Vermerk versieht, daß sich eine versteuerte, über denselben Betrag oder dieselbe Menge und denselben Preis lautende Schlußnote mit zu bezeichnender Nummer (§ 14) in seinen Händen befindet.

**) § 400 H. G. B. Die Kommission zum Einkauf oder zum Verkaufe von Waaren, die einen Börsen- oder Marktpreis haben, sowie von Werthpapieren, bei denen ein Börsen- oder Marktpreis amtlich festgestellt wird, kann, wenn der Kommittent nicht ein anderes bestimmt hat, von dem Kommissionär dadurch ausgeführt werden, daß er das Gut, welches er einkaufen soll, selbst als Verkäufer liefert oder das Gut, welches er verkaufen soll, selbst als Käufer übernimmt.

Im Falle einer solchen Ausführung der Kommission beschränkt sich die Pflicht des Kommissionärs, Rechenschaft über die Abschließung des Kaufes oder Verkaufs abzulegen, auf den Nachweis, daß bei dem berechneten Preise der zur Zeit der Ausführung der Kommission bestehende Börsen- oder Marktpreis eingehalten ist. Als Zeit der Ausführung gilt der Zeitpunkt, in welchem der Kommissionär die Anzeige von der Ausführung zur Absendung an den Kommittenten abgegeben hat.

Ist bei einer Kommission, die während der Börsen- oder Marktzeit auszuführen war, die Ausführungsanzeige erst nach dem Schlusse der Börse oder des Marktes zur Absendung abgegeben, so darf der berechnete Preis für den Kommittenten nicht ungünstiger sein, als der Preis, der am Schlusse der Börse oder des Marktes bestand.

Bei einer Kommission, die zu einem bestimmten Kurse (erster Kurs, Mittelkurs, letzter Kurs) ausgeführt werden soll, ist der Kommissionär ohne Rücksicht auf den Zeitpunkt der Absendung der Ausführungsanzeige berechtigt und verpflichtet, diesen Kurs dem Kommittenten in Rechnung zu stellen.

Bei Werthpapieren und Waaren, für welche der Börsen- oder Marktpreis amtlich festgestellt wird, kann der Kommissionär im Falle der Ausführung der Kommission durch Selbsteintritt dem Kommittenten keinen ungünstigeren Preis, als den amtlich festgestellten, in Rechnung stellen.

***) § 403 H. G. B. Der Kommissionär, der das Gut selbst als Verkäufer liefert oder als Käufer übernimmt, ist zu der gewöhnlichen Provision berechtigt und kann die bei Kommissionsgeschäften sonst regelmäßig vorkommenden Kosten berechnen.

Muster 34 Außer der Rechnung erhält die Kasse ferner einen Schlußschein, auch Schlußnote genannt;*) dieser Schein muß über jedes den Werth von 600 Mark übersteigende Geschäft, gleichviel ob dasselbe zwischen den Betheiligten direkt oder durch Vermittler schriftlich oder mündlich abgeschlossen ist, zur Vermeidung von Strafe**) ausgestellt und versteuert werden.

Die Steuer für Schlußnoten von mehr als 600 Mark beträgt $^2/_{10}$ vom Tausend des Kauf- oder Lieferungswerthes und zwar in Abstufungen von 20 Pf. für je 1000 Mark oder einen Bruchtheil dieses Betrages. Schlußnoten über Werthe von 600 Mark und darunter sind stempelfrei.

Die Schlußnoten sind 5 Jahre lang aufzubewahren***) und auf Verlangen den Steueraufsichtsbeamten vorzuzeigen.

---

*) § 10 R. St. G. Der zur Entrichtung der Abgabe zunächst Verpflichtete hat über das abgabepflichtige Geschäft eine Schlußnote auszustellen, welche den Namen und den Wohnort des Vermittlers und der Kontrahenten, den Gegenstand und die Bedingungen des Geschäfts, insbesondere den Preis, sowie die Zeit der Lieferung ergeben muß. Die Unterschrift des Ausstellers ist nicht erforderlich.

Die Schlußnote ist doppelt auf einem vorher gestempelten oder mit den erforderlichen Stempelmarken zu versehenden Formular auszustellen, von dem je eine Hälfte für jeden der beiden Kontrahenten bestimmt ist. Spätestens am dritten Tage nach dem Tage des Geschäftsabschlusses hat der Aussteller der Schlußnote die nicht für ihn bestimmte Hälfte der letzteren, wenn derselbe die Schlußnote aber als Vermittler ausgestellt hat (§ 9 Ziffer 1), deren beide Hälften abzusenden.

Vermittler haben diese Absendung und den verwendeten Stempelbetrag in ihren Geschäftsbüchern zu vermerken.

Der zur Entrichtung der Abgabe zunächst Verpflichtete darf unversteuerte Schlußnoten über das abgabepflichtige Geschäft nicht ausstellen und aus der Hand geben.

**) § 19 R. St. G. Wer den Vorschriften im § 10 Absatz 1 und 2, § 11 Absatz 1 und 2 und § 15 zuwiderhandelt oder eine Schlußnote wahrheitswidrig mit dem im § 12 Absatz 2 oder § 13 bezeichneten Vermerk versieht, oder im Falle der Tarifnummer 4a behufs Erlangung einer Steuerermäßigung unrichtige Nachweise vorlegt, hat eine Geldstrafe verwirkt, welche dem fünfzigfachen Betrage der hinterzogenen Abgabe oder der beanspruchten Steuerermäßigung gleichkommt, mindestens aber 20 Mark beträgt.

Kann der Betrag der hinterzogenen Abgabe nicht festgestellt werden, so tritt statt der vorstehend bestimmten Strafe eine Geldstrafe von zwanzig bis fünftausend Mark ein.

***) § 14 R. St. G. Die Schlußnoten sind nach der Zeitfolge numerirt von den im § 39 bezeichneten Anstalten, sowie denjenigen Anstalten und Personen, welche gewerbsmäßig abgabepflichtige Kauf- und sonstige Anschaffungsgeschäfte betreiben oder vermitteln, fünf Jahre lang, von anderen Personen ein Jahr lang aufzubewahren.

§ 39 R. St. G. Die in den einzelnen Bundesstaaten mit der Beaufsichtigung des Stempelwesens beauftragten Behörden und Beamten haben die ihnen obliegenden Verpflichtungen mit den gleichen Befugnissen, wie sie ihnen hinsichtlich der nach den Landesgesetzen zu entrichtenden Stempelabgaben zustehen, auch hinsichtlich der in diesem Gesetze bestimmten Abgaben wahrzunehmen.

Der Prüfung in Bezug auf die Abgabenentrichtung durch von den Landesregierungen zu bestimmende höhere Beamte unterliegen öffentliche Anstalten, Aktiengesellschaften, Kommanditgesellschaften auf Aktien, eingetragene Genossenschaften und Gesellschaften mit beschränkter Haftung, sofern sie abgabepflichtige Geschäfte der unter Nr. 4 des Tarifs bezeichneten Art gewerbsmäßig betreiben oder vermitteln. Der gleichen Prüfung unterliegen die zur Erleichterung der Liquidation von Zeitgeschäften bestimmten Anstalten.

Den revidirenden Beamten sind alle bezüglichen Schriftstücke und erforderlichenfalls auch die Geschäftsbücher zur Einsicht vorzulegen.

Von anderen als den im Absatz 2 bezeichneten Personen kann die Steuerdirektivbehörde die Einrichtung der auf bestimmt zu bezeichnende abgabepflichtige Geschäfte bezüglichen Schriftstücke verlangen.

Zu empfehlen ist es, sich vom Verkäufer ein genaues Nummernverzeichniß (Bordereau) der erworbenen Papiere geben zu lassen, um, wenn sich darunter aufgebotene, ausgelooste oder sonstwie nicht lieferbare Stücke vorfinden, ein Beweismittel über den gutgläubigen Erwerb in Händen zu haben.*)

Selbst wenn einer der Vorbesitzer des Papieres nicht rechtmäßiger Besitzer desselben war, erlangt der Erwerber, wenn er in gutem Glauben handelt, dennoch das Eigenthum an dem Inhaberpapiere.

Ist das Papier von einem Dritten dem Veräußerer nur zur Verwahrung übergeben oder hat sonst eine Person Rechte darauf, so gehen sie derselben dem gutgläubigen Erwerber gegenüber, verlustig.**)

Dem Kaufmanne legt das Handelsgesetzbuch noch die besondere Verpflichtung auf, bei dem Erwerb und der Inpfandnahme von Papieren zu

---

*) § 366 H. G. B. Veräußert oder verpfändet ein Kaufmann im Betriebe seines Handelsgewerbes eine ihm nicht gehörige bewegliche Sache, so finden die Vorschriften des B. G. B. zu Gunsten derjenigen, welche Rechte von einem Nichtberechtigten herleiten, auch dann Anwendung, wenn der gute Glaube des Erwerbers die Befugnis des Veräußeres oder Verpfänders, über die Sache für den Eigenthümer zu verfügen, betrifft. Ist die Sache mit dem Rechte eines Dritten belastet, so finden die Vorschriften des B. G. B. zu Gunsten derjenigen, welche Rechte von einem Nichtberechtigten herleiten, auch dann Anwendung, wenn der gute Glaube die Befugniß des Veräußerers oder Verpfänders ohne Vorbehalt des Rechtes über die Sache zu verfügen, betrifft.

Das gesetzliche Pfandrecht des Kommissionärs, des Spediteurs, des Lagerhalters und des Frachtführers steht hinsichtlich des Schutzes des guten Glaubens einem gemäß Absatz 1 durch Vertrag erworbenen Pfandrechte gleich.

§ 929 B. G. B. siehe 2. Anmerkung Seite 41.

§ 930 B. G. B. Ist der Eigenthümer im Besitze der Sache, so kann die Uebergabe dadurch ersetzt werden, daß zwischen ihm und dem Erwerber ein Rechtsverhältniß vereinbart wird, vermöge dessen der Erwerber den mittelbaren Besitz erlangt.

§ 932 B. G. B. Durch eine nach § 929 erfolgte Veräußerung wird der Erwerber auch dann Eigenthümer, wenn die Sache nicht dem Veräußerer gehört, es sei denn, daß er zu der Zeit, zu der er nach diesen Vorschriften das Eigenthum erwerben würde, nicht in gutem Glauben ist. In dem Falle des § 929 Satz 2 gilt dies jedoch nur dann, wenn der Erwerber den Besitz von dem Veräußerer erlangt hatte.

Der Erwerber ist nicht in gutem Glauben, wenn ihm bekannt oder in Folge grober Fahrlässigkeit unbekannt ist, daß die Sache nicht dem Veräußerer gehört.

§ 933 B. G. B. Gehört eine nach § 930 veräußerte Sache nicht dem Veräußerer, so wird der Erwerber Eigenthümer, wenn ihm die Sache von dem Veräußerer übergeben wird, es sei denn, daß er zu dieser Zeit nicht in gutem Glauben ist.

§ 935 B. G. B. Der Erwerb des Eigenthums auf Grund der §§ 932 bis 934 tritt nicht ein, wenn die Sache dem Eigenthümer gestohlen worden, verloren gegangen oder sonst abhanden gekommen war. Das Gleiche gilt, falls der Eigenthümer nur mittelbarer Besitzer war, dann, wenn die Sache dem Besitzer abhanden gekommen war.

Diese Vorschriften finden keine Anwendung auf Geld oder Inhaberpapiere, sowie auf Sachen, die im Wege öffentlicher Versteigerung veräußert werden.

**) § 936 Absatz 1 und 2 B. G. B. Ist eine veräußerte Sache mit dem Rechte eines Dritten belastet, so erlischt das Recht mit dem Erwerbe des Eigenthums. In dem Falle des § 929 Satz 2 gilt dies jedoch nur dann, wenn der Erwerber den Besitz von dem Veräußerer erlangt hatte. Erfolgt die Veräußerung nach § 930 oder war die nach § 931 veräußerte Sache nicht im mittelbaren Besitze des Veräußerers, so erlischt das Recht des Dritten erst dann, wenn der Erwerber auf Grund der Veräußerung den Besitz der Sache erlangt.

Das Recht des Dritten erlischt nicht, wenn der Erwerber zu der nach Absatz 1 maßgebenden Zeit in Ansehung des Rechtes nicht in gutem Glauben ist.

kontroliren, ob dieselben etwa im Deutschen Reichsanzeiger, als in Verlust gerathen, aufgerufen sind. Der gutgläubige Erwerb solcher Papiere ist ausgeschlossen.*)

Wenn auch die Sparkassen gemeinhin als kaufmännische Geschäfte nicht angesehen werden, sollte diese Vorschrift doch Beachtung finden, da in der Rechtsprechung zuweilen Unvorhergesehenes eintritt. Jedenfalls können durch Beachtung dieser Vorschrift etwaige Weiterungen vermieden werden.

Wie schon erwähnt, enthält der deutsche Reichsanzeiger die bezüglichen Bekanntmachungen. Ferner giebt die Bankfirma Spanjer, Herford & Hahn in Braunschweig auf Grund amtlicher Quellen ein Verzeichniß kraftlos erklärter und aufgebotener Werthpapiere heraus, welches durch Nachträge in geeigneten Zwischenräumen ergänzt wird. Der Titel dieses Werkes lautet: „Verzeichniß kraftlos erklärter, aufgebotener, gesperrter und abhanden gekommener Werthpapiere." Den Sparkassen ist dieses Werk, zwecks Kontrole angekaufter oder in Pfand zu nehmender Werthpapiere, sehr zu empfehlen.**)

Nach Beachtung des Vorgesagten sind die Papiere mit dem Nummerverzeichnisse (siehe S. 49) zu vergleichen. Schließlich ist auf den lieferbaren Zustand (s. S. 58) zu achten.

Etwaige Reklamationen sind unverzüglich beim Verkäufer anzubringen.

Die Nummern der abgenommenen Stücke sind im Inhaberpapierelagerbuch (s. S. 22 Muster 23) zu verzeichnen, die Papiere dagegen unter Beachtung der Vorschrift auf S. 6/7 zu verwahren.

Die oben erwähnten Nummernverzeichnisse sind selbst nach wieder erfolgter Veräußerung der Papiere sorgfältig aufzubewahren, damit auch später noch der rechtliche Erwerb erforderlichen Falles nachgewiesen werden kann. Diese Aufbewahrung ist für den Fall, daß ein Papier nach dessen Erwerb von einem Dritten aufgeboten werden sollte, von großer Wichtigkeit.

Zum Erwerb von Inhaberpapieren bietet sich ferner Gelegenheit, wenn solche neu ausgegeben (emittirt) werden.

---

*) § 367 H. G. B. Wird ein Inhaberpapier, das dem Eigenthümer gestohlen worden, verloren gegangen oder sonst abhanden gekommen ist, an einen Kaufmann, der Bankier- oder Geldwechslergeschäfte betreibt, veräußert oder verpfändet, so gilt dessen guter Glaube als ausgeschlossen, wenn zur Zeit der Veräußerung oder Verpfändung der Verlust des Papiers von einer öffentlichen Behörde oder von dem aus der Urkunde Verpflichteten im Deutschen Reichsanzeiger bekannt gemacht und seit dem Ablaufe des Jahres, in welchem die Veröffentlichung erfolgt ist, nicht mehr als ein Jahr verstrichen war.

Der gute Glaube des Erwerbers wird durch die Veröffentlichung im Deutschen Reichsanzeiger nicht ausgeschlossen, wenn der Erwerber die Veröffentlichung in Folge besonderer Umstände weder kannte noch kennen mußte.

Auf Zins-, Renten- und Gewinnantheilscheine, die nicht später als in dem nächsten, auf die Veräußerung oder Verpfändung folgenden Einlösungstermine fällig werden, sowie auf Banknoten und andere, auf Sicht zahlbare unverzinsliche Inhaberpapiere finden diese Vorschriften keine Anwendung.

**) Der Bezugspreis für die Listen beträgt 9 Mark für das Jahr.

Von den Zeichnungsstellen werden in solchem Falle Prospekte ausgegeben*), welche alles Wissenswerthe enthalten.

Der Zeichner hat in der Regel in Baar oder in Werthpapieren Bietungskaution zu erlegen und den Kaufpreis für die ihm zugetheilten Stücke auf einmal, oder in Raten, wenn das die Bedingungen zulassen, zu entrichten.

Das Abrechnungsverfahren ist demjenigen bei Ankäufen (s. S. 47) ähnlich, indem ebenfalls die Ausfertigung einer Schlußnote erforderlich ist. Ferner kommen ebenso zumeist Stückzinsen (s. unten) zur Berechnung. Dagegen fällt die Provision und Kurtage fort.

Werden mehr Papiere gezeichnet, als aufgelegt sind, was zumeist der Fall ist, so können die gezeichneten Beträge naturgemäß nicht voll zugetheilt werden und es erfolgt in solchem Falle eine, der Ueberzeichnung entsprechende Reduction. Zeichner, bei denen vorausgesetzt wird, daß sie die Papiere längere Zeit behalten, wozu die Sparkassen zu rechnen sind, werden fast immer bei der Zutheilung insofern bevorzugt, als ihnen möglichst der vollgezeichnete Betrag zugewiesen wird. Der Grund hiefür ist darin zu suchen, daß sich bei jeder Subscription Leute finden, welche die Papiere zeichnen und erwerben, um sie bei der geringsten Kurssteigerung wieder zu veräußern, um dabei den Kursgewinn einzustreichen. Solch speculative Zeichner werden Konzertzeichner genannt.

Stückzinsen

nennt man die, auf die Zeit von der letzten Zinsenfälligkeit bis zum Zeitpunkte des An- bezw. Verkaufes eines Papieres entfallenden Zinsen, ferner diejenigen Zinsen, welche bei Neuausgabe von Papieren seit Beginn der Geltungsdauer des ersten Zinsscheines bis zur definitiven Abnahme (siehe oben) entstanden sind.

Erwirbt man Papiere, so muß man die Stückzinsen dem Veräußerer erstatten; im entgegengesetzten Falle erhält man sie vom Käufer ersetzt.

Der Bundesrath hat durch Bekanntmachung vom 28. Juni 1898 bestimmt, daß bei der Berechnung von Stückzinsen das Jahr zu 360 Tagen und der Monat zu 30 Tagen anzunehmen ist. Abweichend hiervon wird der

*) § 38 B. G. Nach Einreichung des Antrages auf Zulassung von Werthpapieren ist derselbe von der Zulassungsstelle unter Bezeichnung der Einführungsfirma, des Betrages, sowie der Art der einzuführenden Werthpapiere zu veröffentlichen. Zwischen dieser Veröffentlichung und der Einführung an der Börse muß eine Frist von mindestens sechs Tagen liegen.

Vor der Zulassung ist, sofern es sich nicht um deutsche Reichs- oder Staatsanleihen handelt, ein Prospekt zu veröffentlichen, welcher die für die Beurtheilung des Werthes der einzuführenden Papiere wesentlichen Angaben enthält. Das Gleiche gilt für Konvertirungen und Kapitalserhöhungen. Der Prospekt muß den Betrag, welcher in den Verkehr gebracht, sowie den Betrag, welcher vorläufig vom Verkehr ausgeschlossen werden soll, und die Zeit, für welche dieser Ausschluß erfolgen soll, ersichtlich machen.

Für Schuldverschreibungen, bezüglich deren das Reich oder ein Bundesstaat die volle Garantie übernommen hat und für Schuldverschreibungen kommunaler Körperschaften und kommunalständischer Kreditinstitute, sowie der unter staatlicher Aufsicht stehenden Pfandbriefanstalten, kann die Landesregierung (§ 1) von der Verpflichtung zur Einreichung eines Prospekts entbinden.

Monat Februar mit 28, in Schaltjahren mit 29 Tagen angesetzt, wenn der Endpunkt der Zinsberechnung in diesen Monat fällt.

In derselben Bekanntmachung ist bestimmt, daß bei der Berechnung von Stückzinsen der Kauftag mitzurechnen ist.

Ferner gilt fast allgemein, daß Pfennigbeträge auf 5, 10, 15, 20, 25 ꝛc. abgerundet werden. 5 Pf. und darüber gelten für 10 Pf., Beträge unter 5 Pf. werden nicht berechnet.

Kurs und Kurszettel.

Alle Inhaberpapiere haben außer dem festen Nennwerthe (auch Nominalwerth genannt) d. i. der Betrag, über den ein Papier lautet, einen Handelswerth, „Kurs“ genannt, welcher sich, unter dem Einflusse von Angebot, Nachfrage und vielen Nebenumständen, in steter Veränderung befindet.

Die Kurse werden bei den Börsen auf Grund der, in §§ 4 und 5 des Börsengesetzes vom 22. Juni 1896*) vorgeschriebenen Börsenordnung festgestellt.

Auszugsweise folgt hier das darauf Bezügliche aus den Börsenordnungen der Börsen Berlin, Frankfurt a. M. und Hamburg:

Berliner Börsenordnung:

§ 9. Die amtliche Feststellung der Kurse und Preise erfolgt namens des Börsenvorstandes durch ein Mitglied oder mehrere Mitglieder der betreffenden Abtheilung (des Börsenvorstandes).

Bei der Preisfeststellung für landwirthschaftliche Produkte sind mindestens 2 der als Vertreter der Landwirthschaft, der landwirthschaftlichen Nebengewerbe oder anderer Berufszweige ernannten Mitglieder des Börsenvorstandes zur Mitwirkung zu berufen.

Die Leitung der Preisfeststellung ist immer einem der, gemäß § 3 gewählten Mitglieder des Börsenvorstandes zu übertragen.

Bei Meinungsverschiedenheiten unter den mitwirkenden Mitgliedern des Börsenvorstandes entscheidet die Mehrheit. Bei Stimmengleichheit giebt die Stimme des, die Preisfeststellung leitenden Vorstandsmitgliedes den Ausschlag.

Die Namen dieser Mitglieder und ihrer Stellvertreter sind von den Abtheilungen des Börsenvorstandes am Anfang des Monats durch einen bis zum Schluß desselben an Ort und Stelle verbleibenden Aushang in der Börse bekannt zu machen.

§ 11. Der Börsenvorstand ist beschlußfähig, wenn 17, der Vorstand der Fondsbörse, wenn 11, der Vorstand der Produktenbörse, wenn 7, und in Angelegenheiten des Handels mit landwirthschaftlichen Produkten, wenn 9 Mitglieder einschließlich des Vorsitzenden oder eines seiner Stellvertreter anwesend sind.

---

*) § 4 Abschnitt 1 B. G. Für jede Börse ist eine Börsenordnung zu erlassen.
§ 5 B. G. Die Börsenordnung muß Bestimmungen treffen:
1. ꝛc.
4. Darüber, in welcher Weise die Preise und Kurse zu notieren sind.

§ 27. Die amtliche Feststellung der Börsenpreise für Edelmetalle, Wechsel und Werthpapiere (§ 12 Nr. 1) sowie für Produkte und Waaren (§ 12 Nr. 2) geschieht durch die Abtheilungen des Börsenvorstandes oder die von denselben bestimmten Mitglieder derselben (§ 9).

Sie folgt:

1. für Werthpapiere und Geldsorten an einem jeden Börsentage;
2. für Wechsel auf ausländische Plätze mindestens dreimal wöchentlich;
(3. für Getreide, Spiritus, Oel, Oelsaaten, Petroleum, Mehl und Kartoffelstärke an einem jeden Börsentage; außerdem werden am letzten Börsentage jeden Monats die Durchschnittspreise der an dem gedachten Tage über Lieferung auf laufenden Monat an der Produktenbörse geschlossenen Geschäfte festgestellt.)

Aenderungen dieser Vorschriften werden mit Genehmigung der Aeltesten der Kaufmannschaft von Berlin von dem Börsenvorstande oder seinen Abtheilungen angeordnet und bekannt gemacht.

Findet an einem für die Kurs- und Preisfeststellung bestimmten Wochentage keine Börsenversammlung statt, so erfolgt die Feststellung am nächstvorhergehenden Tage.

§ 29. Als Börsenpreis ist derjenige Preis festzusetzen, welcher der wirklichen Geschäftslage des Verkehrs an der Börse entspricht.

Die amtliche Feststellung der Kurse und der Preise geschieht unmittelbar nach 2 Uhr in den dazu bestimmten Räumen. Dort haben die Kursmakler, die in den betreffenden Werthpapieren oder Waaren Geschäfte vermitteln, an denjenigen Tagen, an denen für ihren Geschäftszweig Kurse oder Preise festzustellen sind, pünktlich um 2 Uhr zu erscheinen und anwesend zu bleiben, bis sie von den amtirenden Mitgliedern des Börsenvorstandes entlassen werden.

Diese sind berechtigt, von den Kursmaklern wahrheitsgetreue und nach dem Ermessen der ersteren ausdrücklich auf ihren Amtseid zu nehmende Auskunft zu fordern, zu welchen Kursen und Preisen in Effectiv- und Kassa-, sowie in Zeitgeschäften Waaren, Werthpapiere, Geldsorten und Wechsel gefordert oder angeboten und zu welchen Kursen und Preisen und über welche Quantitäten Geschäfte abgeschlossen sind.

Die Kursmakler sind auch verpflichtet, dem die Feststellung der Preise leitenden Mitgliede des Börsenvorstandes nach Maßgabe der Maklerordnung Einsicht in ihre Bücher zu gestatten und ihm auf Erfordern gutachtlich Auskunft über die festzustellenden Kurse und Preise zu geben.

§ 30, Abs. 1. Die Protokolle über Feststellung der Kurse und der Preise sind von Börsen-Sekretären zu führen.

§ 31. Der amtliche Kurszettel für Werthpapiere, Geldsorten und Wechsel, sowie der amtliche Preis-Courant für Waaren, welcher mit dem nach § 30 aufzunehmenden Protokoll genau übereinstimmen muß, wird sofort nach geschehener Feststellung der im § 29 gedachten Börsenkurse und Börsenpreise gedruckt, zur Beglaubigung mit dem Stempel der Korporation der Kaufmannschaft von Berlin und demjenigen der betreffenden Abtheilung des Börsenvorstandes, sowie mit der Ueberschrift „Börse zu Berlin" versehen, und noch an demselben Nachmittag ausgegeben. Dem amtlichen Kurszettel wird ein nichtamtlicher Theil hinzugefügt, in welchem solche Werthpapiere Aufnahme finden, welche zwar zum Börsenhandel zugelassen sind, bezüglich deren sich aber erst aus der Erfahrung ergeben muß, ob sie geeignet erscheinen, dem amtlichen Theil dauernd einverleibt zu werden.

Ob und in welcher Weise noch außerdem amtliche Bekanntmachungen über festgestellte Kurse und Preise von einer Abtheilung des Börsenvorstandes zu erlassen sind, bestimmt diese selbst nach den Bedürfnissen des Verkehrs.

Börsenordnung von Frankfurt a. M.

§ 6. Die Börsenversammlungen finden in dem neuen Börsengebäude und zwar zweimal täglich mit Ausnahme der Sonntage, der sonntäglich gefeierten Festtage (Neujahrstag, Charfreitag, Ostermontag, Himmelfahrtstag, Pfingstmontag, Buß- und Bettag, beide Weihnachtsfeiertage) und jener Tage statt, an welchen die Handelskammer die Börsenversammlung ausfallen zu lassen, beschließt.

Der Börsensaal wird um 11$^{3}/_{4}$ Uhr mittags eröffnet Die Mittagsbörse beginnt um 12$^{1}/_{4}$ Uhr und dauert bis 2$^{3}/_{4}$ Uhr nachmittags, zu welcher Zeit das Zeichen der Beendigung mittelst der Börsenglocke gegeben wird. Der Börsensaal wird um 3 Uhr, an den Ultimo-Abrechnungstagen um 3$^{1}/_{4}$ Uhr geschlossen.

Nach der gewöhnlichen mit 2$^{3}/_{4}$ Uhr endigenden Börsenzeit ist bis zur Abendbörse jedes Börsengeschäft unstatthaft.

Die Aufgabe der Adressen an den Liquidationstagen muß spätestens bis 4 Uhr nachmittags und die Lieferung der Effekten am folgenden Vormittage spätestens bis 12 Uhr bewirkt werden. Wer diesen Bestimmungen, namentlich auch an Liquidationstagen zuwiderhandelt, oder die Aufgabe der Adressen oder die Lieferung von Börseneffekten nicht in den dafür bestimmten Fristen vollzieht, dem kann nach Maßgabe der Umstände der Börsenbesuch zeitweise oder ganz von der Handelskammer verboten werden.

Die Abendbörse beginnt um 5$^{1}/_{4}$ nachmittags und endet um 6$^{1}/_{2}$ Uhr. Die Versammlungen der Abendbörse finden bis auf weiteres in dem der Effekten-Societät gehörigen östlichen Flügel des Börsengebäudes statt.

§ 7. Die Feststellung und Veröffentlichung der Kurse erfolgt an der Mittags-, wie an der Abendbörse im Auftrage der Handelskammer durch die auf Grund der Kursmaklerordnung von den Kursmaklern gewählte Maklerkammer unter der Oberaufsicht der Handelskammer, unbeschadet der dem Börsenvorstande nach § 29 alinea 2 des Börsengesetzes eingeräumten Rechte.

An der Mittagsbörse erfolgt die Kursfeststellung in folgender Weise:

Für alle per Kasse gehandelten Werthe findet die Kursfeststellung um 1$^{1}/_{4}$ Uhr statt, bei welcher in der Regel für jedes Werthpapier nur ein einziger

Kurs notirt werden soll. Für einzelne, lebhaft gehandelte Kassawerthe können jedoch, mit Genehmigung des Börsenvorstandes, mehrere Kurse notirt werden, in welchen die stattgefundenen Preisschwankungen zum Ausdruck zu bringen sind, doch muß dies im Voraus bestimmt und durch Börsenanschlag bekannt gegeben werden. Die nach 1¼ Uhr bis zum Schlusse der Börse in solchen Werthen stattgefundenen Abschlüsse sind in gleicher Weise in besonderen späteren Kursfeststellungen zur Notiz zu bringen.

Für die auf Termin gehandelten Werthe findet zunächst die Kursfeststellung um 1¼ Uhr statt; es können nach Bedarf mehrere Kurse notirt werden, in welchen alle bis dahin stattgefundenen Preisschwankungen zum Ausdruck zu bringen sind; die nach 1¼ Uhr stattgefundenen Abschlüsse sind in gleicher Weise in besonderen späteren Kursfestsetzungen zur Notiz zu bringen.

An der Abendbörse erfolgt in gleicher Weise eine allgemeine Kursfeststellung um 6¼ Uhr; die nach 6¼ Uhr bis zum Börsenschlusse stattfindenden Abschlüsse sind noch in einer späteren Kursfeststellung um 6½ Uhr zur Notiz zu bringen.

Hinsichtlich der verschiedenen Notirung der Kassawerthe und der Terminwerthe gelten dieselben Bestimmungen, wie für die Mittagsbörse.

§ 8. Die Notirung geschieht in folgender Weise:

Zu den festgesetzten Zeitpunkten tritt nach einem von dem Börsendiener mit der Schelle zu gebenden Zeichen, die Maklerkammer in dem dazu bestimmten Raum zusammen, und stellt auf Grund ihrer eigenen Wahrnehmungen und der Mittheilungen, die ihr von den beeidigten Kursmaklern während der Börse gemacht worden sind, die Kurse fest. Alle Kursmakler sind auf Verlangen der Maklerkammer verpflichtet, dieser von den Kursen, zu welchen sie an dieser Börse ihre Schlüsse gemacht haben, wahrheitsgetreue Kunde zu geben. Ebenso liegt den Kursmaklern die Pflicht ob, über die unerledigt gebliebenen Aufträge die erforderliche Auskunft zu geben. Walten Zweifel wegen der Schlüsse ob, so entscheidet die Mehrheit in der Maklerkammer. Besondere Abmachungen über Kurtage werden bei der Kursnotirung nicht berücksichtigt. Ein Anspruch auf Berücksichtigung bei der amtlichen Feststellung des Börsenpreises kann nur für die, durch Vermittelung der Kursmakler abgeschlossenen Geschäfte erhoben werden. Während die Maklerkammer zur Berathung versammelt ist, darf außer den, bei der Notirung mitwirkenden Personen niemand in das Berathungszimmer der Maklerkammer eintreten, insofern er nicht nach § 29, Absatz 2 des Börsengesetzes dazu befugt ist.

§ 9. Für die Festsetzung der Notizen gelten folgende Grundsätze:

1. Fanden alle vorhandenen Aufträge ihre Erledigung, so sind die bezahlten Kurse mit der Bezeichnung „b" oder „bez." (bezahlt) zu notiren
2. Blieben, nachdem größere Posten gehandelt wurden, noch Käufer unbefriedigt, so wird dies durch den Zusatz „u. G." (und Geld) und dementsprechend, wenn Verkäufer nicht vollständig bedient werden konnten, durch den Zusatz „u. B." (und Brief) bezeichnet.

3. Kamen nur unbedeutende Abschlüsse zu Stande, so bezeichnet dies der Zusatz „etw. b. u. B." oder „etw. b. u. G."
4. Beharrten die Verkäufer auf einer höheren Forderung, die Käufer dagegen auf einem niedrigeren Gebot, so daß keine Abschlüsse zu Stande kamen, so bezeichnet der Zusatz „G" denjenigen Kurs, zu welchem jeder Betrag anzubringen war.
5. Waren nur Käufer da, aber keine Verkäufer, so ist derjenige Kurs, welcher vergebens geboten wurde, mit „G" zu notiren, oder auch „G. u. f." (Geld und fehlend); desgleichen ist, wenn nur Verkäufer, aber keine Käufer auftraten, derjenige Kurs, welcher vergebens gefordert wurde, mit „B." zu notiren.
6. Nur wenn weder Käufer noch Verkäufer zu finden waren, ist dies durch einen Strich zu bezeichnen.

§ 10. Die von der Maklerkammer in dieser Weise festgestellten Kurse werden in dem von der Maklerkammer zu unterschreibenden und alsbald in dem Börsensaale anzuheftenden Börsen-Kursblatt veröffentlicht; über das Börsen-Kursblatt trifft die Kursmakler-Ordnung nähere Bestimmungen.

Der Handelskammer steht die Aufsicht über die Maklerkammer zu; dieselbe ist der Handelskammer für gewissenhafte Erfüllung ihrer Obliegenheiten verantwortlich.

Beschwerden über Verstöße bei der Feststellung oder Veröffentlichung der Kurse sind an die Handelskammer zu richten, welche hierüber entscheidet.

An der Börse abgeschlossene Geschäfte in solchen Papieren, welche zum Börsenhandel nicht zugelassen sind, dürfen amtlich nicht notirt werden. Die Veröffentlichung von privaten Kurszetteln (Preislisten) für solche Geschäfte darf nur mit besonderer, von Fall zu Fall zu ertheilenden Genehmigung der Handelskammer erfolgen.

Hamburger Börsenordnung.

§ 32. Eine amtliche Feststellung von Preisen (Kursen) findet statt für den Handel in Werthpapieren, Wechseln, Geld und Edelmetall und für den Terminhandel in Spiritus, Kaffee, Zucker und Baumwolle.

§ 33. Die Feststellung der Preise geschieht an allen Börsentagen. Ob sie täglich ein Mal oder mehrere Male und zu welcher Zeit sie vorzunehmen ist, bestimmt die betreffende Abtheilung des Börsenvorstandes.

§ 34. Es werden Preise festgestellt, zu denen an der Börse Geschäfte abgeschlossen sind („bz" = bezahlt) oder an der Börse gekauft oder verkauft werden konnte („B." = Brief, „G" = Geld).

§ 35. Die Festellung der Preise erfolgt durch Mitglieder der betreffenden Abtheilungen des Börsenvorstandes. Die Abtheilung bestimmt, wer von den Mitgliedern die Feststellung zu besorgen hat. Ist ein mit der Feststellung beauftragtes Mitglied verhindert, so hat es rechtzeitig für Stellvertretung zu sorgen.

§ 36. Zur Mitwirkung bei der Feststellung der Preise werden von der betreffenden Abtheilung des Börsenvorstands Hilfspersonen bestellt und vom Vorsitzenden der Abtheilung durch Handschlag zur Aufwendung aller Sorgfalt behufs richtiger Preisermittelung verpflichtet.

Die Namen der bestellten Hilfspersonen werden von der betreffenden Abtheilung des Börsenvorstands bekannt gemacht.

§ 37. Bei der Feststellung der Preise darf außer dem Staatskommissar, dem Börsenvorstand, den Börsensekretären (§ 7), den im § 36 bezeichneten Hilfspersonen und, sofern es sich um Waaren handelt, den Mitgliedern der Interessentenvereine niemand zugegen sein.

§ 38. Die festgestellten Preise werden alsbald von der betreffenden Abtheilung des Börsenvorstands durch Anschlag in den Börsenräumen und durch Ausgabe gedruckter Preislisten oder Veröffentlichung in einer oder mehreren Zeitungen bekannt gemacht.

Die Kurszettel finden durch Abdruck in den Tageszeitungen die weitgehendste Verbreitung. Die Kurse werden in Prozenten des Nennwerthes, in seltenen Fällen auch pro Stück angegeben. Steht z. B. für $3^1/_2$ % deutsche Konsols der Kurs von 101,10 verzeichnet, so heißt das: Für 100 Mark Nennwerth sind baar 101 Mark 10 Pf. bezahlt.

Vor Beendigung des Emissionsgeschäftes (s. S. 51) werden die Kurse neuer Anleihen nicht notirt.*)

Da die für Sparkassen in Betracht kommenden Staatspapiere und dergl. bisher wenig oder garnicht zu Spekulationszwecken benutzt wurden, stellt deren Kurs den, durch die Lage des Geldmarktes bedingten reellen Werth dar. Dennoch ist bei der Werthberechnung der Inhaberpapiere vorsichtigerweise darauf zu achten, daß nicht etwa durch zufällig hohe Kurse ein Gewinn berechnet wird, der nicht realisirt ist und durch spätere Kursverluste behoben werden kann. Es ist daher die in dem Ministerialerlasse d. d. Berlin, 24. Januar 1891 nach Analogie des Gesetzes vom 18. Juli 1894 (Allgemeines deutsches Handelsgesetzbuch Artikel 185a Ziffer 1, neues Handelsgesetzbuch vom 10. Mai 1897 § 261 Ziffer 1)**) getroffene Bestimmung,

*) § 40 B. G. Für Werthpapiere, welche zu öffentlichen Zeichnungen aufgelegt werden, darf vor beendeter Zutheilung an die Zeichner eine amtliche Feststellung des Preises nicht erfolgen. Vor diesem Zeitpunkte sind Geschäfte von der Benutzung der Börseneinrichtungen ausgeschlossen und dürfen von den Kursmaklern nicht notirt werden. Auch dürfen für solche Geschäfte Preislisten (Kurszettel) nicht veröffentlicht oder in mechanisch hergestellter Vervielfältigung verbreitet werden.

**) § 261 Ziffer 1 H. G. B. Für die Aufstellung der Bilanz kommen die Vorschriften des § 40 mit folgenden Maßgaben zur Anwendung:

1. Werthpapiere und Waaren, die einen Börsen- oder Marktpreis haben, dürfen höchstens zu dem Börsen- oder Marktpreise des Zeitpunktes, für welchen die Bilanz aufgestellt wird, sofern dieser Preis jedoch den Anschaffungs- oder Herstellungspreis übersteigt, höchstens zu dem letzteren angesetzt werden.

daß in die Vermögensbilanz (=Abschluß siehe S. 26 Ziffer 3) die kurshabenden Werthpapiere zum Tageskurse am Schlusse des Rechnungsjahres, sofern dieser aber den Ankaufspreis übersteigt, nur zu letzterem einzustellen sind, zur genauen Befolgung zu empfehlen.

Lieferbarkeit der Inhaberpapiere.

Lieferbar nennt man ein Papier, welches sich in, dem Gesetz und der Börsenusance des betreffenden Platzes entsprechendem, verkaufsfähigen Zustande befindet.

Hauptsächlich werden an die Lieferbarkeit folgende Bedingungen geknüpft:

Das Papier und die zugehörigen Zinsscheine nebst Talon müssen in unversehrtem Zustande sich befinden und die zu ihrer Gültigkeit erforderlichen Merkmale (besonders Unterschrift, Nummer und dergl.) aufweisen.

Den Stücken müssen die zugehörigen Zinsscheinbogen und Zinsscheinanweisungen beiliegen.

Deutsche Papiere dürfen, um in Deutschland lieferbar zu sein, ausländische Außer- und Inkurssetzungsvermerke nicht tragen.

Papiere, deren Rückseite über die Hälfte des Raumes mit Vermerken bedeckt sind, sind im Börsenverkehr minderwerthig, zuweilen auch nicht lieferbar z. B. Güterpfandbriefe (Pfandbriefe, die auf ein bestimmtes Grundstück lauten).

Bei Inhaberpapieren, welche ursprünglich in ein Buch gebunden und daraus unter Zurücklassung eines Streifens (Stumpf, Juxte, Souche) getrennt sind, um durch Zusammenpassen beider Theile die Echtheit der Stücke prüfen zu können, muß die bezügliche Kante (meist die linksseitige) unverletzt sein.

Ferner sind verlooste oder gekündigte Papiere und solche, deretwegen das Aufgebotsverfahren schwebt, ferner mit Zahlungssperre belegte, oder endgültig für kraftlos erklärte Papiere nicht lieferbar.

Inhaberpapiere, denen ursprünglich auf einem angebogenen Blatte die Zinsscheine anhingen, sind in den meisten Fällen auch lieferbar, wenn die Zinsscheine getrennt beiliegen, oder wenn selbige getrennt und wieder angeheftet sind.

Etwa auf dem Papiere befindliche Außerkurssetzungsvermerke hindern die Lieferbarkeit der Papiere nicht.*)

Verfahren bei Verlust von Inhaberpapieren.

Gerathen Inhaberpapiere in Verlust, so ist unverzüglich der Ortspolizeibehörde und den am Orte befindlichen Geldinstituten ein Verzeichniß der abhanden gekommenen Papiere mit dem Ersuchen zuzusenden, für den Fall, daß sie zu irgend einem Zwecke präsentirt werden sollten, selbige anzuhalten, vor Allem keine Zahlung darauf zu leisten. Auch die telegraphische Benachrichtigung der Fonds-Börsen kann zweckmäßig sein.

*) Artikel 176 E. G. z. B. G. B. Die Außerkurssetzung von Schuldverschreibungen auf den Inhaber findet nach dem Inkrafttreten des B. G. B. nicht mehr statt. Eine vorher erfolgte Außerkurssetzung verliert mit dem Inkrafttreten des B. G. B. ihre Wirkung.

Steht es bestimmt fest, daß die Papiere gänzlich vernichtet sind, — etwa durch eine Feuersbrunst — so sind diese Benachrichtigungen natürlich überflüssig, da dann die Möglichkeit einer unrechtmäßigen Verwerthung ausgeschlossen ist.

In jedem Falle ist diejenige Stelle, welche die Papiere ausgegeben hat, von dem Verlust in Kenntniß zu setzen.

Handelt es sich lediglich um abhanden gekommene Zinsscheine und die zugehörigen Zinsscheinanweisungen (Talons), oder um letztere allein, so ist der Ausgabe neuer Zinsscheine und Zinsscheinanweisungen bei der Ausgabestelle zu widersprechen, was zur Folge hat, daß nur an den Inhaber der Schuldurkunde die Aushändigung erfolgt.*)

Ohne Zinsscheinbogen abhanden gekommene Schuldverschreibungen — Stücke — sind zwar, wie bereits im vorigen Abschnitte erwähnt, nicht gut verwerthbar, sie müssen aber, um Ersatz zu erlangen, ebenso wie die nebst Zinsscheinen abhanden gekommenen Stücke, gerichtlich aufgeboten werden.

Vorweg sei erwähnt, daß das B. G. B. nur die Kraftloserklärung abhanden gekommener Schuldverschreibungen zuläßt, die Zinsscheine hiervon aber ausschließt.**)

Für die ausgeschlossene Kraftloserklärung von Zinsscheinen bietet § 804 des B. G. B.***) einigen Ersatz, indem darin die Bestimmung getroffen ist, daß die als abhanden gekommen, der Ausgabestelle angemeldeten Zinsscheine nach Ablauf der Vorlegungsfrist (siehe S. 44) von dieser dem rechtmäßigen bisherigen Besitzer erstattet werden müssen, falls sie inzwischen nicht zur Einlösung präsentirt sind. Allerdings kann die Ausgabestelle diesen Anspruch ausschließen, was dann aus dem Inhalte des Zinsscheines hervorgeht. Endlich auch ist es in Artikel 100 Ziffer 2 des

---

*) § 805 B. G. B. Neue Zins- oder Rentenscheine für eine Schuldverschreibung auf den Inhaber dürfen an den Inhaber der zum Empfange der Scheine ermächtigenden Urkunde (Erneuerungsschein) nicht ausgegeben werden, wenn der Inhaber der Schuldverschreibung der Ausgabe widersprochen hat. Die Scheine sind in diesem Falle dem Inhaber der Schuldverschreibung auszuhändigen, wenn er die Schuldverschreibung vorlegt.

**) § 799 B. G. B. Eine abhanden gekommene oder vernichtete Schuldverschreibung auf den Inhaber kann, wenn nicht in der Urkunde das Gegentheil bestimmt ist, im Wege des Aufgebotsverfahrens für kraftlos erklärt werden. Ausgenommen sind Zins-, Renten- und Gewinnantheilscheine, sowie die auf Sicht zahlbaren unverzinslichen Schuldverschreibungen.

Der Aussteller ist verpflichtet, dem bisherigen Inhaber auf Verlangen die zur Erwirkung des Aufgebots oder der Zahlungssperre erforderliche Auskunft zu ertheilen und die erforderlichen Zeugnisse auszustellen. Die Kosten der Zeugnisse hat der bisherige Inhaber zu tragen und vorzuschießen.

***) § 804 B. G. B. Ist ein Zins-, Renten- oder Gewinnantheilschein abhanden gekommen oder vernichtet und hat der bisherige Inhaber den Verlust dem Aussteller vor dem Ablaufe der Vorlegungsfrist angezeigt, so kann der bisherige Inhaber nach dem Ablaufe der Frist die Leistung von dem Aussteller verlangen. Der Anspruch ist ausgeschlossen, wenn der abhanden gekommene Schein dem Aussteller zur Einlösung vorgelegt oder der Anspruch aus dem Scheine gerichtlich geltend gemacht worden ist, es sei denn, daß die Vorlegung oder die gerichtliche Geltendmachung nach dem Ablaufe der Frist erfolgt ist. Der Anspruch verjährt in vier Jahren.

In dem Zins-, Renten- oder Gewinnantheilscheine kann der im Abs. 1 bestimmte Anspruch ausgeschlossen werden.

Einführungsges. z. B. G. B.*) der Landesgesetzgebung überlassen, bezüglich der von einem Bundesstaat und der ihm angehörenden Körperschaften rc. rc. ausgegebenen Schuldverschreibungen, den in § 804 Abs. 1 d. B. G. B. vorgesehenen Anspruch auf Erstattung des Werthes für abhanden gekommene verjährte Zinsscheine auszuschließen.

Von diesem Rechte wird voraussichtlich selten Gebrauch gemacht werden. Empfehlenswerth ist es dennoch, vor Ankauf eines Papieres sich hierüber Gewißheit zu verschaffen, weil es für die Kassen von Werth ist, solche Papiere zu erwerben, die ihr auch nach dieser Richtung möglichst viel Garantien bieten.

Um für abhanden gekommene oder vernichtete Inhaberpapiere Ersatz zu erhalten, muß bei Gericht das Aufgebot derselben (siehe Anm. 2 auf Seite 59) beantragt werden.

Der Antrag kann schriftlich oder zum Protokolle des Gerichtsschreibers gestellt werden und zwar von dem bisherigen Inhaber des Inhaberpapiers.**) Zur Begründung des Antrages***) ist eine Abschrift der Urkunde beizubringen, oder deren wesentlicher Inhalt, worüber die Ausgabestelle des Papiers nach Abs. 2 des § 799 d. B. G. B. (siehe Anm. 2 auf S. 59) Auskunft zu ertheilen hat, anzugeben.

Ferner ist die Berechtigung zur Stellung des Antrages darzuthun, was leicht durch die Vorlegung des, von dem Ankauf des Papieres herrührenden Nummernverzeichnisses geschehen kann (s. S. 44).

Bei der Beantragung des Aufgebotsverfahrens ist das Gericht gleichzeitig um Erlaß der Zahlungssperre†) zu ersuchen. Dadurch wird erreicht,

*) Artikel 100 E. G. z. B. G. B. Unberührt bleiben die landesgesetzlichen Vorschriften, nach welchen bei Schuldverschreibungen auf den Inhaber, die der Bundesstaat oder eine ihm angehörende Körperschaft, Stiftung oder Anstalt des öffentlichen Rechtes ausgestellt:

1. Die Gültigkeit der Unterzeichnung von der Beobachtung einer besonderen Form abhängt, auch wenn eine solche Bestimmung in die Urkunde nicht aufgenommen ist;
2. Der im § 804 Abs. 1 des B. G. B. bezeichnete Anspruch ausgeschlossen ist, auch wenn die Ausschließung in dem Zins- oder Rentenscheine nicht bestimmt ist.

**) § 1004 C. P. O. Bei Papieren, welche auf den Inhaber lauten oder welche durch Indossament übertragen werden können und mit einem Blankoindossamente versehen sind, ist der bisherige Inhaber des abhanden gekommenen oder vernichteten Papiers berechtigt, das Aufgebotsverfahren zu beantragen.

Bei anderen Urkunden ist derjenige zu dem Antrage berechtigt, welcher das Recht aus der Urkunde geltend machen kann.

***) Siehe 2. Anm. auf S. 36.

†) § 1019 C. P. O. Bezweckt das Aufgebotsverfahren die Kraftloserklärung eines auf den Inhaber lautenden Papiers, so hat das Gericht auf Antrag an den Aussteller sowie an die in dem Papier und die von dem Antragsteller bezeichneten Zahlstellen das Verbot zu erlassen, an den Inhaber des Papiers eine Leistung zu bewirken, insbesondere neue Zins-, Renten- oder Gewinnantheilscheine oder einen Erneuerungsschein auszugeben (Zahlungssperre); mit dem Verbot ist die Benachrichtigung von der Einleitung des Aufgebotsverfahrens zu verbinden. Das Verbot ist in gleicher Weise, wie das Aufgebot, öffentlich bekannt zu machen.

Das an den Aussteller erlassene Verbot ist auch den Zahlstellen gegenüber wirksam, welche nicht in dem Papiere bezeichnet sind.

Die Einlösung der vor dem Verbot ausgegebenen Zins-, Renten- oder Gewinnantheilscheine wird von dem Verbote nicht betroffen.

daß die zur Einlösung des Papiers bestimmten Stellen Zahlung nicht leisten, wenn ihnen dasselbe präsentirt werden sollte. Ferner dürfen neue Zinsscheinbogen, für ein mit Zahlungssperre belegtes Papier nicht ausgegeben werden. Für abhanden gekommene Zinsscheine ist eine Zahlungssperre jedoch nicht zulässig.*)

Die für das Verfahren bei Gericht vorgeschriebenen Bekanntmachungen und Fristen werden durch §§ 1009 und 1010**) der C. P. O. bestimmt.

Erfordert wird in Absatz 2 des § 1010 ein Zeugniß der Ausgabestelle darüber, daß von einem Dritten Ansprüche auf neue Zinsscheine seit Einleitung des Aufgebotsverfahrens nicht erhoben sind.

Sind die Zinsscheine nicht mit den Stücken zugleich in Verlust gerathen, sondern der Kasse verblieben (deshalb getrennte Aufbewahrung von Zinsscheinen und Stücken s. S. 44) so bedarf es des vorerwähnten Zeugnisses nicht. Es genügt vielmehr Vorlegung der Zinsscheine bei Gericht.***)

Sobald von dem Gericht das Ausschlußurtheil ergangen ist, hat die Kasse auf Grund des § 800 d. B. G. B.†) auf ihre Kosten von der Ausgabestelle eine neue Schuldverschreibung zu erwirken.

---

*) siehe 4. Anm. auf voriger Seite.

**) § 1009 C. P. O. Die öffentliche Bekanntmachung des Aufgebots erfolgt durch Anheftung an die Gerichtstafel und in dem Lokale der Börse, wenn eine solche am Sitze des Aufgebotsgerichts besteht, sowie durch dreimalige Einrückung in die im § 204 Abs. 2 bezeichneten Blätter.

Das Gericht kann anordnen, daß die Einrückung noch in andere Blätter und zu mehreren Malen erfolge.

Betrifft das Aufgebot ein auf den Inhaber lautendes Papier und ist in der Urkunde vermerkt oder in den Bestimmungen, unter denen die erforderliche staatliche Genehmigung ertheilt worden ist, vorgeschrieben, daß die öffentliche Bekanntmachung durch bestimmte andere Blätter zu erfolgen habe, so muß die Bekanntmachung auch durch Einrückung in diese Blätter erfolgen. Das Gleiche gilt bei Schuldverschreibungen, die von einem Bundesstaat ausgegeben sind, wenn die öffentliche Bekanntmachung durch bestimmte Blätter landesgesetzlich vorgeschrieben ist.

§ 1010 C. P. O. Bei Werthpapieren, für welche von Zeit zu Zeit Zins-, Renten- oder Gewinnantheilscheine ausgegeben werden, ist der Aufgebotstermin so zu bestimmen, daß bis zu demselben der erste einer seit der Zeit des glaubhaft gemachten Verlustes ausgegebenen Reihe von Zins-, Renten- oder Gewinnantheilscheinen fällig geworden ist und seit der Fälligkeit desselben sechs Monate abgelaufen sind.

Vor Erlassung des Ausschlußurtheils hat der Antragsteller ein nach Ablauf dieser sechsmonatigen Frist ausgestelltes Zeugnis der betreffenden Behörde, Kasse oder Anstalt beizubringen, daß die Urkunde seit der Zeit des glaubhaft gemachten Verlustes ihr zur Ausgabe neuer Scheine nicht vorgelegt sei und daß die neuen Scheine an einen Anderen als den Antragsteller nicht ausgegeben seien.

***) § 1012 C. P. O. Die Vorschriften der §§ 1010, 1011 finden insoweit keine Anwendung, als die Zins-, Renten- oder Gewinnantheilscheine, deren Fälligkeit nach diesen Vorschriften eingetreten sein muß, von dem Antragsteller vorgelegt werden. Der Vorlegung der Scheine steht es gleich, wenn das Zeugnis der betreffenden Behörde, Kasse oder Anstalt beigebracht wird, daß die fällig gewordenen Scheine ihr von dem Antragsteller vorgelegt worden seien.

†) § 800 B. G. B. Ist eine Schuldverschreibung auf den Inhaber für kraftlos erklärt, so kann derjenige, welcher das Ausschlußurtheil erwirkt hat, von dem Aussteller unbeschadet der Befugniß, den Anspruch aus der Urkunde geltend zu machen, die Ertheilung einer neuen Schuldverschreibung auf den Inhaber an Stelle der für kraftlos erklärten verlangen. Die Kosten hat er zu tragen und vorzuschießen.

War die Schuldverschreibung inzwischen zur Rückzahlung gekündigt, so kann auf Grund des Ausschlußurtheils die Zahlung des Kapitals beansprucht werden.*) Der Betrag für etwa fehlende Zinsscheine wird an dem Kapitalbetrage gekürzt.**)

Kontrole über Ausloosung, Kündigung und Aufgebot.

Auf sämmtliche, die Ausloosung, Kündigung, Konvertirung und das Aufgebot (siehe S. 43 u. 61) von Inhaberpapieren Bezug habende Bekanntmachungen, ist sorgfältig zu achten und zu diesem Zwecke entweder der deutsche Reichs- und Königl. Preußische Staatsanzeiger, oder eine gute Börsenzeitung z. B. die Börsenzeitung, Berliner Börsencourir und dergl., welche vollständige Verloosungslisten bringen, zu halten.

Wird die erfolgte Ausloosung oder Kündigung eines Papieres übersehen, so ist eine Verjährung***) desselben, mit Rücksicht auf die bei Beanspruchung neuer Zinsscheine von der Ausgabestelle zu erwartende Weigerung kaum zu befürchten; wohl aber tritt für den, zwischen dem Fälligkeitstermin und dem Einlösungstage liegenden Zeitraum der Ausfall der Zinsen ein.

Gekündigte Papiere sind rechtzeitig der Einlösungsstelle nebst den noch vorhandenen Zinsscheinen und Talons zur Einlösung zu übersenden.

Bei Auszahlung gekündigter Papiere wird der Werth für die, nach dem Kündigungstermie fehlenden Zinsscheine vom Kapitalbetrage in Abzug gebracht.†)

Stellt es sich heraus, daß ein im Besitze der Kasse befindliches Papier unbefugter Weise aufgeboten wird, so ist unverzüglich der Anspruch der Kasse nach § 947 Ziffer 2 der C. P. O.††) bei Gericht anzumelden.

---

*) § 1018 C. P. O. Derjenige, welcher das Ausschlußurtheil erwirkt hat, ist dem durch die Urkunde Verpflichteten gegenüber berechtigt, die Rechte aus der Urkunde geltend zu machen.

Wird das Ausschlußurtheil in Folge einer Anfechtungsklage aufgehoben, so bleiben die auf Grund des Urtheils von dem Verpflichteten bewirkten Leistungen auch Dritten, insbesondere dem Anfechtungskläger gegenüber wirksam, es sei denn, daß der Verpflichtete zur Zeit der Leistung die Aufhebung des Ausschlußurtheils gekannt hat.

**) § 803 B. G. B. Werden für eine Schuldverschreibung auf den Inhaber Zinsscheine ausgegeben, so bleiben die Scheine, sofern sie nicht eine gegentheilige Bestimmung enthalten, in Kraft, auch wenn die Hauptforderung erlischt, oder die Verpflichtung zur Verzinsung aufgehoben oder geändert wird.

Werden solche Zinsscheine bei der Einlösung der Hauptschuldverschreibung nicht zurückgegeben, so ist der Aussteller berechtigt, den Betrag zurückzubehalten, den er nach Abs. 1 für die Scheine zu zahlen verpflichtet ist.

***) (§ 801 B. G. B.) siehe 1. Anm. auf S. 44.

†) (§ 803 B. G. B.) siehe oben 2. Anmerkung.

††) (§ 947 C. P. O.) Der Antrag kann schriftlich oder zum Protokolle des Gerichtsschreibers gestellt werden. Die Entscheidung kann ohne vorgängige mündliche Verhandlung erfolgen.

Ist der Antrag zulässig, so hat das Gericht das Aufgebot zu erlassen. In dasselbe ist insbesondere aufzunehmen:

1. Die Bezeichnung des Antragstellers;
2. Die Aufforderung, die Ansprüche und Rechte spätestens im Aufgebotstermine anzumelden;
3. Die Bezeichnung der Rechtsnachtheile, welche eintreten, wenn die Anmeldung unterbleibt;
4. Die Bestimmung eines Aufgebotstermins.

Reichs- und Staatsschuldbuch.

Den Inhabern von Reichsanleihescheinen ist durch die Einrichtung des Reichsschuldbuches*) die Möglichkeit gegeben, die aus den Papieren ihnen zustehenden Forderungen in eine auf den Namen lautende Buchschuld umwandeln zu lassen,**) um sich gegen die Gefahr eines zufälligen Verlustes der Schuldverschreibungen oder der Zinsscheine zu sichern. In Betreff der letzteren ist diese Gefahr besonders erheblich, da dieselben im Falle eines Diebstahls, einer Unterschlagung oder eines anderen Abhandenkommens gerichtlich nicht für kraftlos erklärt werden können.***) Ferner liegt die Möglichkeit vor, daß ein Inhaberpapier von einem Dritten, als ihm abhanden gekommen, aufgeboten und ohne Wissen des redlichen Erwerbes für kraftlos erklärt wird, wogegen nur durch beständige genaue Achtsamkeit auf die zum Zwecke des Aufgebots ergehenden Bekanntmachungen genügende Vorkehr getroffen werden würde. Eine solche Vorkehr ist oft unthunlich, oft wird sie von den Betheiligten außer Acht gelassen.

Außerdem gewährt die Einrichtung des Buches den Vortheil, daß, da die fälligen Zinsen halbjährlich jedem Berechtigten in einer Summe durch eine Reichs- oder Landeskasse oder die Reichsbank gezahlt werden, das bei Einlösung der Zinsscheine auf den Inhaber nothwendige jedesmalige Abschneiden, Ordnen und Verzeichnen derselben, sowie die Beschaffung neuer Zinsscheinbogen gegen Rückreichung der Talons erspart wird†).

Auf Verlangen werden die Buchschuldzinsen den Berechtigten auch durch die Post zugesandt und den Inhabern eines Reichsbankgirokontos durch Gutschrift auf demselben entrichtet.

Formulare zu Anträgen auf Eintragung einer Forderung gegen Einlieferung von Schuldverschreibungen sind von jeder der oben genannten, zu Muster 3

*) Ges. vom 31. Mai 1891 R. G. Bl. S. 321.

**) § 1 des Reichsschuldbuch-Gesetzes. Schuldverschreibungen der Reichsanleihen können in Buchschulden des Reichs auf den Namen eines bestimmten Gläubigers umgewandelt werden.

§ 3 Rschb. G. Die Eintragung einer Buchschuld geschieht auf Antrag des Inhabers und auf den Namen der in dem Antrage als Gläubiger bezeichneten Person.

***) § 799 B. G. B. (s. 2. Anm. auf S. 59).

†) § 17 Rschb. G. Die Zahlung der Zinsen einer eingetragenen Forderung erfolgt, sofern nicht die Voraussetzungen des § 7 Abs. 4 vorliegen, mit rechtlicher Wirkung an denjenigen, welcher am zehnten Tage des dem Fälligkeitstermine der Zinsen vorangehenden Monats eingetragener Berechtigter war.

§ 18 Rschb. G. Die Zinsen werden nur im Inlande gezahlt, und zwar in der Zeit vom 14. Tage vor bis zum 8. Tage nach dem Fälligkeitstermine durch eine Reichs- oder Landeskasse, oder durch die Reichsbank, oder auf Gefahr und Kosten des Berechtigten mittelst Uebersendung durch die Post. Die Bestimmung der Landeskassen erfolgt durch den Reichskanzler im Einvernehmen mit der Landesregierung oder durch den Bundesrath.

Kommt die Sendung als unbestellbar zurück, so unterbleiben weitere Sendungen, bis der Gläubiger die richtige Adresse angezeigt hat.

§ 19 Rschb. G. Aenderungen in der Person oder der Wohnung des Zinsenempfängers (§ 10 Abs. 3) werden nur berücksichtigt, wenn sie von demselben schriftlich gemeldet werden.

den Zinszahlungen ermächtigten Kassen unentgeltlich zu beziehen. Zu anderen Anträgen bedarf es eines Formulars nicht.

Für die Ausfüllung des soeben erwähnten Antragsformulars gelten folgende Vorschriften:

1. Das Formular ist vollständig und genau auszufüllen. Die Namen des in das Reichsschuldbuch einzutragenden Gläubigers (Nr. 1) und der zum Zinsempfang berechtigten Person (Nr. 2), sowie die Bezeichnung des Wohnorts und der Wohnung sind **recht deutlich** zu schreiben. Werden Reichsschuldverschreibungen mit verschiedenen Zinssätzen gleichzeitig zur Umwandlung eingereicht, so sind für dieselben getrennte Anträge zu stellen. Ebenso müssen Anträge auf Eintragungen in das Reichsschuldbuch von Anträgen auf Eintragung in das Preußische Staatsschuldbuch streng gesondert werden.

2. Jeder Gläubiger kann in dem Reichsschuldbuch für die $3^1/_2$ prozentige und in dem für die 3 prozentige Schuld u. s. w. nur je **ein** Konto erhalten; das Konto darf nur für **eine** Person angelegt werden, und zwar für eine physische Person — eine Handelsfirma — eine eingetragene Genossenschaft, eine eingeschriebene Hülfskasse oder eine juristische Person, welche im Gebiete des Deutschen Reichs ihren Sitz hat — eine Vermögensmasse (Stiftung, Anstalt, Familienfideikommiß u. a.), deren Verwaltung von einer öffentlichen Behörde oder unter deren Aufsicht geführt wird, oder eine Vermögensmasse, deren Verwalter ihre Verfügungsbefugniß über die Masse durch eine gerichtliche oder notarielle Urkunde nachweisen.

3. Bei physischen Personen sind der Familienname und die Vornamen, bei Frauen zugleich der Geburtsname, sodann der Beruf oder Stand, der Wohnort und die Wohnung so vollständig anzugeben, daß spätere Verwechselungen und Irrthümer thunlichst vermieden werden. Dies gilt sowohl für die als Gläubiger wie für die als zum Zinsempfang berechtigt einzutragenden Personen.

4. Wird die Eintragung eines Minderjährigen als Gläubiger beantragt, so ist zur genauen Bezeichnung desselben entweder dessen Geburtstag und Geburtsort oder der Name, Stand und letzte Aufenthaltsort seines Vaters anzugeben.

5. Soll die Eintragung auf den Namen einer juristischen Person, einer Handelsfirma, einer eingetragenen Genossenschaft oder einer eingeschriebenen Hülfskasse erfolgen, so ist, soweit es nicht notorisch, dem Antrage das Zeugniß der zuständigen öffentlichen Behörde beizufügen, durch welches dargethan wird:
   bei einer juristischen Person, daß sie rechtliche Existenz und ihren Wohnsitz im Gebiete des Deutschen Reichs hat;
   bei einer Firma, daß sie mit der angegebenen Bezeichnung und Wohnung im Handelsregister eingetragen ist;
   bei einer eingetragenen Genossenschaft, daß sie im Gebiete des Deutschen Reichs in einem Genossenschaftsregister eingetragen ist;
   bei einer eingeschriebenen Hülfskasse, daß sie innerhalb dieses Gebiets als Kasse zugelassen ist.

6. Wenn eine Vermögensmasse ohne juristische Persönlichkeit als Gläubiger eingetragen werden soll, so muß der Fall, in welchem eine Behörde die Verwaltung der Masse führt oder beaufsichtigt, streng getrennt werden von demjenigen, in welchem Privatpersonen die Verfügung über die Masse zusteht. Im ersterm Fall ist die Behörde genau anzugeben, auch auf Verlangen der Reichsschuldenverwaltung die Eigenschaft der Behörde als einer öffentlichen und ihre Zuständigkeit durch geeignete Urkunden nachzuweisen. Im letzteren

Fall sind die gerichtlichen oder notariellen Urkunden, durch welche die Privatpersonen sich als zur Verfügung über die Masse befugt ausweisen, dem Antrage stets sofort beizulegen.

7. In Nr. 2 des Formulars ist klar erkennbar zu machen, ob gewünscht wird, daß die Zinsen durch die Post zugesandt oder daß sie bei einer zuständigen Kasse oder Reichsbankanstalt gezahlt oder, wenn dem Berechtigten ein Reichsbankgirokonto eröffnet ist, daß sie durch Gutschrift auf dem letzteren berichtigt werden. Die Kasse ist bestimmt zu bezeichnen.

8. Wird in Nr. 2 des Formulars beantragt, die Zinsen an einen Dritten zu zu zahlen, so wird in Ermangelung eines gleichzeitigen Antrages auf Eintragung einer Beschränkung in Spalte 3 des Kontos angenommen, daß der Dritte so lange zum Empfange der Zinsen berechtigt sein soll, bis auf Antrag des Gläubigers im Schuldbuch der betreffende Vermerk wieder gelöscht ist.

9. Der unbedruckte Platz am Schluß der ersten Seite und die zweite Seite sind für alle Anträge zu benutzen, welche dahin gehen, daß eine Beschränkung des Gläubigers bezüglich des Kapitals oder der Zinsen in das Buch eingetragen werde (wie z. B. Verpfändungen, Nießbrauchsbestellungen u. s. w.)

10. Die Gebühren für die Anlegung eines Kontos betragen 25 Pf. für je angefangene 1000 Mk. des einzutragenden Kapitals, mindestens aber eine Mark.

Werden diese Gebühren dem Antrage sofort als Vorschuß beigefügt, so ist am Schluß zu bemerken:

Für die Gebühren anbei . . . . . Mk. . . Pf.

11. Der Antrag ist von dem Antragsteller zu unterschreiben. Einer besonderen Beglaubigung bedarf die Unterschrift nicht.

12. In das Verzeichniß über die eingelieferten Schuldverschreibungen sind diese nach den verschiedenen Zinsterminen (Januar—Juli, April—Oktober), nach den Jahrgängen, und innerhalb dieser Arten nach den Littern, für jede Littera aber nach der Nummerfolge geordnet, einzutragen. Mit den Schuldverschreibungen müssen die dazu gehörigen Zinsscheine und Anweisungen ebenso geordnet abgeliefert werden; nur den Schuldverschreibungen, welche in einem dem Fälligkeitstermine der Zinsen vorangehenden Monat eingereicht werden, sind die nächstfälligen Zinsscheine nicht beizufügen. Muster 36

Für den Erwerb einer Schuldbuchforderung ist die eben geschilderte Einreichung von Stücken der einzige Weg nicht. Man kann auch eine bereits eingetragene Schuldbuchforderung oder einen Theil von solcher erwerben.*)

---

*) § 6 Rschb. G. Eingetragene Forderungen können durch Zuschreibung erhöht, ganz oder theilweise auf andere Konten übertragen und ganz oder theilweise gelöscht werden.

Theilübertragungen oder Theillöschungen sind jedoch nur zulässig, sofern die Theilbeträge in Stücken von Schuldverschreibungen darstellbar sind.

Im Falle gänzlicher oder theilweiser Löschung der eingetragenen Forderung erfolgt die Ausreichung von Schuldverschreibungen zu gleichem Zinssatze und gleichem Nennwerthe, zu deren Anfertigung die Reichsschuldenverwaltung hierdurch ermächtigt wird.

Das geschieht auf Grund eines bezüglichen Antrages*) des Veräußerers durch Uebertragen von einem Konto auf das andere.

Schuldbuchforderungen können auf Antrag ganz oder theilweise gegen Aushändigung von Reichsanleihescheinen gelöscht werden,**) wofür 50 Pf. für je 1000 Mark Kapital an Gebühren zu entrichten sind.***)

Für die Anträge, mit Ausnahme derjenigen auf Eintragung und einige andere für Sparkassen nicht interessierende Fälle, ist gerichtliche oder notarielle

---

*) § 7 Rschb. G. Zur Stellung von Anträgen auf Uebertragung eingetragener Forderungen auf ein anderes Konto, auf Eintragung und auf Löschung von Vermerken über Veränderungen im Schuldverhältnisse (§ 2 Abs. 3), sowie auf Ausreichung von Reichsschuldverschreibungen gegen Löschung der eingetragenen Forderung sind nur der eingetragene Gläubiger, seine gesetzlichen Vertreter und Bevollmächtigten, sowie diejenigen Personen berechtigt, auf welche die eingetragene Forderung von Todeswegen übergegangen ist. Zur Stellung von Anträgen für eine Firma gilt für berechtigt, wer zur Zeichnung der Firma berechtigt ist; zur Stellung von Anträgen für die im § 4 Nr. 4 gedachten Vermögensmassen die daselbst genannte Behörde oder die von derselben bezeichnete Person bezw. die gemäß § 4 Nr. 4 zur Verfügung über die Masse befugten Verwalter.

Zur Löschung von Vermerken zu Gunsten Dritter bedarf es der Zustimmung derselben mit Ausnahme des im § 13 gedachten Falles.

Verfügungen über eingetragene Forderungen, wie Abtretungen, Verpfändungen erlangen dem Reich gegenüber nur durch die Eintragung Wirksamkeit.

Eine Pfändung oder vorläufige Beschlagnahme der eingetragenen Forderung im Wege der Zwangsvollstreckung oder des Arrestes, sowie eine durch eine einstweilige gerichtliche Verfügung angeordnete Beschränkung des eingetragenen Gläubigers ist von Amtswegen auf dem Konto zu vermerken, beziehentlich nach erfolgter Beseitigung dieser Anordnungen zu löschen.

Wird eine gepfändete Forderung an Zahlungsstatt überwiesen, so ist dieselbe vorbehaltlich der Bestimmung im § 15 Nr. 2 im Reichsschuldbuche zu übertragen.

Eine Prüfung der Gültigkeit der den Anträgen zu Grunde liegenden Rechtsgeschäfte findet nicht statt.

**) Siehe Anmerkung auf Seite 65.

***) § 20 Rschb. G. An Gebühren werden erhoben:

1. Für die Umwandlung von Reichsschuldverschreibungen in Buchschulden des Reichs, sowie für sonstige Eintragungen und Löschungen, jede Einschrift in das Reichsschuldbuch besonders gerechnet, 25 Pfg. von je angefangenen 1000 Mark des Betrages, über den verfügt wird, zusammen mindestens 1 Mark.
2. Für die Ausreichung von Reichsschuldverschreibungen für je angefangene 1000 Mark Kapitalbetrag 50 Pf., zusammen mindestens 1 Mark.

Vermerke über Bevollmächtigungen, sowie über Aenderungen in der Person oder der Wohnung des eingetragenen Berechtigten (§ 10 Abs. 3) sind gebührenfrei.

Die Gebühren werden von dem Antragsteller, soweit nöthig, nach den für die Beitreibung öffentlicher Abgaben bestehenden Vorschriften eingezogen. Auch kann die Vorausbezahlung der Gebühren gefordert werden.

Für die gerichtliche oder notarielle Beglaubigung der Anträge (§ 10 Abs. 2) dürfen an Gebühren nicht mehr als höchstens

1 Mk. 50 Pf. bei Beiträgen bis 2000 Mk.,
3 Mk. bei Beiträgen über 2000 Mk.

erhoben werden.

Beglaubigung vorgeschrieben,*) Anträge öffentlicher Behörden jedoch bedürfen einer Beglaubigung nicht.**)

Ueber die Eintragung sowohl, als über die Löschung von Schuldbuchforderungen erhält der Gläubiger eine Benachrichtigung.***)

Da die Benachrichtigung über eine Eintragung als Schuldverschreibung nicht gilt,***) wird eine solche als Unterpfand von der Reichsbank nicht angenommen, ein Umstand, welcher den Nutzen des Reichsschuldbuches für Sparkassen wesentlich einschränkt, weil mit ein Hauptgrund für die Anschaffung von Inhaberpapieren deren Lombardfähigkeit ist.

Aehnliche Inscriptionseinrichtungen, wie das soeben geschilderte Reichsschuldbuch, sind in einzelnen deutschen Bundesstaaten, z. B. Preußen und Sachsen, für die Staatsschuldverschreibungen getroffen.

Hypothekendarlehne, Grundschuld und Rentenschuld.

Allgemeines.

Eine der sichersten Kapitalanlagen ist diejenige auf Hypothek, sofern sich die Forderung in einem richtigen Verhältniß zum Werthe des verpfändeten Grundstückes befindet.

Für ein Hypothekendarlehn haftet dem Gläubiger nicht nur der Schuldner persönlich, sondern auch das verpfändete Grundstück nach Maßgabe der gesetzlichen Bestimmungen.†)

---

*) § 10 Rschb. G. Zum Antrage auf Eintragung einer Forderung, sowie auf gleichzeitigen Vermerk einer Beschränkung des Gläubigers in Bezug auf Kapital oder Zinsen derselben und zur gleichzeitigen Ertheilung einer Vollmacht genügt schriftliche Form.

In allen anderen Fällen muß der Antrag gerichtlich oder notariell, oder von einem Konsul des Reichs aufgenommen oder beglaubigt sein. Bei der Beglaubigung bedarf es weder der Zuziehung von Zeugen, noch der Aufnahme eines Protokolls.

Sind seit der Eintragung Aenderungen in der Person des Gläubigers (Verheirathung einer Frau, Aenderung des Gewerbes, Standes, Namens, Wohnorts) eingetreten, so kann verlangt werden, daß die Identität durch eine öffentliche Urkunde dargethan werde.

**) § 13 Abschnitt 3 Rschb. G. Anträge öffentlicher Behörden bedürfen, wenn sie ordnungsmäßig unterschrieben und untersiegelt sind, keiner Beglaubigung.

***) § 14 Rschb. G. Ueber die Eintragung von Forderungen und Vermerken, sowie über die verfügte Auslieferung von Schuldverschreibungen an Stelle zur Löschung gelangter Forderungen wird dem Antragsteller und, falls der Berechtigte ein Anderer ist, auch diesem eine Benachrichtigung ertheilt.

Die Benachrichtigung gilt nicht als eine über die Forderung ausgestellte Verschreibung.

†) § 1118 B. G. B. Kraft der Hypothek haftet das Grundstück auch für die gesetzlichen Zinsen der Forderung, sowie für die Kosten der Kündigung und der die Befriedigung aus dem Grundstücke bezweckenden Rechtsverfolgung.

§ 1119 B. G. B. Ist die Forderung unverzinslich oder ist der Zinssatz niedriger, als fünf vom Hundert, so kann die Hypothek ohne Zustimmung der im Range gleich- oder nachstehenden Berechtigten dahin erweitert werden, daß das Grundstück für Zinsen bis zu fünf vom Hundert haftet.

Zu einer Aenderung der Zahlungszeit und des Zahlungsorts ist die Zustimmung dieser Berechtigten gleichfalls nicht erforderlich.

§ 1120 B. G. B. Die Hypothek erstreckt sich auf die von dem Grundstücke getrennten Erzeugnisse und sonstigen Bestandtheile, soweit sie nicht mit der Trennung nach den §§ 954 bis 957 in das Eigenthum eines Anderen als des Eigenthümers oder des Eigenbesitzers des Grundstücks gelangt sind, sowie auf das Zubehör des Grundstücks mit Ausnahme der Zubehörstücke, welche nicht in das Eigenthum des Eigenthümers des Grundstücks gelangt sind. (Ueber die Begriffe „Erzeugnisse, Bestandtheile u. s. w." geben die hiernach auf S. 69/70 angeführten §§ 94—103 und 954—957 Aufschluß.)

§ 1121 B. G. B. Erzeugnisse und sonstige Bestandtheile des Grundstücks sowie Zubehörstücke werden von der Haftung frei, wenn sie veräußert und von dem Grundstück entfernt werden, bevor sie zu Gunsten des Gläubigers in Beschlag genommen worden sind.

Erfolgt die Veräußerung vor der Entfernung, so kann sich der Erwerber dem Gläubiger gegenüber nicht darauf berufen, daß er in Ansehung der Hypothek in gutem Glauben gewesen sei. Entfernt der Erwerber die Sache von dem Grundstücke, so ist eine vor der Entfernung erfolgte Beschlagnahme ihm gegenüber nur wirksam, wenn er bei der Entfernung in Ansehung der Beschlagnahme nicht in gutem Glauben ist.

§ 1122 B. G. B. Sind die Erzeugnisse oder Bestandtheile innerhalb der Grenzen einer ordnungsmäßigen Wirthschaft von dem Grundstücke getrennt worden, so erlischt ihre Haftung auch ohne Veräußerung, wenn sie vor der Beschlagnahme von dem Grundstück entfernt werden, es sei denn, daß die Entfernung zu einem vorübergehenden Zwecke erfolgt.

Zubehörstücke werden ohne Veräußerung von der Haftung frei, wenn die Zubehöreigenschaft innerhalb der Grenzen einer ordnungsmäßigen Wirthschaft vor der Beschlagnahme aufgehoben wird.

§ 1123 B. G. B. Ist das Grundstück vermiethet oder verpachtet, so erstreckt sich die Hypothek auf die Miethe- oder Pachtzinsforderung.

Soweit die Forderung fällig ist, wird sie mit dem Ablauf eines Jahres nach dem Eintritte der Fälligkeit von der Haftung frei, wenn nicht vorher die Beschlagnahme zu Gunsten des Hypothekengläubigers erfolgt. Ist der Miethe- oder Pachtzins im Voraus zu entrichten, so erstreckt sich die Befreiung nicht auf den Miethe- oder Pachtzins für eine spätere Zeit als das zur Zeit der Beschlagnahme laufende und das folgende Kalendervierteljahr.

§ 1124 B. G. B. Wird der Miethe- oder Pachtzins eingezogen, bevor er zu Gunsten des Hypothekengläubigers in Beschlag genommen worden ist, oder wird vor der Beschlagnahme in anderer Weise über ihn verfügt, so ist die Verfügung dem Hypothekengläubiger gegenüber wirksam. Besteht die Verfügung in der Uebertragung der Forderung auf einen Dritten, so erlischt die Haftung der Forderung, erlangt ein Dritter ein Recht an der Forderung, so geht es der Hypothek im Range vor.

Die Verfügung ist dem Hypothekengläubiger gegenüber unwirksam, soweit sie sich auf den Miethe- oder Pachtzins für eine spätere Zeit als das zur Zeit der Beschlagnahme laufende und das folgende Kalendervierteljahr bezieht.

Der Uebertragung der Forderung auf einen Dritten steht es gleich, wenn das Grundstück ohne die Forderung veräußert wird.

§ 1125 B. G. B. Soweit die Einziehung des Miethe- oder Pachtzinses dem Hypothekengläubiger gegenüber unwirksam ist, kann der Miether oder der Pächter nicht eine ihm gegen den Vermiether oder den Verpächter zustehende Forderung gegen den Hypothekengläubiger aufrechnen.

§ 1126 B. G. B. Ist mit dem Eigenthum an dem Grundstück ein Recht auf wiederkehrende Leistungen verbunden, so erstreckt sich die Hypothek auf die Ansprüche auf diese Leistungen. Die Vorschriften des § 1123 Abs. 2 Satz 1, des § 1124 Abs. 1, 3 und des § 1125 finden entsprechende Anwendung. Eine vor der Beschlagnahme erfolgte Verfügung über den Anspruch auf eine Leistung, die erst drei Monate nach der Beschlagnahme fällig wird, ist dem Hypothekengläubiger gegenüber unwirksam.

§ 1127 B. G. B. Sind Gegenstände, die der Hypothek unterliegen, für den Eigenthümer oder den Eigenbesitzer des Grundstücks unter Versicherung gebracht, so erstreckt sich die Hypothek auf die Forderung gegen den Versicherer.

Die Haftung der Forderung gegen den Versicherer erlischt, wenn der versicherte Gegenstand wieder hergestellt oder Ersatz für ihn beschafft ist.

§ 1128 B. G. B. Ist ein Gebäude versichert, so kann der Versicherer die Versicherungssumme mit Wirkung gegen den Hypothekengläubiger an den Versicherten erst zahlen, wenn er oder der Versicherte den Eintritt des Schadens dem Hypothekengläubiger angezeigt hat und seit dem Empfange der Anzeige ein Monat verstrichen ist. Der Hypothekengläubiger kann bis zum Ablaufe der Frist dem Versicherer gegenüber der Zahlung widersprechen. Die Anzeige darf unterbleiben, wenn sie unthunlich ist; in diesem Falle wird der Monat von dem Zeitpunkt an berechnet, in welchem die Versicherungssumme fällig wird.

Im Uebrigen finden die für eine verpfändete Forderung geltenden Vorschriften Anwendung; der Versicherer kann sich jedoch nicht darauf berufen, daß er eine aus dem Grundbuch ersichtliche Hypothek nicht gekannt habe.

§ 1129 B. G. B. Ist ein anderer Gegenstand als ein Gebäude versichert, so bestimmt sich die Haftung der Forderung gegen den Versicherer nach den Vorschriften des § 1123 Abs. 2, Abs. 1 und des § 1124 Abs. 1, 3.

§ 1130 B. G. B. Ist der Versicherer nach den Versicherungsbestimmungen nur verpflichtet, die Versicherungssumme zur Wiederherstellung des versicherten Gegenstandes zu zahlen, so ist eine diesen Bestimmungen entsprechende Zahlung an den Versicherten dem Hypothekengläubiger gegenüber wirksam.

§ 1131 B. G. B. Wird ein Grundstück nach § 890 Abs. 2 einem anderen Grundstück im Grundbuche zugeschrieben, so erstrecken sich die an diesem Grundstücke bestehenden Hypotheken auf das zugeschriebene Grundstück. Rechte, mit denen das zugeschriebene Grundstück belastet ist, gehen diesen Hypotheken im Range vor.

§ 890 B. G. B. Mehrere Grundstücke können dadurch zu einem Grundstücke vereinigt werden, daß der Eigenthümer sie als ein Grundstück in das Grundbuch eintragen läßt.

Ein Grundstück kann dadurch zum Bestandtheil eines anderen Grundstücks gemacht werden, daß der Eigenthümer es diesem im Grundbuche zuschreiben läßt.

Zu § 1120 werden hier angeführt:

§ 94 B. G. B. Zu den wesentlichen Bestandtheilen eines Grundstücks gehören die mit dem Grund und Boden fest verbundenen Sachen, insbesondere Gebäude, sowie die Erzeugnisse des Grundstücks, solange sie mit dem Boden zusammenhängen. Samen wird mit dem Aussäen, eine Pflanze wird mit dem Einpflanzen wesentlicher Bestandtheil des Grundstücks.

Zu den wesentlichen Bestandtheilen eines Gebäudes gehören die zur Herstellung des Gebäudes eingefügten Sachen.

§ 95 B. G. B. Zu den Bestandtheilen eines Grundstücks gehören solche Sachen nicht, die nur zu einem vorübergehenden Zwecke mit dem Grund und Boden verbunden sind. Das Gleiche gilt von einem Gebäude oder anderen Werke, das in Ausübung eines Rechtes an einem fremden Grundstücke von dem Berechtigten mit dem Grundstücke verbunden worden ist.

Sachen, die nur zu einem vorübergehenden Zwecke in ein Gebäude eingefügt sind, gehören nicht zu den Bestandtheilen des Gebäudes.

§ 96 B. G. B. Rechte, die mit dem Eigenthum an einem Grundstücke verbunden sind, gelten als Bestandtheile des Grundstücks.

§ 97 B. G. B. Zubehör sind bewegliche Sachen, die ohne Bestandtheile der Hauptsache zu sein, den wirthschaftlichen Zwecke der Hauptsache zu dienen bestimmt sind und zu ihr in einem dieser Bestimmung entsprechenden räumlichen Verhältnisse stehen. Eine Sache ist nicht Zubehör, wenn sie im Verkehre nicht als Zubehör angesehen wird.

Die vorübergehende Benutzung einer Sache für den wirthschaftlichen Zweck einer anderen begründet nicht die Zubehöreigenschaft. Die vorübergehende Trennung eines Zubehörstücks von der Hauptsache hebt die Zubehöreigenschaft nicht auf.

§ 98 B. G. B. Dem wirthschaftlichen Zwecke der Hauptsache sind zu dienen bestimmt:

1. bei einem Gebäude, das für einen gewerblichen Betrieb dauernd eingerichtet ist, insbesondere bei einer Mühle, einer Schmiede, einem Brauhaus, einer Fabrik, die zu dem Betriebe bestimmten Maschinen und sonstigen Geräthschaften;
2. bei einem Landgute das zum Wirthschaftsbetriebe bestimmte Geräth und Vieh, die landwirthschaftlichen Erzeugnisse, soweit sie zur Fortführung der Wirthschaft bis zu der Zeit erforderlich sind, zu welcher gleiche oder ähnliche Erzeugnisse voraussichtlich gewonnen worden, sowie der vorhandene auf dem Gute gewonnene Dünger.

§ 99 B. G. B. Früchte einer Sache sind die Erzeugnisse der Sache und die sonstige Ausbeute, welche aus der Sache ihrer Bestimmung gemäß gewonnen wird.

Früchte eines Rechtes sind die Erträge, welche das Recht seiner Bestimmung gemäß gewährt, insbesondere bei einem Rechte auf Gewinnung von Bodenbestandtheilen die gewonnenen Bestandtheile.

Früchte sind auch die Erträge, welche eine Sache oder ein Recht vermöge eines Rechtsverhältnisses gewährt.

§ 100 B. G. B. Nutzungen sind die Früchte einer Sache oder eines Rechtes sowie die Vortheile, welche der Gebrauch der Sache oder des Rechtes gewährt.

§ 101 B. G. B. Ist Jemand berechtigt, die Früchte einer Sache oder eines Rechtes bis zu einer bestimmten Zeit oder von einer bestimmten Zeit an zu beziehen, so gebühren ihm, sofern nicht ein Anderes bestimmt ist:

1. Die im § 99 Abs. 1 bezeichneten Erzeugnisse und Bestandtheile, auch wenn er sie als Früchte eines Rechtes zu beziehen hat, insoweit, als sie während der Dauer der Berechtigung von der Sache getrennt werden;
2. andere Früchte insoweit, als sie während der Dauer der Berechtigung fällig werden; bestehen jedoch die Früchte in der Vergütung für die Ueberlassung des Gebrauchs oder des Fruchtgenusses, in Zinsen, Gewinnantheilen oder anderen regelmäßig wiederkehrenden Erträgen, so gebührt dem Berechtigten ein der Dauer seiner Berechtigung entsprechender Theil.

§ 102 B. G. B. Wer zur Herausgabe von Früchten verpflichtet ist, kann Ersatz der auf die Gewinnung der Früchte verwendeten Kosten insoweit verlangen, als sie einer ordnungsmäßigen Wirthschaft entsprechen und den Werth der Früchte nicht übersteigen.

§ 103 B. G. B. Wer verpflichtet ist, die Lasten einer Sache oder eines Rechtes bis zu einer bestimmten Zeit oder von einer bestimmten Zeit an zu tragen, hat, sofern nicht ein Anderes bestimmt ist, die regelmäßig wiederkehrenden Lasten nach dem Verhältnisse der Dauer seiner Verpflichtung, andere Lasten insoweit zu tragen, als sie während der Dauer seiner Verpflichtung zu entrichten sind.

§ 954 B. G. B. Wer vermöge eines Rechtes an einer fremden Sache befugt ist, sich Erzeugnisse oder sonstige Bestandtheile der Sache anzueignen, erwirbt das Eigenthum an ihnen, unbeschadet der Vorschriften der §§ 955 bis 957, mit der Trennung.

§ 955 B. G. B. Wer eine Sache im Eigenbesitze hat, erwirbt das Eigenthum an den Erzeugnissen und sonstigen zu den Früchten der Sache gehörenden Bestandtheilen, unbeschadet der Vorschriften der §§ 956, 957, mit der Trennung. Der Erwerb ist ausgeschlossen, wenn der Eigenbesitzer nicht zum Eigenbesitz oder ein Anderer vermöge eines Rechtes an der Sache zum Fruchtbezuge berechtigt ist und der Eigenbesitzer bei dem Erwerbe des Eigenbesitzes nicht in gutem Glauben ist oder vor der Trennung den Rechtsmangel erfährt.

Dem Eigenbesitzer steht derjenige gleich, welcher die Sache zum Zwecke der Ausübung eines Nutzungsrechts an ihr besitzt.

Auf den Eigenbesitz und den ihm gleichgestellten Besitz findet die Vorschrift des § 940 Abs. 2 entsprechende Anwendung.

§ 956 B. G. B. Gestattet der Eigenthümer einem Anderen, sich Erzeugnisse oder sonstige Bestandtheile der Sache anzueignen, so erwirbt dieser das Eigenthum an ihnen, wenn der Besitz der Sache ihm überlassen ist, mit der Trennung, anderenfalls mit der Besitzergreifung. Ist der Eigenthümer zu der Gestattung verpflichtet, so kann er sie nicht widerrufen, solange sich der Andere in dem ihm überlassenen Besitze der Sache befindet.

Das Gleiche gilt, wenn die Gestattung nicht von dem Eigenthümer, sondern von einem Anderen ausgeht, dem Erzeugnisse oder sonstige Bestandtheile einer Sache nach der Trennung gehören.

§ 957 B. G. B. Die Vorschriften des § 956 finden auch dann Anwendung, wenn derjenige, welcher die Aneignung einem Anderen gestattet, hierzu nicht berechtigt ist, es sei denn, daß der Andere, falls ihm der Besitz der Sache überlassen wird, bei der Ueberlassung, anderenfalls bei der Ergreifung des Besitzes der Erzeugnisse oder der sonstigen Bestandtheile nicht in gutem Glauben ist oder vor der Trennung den Rechtsmangel erfährt.

Neben der gewöhnlichen Hypothek, wäre noch deren Abarten und zwar der Sicherungshypothek, der Grundschuld und der Rentenschuld zu erwähnen, obgleich sie für Sparkassen wenig gebräuchliche Formen sind.

Die Sicherungshypothek*) (Kautionshypothek) kommt für dauernde Kapitalanlagen nicht in Betracht, indessen ist sie wohl verwendbar zur Sicherheitsleistung für solche Darlehne, die im Kontokorrentverkehr oder in ähnlichen Fällen hingegeben werden. Die Sicherungshypothek bildet dann gewissermaßen das Unterpfand.

Diese Hypothekenform ist aber noch in einer anderen Hinsicht von Interesse und zwar, wenn die Kasse genöthigt ist, im Beitreibungsverfahren wegen einer persönlichen Schuld (z. B. Wechseldarlehn) die Zwangsvollstreckung in ein Grundstück eines der Verpflichteten vornehmen zu lassen. Die Zwangsvollstreckung wird dann durch Eintragung einer Sicherungshypothek bewirkt.**)

Für Sicherungshypotheken werden Hypothekenbriefe nicht ertheilt. Ihre Umwandlung in eine gewöhnliche Hypothek ist zuläßig.

---

*) § 1184 B. G. B. Eine Hypothek kann in der Weise bestellt werden, daß das Recht des Gläubigers aus der Hypothek sich nur nach der Forderung bestimmt und der Gläubiger sich zum Beweise der Forderung nicht auf die Eintragung berufen kann (Sicherungshypothek.)

Die Hypothek muß im Grundbuch als Sicherungshypothek bezeichnet werden.

§ 1185 B. G. B. Bei der Sicherungshypothek ist die Ertheilung des Hypothekenbriefs ausgeschlossen.

Die Vorschriften der §§ 1138, 1139, 1141, 1156 finden keine Anwendung.

§ 1186 B. G. B. Eine Sicherungshypothek kann in eine gewöhnliche Hypothek, eine gewöhnliche Hypothek kann in eine Sicherungshypothek umgewandelt werden. Die Zustimmung der im Range gleich- oder nachstehenden Berechtigten ist nicht erforderlich.

§ 1190 B. G. B. Eine Hypothek kann in der Weise bestellt werden, daß nur der Höchstbetrag, bis zu dem das Grundstück haften soll, bestimmt, im Uebrigen die Feststellung der Forderung vorbehalten wird. Der Höchstbetrag muß in das Grundbuch eingetragen werden.

Ist die Forderung verzinslich, so werden die Zinsen in den Höchstbetrag eingerechnet.

Die Hypothek gilt als Sicherungshypothek, auch wenn sie im Grundbuche nicht als solche bezeichnet ist.

Die Forderung kann nach den für die Uebertragung von Forderungen geltenden allgemeinen Vorschriften übertragen werden. Wird sie nach diesen Vorschriften übertragen, so ist der Uebergang der Hypothek ausgeschlossen.

**) § 866 C. P. O. Die Zwangsvollstreckung in ein Grundstück erfolgt durch Eintragung einer Sicherungshypothek für die Forderung, durch Zwangsversteigerung und durch Zwangsverwaltung.

Der Gläubiger kann verlangen, daß eine dieser Maßregeln allein oder neben den übrigen ausgeführt werde.

Auf Grund eines Vollstreckungsbefehls findet die Eintragung einer Sicherungshypothek nicht statt. Auf Grund eines anderen Schuldtitels darf eine Sicherungshypothek nur für eine den Betrag von dreihundert Mark übersteigende Forderung eingetragen werden; die Vorschriften der §§ 4, 5 finden entsprechende Anwendung.

§ 867 C. P. O. Die Sicherungshypothek wird auf Antrag des Gläubigers in das Grundbuch eingetragen; die Eintragung ist auf dem vollstreckbaren Titel zu vermerken. Mit der Eintragung entsteht die Hypothek. Das Grundstück haftet auch für die dem Schuldner zur Last fallenden Kosten der Eintragung.

Sollen mehrere Grundstücke des Schuldners mit der Hypothek belastet werden, so ist der Betrag der Forderung auf die einzelnen Grundstücke zu vertheilen; die Größe der Theile bestimmt der Gläubiger.

Die Grundschuld bedingt im Gegensatz zur Hypothek nur ein Recht an dem verpfändeten Grundstücke,*) während mit letzterer nicht nur ein sachliches, sondern auch ein persönliches Recht erworben wird.

Für Sparkassen ist dieses zwar wenig von Bedeutung, da ihre vorsichtigen Beleihungsmaximen einen Rückgriff auf das persönliche Recht schwerlich erforderlich machen werden; indessen ausgeschlossen ist diese Möglichkeit nicht, und dann auch ist die Grundschuldform im allgemeinen weniger beliebt, als die gewöhnliche Hypothek.

Dennoch ist die Grundschuld zuweilen auch innerhalb des Geschäftskreises der Sparkassen zweckmäßig. Dieses gilt besonders für den Fall, daß jemand zwecks Beschaffung einer Unterlage für ein Unterpfanddarlehn auf sein eigenes Grundstück für sich eine Grundschuld eintragen läßt.**)

Für die Grundschuld gelten im allgemeinen die für die Hypothek gegebenen Bestimmungen.***)

Ueber die Grundschuld wird ein Grundschuldbrief ausgefertigt, welcher auf Antrag, auf den Inhaber†) lautend, auszustellen ist, wodurch er gewissermaßen ein Inhaberpapier wird. Doch kann eine Grundschuld, wenn anderes nicht vereinbart, vom Eigenthümer sowohl, als auch vom Gläubiger gekündigt werden.††)

Wesentlich für Sparkassen ist die Bestimmung, daß eine Grundschuld in eine Hypothek umgewandelt werden kann,†††) was von Bedeutung ist, wenn eine als Grundschuld eingetragene Forderung abgetreten werden soll, für welche von der Kasse jedoch die Hypothekenform vorgeschrieben ist.

---

*) § 1191 B. G. B. Ein Grundstück kann in der Weise belastet werden, daß an denjenigen, zu dessen Gunsten die Belastung erfolgt, eine bestimmte Geldsumme aus dem Grundstücke zu zahlen ist. (Grundschuld).

Die Belastung kann auch in der Weise erfolgen, daß Zinsen von der Geldsumme sowie andere Nebenleistungen aus dem Grundstücke zu entrichten sind.

**) § 1196 B. G. B. Eine Grundschuld kann auch für den Eigenthümer bestellt werden.

Zu der Bestellung ist die Erklärung des Eigenthümers gegenüber dem Grundbuchamte, daß die Grundschuld für ihn in das Grundbuch eingetragen werden soll, und die Eintragung erforderlich; die Vorschrift des § 878 findet Anwendung.

***) § 1192 B. G. B. Auf die Grundschuld finden die Vorschriften über die Hypothek entsprechende Anwendung, soweit sich nicht daraus ein Anderes ergiebt, daß die Grundschuld nicht eine Forderung voraussetzt.

Für Zinsen der Grundschuld gelten die Vorschriften über die Zinsen einer Hypothekenforderung.

†) § 1195 B. G. B. Eine Grundschuld kann in der Weise bestellt werden, daß der Grundschuldbrief auf den Inhaber ausgestellt wird. Auf einen solchen Brief finden die Vorschriften über Schuldverschreibungen auf den Inhaber entsprechende Anwendung.

††) § 1193 B. G. B. Das Kapital der Grundschuld wird erst nach vorgängiger Kündigung fällig. Die Kündigung steht sowohl dem Eigenthümer als dem Gläubiger zu. Die Kündigungsfrist beträgt sechs Monate.

Abweichende Bestimmungen sind zulässig.

†††) § 1198 B. G. B. Eine Hypothek kann in eine Grundschuld, eine Grundschuld kann in eine Hypothek umgewandelt werden. Die Zustimmung der im Range gleich- oder nachstehenden Berechtigten ist nicht erforderlich.

Die im bürgerlichen Gesetzbuch neu geschaffene Belastungsform „der Rentenschuld“ eignet sich für Sparkassen nicht, weil durch sie lediglich das Recht auf eine regelmäßig wiederkehrende Leistung*) (Rente) erworben wird. Ein Anspruch auf Auszahlung des Kapitals steht dem Gläubiger im Allgemeinen nicht zu.**)

Der Vollständigkeit halber muß hier auch des Erbbaurechtes Erwähnung gethan werden. Es stellt das vererbliche und veräußerliche Recht dar,***) auf einem Grundstücke Bauwerke zu errichten. Auch unbebaute Flächen, wie Hofräume, Lagerplätze und dergleichen können in das Erbbaurecht miteinbezogen werden.†)

Wenngleich diese Form nur ein Recht an einem Grundstücke bedingt, welches einer dritten Person gehört, kommt es gemeinhin doch darauf hinaus, daß der Erbbauberechtigte ungefähr so dasteht, wie wenn er Besitzer der erbbauberechtigten Fläche wäre.

In dem B. G. B.††) sowohl, wie in der Grundbuchordnung†††) wird das Erbbaurecht deshalb auch gleich einem Grundstücke behandelt.

Ist ein Erbbaurecht beliehen, so kann dasselbe nicht ohne die Einwilligung des Gläubigers vom Erbbauberechtigten aufgegeben werden.*†) Der erstere genießt also dieselbe Sicherheit, wie bei einer gewöhnlichen Hypothek.

---

*) § 1199 B. G. B. Eine Grundschuld kann in der Weise bestellt werden, daß in regelmäßig wiederkehrenden Terminen eine bestimmte Geldsumme aus dem Grundstücke zu zahlen ist (Rentenschuld).

Bei der Bestellung der Rentenschuld muß der Betrag bestimmt werden, durch dessen Zahlung die Rentenschuld abgelöst werden kann. Die Ablösungssumme muß im Grundbuch angegeben werden.

**) § 1201 B. G. B. Das Recht zur Ablösung steht dem Eigenthümer zu.

Dem Gläubiger kann das Recht, die Ablösung zu verlangen, nicht eingeräumt werden. Im Falle des § 1133 Satz 2 ist der Gläubiger berechtigt, die Zahlung der Ablösungssumme aus dem Grundstücke zu verlangen.

***) § 1012 B. G. B. Ein Grundstück kann in der Weise belastet werden, daß demjenigen, zu dessen Gunsten die Belastung erfolgt, das veräußerliche oder vererbliche Recht zusteht, auf oder unter der Oberfläche des Grundstücks ein Bauwerk zu haben (Erbbaurecht).

†) § 1013 B. G. B. Das Erbbaurecht kann auf die Benutzung eines für das Bauwerk nicht erforderlichen Theiles des Grundstücks erstreckt werden, wenn sie für die Benutzung des Bauwerkes Vortheil bietet.

††) § 1017 B. G. B. Für das Erbbaurecht gelten die sich auf Grundstücke beziehenden Vorschriften.

Die für den Erwerb des Eigenthums und die Ansprüche aus dem Eigenthum geltenden Vorschriften finden auf das Erbbaurecht entsprechende Anwendung.

†††) § 7 G. O. Ist auf dem Blatte eines Grundstücks ein Erbbaurecht eingetragen, so ist auf Antrag für dieses Recht ein besonderes Grundbuchblatt anzulegen. Die Anlegung erfolgt von Amtswegen, wenn das Recht veräußert oder belastet werden soll.

Die Anlegung wird auf dem Blatte des Grundstücks vermerkt.

*†) § 876 B. G. B. Satz 1. Ist ein Recht an einem Grundstücke mit dem Rechte eines Dritten belastet, so ist zur Aufhebung des belasteten Rechtes die Zustimmung des Dritten erforderlich.

Darlehnsantrag und Darlehnsbewilligung.

Wird ein Hypothekendarlehn bei der Kasse mündlich — die schriftliche Muster 37 Form ist natürlich nicht ausgeschlossen — beantragt, so ist der Antrag von dem Sparkassenrendanten schriftlich zu fixiren und in demselben auf Grund der, vom Antragsteller beizugebenden Unterlagen, wie einer Abschrift*) des Grundbuchblattes, Auszüge aus der Grundsteuermutterrolle, Gebäudesteuerrolle, Taxe, Feuerversicherungspolize und dergl., die durch das Statut vorgeschriebene Beleihungsgrenze sogleich festzustellen.

Auf die Beibringung einer Abschrift des Grundbuchblattes wird in den meisten Fällen verzichtet werden können, einmal weil das Wissenswerthe — hauptsächlich die Rangordnung der zu erwerbenden oder einzutragenden Post — durch Einsicht in das Grundbuch, welches öffentlich Glauben genießt,**) zu ermitteln ist, dann auch, weil später bei Eingang des Hypothekenbriefes,***) in welchem die vorstehenden Rechte vermerkt sind, diese Prüfung vorgenommen werden kann. Allerdings darf in letzterem Falle die Zahlung des Hypothekenkapitals erst nach Eingang und Prüfung des Hypothekenbriefes erfolgen.

Der Antrag wird dem Sparkassenvorstand nach Vorschrift des § 12 des Statuts zur Entscheidung vorgelegt.

Auf zweifelhafte Fälle, besonders wenn die Rechtslage irgendwie komplicirt ist, sollte sich eine Sparkasse nicht früher einlassen, bis die Verhältnisse geregelt und klar übersichtliche sind.

Der Hauptgesichtspunkt, von dem aus die Prüfung eines Darlehnsantrages zu erfolgen hat, ist stets der, daß die Kasse in keinem Falle und käme es selbst zu Zwangsversteigerung, einen Vermögensnachtheil erleiden darf.

---

*) § 11 G. O. Die Einsicht des Grundbuchs ist Jedem gestattet, der ein berechtigtes Interesse darlegt. Das Gleiche gilt von Urkunden, auf die im Grundbuche zur Ergänzung einer Eintragung Bezug genommen ist, sowie von den noch nicht erledigten Eintragungsanträgen.

Soweit die Einsicht des Grundbuchs, der im Abs. 1 bezeichneten Urkunden und der noch nicht erledigten Eintragungsanträge gestattet ist, kann eine Abschrift gefordert werden; die Abschrift ist auf Verlangen zu beglaubigen.

**) § 892 B. G. B. Zu Gunsten desjenigen, welcher ein Recht an einem Grundstück oder ein Recht an einem solchen Rechte durch Rechtsgeschäft erwirbt, gilt der Inhalt des Grundbuchs als richtig, es sei denn, daß ein Widerspruch gegen die Richtigkeit eingetragen oder die Unrichtigkeit dem Erwerber bekannt ist. Ist der Berechtigte in der Verfügung über ein im Grundbuch eingetragenes Recht zu Gunsten einer bestimmten Person beschränkt, so ist die Beschränkung dem Erwerber gegenüber nur wirksam, wenn sie aus dem Grundbuch ersichtlich oder dem Erwerber bekannt ist.

Ist zu dem Erwerbe des Rechtes die Eintragung erforderlich, so ist für die Kenntniß des Erwerbers die Zeit der Stellung des Antrags auf Eintragung oder, wenn die nach § 873 erforderliche Einigung erst später zu Stande kommt, die Zeit der Einigung maßgebend.

***) § 1140 B. G. B. Soweit die Unrichtigkeit des Grundbuchs aus dem Hypothekenbrief oder einem Vermerk auf dem Briefe hervorgeht, ist die Berufung auf die Vorschriften der §§ 892, 893 ausgeschlossen. Ein Widerspruch gegen die Richtigkeit des Grundbuchs, der aus dem Briefe oder einem Vermerk auf dem Briefe hervorgeht, steht einem im Grundbuch eingetragenen Widerspruche gleich.

Wenn auch die durch das Statut vorgeschriebenen Beleihungsgrundsätze durchweg außerordentlich vorsichtig abgefaßt sein werden, kann es dennoch, wenn auch nur in äußerst seltenen Ausnahmefällen vorkommen, daß der wirkliche Grundstückswerth nicht in dem gewöhnlichen Verhältnisse zur beantragten Darlehnssumme steht. Ist das Grundstück daher nicht wenigstens einem Vorstandsmitgliede bekannt, so sollte der Darlehnsbewilligung deshalb stets eine örtliche Besichtigung vorhergehen. Falls das nicht angängig, wäre zuverlässige Auskunft einzuholen.

Besondere Beachtung erfordern ferner diejenigen Verhältnisse, durch welche ein Grundstück und damit die Hypothek möglicherweise gefährdet werden kann (z. B. Ueberschwemmung) und wogegen ein Schutz durch Versicherung nicht angängig ist.

Endlich ist bei der Beimessung der Darlehnssumme stets in Betracht zu ziehen, wie sich diese unter Hinzurechnung der, bei einer etwaigen Zwangsversteigerung möglicherweise im Range vorgehenden Ansprüche, zum Werthe des Grundstückes verhält.

Von der erfolgten Bewilligung oder Ablehnung ist dem Antragsteller, in letzterem Falle unter Rückgabe der Unterlagen, Kenntniß zu geben.

Behält sich die Kasse in dem Benachrichtigungsschreiben nicht das Recht vor, von dem Geschäfte zurücktreten zu dürfen, so kann das Darlehnsversprechen nur dann zurückgenommen werden, wenn in den Vermögensverhältnissen des Antragstellers eine wesentliche Verschlechterung nach erfolgter Bewilligung eintritt.*)

In der Bewilligungsmittheilung sind die Bedingungen, unter denen das Darlehn begeben werden soll, genau anzuführen.

Es wird hauptsächlich darin zu erwähnen sein: Die Summe des bewilligten Kapitals und dessen Rangordnung, die Kündigungsfrist, der Zinsfuß, die Zinsenfälligkeitstermine, der Zahlungsort und bei Abzahlungsdarlehnen die Tilgungsrate.

Ferner ist ausdrücklich zu bemerken, daß Zahlung des Darlehns bei Uebergabe des Hypothekenbriefes erfolgen wird.

Je nach den örtlichen Erfordernissen und Gewohnheiten werden diese Bedingungen noch zu erweitern sein.

Dahin gehört der oben erwähnte Vorbehalt, von der Darlehnsbewilligung jeder Zeit oder nach einer bestimmten, zur Annahmeerklärung freigegebenen Frist, wenn diese erfolglos verstrichen, zurücktreten zu dürfen; ferner die Bedingung, daß nur in Goldmünzen die Rückzahlung erfolgen darf, auch die Baulichkeiten stets gegen Feuerschaden versichert gehalten werden müssen, worüber der Kasse ein Garantieschein von der Feuerversicherungsgesellschaft ausgehändigt

*) § 610 B. G. B. Wer die Hingabe eines Darlehens verspricht, kann im Zweifel das Versprechen widerrufen, wenn in den Vermögensverhältnissen des anderen Theiles eine wesentliche Verschlechterung eintritt, durch die der Anspruch auf die Rückerstattung gefährdet wird.

werden muß. Schließlich kann auch ausbedungen werden, daß das Kapital unverzüglich von der Gläubigerin zurückverlangt werden darf, wenn das Grundstück den Besitzer wechselt oder die Zinsenzahlung nicht pünktlich erfolgt. Man rechnet gewöhnlich die Zahlung auch für pünktlich erfolgt, wenn sie innerhalb 14 Tagen nach dem eigentlichen Fälligkeitstermine eingeht. Ist für ein Darlehn allmälige Tilgung in regelmäßigen oder unregelmäßigen Raten vorgesehen, so empfiehlt es sich, dem für die Kasse verbleibenden Restschuldbetrag des Vorrecht vor den abgezahlten Beträgen vorzubehalten.

Das Beitreibungsverfahren wird wesentlich durch die Bedingung vereinfacht, daß sich der Darlehnsnehmer der sofortigen Zwangsvollstreckung unterwirft,*) wenn er die ihm obliegenden Leistungen nicht pünktlich erfüllt.

Der Schuldner ist darauf aufmerksam zu machen, daß sämmtliche Kosten zu seinen Lasten fallen.

Muster 38 In dem beigegebenen Muster zu einer Bewilligungserklärung ist all der vorstehenden Bestimmungen und Vorbehalte Erwähnung gethan. Damit soll aber durchaus nicht gesagt sein, daß sie alle nöthig sind, ebensowenig, daß nicht noch andere Bedingungen zweckmäßig sein könnten. Bestimmte, auf jeden

*) § 794 C. P. O. Die Zwangsvollstreckung findet ferner statt:

1. 2c.

5. aus Urkunden, welche von einem deutschen Gericht oder von einem deutschen Notar innerhalb der Grenzen seiner Amtsbefugnisse in der vorgeschriebenen Form aufgenommen sind, sofern die Urkunde über einen Anspruch errichtet ist, welcher die Zahlung einer bestimmten Geldsumme oder die Leistung einer bestimmten Quantität anderer vertretbarer Sachen oder Werthpapiere zum Gegenstande hat, und der Schuldner sich in der Urkunde der sofortigen Zwangsvollstreckung unterworfen hat. Als ein Anspruch, welcher die Zahlung einer Geldsumme zum Gegenstande hat, gilt auch der Anspruch aus einer Hypothek, einer Grundschuld oder einer Rentenschuld.

Soweit nach den Vorschriften der §§ 737, 739, 743, des § 745 Abs. 2 und des § 748 Abs. 2 die Verurtheilung eines Betheiligten zur Duldung der Zwangsvollstreckung erforderlich ist, wird sie dadurch ersetzt, daß der Betheiligte in einer nach Abs. 1 Nr. 5 aufgenommenen Urkunde die sofortige Zwangsvollstreckung in die seinem Rechte unterworfenen Gegenstände bewilligt.

§ 799 C. P. O. Hat sich der Eigenthümer eines mit einer Hypothek, einer Grundschuld oder einer Rentenschuld belasteten Grundstücks in einer nach § 794 Nr. 5 aufgenommenen Urkunde der sofortigen Zwangsvollstreckung unterworfen und ist dem Rechtsnachfolger des Gläubigers eine vollstreckbare Ausfertigung ertheilt, so ist die Zustellung der die Rechtsnachfolge nachweisenden öffentlichen oder öffentlich beglaubigten Urkunde nicht erforderlich, wenn der Rechtsnachfolger als Gläubiger im Grundbuche eingetragen ist.

§ 800 C. P. O. Der Eigenthümer kann sich in einer nach § 794 Nr. 5 aufgenommenen Urkunde in Ansehung einer Hypothek, einer Grundschuld oder einer Rentenschuld der sofortigen Zwangsvollstreckung in der Weise unterwerfen, daß die Zwangsvollstreckung aus der Urkunde gegen den jeweiligen Eigenthümer des Grundstücks zuläsig sein soll. Die Unterwerfung bedarf in diesem Falle der Eintragung in das Grundbuch.

Bei der Zwangsvollstreckung gegen einen späteren Eigenthümer, der im Grundbuch eingetragen ist, bedarf es nicht der Zustellung der den Erwerb des Eigenthums nachweisenden öffentlichen oder öffentlich beglaubigten Urkunde.

Ist die sofortige Zwangsvollstreckung gegen den jeweiligen Eigenthümer zuläsig, so ist für die im § 797 Abs. 5 bezeichneten Klagen das Gericht zuständig, in dessen Bezirke das Grundstück belegen ist.

Fall passende Normen lassen sich eben nicht feststellen. Es ist Sache des Sparkassenvorstandes, das für die örtlichen Verhältnisse in dieser Hinsicht Passende auszuwählen.

Die Eintragung der Hypothekenforderung in das Grundbuch, die Schuld- und Verpfändungsurkunde, der Hypothekenbrief und der Hypothekensicherungsschein.

Nachdem die Bewilligung ausgesprochen und vom Darlehnsnehmer acceptirt ist, wird es sich darum handeln, daß zunächst die Forderung für die Sparkasse in das Grundbuch eingetragen wird, also um den Erwerb in den gesetzlich vorgeschriebenen Formen.

Für das eigentliche Hypothekengeschäft der Sparkassen kommen zwei Arten des Erwerbes bezüglich der Hypothekenforderungen in Betracht.*)

Die erste ist die durch Neueintragung der bewilligten Forderung in das Grundbuch, die zweite ist der Eigenthumsübergang einer bereits bestehenden und eingetragenen Forderung durch Uebertragung seitens des bisherigen Gläubigers an die Kasse.

Die Eintragung in das Grundbuch erfolgt auf Grund der, das Schuldverhältniß**) darthuenden Schuldurkunde und auf Antrag des Berechtigten, also des im Grundbuche verzeichneten Pfandgrundstücksbesitzers, oder auf Antrag der Kasse, falls jener die Bewilligung zur Eintragung ertheilt hat.***) Der Schuldner muß jedoch nach Lage des Grundbuches unbedingt verfügungsberechtigt sein.†)

---

*) Außerdem könnte eine Sparkasse in die Lage kommen, eine Hypothek für sich eintragen lassen zu müssen, ohne das ursprünglich beabsichtigt zu haben und zwar in dem Falle, daß in dem gerichtlichen Verfahren zur Beitreibung eines Rückstandes z. B. einer Wechselforderung (siehe S. 71 2. Anmerkung) die Eintragung einer Sicherungshypothek erforderlich wird.

**) § 1113 B. G. B. Ein Grundstück kann in der Weise belastet werden, daß an denjenigen, zu dessen Gunsten die Belastung erfolgt, eine bestimmte Geldsumme zur Befriedigung wegen einer ihm zustehenden Forderung aus dem Grundstücke zu zahlen ist (Hypothek.)

Die Hypothek kann auch für eine künftige oder eine bedingte Forderung bestellt werden.

***) § 13 G. O. Eine Eintragung soll, soweit nicht das Gesetz ein Anderes vorschreibt, nur auf Antrag erfolgen. Der Zeitpunkt, in welchem ein Antrag bei dem Grundbuchamt eingeht, soll auf dem Antrage genau vermerkt werden.

Antragsberechtigt ist Jeder, dessen Recht von der Eintragung betroffen wird oder zu dessen Gunsten die Eintragung erfolgen soll.

§ 19 G. O. Eine Eintragung erfolgt, wenn derjenige sie bewilligt, dessen Recht von ihr betroffen wird.

§ 40 G. O. Abs. 1. Eine Eintragung soll nur erfolgen, wenn derjenige, dessen Recht durch sie betroffen wird, als der Berechtigte eingetragen ist.

†) § 878 B. G. B. Eine von dem Berechtigten in Gemäßheit der §§ 873, 875, 877 abgegebenen Erklärung wird nicht dadurch unwirksam, daß der Berechtigte in der Verfügung beschränkt wird, nachdem die Erklärung für ihn bindend geworden und der Antrag auf Eintragung bei dem Grundbuchamte gestellt worden ist.

§ 892 B. G. B. (s. 2. Anm. auf Seite 74.)

§ 113 K. O. Ein von dem Konkursgericht in Gemäßheit des § 106 erlassenes allgemeines Veräußerungsverbot, sowie die Eröffnung des Konkursverfahrens ist in das Grundbuch einzutragen:

1. bei denjenigen Grundstücken, als deren Eigenthümer der Gemeinschuldner im Grundbuch eingetragen ist;
2. pp.

Das Schuldverhältniß an sich ist rein persönlicher Natur; durch Hinzutritt der Verpfändung eines Grundstückes wird daneben noch ein Recht an letzterem erlangt. Es folgt daraus, daß der Gläubiger wegen einer Hypothekenforderung nicht nur Befriedigung aus dem verpfändeten Grundstücke, sondern auch aus dem übrigen Vermögen des Schuldners verlangen darf.

Es ist nicht nöthig, daß Schuldner und Pfandgrundstücksbesitzer ein und dieselbe Person ist. Dennoch sollte stets darauf gehalten werden, daß dieses zutrifft, weil sonst die Kasse wegen eines Darlehnsgeschäftes es mit zweien, nämlich dem Schuldner und dem Besitzer des Pfandgrundstückes zu thun haben würde, wodurch unnöthige Weiterungen und Verpflichtungen entstehen können. Für die Geschäfte der Sparkassen eignen sich eben nur solche Fälle, die einfach und klar ersichtlich sind.

Bevor nun auf die zur Eintragung in das Grundbuch erforderliche Schuld- und Verpfändungsurkunde selbst eingegangen wird, bliebe noch zu erörtern, wer zur Ausstellung einer solchen berechtigt ist.

Unter der Voraussetzung, daß der Schuldner und der Pfandbesteller ein und dieselbe Person ist, kann nur der im Grundbuche als Besitzer Eingetragene*) die Schuld- und Verpfändungsurkunde ertheilen, wozu er unbedingt geschäftsfähig**) sein muß.

Ist der Besitzer des Pfandgrundstückes verheirathet, so empfiehlt es sich, die Schuld- und Verpfändungsurkunde von beiden Ehegatten vollziehen zu lassen, selbst wenn nur einer derselben im Grundbuche als Besitzer eingetragen steht, weil in manchen Fällen das Gesetz die Einwilligung des einen Gattten zu einer Verfügung des anderen vorschreibt.***)

Sollte auf Grund gesetzlicher oder vertragsmäßiger Gütertrennung einer der beiden Ehegatten unzweifelhaft berechtigt sein, allein zu verfügen, worüber das bei Gericht geführte Güterrechtsregister†) Aufschluß giebt, dürfte es ge-

---

*) siehe 3. Anm. auf der vorigen Seite.

**) § 104, 105, 106 B. G. B. s. S. 37 erste Anm.

§ 114 B. G. B. Wer wegen Geistesschwäche, wegen Verschwendung oder wegen Trunksucht entmündigt oder wer nach § 1906 unter vorläufige Vormundschaft gestellt ist, steht in Ansehung der Geschäftsfähigkeit einem Minderjährigen gleich, der das siebente Lebensjahr vollendet hat.

***) § 1395 B. G. B. Die Frau bedarf zur Verfügung über eingebrachtes Gut der Einwilligung des Mannes.

§ 1445 B. G. B. Der Mann bedarf der Einwilligung der Frau zur Verfügung über ein zu dem Gesammtgute gehörendes Grundstück, sowie zur Eingehung der Verpflichtung zu einer solchen Verfügung.

†) § 1431 Abs. 1 B. G. B. Die Gütertrennung ist Dritten gegenüber nur nach Maßgabe des § 1435 wirksam.

§ 1435 B. G. B. Wird durch Ehevertrag die Verwaltung und Nutznießung des Mannes ausgeschlossen oder geändert, so können einem Dritten gegenüber aus der Ausschließung oder der Aenderung Einwendungen gegen ein zwischen ihm und einem der Ehegatten vorgenommenes Rechtsgeschäft der gegen ein zwischen ihnen ergangenes rechtskräftiges Urtheil nur hergeleitet werden, wenn zur Zeit der Vornahme des Rechtsgeschäfts oder zur Zeit des Eintritts der Rechtshängigkeit die Ausschließung oder die

nügen, wenn die Schuld- und Verpfändungsurkunde von dem berechtigten Gatten allein vollzogen wird, immer vorausgesetzt, daß er unbeschränkt geschäftsfähig ist.*) Die Frau nimmt in solchem Falle ihrem Vermögen gegenüber die Stellung einer unverheiratheten Frau ein.

Für eine nicht geschäftsfähige oder in ihrer Geschäftsfähigkeit beschränkte Person hat der gesetzliche Vertreter derselben die Schuld- und Verpfändungsurkunde zu vollziehen.

Für minderjährige Kinder,**) deren Vater lebt,***) ist dieser gesetzlicher Vertreter, soweit er nicht durch Gesetz oder Verfügung ausgeschlossen oder beschränkt†) ist. Für minderjährige Kinder, deren Vater nicht mehr lebt, für tot erklärt ist, die elterliche Gewalt verwirkt hat,†) oder an deren Ausübung

---

Aenderung in dem Güterrechtsregister des zuständigen Amtsgerichts eingetragen oder dem Dritten bekannt war.

Das Gleiche gilt, wenn eine in dem Güterrechtsregister eingetragene Regelung der güterrechtlichen Verhältnisse durch Ehevertrag aufgehoben oder geändert wird.

§ 34 G. O. Der Nachweis, daß zwischen Ehegatten Gütertrennung oder ein vertragsmäßiges Güterrecht besteht oder daß ein Gegenstand zum Vorbehaltsgut eines Ehegatten gehört, wird durch ein Zeugniß des Gerichts über die Eintragung des güterrechtlichen Verhältnisses im Güterrechtsregister geführt.

§ 35 G. O. Ist in den Fällen der §§ 33, 34 das Grundbuchamt zugleich das Registergericht, so genügt statt des Zeugnisses die Bezugnahme auf das Register.

§ 1563 B. G. B. Die Einsicht des Registers ist Jedem gestattet. Von den Eintragungen kann eine Abschrift gefordert werden; die Abschrift ist auf Verlangen zu beglaubigen.

*) Siehe 2. Anm. auf voriger Seite.

**) § 2 B. G. B. Die Volljährigkeit tritt mit der Vollendung des 21. Lebensjahres ein.

§ 3 B. G. B. Ein Minderjähriger, der das achtzehnte Lebensjahr vollendet hat, kann durch Beschluß des Vormundschaftsgerichts für volljährig erklärt werden.

Durch die Volljährigkeitserklärung erlangt der Minderjährige die rechtliche Stellung eines Volljährigen.

§ 4 B. G. B. Die Volljährigkeitserklärung ist nur zulässig, wenn der Minderjährige seine Einwilligung ertheilt.

Steht der Minderjährige unter elterlicher Gewalt, so ist auch die Einwilligung des Gewalthabers erforderlich, es sei denn, daß diesem weder die Sorge für die Person, noch die Sorge für das Vermögen des Kindes zusteht. Für eine minderjährige Wittwe ist die Einwilligung des Gewalthabers nicht erforderlich.

***) § 1627 B. G. B. Der Vater hat Kraft der elterlichen Gewalt das Recht und die Pflicht, für die Person und das Vermögen des Kindes zu sorgen.

§ 1630 B. G. B. Die Sorge für die Person und das Vermögen umfaßt die Vertretung des Kindes.

Die Vertretung steht dem Vater insoweit nicht zu, als nach § 1795 ein Vormund von der Vertretung des Mündels ausgeschlossen ist. Das Vormundschaftsgericht kann dem Vater nach § 1796 die Vertretung entziehen.

†) § 1638 B. G. B. Das Recht und die Pflicht, für das Vermögen des Kindes zu sorgen (Vermögensverwaltung), erstreckt sich nicht auf das Vermögen, welches das Kind von Todeswegen erwirbt oder welches ihm unter Lebenden von einem Dritten unentgeltlich zugewendet wird, wenn der Erblasser durch letztwillige Verfügung, der Dritte bei der Zuwendung bestimmt ist, daß der Erwerb der Verwaltung des Vaters entzogen sein soll.

verhindert ist,*) ist die Mutter die gesetzliche Vertreterin im Sinne des soeben Gesagten.

Eine minderjährige Person, welche nicht durch Vater oder Mutter vertreten wird, oder eine volljährige entmündigte Person, erhält einen oder mehrere Vormünder.**) Wenn mit der Vormundschaft eine Vermögensverwaltung verbunden ist — was bei minderjährigen und entmündigten Personen, mit denen die Kasse Hypothekengeschäfte abschließt, immer der Fall ist — wird neben dem Einzelvormund außerdem ein Gegenvormund***) bestellt.

Was das Kind auf Grund eines zu einem solchen Vermögen gehörenden Rechtes oder als Ersatz für die Zerstörung, Beschädigung oder Entziehung eines zu dem Vermögen gehörenden Gegenstandes oder durch ein Rechtsgeschäft erwirbt, das sich auf das Vermögen bezieht, ist gleichfalls der Verwaltung des Vaters entzogen.

§ 1639 B. G. B. Was das Kind von Todeswegen erwirbt oder was ihm unter Lebenden von einem Dritten unentgeltlich zugewendet wird, hat der Vater nach den Anordnungen des Erblassers oder des Dritten zu verwalten, wenn die Anordnungen von dem Erblasser durch letztwillige Verfügung, von dem Dritten bei der Zuwendung getroffen worden sind. Kommt der Vater den Anordnungen nicht nach, so hat das Vormundschaftsgericht die zu ihrer Durchführung erforderlichen Maßregeln zu treffen.

Der Vater darf von den Anordnungen insoweit abweichen, als es nach § 1803 Abs. 2, 3 einem Vormunde gestattet ist.

*) § 1684 B. G. B. Der Mutter steht die elterliche Gewalt zu:

1. wenn der Vater gestorben oder für todt erklärt ist;
2. Wenn der Vater die elterliche Gewalt verwirkt hat und die Ehe aufgelöst ist.

Im Falle der Todeserklärung beginnt die elterliche Gewalt der Mutter mit dem Zeitpunkte, der als Zeitpunkt des Todes des Vaters gilt.

§ 1685 B. G. B. Ist der Vater an der Ausübung der elterlichen Gewalt thatsächlich verhindert oder ruht seine elterliche Gewalt, so übt während der Dauer der Ehe die Mutter die elterliche Gewalt mit Ausnahme der Nutznießung aus.

Ist die Ehe aufgelöst, so hat das Vormundschaftsgericht der Mutter auf ihrem Antrag die Ausübung zu übertragen, wenn die elterliche Gewalt des Vaters ruht und keine Aussicht besteht, daß der Grund des Ruhens wegfallen werde. Die Mutter erlangt in diesem Falle auch die Nutznießung an dem Vermögen des Kindes.

§ 1686 B. G. B. Auf die elterliche Gewalt der Mutter finden die für die elterliche Gewalt des Vaters geltenden Vorschriften Anwendung, soweit sich nicht aus den §§ 1687 bis 1697 ein Anderes ergiebt.

**) § 1773 B. G. B. Ein Minderjähriger erhält einen Vormund, wenn er nicht unter elterlicher Gewalt steht oder wenn die Eltern weder in den die Person noch in den das Vermögen betreffenden Angelegenheiten zur Vertretung des Minderjährigen berechtigt sind.

Ein Minderjähriger erhält einen Vormund auch dann, wenn sein Familienstand nicht zu ermitteln ist.

§ 1896 B. G. B. Ein Volljähriger erhält einen Vormund, wenn er entmündigt ist.

§ 1897 B. G. B. Auf die Vormundschaft über einen Volljährigen finden die für die Vormundschaft über einen Minderjährigen geltenden Vorschriften Anwendung, soweit sich nicht aus den §§ 1898 bis 1908 ein Anderes ergiebt.

***) § 1792 B. G. B. Neben dem Vormunde kann ein Gegenvormund bestellt werden.

Ein Gegenvormund soll bestellt werden, wenn mit der Vormundschaft eine Vermögensverwaltung verbunden ist, es sei denn, daß die Verwaltung nicht erheblich oder daß die Vormundschaft von mehreren Vormündern gemeinschaftlich zu führen ist.

Ist die Vormundschaft von mehreren Vormündern nicht gemeinschaftlich zu führen, so kann der eine Vormund zum Gegenvormunde des anderen bestellt werden.

Auf die Berufung und Bestellung des Gegenvormundes finden die für die Berufung und Bestellung des Vormundes geltenden Vorschriften Anwendung.

Der gesetzliche Vertreter (auch Vater oder Mutter*) eines Minderjährigen bedarf zur Belastung**) eines Grundstückes und Aufnahme von Geld auf Kredit***) der Genehmigung des Vormundschaftsgerichtes. Die Genehmigung des Gegenvormundes†) ist dann nicht nöthig.

Die vormundschaftsgerichtliche Genehmigung und die Bestallung des Vormundes††) sind der Schuld- und Verpfändungsurkunde bei Einreichung an das Gericht beizufügen.

Gehört ein Grundstück mehreren Personen und nehmen diese gemeinschaftlich ein Hypothekendarlehn auf, so hat jeder der Besitzer (auch evtl. deren Ehefrauen) oder der gesetzliche Vertreter des Einen oder Anderen die Schuld- und Verpfändungsurkunde zu vollziehen. In solchen Fällen haften die Darlehnsnehmer neben dem Grundstücke persönlich als Gesammtschuldner.†††)

---

*) § 1643 B. G. B. Zu Rechtsgeschäften für das Kind bedarf der Vater der Genehmigung des Vormundschaftsgerichtes in den Fällen, in denen nach § 1821 Abs. 1 Nr. 1 bis 3, Abs. 2 und nach § 1822 Nr. 1, 3, 5, 8 bis 11 ein Vormund der Genehmigung bedarf. (Siehe nächste Anmerkung).

Das Gleiche gilt für die Ausschlagung einer Erbschaft oder eines Vermächtnisses, sowie für den Verzicht auf einen Pflichttheil. Tritt der Anfall an das Kind erst in Folge der Ausschlagung des Vaters ein, so ist die Genehmigung nur erforderlich, wenn der Vater neben dem Kinde berufen war.

Die Vorschriften der §§ 1825, 1828 bis 1831 finden entsprechende Anwendung.

**) § 1821 B. G. B. Der Vormund bedarf der Genehmigung des Vormundschaftsgerichtes:

1. zur Verfügung über ein Grundstück oder über ein Recht an einem Grundstücke;
2. zur Verfügung über eine Forderung, die auf Uebertragung des Eigenthums an einem Grundstück oder auf Begründung oder Uebertragung eines Rechtes an einem Grundstück oder auf Befreiung eines Grundstücks von einem solchen Rechte gerichtet ist;
3. zur Eingehung der Verpflichtung zu einer der in Nr. 1, 2 bezeichneten Verfügungen;
4. zu einem Vertrage, der auf den entgeltlichen Erwerb eines Grundstücks oder eines Rechtes an einem Grundstücke gerichtet ist.

Zu den Rechten an einem Grundstück im Sinne dieser Vorschriften gehören nicht Hypotheken, Grundschulden und Rentenschulden.

***) § 1822 B. G. B. Der Vormund bedarf der Genehmigung des Vormundschaftsgerichts:

1. pp.
8. zur Aufnahme von Geld auf den Kredit des Mündels.

†) § 1812 B. G. B. Der Vormund kann über eine Forderung oder über ein anderes Recht, Kraft dessen der Mündel eine Leistung verlangen kann, sowie über ein Werthpapier des Mündels nur mit Genehmigung des Gegenvormundes verfügen, sofern nicht nach den §§ 1819 bis 1822 die Genehmigung des Vormundschaftsgerichts erforderlich ist. Das Gleiche gilt von der Eingehung der Verpflichtung zu einer solchen Verfügung.

Die Genehmigung des Gegenvormundes wird durch die Genehmigung des Vormundschaftsgerichts ersetzt.

Ist ein Gegenvormund nicht vorhanden, so tritt an die Stelle der Genehmigung des Gegenvormundes die Genehmigung des Vormundschaftsgerichts, sofern nicht die Vormundschaft von mehreren Vormündern gemeinschaftlich geführt wird.

††) § 1791 B. G. B. Der Vormund erhält eine Bestallung.

Die Bestallung soll enthalten den Namen und die Zeit der Geburt des Mündels, die Namen des Vormundes, des Gegenvormundes und der Mitvormünder, sowie im Falle der Theilung der Vormundschaft die Art der Theilung. Ist ein Familienrath eingesetzt, so ist auch dies anzugeben.

†††) § 427 B. G. B. Verpflichten sich Mehrere durch Vertrag gemeinschaftlich zu einer theilbaren Leistung, so haften sie im Zweifel als Gesammtschuldner.

Auch ein Theil eines Grundstückes kann belastet werden, wenn der betreffende Antheil einem Mitbesitzer gehört.*) In solchem Falle wird der belastete Grundstückstheil im Grundbuche auf ein besonderes Grundbuchblatt übertragen.**)

Sollen mehrere Grundstücke, gleichviel ob sie einer oder mehreren Personen gehören, für ein und dieselbe Forderung verpfändet werden, so handelt es sich um eine Gesammthypothek.***) In solchem Falle steht dem Gläubiger das Recht zu, die Forderung zu theilen und auf die einzelnen Grundstücke antheilig eintragen zu lassen, worüber er Einzelhypothekenbriefe erhält.†)

Ist der im Grundbuch eingetragene Eigenthümer eine juristische Person, also eine Korporation, Genossenschaft, Stiftung, Verein oder dergl., so wird die zur Eintragung einer Hypothek erforderliche Urkunde von dem Vorstande oder den sonst im Statut des Vereins dazu bestimmten Organen zu vollziehen sein.

Je nach den Satzungsbestimmungen der Vereine ꝛc. hängt die Befugniß zur Aufnahme von Darlehnen zuweilen noch von einer Genehmigung der Generalversammlung oder einer höheren Dienststelle ab. In solchem Falle ist die Genehmigungsurkunde nebst dem Statut der Schuldverschreibung beizufügen. Ferner dürften beizubringen sein:

„ein Auszug aus dem Vereinsregister††) bei eingetragenen Vereinen“ †††)

---

*) § 1114 B. G. B. Ein Bruchtheil eines Grundstücks kann mit einer Hypothek nur belastet werden, wenn er in dem Antheil eines Miteigenthümers besteht.

**) § 6 G. O. Soll ein Grundstückstheil mit einem Rechte belastet werden, so ist er von dem Grundstück abzuschreiben und als selbständiges Grundstück einzutragen. Ist das Recht eine Dienstbarkeit oder eine Reallast, so kann die Abschreibung unterbleiben, wenn hiervon Verwirrung nicht zu besorgen ist.

***) § 1132 B. G. B. Besteht für die Forderung eine Hypothek an mehreren Grundstücken (Gesammthypothek), so haftet jedes Grundstück für die ganze Forderung. Der Gläubiger kann die Befriedigung nach seinem Belieben aus jedem der Grundstücke ganz oder zu einem Theile suchen.

Der Gläubiger ist berechtigt, den Betrag der Forderung auf die einzelnen Grundstücke in der Weise zu vertheilen, daß jedes Grundstück nur für den zugetheilten Betrag haftet. Auf die Vertheilung finden die Vorschriften der §§ 875, 876, 878 entsprechende Anwendung.

†) § 64 G. O. Im Falle der Vertheilung einer Gesammthypothek auf die einzelnen Grundstücke ist für jedes Grundstück ein neuer Brief zu ertheilen.

††) § 55 B. G. B. Die Eintragung eines Vereins der im § 21 bezeichneten Art in das Vereinsregister hat bei dem Amtsgerichte zu geschehen, in dessen Bezirke der Verein seinen Sitz hat.

§ 79 B. G. B. Die Einsicht des Vereinsregisters sowie der von dem Vereine bei dem Amtsgericht eingereichten Schriftstücke ist Jedem gestattet. Von den Eintragungen kann eine Abschrift gefordert werden; die Abschrift ist auf Verlangen zu beglaubigen.

†††) § 21 B. G. B. Ein Verein, dessen Zweck nicht auf einen wirthschaftlichen Geschäftsbetrieb gerichtet ist, erlangt Rechtsfähigkeit durch Eintragung in das Vereinsregister des zuständigen Amtsgerichts.

§ 65 B. G. B. Mit der Eintragung erhält der Name des Vereins den Zusatz „eingetragener Verein.“

(mit nichteingetragenen Vereinen wird sich die Kasse wohl nicht einlassen, obgleich auch sie unter gewissen Umständen rechtsfähig sind),*) „ein Auszug aus dem Handelsregister bezüglich der Aktiengesellschaften ꝛc.,“ **) was auch von Erwerbs- und Wirthschafts-Genossenschaften (Ges. vom 1. Mai 1889) bezüglich Beibringung eines Auszuges aus dem Genossenschaftsregister gilt, „eine Bescheinigung der vorgesetzten oder Aufsichts-Behörde bei Genossenschaften auf dem Gebiete der Landesgesetzgebung,***) vorbehaltenen Deich- und Wasserrechts“ und dergleichen, daß die Unterzeichner der Schuld- und Verpfändungsurkunde den Vorstand der Genossenschaft bilden.

Zu den Schuldurkunden von Kreiskorporationen, Städten und Land-

---

*) § 50 C. P. O. Parteifähig ist, wer rechtsfähig ist.

Ein Verein, der nicht rechtsfähig ist, kann verklagt werden; in dem Rechtsstreite hat der Verein die Stellung eines rechtsfähigen Vereins.

**) § 33 G. O. Der Nachweis, daß der Vorstand einer Aktiengesellschaft aus den im Handelsregister eingetragenen Personen besteht, wird durch ein Zeugniß des Gerichts über die Eintragung geführt.

Das Gleiche gilt von dem Nachweise der Befugniß zur Vertretung einer offenen Handelsgesellschaft, einer Kommanditgesellschaft, einer Kommanditgesellschaft auf Aktien oder einer Gesellschaft mit beschränkter Haftung.

§ 9 H. G. B. Die Einsicht des Handelsregisters, sowie der zum Handelsregister eingereichten Schriftstücke ist Jedem gestattet.

Von den Eintragungen kann eine Abschrift gefordert werden; das Gleiche gilt in Ansehung der zum Handelsregister eingereichten Schriftstücke, sofern ein berechtigtes Interesse glaubhaft gemacht wird. Die Abschrift ist auf Verlangen zu beglaubigen.

Das Gericht hat auf Verlangen eine Bescheinigung darüber zu ertheilen, daß bezüglich des Gegenstandes einer Eintragung weitere Eintragungen nicht vorhanden sind oder daß eine bestimmte Eintragung nicht erfolgt ist.

***) Artikel 65 E. G. z. B. G. B. Unberührt bleiben die landesgesetzlichen Vorschriften, welche dem Wasserrecht angehören, mit Einschluß des Mühlenrechts, des Flötzrechts und des Flößereirechts, sowie der Vorschriften zur Beförderung der Bewässerung und Entwässerung der Grundstücke und der Vorschriften über Anlandungen entstehende Inseln und verlassene Flußbetten.

Artikel 67 E. G. z. B. G. B. Unberührt bleiben die landesgesetzlichen Vorschriften, welche dem Bergrecht angehören.

Ist nach landesgesetzlicher Vorschrift wegen Beschädigung eines Grundstücks durch Bergbau eine Entschädigung zu gewähren, so finden die Vorschriften der Artikel 52, 53 Anwendung, soweit nicht die Landesgesetze ein Anderes bestimmen.

Artikel 69 E. G. z. B. G. B. Unberührt bleiben die landesgesetzlichen Vorschriften über Jagd und Fischerei, unbeschadet der Vorschrift des § 958 Abs. 2 d. B. G. B. und der Vorschriften des B. G. B. über den Ersatz des Wildschadens.

Artikel 82 E. G. z. B. G. B. Unberührt bleiben die Vorschriften der Landesgesetze über die Verfassung solcher Vereine, deren Rechtsfähigkeit auf staatlicher Verleihung beruht.

Artikel 83 E. G. z. B. G. B. Unberührt bleiben die landesgesetzlichen Vorschriften über Waldgenossenschaften.

Artikel 84 E. G. z. B. G. B. Unberührt bleiben die landesgesetzlichen Vorschriften, nach welchen eine Religionsgesellschaft oder eine geistliche Gesellschaft Rechtsfähigkeit nur im Wege der Gesetzgebung erlangen kann.

gemeinden gehört als integrirender Theil ein von der zuständigen Aufsichtsbehörde genehmigter Beschluß der Verwaltungsorgane.*)

Darlehne an Schuldner der zuletzt erwähnten Art werden selten der Eintragung in das Grundbuch eines der Körperschaft gehörenden Grundstückes bedürfen, da diese Schuldner auch ohne Realsicherheit genügende Garantien wohl ausnahmslos bieten.

Physische Personen sowohl, wie die gesetzlichen Vertreter juristischer Personen, — letztere, wenn dieses nach den für sie maßgebenden Bestimmungen zulässig ist — können sich zur Aufnahme von Darlehnen Bevollmächtigter bedienen. Die beglaubigte**) Vollmachtsurkunde***) ist der Schuldverschreibung beizufügen.

---

*) § 176 der Pr. Kreisordnung vom 13. XII. 1872 bezw. 19. III. 1881. Beschlüsse des Kreistages, welche folgende Angelegenheiten betreffen:

1. xc.

5. Anleihen, durch welche der Kreis mit einem Schuldenbestande belastet oder der bereits vorhandene Schuldenbestand vergrößert werden würde, sowie die Uebernahme von Bürgschaften auf den Kreis bedürfen der Bestätigung des Bezirks-Ausschusses.

§ 50 der Pr. Städteordnung vom 30. Mai 1853. Die Genehmigung der Regierung ist erforderlich:

1. zur Veräußerung von Grundstücken und solchen Gerechtsamen, welche jenen gesetzlich gleichgestellt sind;
2. zur Veräußerung oder wesentlichen Veränderung von Sachen, welche einen besonderen wissenschaftlichen, historischen oder Kunstwerth haben, namentlich von Archiven;
3. zu Anleihen, durch welche die Gemeinde mit einem Schuldenbestand belastet oder der bereits vorhandene vergrößert wird, und
4. zu Veränderungen in dem Genusse von Gemeindenutzungen (Wald, Weide, Haide, Torfstich und dergl.).

§ 114 der Pr. Landgemeindeordnung vom 3. VII. 1891. Zur Veräußerung oder wesentlichen Veränderung von Sachen, welche einen besonderen wissenschaftlichen, historischen oder Kunstwerth haben, ist die Genehmigung des Regierungspräsidenten erforderlich.

Zur Veräußerung von Grundstücken oder solchen Gerechtigkeiten, welche den Grundstücken gesetzlich gleichgestellt sind,
zu einseitigen Verzichtleistungen und Schenkungen,
zu Anleihen, durch welche die Gemeinde mit einem Schuldenstande belastet, oder der vorhandene vergrößert wird,
zur neuen Belastung der Gemeindeangehörigen ohne gesetzliche Verpflichtungen,
zu Veränderungen im Genusse der Gemeindenutzungen
bedarf es der Genehmigung des Kreisausschusses.

**) § 129 B. G. B. Ist durch Gesetz für eine Erklärung öffentliche Beglaubigung vorgeschrieben, so muß die Erklärung schriftlich abgefaßt und die Unterschrift des Erklärenden von der zuständigen Behörde oder einem zuständigen Beamten oder Notar beglaubigt werden. Wird die Erklärung von dem Aussteller mittelst Handzeichens unterzeichnet, so ist die im § 126 Abs. 1 vorgeschriebene Beglaubigung des Handzeichens erforderlich und genügend.

Die öffentliche Beglaubigung wird durch die gerichtliche oder notarielle Beurkundung der Erklärung ersetzt.

***) § 172 B.G.B. Abs. 1. Der besonderen Mittheilung einer Bevollmächtigung durch den Vollmachtgeber steht es gleich, wenn dieser dem Vertreter eine Vollmachtsurkunde ausgehändigt hat und der Vertreter sie dem Dritten vorlegt.

§ 29 G. O. Eine Eintragung soll nur erfolgen, wenn die Eintragungsbewilligung oder die sonstigen zu der Eintragung erforderlichen Erklärungen vor dem Grundbuchamte zu Protokoll gegeben oder durch öffentliche oder öffentlich beglaubigte Urkunden nach-

Vollmachten bedürfen einer besonders aufmerksamen Prüfung in Bezug darauf, ob aus ihrem Inhalt unzweifelhaft hervorgeht, daß der betreffende Bevollmächtigte das erforderliche Rechtsgeschäft vornehmen darf. Auch wird auf die Beachtung der Vorschriften über das Erlöschen,*) die Kraftloserklärung**) und den Widerruf***) hingewiesen.

An und für sich wird eine Sparkasse die Prüfung der Urkunden zwecks Neueintragung eines Darlehns nicht nöthig haben, weil dieses der Grundbuchrichter vor Bewirkung der Eintragung besorgt und etwaige Hinderungsgründe monirt.†)

Dennoch waren die bezüglichen Darstellungen erforderlich, weil die Kassenbeamten zuweilen genöthigt sein werden, das Publikum bei Abwickelung der Darlehnsgeschäfte zu unterstützen. Ferner trifft vieles von dem soeben Erwähnten auf andere Fälle, wie Uebertragung von Forderungen, Beurkundung einfacher Schuldverhältnisse und dergl. zu.

---

gewiesen werden. Andere Voraussetzungen der Eintragung bedürfen, soweit sie nicht bei dem Grundbuchamt offenkundig sind, des Nachweises durch öffentliche Urkunden.

§ 30 G. O. Für den Eintragungsantrag sowie für die Vollmacht zur Stellung eines solchen gelten die Vorschriften des § 29 nur, wenn durch den Antrag zugleich eine zu der Eintragung erforderliche Erklärung ersetzt werden soll.

*) § 175 B. G. B. Nach dem Erlöschen der Vollmacht hat der Bevollmächtigte die Vollmachtsurkunde dem Vollmachtgeber zurückzugeben; ein Zurückbehaltungsrecht steht ihm nicht zu.

**) § 176 B. G. B. Der Vollmachtgeber kann die Vollmachtsurkunde durch eine öffentliche Bekanntmachung für kraftlos erklären; die Kraftloserklärung muß nach den für die öffentliche Zustellung einer Ladung geltenden Vorschriften der Civilprozeßordnung veröffentlicht werden. Mit dem Ablauf eines Monats nach der letzten Einrückung in die öffentlichen Blätter wird die Kraftloserklärung wirksam.

Zuständig für die Bewilligung der Veröffentlichnng ist sowohl das Amtsgericht, in dessen Bezirke der Vollmachtgeber seinen allgemeinen Gerichtsstand hat, als das Amtsgericht, welches für die Klage auf Rückgabe der Urkunde, abgesehen von dem Werte des Streitgegenstandes, zuständig sein würde.

Die Kraftloserklärung ist unwirksam, wenn der Vollmachtgeber die Vollmacht nicht widerrufen kann.

§ 204 Abs. 2 C. P. O. Die öffentliche Zustellung erfolgt durch Anheftung der zuzustellenden Ausfertigung oder einer beglaubigten Abschrift des zuzustellenden Schriftstücks an die Gerichtstafel. Enthält das Schriftstück eine Ladung, so ist außerdem die zweimalige Einrückung eines Auszugs des Schriftstücks in dasjenige Blatt, welches für den Sitz des Prozeßgerichts zur Veröffentlichung der amtlichen Bekanntmachungen bestimmt ist, sowie die einmalige Einrückung des Auszugs in den Deutschen Reichsanzeiger erforderlich.

***) § 32 G. O. Erklärungen, durch die ein Eintragungsantrag zurückgenommen oder eine zur Stellung des Eintragungsantrages ertheilte Vollmacht widerrufen wird, bedürfen der im § 29 Satz 1 vorgeschriebenen Form. (§ 29 G. O. s. 3. Anm. S. 84.)

†) § 18 G. O. Steht einer beantragten Eintragung ein Hinderniß entgegen, so hat das Grundbuchamt entweder den Antrag unter Angabe der Gründe zurückzuweisen oder dem Antragsteller eine angemessene Frist zur Hebung des Hindernisses zu bestimmen. Im letzteren Falle ist der Antrag nach dem Ablaufe der Frist zurückzuweisen, wenn nicht inzwischen die Hebung des Hindernisses nachgewiesen ist.

Wird vor der Erledigung des Antrags eine andere Eintragung beantragt, durch die dasselbe Recht betroffen wird, so ist zu Gunsten des früher gestellten Antrags von Amtswegen eine Vormerkung oder ein Widerspruch einzutragen: die Eintragung gilt im Sinne des § 17 als Erledigung dieses Antrags. Die Vorbemerkung oder der Widerspruch wird von Amtswegen gelöscht, wenn der früher gestellte Antrag zurückgewiesen wird.

Die zur Eintragung eines Darlehns in das Grundbuch erforderliche Schuld- und Verpfändungsurkunde kann sowohl von Jedem selbst privatschriftlich, als auch von einem Rechtsanwalt hergestellt werden, auch kann sie dem Grundbuchrichter zu Protokoll erklärt werden.*)

In den beiden ersteren Fällen bedürfen die Unterschriften der öffentlichen Beglaubigung**) durch einen Notar oder ein Amtsgericht.

Für Ersuchen öffentlicher Behörden, wozu auch dasjenige um Eintragung einer Hypothekenschuld gehören dürfte, ist die Beglaubigung nicht erforderlich.***) Die Form, in welcher derartige Erklärungen abzugeben sind — etwa mit bestimmten Unterschriften und unter Beifügung des Dienstsiegels — richtet sich nach den landesgesetzlichen Vorschriften, Statuten (§ 4) und dergl.

Ueber die inhaltliche Form der Schuldurkunde, welche die, gesetzmäßig für die Eintragung nöthigen Angaben†) über den Gläubiger, die Forderung, den Zinssatz und die Nebenleistungen enthalten muß, giebt das beigegebene

Muster 39 Muster genügend Aufschluß.

*) § 29 G. O. siehe 3. Anm. auf S. 84.

**) § 129 B. G. B. siehe 2. Anm. auf S. 84.

§ 167 G. ü. frw. G. Für die gerichtliche Beurkundung eines Rechtsgeschäfts, sowie für die gerichtliche Beglaubigung eines Handzeichens sind die Amtsgerichte zuständig.

Für die öffentliche Beglaubigung einer Unterschrift sind außer den Notaren die Amtsgerichte zuständig u. s. w.

§ 169 G. ü. frw. G. Ist ein Betheiligter nach der Ueberzeugung des Richters oder des Notars taub, blind, stumm oder sonst am Sprechen verhindert, so muß der Richter einen Gerichtsschreiber oder zwei Zeugen, der Notar einen zweiten Notar oder zwei Zeugen zuziehen.

§ 172 G. ü. frw. G. Als Gerichtsschreiber oder zweiter Notar oder Zeuge kann bei der Beurkundung nicht mitwirken, wer zu dem Richter oder dem beurkundenden Notar in einem Verhältnisse der im § 170 Nr. 2, 3 bezeichneten Art steht.

***) § 39 G. O. In den Fällen, in denen nach gesetzlicher Vorschrift eine Behörde befugt ist, das Grundbuchamt um eine Eintragung zu ersuchen, erfolgt die Eintragung auf Grund des Ersuchens der Behörde.

§ 415 C. P. O. Urkunden, welche von einer öffentlichen Behörde innerhalb der Grenzen ihrer Amtsbefugnisse oder von einer mit öffentlichem Glauben versehenen Person innerhalb des ihr zugewiesenen Geschäftskreises in der vorgeschriebenen Form aufgenommen sind (öffentliche Urkunden) begründen, wenn sie über eine vor der Behörde oder der Urkundsperson abgegebene Erklärung errichtet sind, vollen Beweis des durch die Behörde oder die Urkundsperson beurkundeten Vorganges.

Der Beweis, daß der Vorgang unrichtig beurkundet sei, ist zulässig.

†) § 1115 B. G. B. Bei der Eintragung der Hypothek müssen der Gläubiger, der Geldbetrag der Forderung und, wenn die Forderung verzinslich ist, der Zinssatz, wenn andere Nebenleistungen zu entrichten sind, ihr Geldbetrag im Grundbuch angegeben werden; im Uebrigen kann zur Bezeichnung der Forderung auf die Eintragungsbewilligung Bezug genommen werden.

Bei der Eintragung der Hypothek für ein Darlehen einer Kreditanstalt, deren Satzung von der zuständigen Behörde öffentlich bekannt gemacht worden ist, genügt zur Bezeichnung der außer den Zinsen satzungsgemäß zu entrichtenden Nebenleistungen die Bezugnahme auf die Satzung.

§ 28 G. O. In der Eintragungsbewilligung oder, wenn eine solche nicht erforderlich ist, in dem Eintragungsantrag ist das Grundstück übereinstimmend mit dem Grundbuch oder durch Hinweisung auf das Grundbuchblatt zu bezeichnen. Einzutragende Geldbeträge sind in Reichswährung anzugeben.

Die Schuldurkunde nebst den etwaigen Registerauszügen,*) Vollmachten Muster 40
und dergl. werden mittelst Anschreibens (entweder von der Kasse oder dem Schuldner**) an dasjenige Amtsgericht eingereicht, bei welchem das verpfändete Grundstück im Grundbuche verzeichnet steht.

Ist die Eintragungserklärung vor einem Notare erfolgt, so besorgt dieser in der Regel die Einreichung.***)

Zur Schuldurkunde ist vorher der landesgesetzlich vorgeschriebene Stempel zu verwenden.†)

Für gewöhnlich bedarf es bei Ausfertigung von Schuldverschreibungen der Mitwirkung des Gläubigers nicht. Das gilt auch für Sparkassenhypotheken, wenn die Kapitalzahlung erst nach Eingang des Hypothekenbriefes bei der Kasse erfolgen soll.

Solange der Hypothekenbrief nämlich der Kasse nicht übergeben ist, steht die Hypothek dem Eigenthümer zu.††)

Den aus dieser Bestimmung möglichen Eventualitäten kann durch eine dahingehende Einigung†††) beider Parteien, daß der Hypothekenbrief direkt der Sparkasse zugestellt werden soll, begegnet werden.

Eine solche Vereinbarung steht der, die Erwerbung der Hypothek bedingenden Uebergabe des Hypothekenbriefes gleich.†*)

---

*) § 33 G. O. s. 2. Anm. auf S. 83.
§ 34 und 35 G. O. s. 4. Anm. zu S. 78.

**) § 13 G. O. s. 3. Anm. auf S. 77.

***) § 15 G. O. Ist die zu einer Eintragung erforderliche Erklärung von einem Notar beurkundet oder beglaubigt, so gilt dieser als ermächtigt, im Namen eines Antragsberechtigten die Eintragung zu beantragen.

†) Der Stempel für Schuldurkunden beträgt in Preußen $^1/_{12}$% der Darlehnssumme (s. Abschnitt von den Faustpfand- p. p. Darlehnen.)

††) § 1163 B. G. B. Ist die Forderung, für welche die Hypothek bestellt ist, nicht zur Entstehung gelangt, so steht die Hypothek dem Eigenthümer zu. Erlischt die Forderung, so erwirbt der Eigenthümer die Hypothek.

Eine Hypothek, für welche die Ertheilung des Hypothekenbriefs nicht ausgeschlossen ist, steht bis zur Uebergabe des Briefes an den Gläubiger dem Eigenthümer zu.

†††) § 873 B. G. B. Zur Uebertragung des Eigenthums an einem Grundstücke, zur Belastung eines Grundstücks mit einem Rechte sowie zur Uebertragung oder Belastung eines solchen Rechtes ist die Einigung des Berechtigten und des anderen Theiles über den Eintritt der Rechtsänderung und die Eintragung der Rechtsänderung in das Grundbuch erforderlich, soweit nicht das Gesetz ein Anderes vorschreibt.

Vor der Eintragung sind die Betheiligten an die Einigung nur gebunden, wenn die Erklärungen gerichtlich oder notariell beurkundet oder vor dem Grundbuchamt abgegeben oder bei diesem eingereicht sind oder wenn der Berechtigte dem anderen Theile eine den Vorschriften der Grundbuchordnung entsprechende Eintragungsbewilligung ausgehändigt hat.

†*) § 1117 B. G. B. Der Gläubiger erwirbt, sofern nicht die Ertheilung des Hypothekenbriefs ausgeschlossen ist, die Hypothek erst, wenn ihm der Brief von dem Eigenthümer des Grundstücks übergeben wird. Auf die Uebergabe finden die Vorschriften des § 929 Satz 2 und der §§ 930, 931 Anwendung.

Die Uebergabe des Briefes kann durch die Vereinbarung ersetzt werden, daß der Gläubiger berechtigt sein soll, sich den Brief von dem Grundbuchamt aushändigen zu lassen.

Ist der Gläubiger im Besitze des Briefes, so wird vermuthet, daß die Uebergabe erfolgt sei.

Ist diese Vereinbarung getroffen, so kann die Zahlung des Darlehns bereits erfolgen, nachdem die Eintragung in das Grundbuch in der bedungenen Rangordnung überzeugend entweder durch Einsicht in das Grundbuch, oder durch eine Bescheinigung des Grundbuchrichters dargethan ist.

In jedem Falle muß die Kasse von dem Schuldner sich den Empfang des Darlehns bei der Auszahlung besonders bestätigen lassen, um möglichen Einwendungen,*) wie z. B. daß die Schuldurkunde vorerst nur zum Zwecke der Eintragung, unter der Voraussetzung späterer Zahlung ertheilt ist, zu begegnen.

Bisher war immer nur die Rede von Hypotheken, über welche ein Hypothekenbrief ausgestellt werden soll, von sogenannten Briefhypotheken.**) Außerdem giebt es noch Hypotheken ohne Hypothekenbrief, sogenannte Buchhypotheken.**) Dieselben eignen sich für die Sparkassen zum Erwerb, abgesehen davon, daß sie gleich nach der Eintragung leicht widerrufen werden können,***) schon deshalb nicht, weil für die Revisionen die Hypothekenbriefe, welche die Beläge darstellen, unerläßlich sind.

Als betheiligt erhält die Kasse von der Eintragung einer Buchhypothek Benachrichtigung,†) indessen kann solche, weil sie nur den Eintragungsvermerk, nicht auch die vorangegangenen Rechte rc. enthält, für Kassenzwecke nicht genügen.

Der Hypothekenbrief dagegen, welchem die Schuldurkunde oder eine

---

*) § 812 B. G. B. Wer durch die Leistung eines Anderen oder in sonstiger Weise auf dessen Kosten etwas ohne rechtlichen Grund erlangt, ist ihm zur Herausgabe verpflichtet. Diese Verpflichtung besteht auch dann, wenn der rechtliche Grund später wegfällt oder der mit einer Leistung nach dem Inhalte des Rechtsgeschäfts bezweckte Erfolg nicht eintritt.

Als Leistung gilt auch die durch Vertrag erfolgte Anerkennung des Bestehens oder des Nichtbestehens eines Schuldverhältnisses.

**) § 1116 B. G. B. Ueber die Hypothek wird ein Hypothekenbrief ertheilt.

Die Ertheilung des Briefes kann ausgeschlossen werden. Die Ausschließung kann auch nachträglich erfolgen. Zu der Ausschließung ist die Einigung des Gläubigers und des Eigenthümers, sowie die Eintragung in das Grundbuch erforderlich; die Vorschriften des § 873 Abs. 2 und der §§ 876, 878 finden entsprechende Anwendung.

Die Ausschließung der Ertheilung des Briefes kann aufgehoben werden; die Aufhebung erfolgt in gleicher Weise wie die Ausschließung.

***) § 1139 B. G. B. Ist bei der Bestellung einer Hypothek für ein Darlehen die Ertheilung des Hypothekenbriefs ausgeschlossen worden, so genügt zur Eintragung eines Widerspruchs, der sich darauf gründet, daß die Hingabe des Darlehens unterblieben sei, der von dem Eigenthümer an das Grundbuchamt gerichtete Antrag, sofern er vor dem Ablauf eines Monats nach der Eintragung der Hypothek gestellt wird. Wird der Widerspruch innerhalb des Monats eingetragen, so hat die Eintragung die gleiche Wirkung, wie wenn der Widerspruch zugleich mit der Hypothek eingetragen worden wäre.

†) § 55 G. O. Jede Eintragung soll dem Antragsteller und dem eingetragenen Eigenthümer, sowie im Uebrigen allen aus dem Grundbuch ersichtlichen Personen bekannt gemacht werden, zu deren Gunsten die Eintragung erfolgt ist oder deren Recht durch sie betroffen wird. Auf die Bekanntmachung kann verzichtet werden.

Abschrift davon beigefügt ist.*) giebt über alles Wissenswerthe ausreichend Aufschluß.**)

Sind mehrere Grundstücke verpfändet, so wird nur ein Hypothekenbrief ertheilt, oder es werden die an jedem Grundstücke ausgefertigten Hypothekenbriefe zu einem Hefte vereinigt.***)

Vor der Auszahlung des Darlehns ist ferner zu prüfen, ob der Hypothekenbrief den, dem Darlehnsnehmer gestellten Bedingungen entspricht, insbesondere in Bezug auf die Rangordnung, die Höhe der Darlehnssumme, den Zinsfuß und die Nebenbedingungen.

Endlich ist die Identität des im Hypothekenbriefe bezeichneten Grundstückes mit dem im Antrage aufgeführten festzustellen. Zuweilen wird dieses einige Schwierigkeiten verursachen, z. B. wenn ein Grundstück auf Grund einer Feuerversicherungstaxe beliehen ist, in welcher in der Regel zwar die Hausnummer, nicht aber die Grundbuchnummer angegeben ist. Ist dann in dem Hypothekenbrief wiederum neben der Grundbuchnummer nicht die Hausnummer verzeichnet, so bleibt nichts anderes übrig — falls nicht etwa durch ein Attest der Ortsbehörde oder dergl. die Identität nachzuweisen möglich ist — als den Hypothekenbrief mit dem Auszug aus der Grundsteuermutterrolle oder sonstwie, nöthigenfalls auch mit der dem Auszuge zugehörigen Handzeichnung bezüglich der Uebereinstimmung in der Flurbezeichnung zu vergleichen.

---

*) § 58 G. O. Ist eine Urkunde über die Forderung, für welche eine Hypothek besteht, ausgestellt, so soll die Urkunde mit dem Hypothekenbriefe verbunden werden. Erstreckt sich der Inhalt der Urkunde auch auf andere Angelegenheiten, so genügt es, wenn ein öffentlich beglaubigter Auszug aus der Urkunde mit dem Hypothekenbriefe verbunden wird.

In den Fällen des Abs. 1 unterbleibt die im § 57 Abs. 2 Nr. 3 vorgesehene Aufnahme des Inhalts der Urkunde in den Hypothekenbrief.

Zum Nachweise, daß eine Schuldurkunde nicht ausgestellt ist, genügt eine darauf gerichtete Erklärung des Eigenthümers.

**) § 56 G. O. Der Hypothekenbrief wird von dem Grundbuchamt ertheilt. Er muß die Bezeichnung als Hypothekenbrief enthalten, den Geldbetrag der Hypothek und das belastete Grundstück bezeichnen, sowie mit Unterschrift und Siegel versehen sein.

§ 57 G. O. Der Hypothekenbrief soll die Nummer des Grundbuchblattes angeben und einen Auszug aus dem Grundbuch enthalten.

In den Auszug sollen aufgenommen werden:
1. die Bezeichnung des Grundstücks nach dem Inhalte des Grundbuchs;
2. die Bezeichnung des Eigenthümers;
3. der Inhalt der die Hypothek betreffenden Eintragungen und, soweit zur Ergänzung einer Eintragung auf eine Urkunde Bezug genommen ist, auch der Inhalt dieser Urkunde; im Falle des § 1115 Abs. 2 d. B. G. B. braucht der Inhalt der Satzung nicht aufgenommen zu werden;
4. die kurze Bezeichnung des Inhalts der Eintragungen, welche der Hypothek im Range vorgehen oder gleichstehen.

Der Auszug ist auf Antrag zu ergänzen, wenn sich der Inhalt des Grundbuchs ändert.

§ 58 G. O. siehe oben 1. Anm.

***) § 59 G. O. Ueber eine Gesammthypothek soll nur ein Hypothekenbrief ertheilt werden.

Sind die belasteten Grundstücke in den Bezirken verschiedener Grundbuchämter belegen, so soll jedes Amt für die Grundstücke seines Bezirkes einen besonderen Brief ertheilen; die Briefe sind mit einander zu verbinden.

Der Hypothekenbrief*) enthält nämlich in Uebereinstimmung mit dem Grundbuche die Bezeichnung des Grundstückes nach den amtlichen Verzeichnissen**) wie Grundsteuermutterrolle und dergl.

Soll die Auszahlung des Kapitals sogleich nach der Eintragung in das Grundbuch und vor Eingang des Hypothekenbriefes erfolgen, so wird wegen des vorstehend Gesagten, das Grundbuch eingesehen werden müssen.

Nachdem endlich die Ausgabeanweisung, welche nebst der Empfangs-
Muster 41 bestätigung (Muster 41) zur Belegung der Jahresrechnung dient, vom Sparkassenvorsitzenden ertheilt worden ist, kann der Hypothekenbrief unter Beigabe eines Hypothekensicherungsscheines endgültig im Tresor der Kasse verwahrt werden.

An und für sich bietet das Gesetz dem Hypothekengläubiger schon einige Garantie und zwar dadurch, daß der Auszahlung der Versicherungssumme vom Gläubiger widersprochen werden kann,***) indessen genügt dieses noch nicht, denn eine Sparkasse darf auch wegen des Fortbestandes der Versicherung beliehener Grundstücke nicht allen möglichen Zufällen ausgesetzt sein. Deshalb ist auf die Beibringung von Hypothekensicherungsscheinen für bebaute Grundstücke zu halten.

Durch solche Scheine werden der Kasse sowohl in Bezug auf den Fortbestand der Versicherung, als auch bezüglich der Versicherungssumme von den Versicherungsgesellschaften ausreichende Garantien geboten.

Zuweilen wird auch das folgende Verfahren beliebt:

Die Eintragung der bewilligten Hypothek erfolgt unbeschadet der etwa voreingetragenen Posten. Die Auszahlung der Hypothek kann dann nach Eingang des für die Kasse ausgefertigten Hypothekenbriefes insoweit, als über die voreingetragenen Posten Löschungsurkunden oder Erklärungen über Vorrechtseinräumungen vorliegen, erfolgen.

Die Löschungsurkunde muß sowohl die Bewilligung des Berechtigten†) als auch den Antrag des Eigenthümers††) zur Löschung enthalten. Nur wenn beides „Bewilligung und Antrag" vorhanden sind, kann die thatsächliche Löschung im Grundbuche erfolgen.

Vorrechtseinräumungen haben sämmtliche Betheiligte, nämlich der vor-

---

*) § 57 Ziffer 1 G. O. s. 2. Anm. auf der vorigen Seite.

**) § 2 G. O. Die Grundbücher sind für Bezirke einzurichten.
Die Bezeichnung der Grundstücke erfolgt in den Büchern nach einem amtlichen Verzeichniß, in welchem die Grundstücke unter Nummern oder Buchstaben aufgeführt sind. Die Einrichtung des Verzeichnisses wird durch landesherrliche Verordnung bestimmt.

***) § 1128 B. G. B. s. S. 68.

†) § 875 B. G. B. (s. 1. Anm. auf. S. 95 u. 4. Anm. auf S. 108.)

††) § 27 G. O. Eine Hypothek, eine Grundschuld oder eine Rentenschuld darf nur mit Zustimmung des Eigenthümers des Grundstücks gelöscht werden.
Ein Recht, mit dem eine Hypothek, eine Grundschuld oder eine Rentenschuld belastet ist, darf nur mit Zustimmung desjenigen gelöscht werden, welchem die Hypothek, die Grundschuld oder die Rentenschuld zusteht. Für eine Löschung, die zur Berichtigung des Grundbuchs erfolgen soll, ist die Zustimmung nicht erforderlich, wenn die Unrichtigkeit nachgewiesen wird.

und der zurücktretende Gläubiger, sowie der Pfandgrundstücksbesitzer zu vollziehen.*)

In jedem Falle hat sich die Kasse neben der Löschungsbewilligung oder Vorrechteinräumungserklärung die zugehörigen Hypothekenbriefe übergeben zu lassen und alsdann alles an das Grundbuchamt zur weiteren Veranlassung abzugeben.

Zwar kann die Kasse demjenigen, welcher das Vorzugsrecht eingeräumt hat, die Einreichung des Hypothekenbriefes an das Grundbuchamt selbst überlassen, sie hat sogar ein Recht, diese Einreichung zu verlangen,**) ist aber aller Weiterungen, die durch Säumigkeit oder bösen Willen verursacht werden können, überhoben, wenn sie selbst die Einreichung an das Grundbuchamt, wie vorerwähnt, besorgt.

Wegen der durch diese Grundbuchoperationen entstehenden Kosten wäre ein angemessener Vorschuß einzuziehen, wenn der Verpflichtete, welches ausnahmslos wohl der Eigenthümer sein wird, nicht bereits urkundlich sich zur Tragung der Kosten bereit erklärt hat.

Uebertragung einer Hypothek.

Bisher war nur von neu einzutragenden Hypotheken die Rede. Nicht selten jedoch wird es sich um den Erwerb bereits im Grundbuche eingetragener Hypothekenposten handeln, indem einer oder der andere Theil gekündigt hat und die Sparkasse um Uebernahme des Darlehns durch Befriedigung des alten Gläubigers entweder von dem Hypothekenschuldner oder dem alten Gläubiger (falls dieser ein Interesse daran hat, etwa vor Ablauf der Kündigungsfrist befriedigt zu werden) ersucht wird.

Die Uebernahme der Forderung, mit welcher gleichzeichtig das Pfandrecht an dem beliehenen Grundstücke übergeht, erfolgt durch Uebertragung***) seitens des bisherigen Gläubigers an die Kasse und zwar mittelst schriftlicher Abtretungserklärung.

Bevor auf die Form der Abtretungserklärung eingegangen wird, bleibt zu untersuchen, wer zur Abgabe einer solchen berechtigt ist; dieses ist der Gläubiger, gleichviel ob er im Grundbuche als solcher eingetragen steht oder nicht.

Am Klarsten und damit am Angenehmsten für die Kasse ist es, wenn das Erstere zutrifft. Zumeist wird das der Fall sein und dann findet das über die Berechtigung zur Vollziehung einer Schuld- und Verpfändungsurkunde Gesagte hier sinngemäße Anwendung.

---

*) § 880 B. G. B. (s. 1. Anm. auf S. 98.)

**) § 896 B. G. B. Ist zur Berichtigung des Grundbuchs die Vorlegung eines Hypotheken-, Grundschuld- oder Rentenschuldbriefs erforderlich, so kann derjenige, zu dessen Gunsten die Berichtigung erfolgen soll, von dem Besitzer des Briefes verlangen, daß der Brief dem Grundbuchamte vorgelegt wird.

***) § 1153 B. G. B. Mit der Uebertragung der Forderung geht die Hypothek auf den neuen Gläubiger über.

Die Forderung kann nicht ohne die Hypothek, die Hypothek kann nicht ohne die Forderung übertragen werden.

Einige Abweichungen sind allerdings zu verzeichnen. So bedarf der Vormund nach § 1821/22 B. G. B. (s. S. 81 2. u. 3.Anm.) zur Belastung eines Grundstückes der vormundschaftsgerichtlichen Genehmigung, nicht aber zur Abtretung einer Forderung. Hier genügt die Genehmigung des Gegenvormundes oder eines etwa vorhandenen zweiten Vormundes und nur, wenn ein solcher nicht vorhanden ist, ertheilt das Vormundschaftsgericht die Genehmigung.*)

Der Vater**) sowohl, wie die eheliche Mutter,***) können den Vormund von der Mitwirkung des Gegenvormundes bezw. Vormundschaftsgerichtes befreien, sodaß der Vormund allein zur Abtretung einer Forderung für das Mündel berechtigt ist. Hierüber enthält seine Legitimationsurkunde (Testamentsausfertigung — Bestallung) stets genaue Angaben.

Bei Abtretung einer Forderung des Mündels an den Vormund, dessen Gattin oder Verwandte und umgekehrt bei Abtretung einer Forderung des Vormundes an das Mündel ist ersterer nicht zur Vertretung des letzteren berechtigt.†) Geschäfte zwischen Vormund und Mündel interessiren hier zwar nicht direkt, jedoch ist ihrer für den Fall zu erwähnen, daß sie in einer Reihe von Abtretungserklärungen, worüber sogleich das Nähere folgt, in Erscheinung treten sollten.

Die Berechtigung zur Uebertragung einer Hypothekenforderung steht

---

*) § 1812 B. G. B. Der Vormund kann über eine Forderung oder über ein anderes Recht, kraft dessen der Mündel eine Leistung verlangen kann, sowie über ein Werthpapier des Mündels nur mit Genehmigung des Gegenvormundes verfügen, sofern nicht nach den §§ 1819 bis 1822 die Genehmigung des Vormundschaftsgerichts erforderlich ist. Das Gleiche gilt von der Eingehung der Verpflichtung zu einer solchen Verfügung.

Die Genehmigung des Gegenvormundes wird durch die Genehmigung des Vormundschaftsgerichts ersetzt.

Ist ein Gegenvormund nicht vorhanden, so tritt an die Stelle der Genehmigung des Gegenvormundes die Genehmigung des Vormundschaftsgerichts, sofern nicht die Vormundschaft von mehreren Vormündern gemeinschaftlich geführt wird.

**) § 1852 B. G. B. Der Vater kann, wenn er einen Vormund benennt, die Bestellung eines Gegenvormundes ausschließen.

Der Vater kann anordnen, daß der von ihm benannte Vormund bei der Anlegung von Geld den in den §§ 1809, 1810 bestimmten Beschränkungen nicht unterliegen und zu den im § 1812 (siehe Anm. 1) bezeichneten Rechtsgeschäften der Genehmigung des Gegenvormundes oder des Vormundschaftsgerichts nicht bedürfen soll. Diese Anordnungen sind als getroffen anzusehen, wenn der Vater die Bestellung eines Gegenvormundes ausgeschlossen hat.

***) § 1855 B. G. B. Benennt die eheliche Mutter einen Vormund, so kann sie die gleichen Anordnungen treffen, wie nach den §§ 1852 bis 1854 der Vater.

†) § 1795 B. G. B. Ziffer 1 und 2. Der Vormund kann den Mündel nicht vertreten:

1. bei einem Rechtsgeschäfte zwischen seinem Ehegatten oder einem seiner Verwandten in gerader Linie einerseits und dem Mündel andererseits, es sei denn, daß das Rechtsgeschäft ausschließlich in der Erfüllung einer Verbindlichkeit besteht;
2. bei einem Rechtsgeschäfte, das die Uebertragung oder Belastung einer durch Pfandrecht, Hypothek oder Bürgschaft gesicherten Forderung des Mündels gegen den Vormund oder die Aufhebung oder Minderung dieser Sicherheit zum Gegenstande hat oder die Verpflichtung des Mündels zu einer solchen Uebertragung, Belastung, Aufhebung oder Minderung begründet.

nämlich nicht nur einem „eingetragenen", sondern auch einem „nichteingetragenen" Gläubiger zu, wenn er den Eigenthumsübergang auf sich urkundlich durch Abtretungserklärung, gerichtlichen Ueberweisungsbeschluß*) oder Anerkenntniß einer, kraft Gesetzes erfolgten Uebertragung nachweist.**)

Erben oder Testamentsvollstrecker haben sich durch Beibringung eines Erbscheines,***) beziehungsweise eines Zeugnisses †) über die Ernennung zum

---

*) § 837 C. P. O. Zur Ueberweisung einer gepfändeten Forderung, für welche eine Hypothek besteht, genügt die Aushändigung des Ueberweisungsbeschlusses an den Gläubiger. Ist die Ertheilung des Hypothekenbriefes ausgeschlossen, so ist zur Ueberweisung an Zahlungsstatt die Eintragung der Ueberweisung in das Grundbuch erforderlich; die Eintragung erfolgt auf Grund des Ueberweisungsbeschlusses.

Diese Vorschriften finden keine Anwendung, soweit es sich um die Ueberweisung der Ansprüche auf die im § 1159 des B. G. B. bezeichneten Leistungen handelt. Das Gleiche gilt bei einer Sicherungshypothek im Falle des § 1187 des B. G. B. von der Ueberweisung der Hauptforderung.

Bei einer Sicherungshypothek der im § 1190 B. G. B. bezeichneten Art kann die Hauptforderung nach den allgemeinen Vorschriften gepfändet und überwiesen werden, wenn der Gläubiger die Ueberweisung der Forderung ohne die Hypothek an Zahlungsstatt beantragt.

**) § 1155 B. G. B. Ergiebt sich das Gläubigerrecht des Besitzers des Hypothekenbriefs aus einer zusammenhängenden, auf einen eingetragenen Gläubiger zurückführenden Reihe von öffentlich beglaubigten Abtretungserklärungen, so finden die Vorschriften der §§ 891 bis 899 in gleicher Weise Anwendung, wie wenn der Besitzer des Briefes als Gläubiger im Grundbuch eingetragen wäre. Einer öffentlich beglaubigten Abtretungserklärung steht gleich ein gerichtlicher Ueberweisungsbeschluß und das öffentlich beglaubigte Anerkenntniß einer kraft Gesetzes erfolgten Uebertragung der Forderung.

§ 40 G. O. Eine Eintragung soll nur erfolgen, wenn derjenige, dessen Recht durch sie betroffen wird, als der Berechtigte eingetragen ist.

Bei einer Hypothek, Grundschuld oder Rentenschuld, über die ein Brief ertheilt ist, steht es der Eintragung des Gläubigers gleich, wenn dieser sich im Besitze des Briefes befindet und sein Gläubigerrecht nach § 1155 B. G. B. nachweist.

***) § 2353 B. G. B. Das Nachlaßgericht hat dem Erben auf Antrag ein Zeugniß über sein Erbrecht und, wenn er nur zu einem Theile der Erbschaft berufen ist, über die Größe des Erbtheils zu ertheilen (Erbschein).

§ 2357 B. G. B. Sind mehrere Erben vorhanden, so ist auf Antrag ein gemeinschaftlicher Erbschein zu ertheilen. Der Antrag kann von jedem der Erben gestellt werden.

In dem Antrage sind die Erben und ihre Erbtheile anzugeben.

Wird der Antrag nicht von allen Erben gestellt, so hat er die Angabe zu enthalten, daß die übrigen Erben die Erbschaft angenommen haben. Die Vorschriften des § 2356 gelten auch für die sich auf die übrigen Erben beziehenden Angaben des Antragstellers.

Die Versicherung an Eidesstatt ist von allen Erben abzugeben, sofern nicht das Nachlaßgericht die Versicherung eines oder einiger von ihnen für ausreichend erachtet.

†) § 2364 B. G. B. Hat der Erblasser einen Testamentsvollstrecker ernannt, so ist die Ernennung in dem Erbschein anzugeben.

Dem Testamentsvollstrecker steht das im § 2362 Abs. 1 bestimmte Recht zu.

§ 2368 B. G. B. Einem Testamentsvollstrecker hat das Nachlaßgericht auf Antrag ein Zeugniß über die Ernennung zu ertheilen. Ist der Testamentsvollstrecker in der Verwaltung des Nachlasses beschränkt oder hat der Erblasser angeordnet, daß der Testamentsvollstrecker in der Eingehung von Verbindlichkeiten für den Nachlaß nicht beschränkt sein soll, so ist dies in dem Zeugniß anzugeben.

Ist die Ernennung nicht in einer dem Nachlaßgerichte vorliegenden öffentlichen Urkunde enthalten, so soll vor der Ertheilung des Zeugnisses der Erbe, wenn thunlich, über die Gültigkeit der Ernennung gehört werden.

Die Vorschriften über den Erbschein finden auf das Zeugniß entsprechende Anwendung; mit der Beendigung des Amtes des Testamentsvollstreckers wird das Zeugniß kraftlos.

Testamentsvollstrecker oder einer beglaubigten Testamentsabschrift auszuweisen.*) Erbscheine können für kraftlos erklärt und vom Gericht wieder eingezogen werden.**) Indessen können auch für kraftlos erklärte Erbscheine im Verkehr verbleiben und deshalb ist ihnen gegenüber gewisse Vorsicht angezeigt.

Ist ein Erbschein nicht zu erlangen z. B., wenn ein Erbauseinandersetzungsverfahren***) schwebt, dann genügt die Beibringung eines Zeugnisses†) des Nachlaßgerichts als Ausweis.

Endlich auch ist der Pfandgrundstücksbesitzer selbst zur Uebertragung einer

---

*) § 36 G. O. Der Nachweis der Erbfolge kann nur durch einen Erbschein geführt werden. Beruht jedoch die Erbfolge auf einer Verfügung von Todeswegen, die in einer öffentlichen Urkunde enthalten ist, so genügt es, wenn an Stelle des Erbscheins die Verfügung und das Protokoll über die Eröffnung der Verfügung vorgelegt werden; erachtet das Grundbuchamt die Erbfolge durch diese Urkunden nicht für nachgewiesen, so kann es die Vorlegung eines Erbscheines verlangen.

Das Bestehen der fortgesetzten Gütergemeinschaft sowie die Befugniß eines Testamentsvollstreckers zur Verfügung über einen Nachlaßgegenstand ist nur auf Grund der in den §§ 1507, 2368 B. G. B. vorgesehenen Zeugnisse als nachgewiesen anzunehmen; auf den Nachweis der Befugniß des Testamentsvollstreckers finden jedoch die Vorschriften des Abs. 1 Satz 2 entsprechende Anwendung.

§ 2365 .B. G. B. Es wird vermuthet, daß demjenigen, welcher in dem Erbschein als Erbe bezeichnet ist, das in dem Erbschein angegebene Erbrecht zustehe und daß er nicht durch andere als die angegebenen Anordnungen beschränkt sei.

§ 2366 B. G. B. Erwirbt Jemand von demjenigen, welcher in einem Erbschein als Erbe bezeichnet ist, durch Rechtsgeschäft einen Erbschaftsgegenstand, ein Recht an einem solchen Gegenstand oder die Befreiung von einem zur Erbschaft gehörenden Rechte, so gilt zu seinen Gunsten der Inhalt des Erbscheins, soweit die Vermuthung des § 2365 reicht, als richtig, es sei denn, daß er die Unrichtigkeit kennt oder weiß, daß das Nachlaßgericht die Rückgabe des Erbscheins wegen Unrichtigkeit verlangt hat.

**) § 2361 B. G. B. Ergiebt sich, daß der ertheilte Erbschein unrichtig ist, so hat ihn das Nachlaßgericht einzuziehen. Mit der Einziehung wird der Erbschein kraftlos.

Kann der Erbschein nicht sofort erlangt werden, so hat ihn das Nachlaßgericht durch Beschluß für kraftlos zu erklären. Der Beschluß ist nach den für die öffentliche Zustellung einer Ladung geltenden Vorschriften der Civilprozeßordnung bekannt zu machen. Mit dem Ablauf eines Monats nach der letzten Einrückung des Beschlusses in die öffentlichen Blätter wird die Kraftloserklärung wirksam.

Das Nachlaßgericht kann von Amtswegen über die Richtigkeit eines ertheilten Erbscheins Ermittelungen veranstalten.

***) § 86 G. ü. frw. G. Hinterläßt ein Erblasser mehrere Erben, so hat das Nachlaßgericht auf Antrag die Auseinandersetzung in Ansehung des Nachlasses zwischen den Betheiligten zu vermitteln, sofern nicht ein zur Bewirkung der Auseinandersetzung berechtigter Testamentsvollstrecker vorhanden ist.

Antragsberechtigt ist jeder Miterbe, der Erwerber eines Erbtheils sowie derjenige, welchem ein Pfandrecht oder ein Nießbrauch an einem Erbtheile zusteht.

†) § 37 G. O. Soll bei einer zu einem Nachlasse gehörenden Hypothek, Grundschuld oder Rentenschuld einer von mehreren Erben als neuer Gläubiger eingetragen werden, so genügt zum Nachweise der Erbfolge und der Eintragungsbewilligung der Erben ein Zeugniß des Nachlaßgerichts.

Das Zeugniß darf nur ausgestellt werden, wenn die Voraussetzungen für die Ertheilung eines Erbscheins vorliegen und die Erklärungen der Erben vor dem Nachlaßgerichte zu Protokoll gegeben oder durch öffentliche oder öffentlich beglaubigte Urkunden nachgewiesen sind.

Hypothek, welche auf Grund einer ihm ertheilten Löschungsbewilligung*) zur Eigenthümerhypothek geworden ist,**) berechtigt.

Geht in solchem Falle aus dem Grundbuche oder dem Hypothekenbriefe***) hervor, daß die auf Grund einer Löschungsbewilligung weiter abzutretende Hypothek mit dem Rechte eines Dritten, z. B. einem Zinsennießbrauchrechte,†) einer Unterverpfändung oder dergl. behaftet ist, oder ist dem Erwerber der Hypothek ein solches Recht sonstwie bekannt,††) dann muß die Löschungsbewilligung die Zustimmung des berechtigten Dritten enthalten.†††)

---

*) § 875 B. G. B. Zur Aufhebung eines Rechtes an einem Grundstück ist, soweit nicht das Gesetz ein Anderes vorschreibt, die Erklärung des Berechtigten, daß er das Recht aufgebe, und die Löschung des Rechtes im Grundbuch erforderlich. Die Erklärung ist dem Grundbuchamt oder demjenigen gegenüber abzugeben, zu dessen Gunsten sie erfolgt.

Vor der Löschung ist der Berechtigte an seine Erklärung nur gebunden, wenn er sie dem Grundbuchamte gegenüber abgegeben oder demjenigen, zu dessen Gunsten sie erfolgt, eine den Vorschriften der Grundbuchordnung entsprechende Löschungsbewilligung ausgehändigt hat.

**) § 1163 B. G. B. Ist die Forderung, für welche die Hypothek bestellt ist, nicht zur Entstehung gelangt, so steht die Hypothek dem Eigenthümer zu. Erlischt die Forderung, so erwirbt der Eigenthümer die Hypothek.

Eine Hypothek, für welche die Ertheilung des Hypothekenbriefs nicht ausgeschlossen ist, steht bis zur Uebergabe des Briefes an den Gläubiger dem Eigenthümer zu.

***) § 62 G. O. Abs. 1. Eintragungen, die bei der Hypothek erfolgen, sind von dem Grundbuchamt auf dem Hypothekenbriefe zu vermerken; der Vermerk ist mit Unterschrift und Siegel zu versehen.

†) § 1077 B. G. B. Der Schuldner kann das Kapital nur an den Nießbraucher und den Gläubiger gemeinschaftlich zahlen. Jeder von beiden kann verlangen, daß an sie gemeinschaftlich gezahlt wird; jeder kann statt der Zahlung die Hinterlegung für beide fordern.

Der Nießbraucher und der Gläubiger können nur gemeinschaftlich kündigen. Die Kündigung des Schuldners ist nur wirksam, wenn sie dem Nießbraucher und dem Gläubiger erklärt wird.

††) 892 B. G. B. Zu Gunsten desjenigen, welcher ein Recht an einem Grundstück oder ein Recht an einem solchen Rechte durch Rechtsgeschäft erwirbt, gilt der Inhalt des Grundbuchs als richtig, es sei denn, daß ein Widerspruch gegen die Richtigkeit eingetragen oder die Unrichtigkeit dem Erwerber bekannt ist. Ist der Berechtigte in der Verfügung über ein im Grundbuch eingetragenes Recht zu Gunsten einer bestimmten Person beschränkt, so ist die Beschränkung dem Erwerber gegenüber nur wirksam, wenn sie aus dem Grundbuch ersichtlich oder dem Erwerber bekannt ist.

Ist zu dem Erwerbe des Rechtes die Eintragung erforderlich, so ist für die Kenntniß des Erwerbers die Zeit der Stellung des Antrags auf Eintragung oder, wenn die nach § 873 erforderliche Einigung erst später zu Stande kommt, die Zeit der Einigung maßgebend.

†††) 876 B. G. B. Ist ein Recht an einem Grundstücke mit dem Rechte eines Dritten belastet, so ist zur Aufhebung des belasteten Rechtes die Zustimmung des Dritten erforderlich. Steht das aufzuhebende Recht dem jeweiligen Eigenthümer eines anderen Grundstückes zu, so ist, wenn dieses Grundstück mit dem Rechte eines Dritten belastet ist, die Zustimmung des Dritten erforderlich, es sei denn, daß dessen Recht durch die Aufhebung nicht berührt wird. Die Zustimmung ist dem Grundbuchamt oder demjenigen gegenüber zu erklären, zu dessen Gunsten sie erfolgt; sie ist unwiderruflich.

§ 27 G. O. Eine Hypothek, eine Grundschuld oder eine Rentenschuld darf nur mit Zustimmung des Eigenthümers des Grundstücks gelöscht werden.

Ein Recht, mit dem eine Hypothek, eine Grundschuld oder eine Rentenschuld belastet ist, darf nur mit Zustimmung desjenigen gelöscht werden, welchem die Hypothek, die Grundschuld oder die Rentenschuld zusteht. Für eine Löschung, die zur Berichtigung des Grundbuchs erfolgen soll, ist die Zustimmung nicht erforderlich, wenn die Unrichtigkeit nachgewiesen wird.

Die Abtretung einer Hypothekenforderung erfolgt durch Erklärung des bisherigen Gläubigers in schriftlicher Form — Abtretungserklärung — Cessionsurkunde — oder zu Protokoll des Grundbuchrichters.*)

Muster 42

Ersteres wird zumeist vorgezogen. Während in § 1115 B. G. B. (siehe S. 86, 4. Anmerkung) für die Eintragung einer Hypothek gewisse Angaben über den Gläubiger, Geldbetrag, Zinssatz und Nebenleistungen verlangt werden, schreibt der § 1154 a. a. O.**) für die Abtretungserklärung lediglich die schriftliche Form, ohne Directive für den Inhalt vor. Sie wird aber enthalten müssen:

a) die Bezeichnung der Forderung nebst Zinsen nach der Eintragung im Grundbuche,
b) die Erklärung des bisherigen Gläubigers (Cedenten) über die Abtretung an den Erwerber (Cessionar),
c) die Angabe des Zeitpunktes, seit welchem der Zinsgenuß abgetreten wird,
d) die Bewilligung zur Umschreibung auf den Namen des neuen Gläubigers im Grundbuche, welche zweckmäßig mit dem Umschreibungsantrag, den allerdings auch der Erwerber stellen kann,**) zu verbinden ist,
e) die Bezeichnung desjenigen, an den der Hypothekenbrief nach der Umschreibung vom Grundbuchamte ausgehändigt werden soll,
f) das Anerkenntniß über den Empfang des Gegenwerthes (Valuta), welches zwar nicht durchaus erforderlich, als Beweis dafür aber, daß Zahlung erfolgt ist, Bedeutung hat und endlich
g) Angaben darüber, wer die Kosten für die Grundbuchoperation trägt.

Die Abtretungsurkunde bedarf der gerichtlichen oder notariellen Beglaubigung.*) ***)

Handelt es sich um eine Briefhypothek, so ist der Hypothekenbrief mit der Abtretungserklärung dem neuen Gläubiger zu übergeben und erlangt letzterer dadurch das Eigenthum an der Hypothek.

Für den Erwerb einer Buchhypothek ist die Einigung des bisherigen Gläubigers und des Erwerbers nöthig,†) welche in der Abtretungsurkunde zum Ausdruck zu bringen ist.

---

*) § 1154 B. G. B. Zur Abtretung der Forderung ist Ertheilung der Abtretungserklärung in schriftlicher Form und Uebergabe des Hypothekenbriefs erforderlich; die Vorschriften des § 1117 (s. 7. Anm. S. 87) finden Anwendung, der bisherige Gläubiger hat auf Verlangen des neuen Gläubigers die Abtretungserklärung auf seine Kosten öffentlich beglaubigen zu lassen.

Die schriftliche Form der Abtretungserklärung kann dadurch ersetzt werden, daß die Abtretnng in das Grundbuch eingetragen wird.

Ist die Ertheilung des Hypothekenbriefs ausgeschlossen, so finden auf die Abtretung der Forderung die Vorschriften der §§ 873, 878 entsprechende Anwendung.

**) § 19 G. O. Eine Eintragung erfolgt, wenn Derjenige sie bewilligt, dessen Recht von ihr betroffen wird.

§ 13 G. O. (s. 3. Anm. auf S. 77).

***) § 129 B. G. B. (s. 2. Anm. auf S. 84).

†) § 1154 Abs. 3 B. G. B. (s. 2. Anm. auf S. 84).

§ 873 B. G. B. (s. 6. Anm. auf S. 87).

Soll gelegentlich der Abtretung ein Hypothekenbrief ertheilt werden, welches Verlangen Sparkassen wohl stets stellen werden, dann ist die Einigung des Gläubigers und des Eigenthümers darüber in die Abtretungsurkunde aufzunehmen.*)

Eine Sparkasse darf sich in keinem Falle mit dem Erwerb einer Hypothek durch bloße Uebergabe von Hypothekenbrief und Abtretungserklärung genügen lassen, sondern sie muß stets auch die Umschreibung auf ihren Namen durch das Grundbuchamt herbeiführen, sonst gelangen z. B. Benachrichtigungen von Eintragungen, welche die Hypothek betreffen**) an den alten Gläubiger. Zu diesem Zwecke sind der Hypothekenbrief,***) sofern ein solcher gebildet ist, die Abtretungserklärung, sowie etwaige Legitimationsurkunden des bisherigen Gläubigers und dessen Vorgängers, soweit sie im Sinne des § 1155 d B. G. B.†) zur Darstellung einer, auf einen eingetragenen Gläubiger zurückzuführenden Reihe von Cessionen erforderlich sind, mittelst Anschreibens an das Grundbuchamt einzureichen. Muster 43

Die Legitimationsurkunden, soweit sie nicht Abtretungserklärungen früherer Gläubiger sind, werden auf Verlangen vom Grundbuchamte zurückgegeben.

Bei der Abfassung der Abtretungserklärung ist darauf zu achten, daß die von einer Sparkasse gestellten Nebenbedingungen, soweit sie sich nicht mit den bereits im Grundbuche eingetragenen decken, zum Ausdrucke gelangen, ferner daß etwa nicht genehme Bedingungen gelöscht werden,

Zur Eintragung sowohl, wie zur Löschung von Nebenbedingungen ist die Bewilligung derjenigen Personen erforderlich, deren Recht davon betroffen wird,††) also des Eigenthümers und Gläubigers bezw. auch des Nießbrauchers.

Steht in der Abtretungsurkunde die Aenderung der Bedingungen vor der Abtretungsklausel, so hat der bisherige Gläubiger, im umgekehrten Falle der Erwerber, neben dem Eigenthümer die Genehmigung zur Abänderung zu ertheilen.

Zur Umwandlung einer Sicherungshypothek oder Grundschuld in eine gewöhnliche Hypothek ist die Erklärung des Eigenthümers, daß er sich als persönlicher Schuldner bekennt und die Umwandlung bewilligt, erforderlich.

Tritt eine Erhöhung des Zinsfußes ein, so hat er ferner diese Erhöhung zu bewilligen und, falls dieses nicht von der Kasse erfolgt, auch die Eintragung in das Grundbuch zu beantragen.

---

*) § 1154 B. G. B. (s. 1. Anm. auf S. 96)., § 873 B. G. B. (s. 6. Anm. S. 87).

**) § 55 G. O. (s. 4. Anm. auf S. 88).

***) § 42 Absatz 1 G. O. Bei einer Hypothek, über die ein Brief ertheilt ist, soll eine Eintragung nur erfolgen, wenn der Brief vorgelegt wird. Für die Eintragung eines Widerspruchs bedarf es der Vorlegung nicht, wenn die Eintragung durch eine einstweilige Verfügung angeordnet ist und der Widerspruch sich darauf gründet, daß die Hypothek oder die Forderung, für welche sie bestellt ist, nicht bestehe oder einer Einrede unterliege oder daß die Hypothek unrichtig eingetragen sei.

†) § 1155 B. G. B. (s. 2. Anm. auf S. 93).

††) § 19 G. O. (s. 3. Anm. auf S. 77).

§ 877 B. G. B. Die Vorschriften der §§ 873, 874, 876 finden auch auf Aenderungen des Inhalts eines Rechtes an einem Grundstück Anwendung.

§ 873 B. G. B. (s. 6. Anm. S. 87).

§ 876 B. G. B. (s. 7. Anm. S. 73).

Bei einer Zinsenermäßigung ist neben der Abtretungserklärung die Bewilligung des Gläubigers und der Antrag des Grundstückseigenthümers auf Löschung des erlassenen Zinsentheils erforderlich.

Muster 44 Nimmt die zu erwerbende Forderung insofern nicht den ausbedungenen Rang ein, als andere Posten ihr vorgehen, so wird deretwegen die Einräumung des Vorzugsrechtes*) in Form einer Einigung gemäß § 873 Abs. 2 B. G. B.**) zwischen dem zurücktretenden und dem vortretenden Gläubiger unter Zustimmung des Besitzers erforderlich.***)

Wie für alle derartige Erklärungen, ist auch hier Sparkassen gegenüber nur die gerichtlich oder notariell beglaubigte Form verwendbar.

Ist über das zurücktretende Recht ein Hypotheken-, Grundschuld- oder Rentenbrief ausgefertigt, so muß das betreffende Instrument mit der Erklärung dem Grundbuchamte, zwecks Eintragung des bezüglichen Vermerkes†) eingereicht werden. Den vervollständigten Hypothekenbrief erhält der Berechtigte zurück.

Erwirbt eine Sparkasse mehrere Posten, mit gleichem oder unmittelbar auf einander folgendem Range (wie letzteres in dem Muster zur Abtretungserklärung angenommen ist), so kann sie mit Einwilligung des Eigenthümers über sämmtliche Posten einen Hypothekenbrief vom Grundbuchamte verlangen.††) Die diesbezüglichen Anträge sind zweckmäßig bereits in der Abtretungserklärung von den Betheiligten (Sparkassenvertreter und Eigenthümer) zu stellen.

Wird nur ein Theil einer Post erworben, so ist es erforderlich, daß mit dem Reste der Forderung, dem auf die Kasse übergehenden Antheile gleich in der Cessionsurkunde das Vorrecht von dem bisherigen Gläubiger

---

*) § 880 B. G. B. Das Rangverhältniß kann nachträglich geändert werden Zu der Rangänderung ist die Einigung des zurücktretenden und des vortretenden Berechtigten und die Eintragung der Aenderung in das Grundbuch erforderlich; die Vorschriften des § 873 Abs. 2 und des § 878 finden Anwendung. Soll eine Hypothek, eine Grundschuld oder eine Rentenschuld zurücktreten, so ist außerdem die Zustimmung des Eigenthümers erforderlich. Die Zustimmung ist dem Grundbuchamt oder einem der Betheiligten gegenüber zu erklären; sie ist unwiderruflich.

Ist das zurücktretende Recht mit dem Rechte eines Dritten belastet, so finden die Vorschriften des § 876 entsprechende Anwendung.

Der dem vortretenden Rechte eingeräumte Rang geht nicht dadurch verloren, daß das zurücktretende Recht durch Rechtsgeschäft aufgehoben wird.

Rechte, die den Rang zwischen dem zurücktretenden und dem vortretenden Rechte haben, werden durch die Rangänderung nicht berührt.

**) § 873 B. G. B. (s. 6. Anm. auf S. 87).

***) Diese Zustimmung ist mit Rücksicht auf die §§ 1143, 1163—1168, 1175—1177 und 1192 des B. G. B., welche hier weniger interessiren, erforderlich. Sie behandeln die Fälle der Eigenthümerhypothek und diejenigen, in denen Schuldner und Eigenthümer zwei verschiedene Personen sind, oder werden können.

†) § 62 Abs. 1 G. O. Eintragungen, die bei der Hypothek erfolgen, sind von dem Grundbuchamt auf dem Hypothekenbriefe zu vermerken; der Vermerk ist mit Unterschrift und Siegel zu versehen.

††) § 66 G. O. Stehen einem Gläubiger mehrere Hypotheken zu, die gleichen Rang haben oder im Range unmittelbar auf einander folgen, so ist ihm auf seinen Antrag mit Zustimmung der Eigenthümers über die mehreren Hypotheken ein Hypothekenbrief in der Weise zu ertheilen, daß der Brief die sämmtlichen Hypotheken umfaßt.

eingeräumt wird. Der Zustimmung des Eigenthümers bedarf es in solchem Falle zur Vorrechtseinräumung nicht.*) Wird über die Rangordnung nichts bestimmt, so haben die Theilhypotheken gleichen Rang.

Ebenso wie bei dem Erwerb einer ungetheilten Post, ist die Uebergabe des Hypothekenbriefes an die Kasse nothwendig.**) Letztere wiederum hat denselben an das Grundbuchamt zwecks Abschreibung der abgetretenen Post und Herstellung eines Theilhypothekenbriefes***) einzureichen.

Der Theilhypothekenbrief kann außer von dem zuständigen Grundbuchamte auch von jedem Amtsgerichte oder Notar hergestellt werden. In letzterem Falle ist es indessen rathsam, den Theilhypothekenbrief sogleich dem zuständigen Amtsgericht zwecks Berichtigung des Grundbuches zu überreichen. Unterbleibt dieses, so wäre die Folge, daß Nachrichten über Eintragungen,†) welche die Hypothek betreffen, nur dem bisherigen Gläubiger zugehen.

Von Bedeutung wäre das besonders bei dem Eigenthumsübergang und der Einleitung der Zwangsverwaltung oder Zwangsversteigerung.††)

---

*) § 1151 B. G. B. Wird die Forderung getheilt, so ist zur Aenderung des Rangverhältnisses der Theilhypotheken unter einander die Zustimmung des Eigenthümers nicht erforderlich.

**) § 1154 B. G. B. (s. 1. Anm. S. 96).

***) § 1152 B. G. B. Im Falle einer Theilung der Forderung kann, sofern nicht die Ertheilung des Hypothekenbriefs ausgeschlossen ist, für jeden Theil ein Theilhypothekenbrief hergestellt werden; die Zustimmung des Eigenthümers des Grundstücks ist nicht erforderlich. Der Theilhypothekenbrief tritt für den Theil, auf den er sich bezieht, an die Stelle des bisherigen Briefes.

§ 61 G. O. Ein Theilhypothekenbrief kann von dem Grundbuchamt, einem Gericht oder einem Notar hergestellt werden.

Der Theilhypothekenbrief muß die Bezeichnung als Theilhypothekenbrief sowie eine beglaubigte Abschrift der im § 56 Satz 2 vorgesehenen Angaben des bisherigen Briefes enthalten, den Theilbetrag der Hypothek, auf den er sich bezieht, bezeichnen sowie mit Unterschrift und Siegel versehen sein. Er soll außerdem eine beglaubigte Abschrift der sonstigen Angaben des bisherigen Briefes und der auf diesem befindlichen Vermerke enthalten. Eine mit dem bisherigen Briefe verbundene Schuldurkunde soll in beglaubigter Abschrift mit dem Theilhypothekenbriefe verbunden werden.

Die Herstellung des Theilhypothekenbriefes soll auf dem bisherigen Briefe vermerkt werden.

§ 56, 57 G. O. (s. 2. Anm. S. 89).

†) § 55 G. O. (s. 4. Anm. auf S. 88).

††) § 9 Zw. G. In dem Verfahren gelten als Betheiligte, außer dem Gläubiger und dem Schuldner:

1. diejenigen, für welche zur Zeit der Eintragung des Vollstreckungsvermerkes ein Recht im Grundbuch eingetragen oder durch Eintragung gesichert ist.
2. diejenigen, welche ein der Zwangsvollstreckung entgegenstehendes Recht, ein Recht an dem Grundstück oder an einem das Grundstück belastenden Rechte, einen Anspruch mit dem Rechte auf Befriedigung aus dem Grundstück oder ein Mieth- oder Pachtrecht, auf Grund dessen ihnen das Grundstück überlassen ist, bei dem Vollstreckungsgericht anmelden und auf Verlangen des Gerichts oder eines Betheiligten glaubhaft machen.

§ 41 Zw. G. Die Terminsbestimmung ist den Betheiligten zuzustellen.

Im Laufe der zweiten Woche vor dem Termine soll dem Betheiligten mitgetheilt werden, auf wessen Antrag und wegen welcher Ansprüche die Versteigerung erfolgt.

Als Betheiligte gelten auch diejenigen, welche das angemeldete Recht noch glaubhaft zu machen haben.

Zuweilen wird es vorkommen, daß der Pfandgrundstücksbesitzer, um den Beleihungsvorschriften der Kasse zu genügen, neben dem bisher verpfändeten Grundstück noch ein anderes oder mehrere andere Grundstücke, bei der Hypothekenübertragung mitzuverpfänden, genöthigt ist.

In solchem Falle wird der Eigenthümer die Mitverpfändung entweder Muster 45 sogleich unter der Cessionsurkunde oder in besonderer Ausfertigung daneben, zu erklären haben.

Aus denselben Gründen, welche die Abfassung einer Schuld- und Verpfändungsurkunde in Form einer Einigung des Gläubigers und Schuldners zweckmäßig erscheinen lassen, ist auch hier die Mitwirkung beider Theile zu empfehlen.

Die Kosten für die Umschreibung einer Hypothekenforderung im Grundbuche — für welche das Grundstück nicht haftet — hat derjenige zu tragen, welcher die Umschreibung verlangt, sofern nicht ein Anderer sich zur Bezahlung erboten hat.*)

Aus diesem Grunde empfiehlt es sich, die Verpflichtung zur Zahlung der Kosten in der Abtretungserklärung von dem Verpflichteten selbst zum Ausdrucke bringen zu lassen.

Gewöhnlich erfolgt die Abtretung auf Veranlassung des Eigenthümers. Liegt nun sonst kein Grund vor, denselben bei der Abtretung zur Mitwirkung heranzuziehen (weil Abänderung der Bedingungen und dergl. nicht erforderlich), so empfiehlt es sich, vorher einen Vorschuß zur Bestreitung der Umschreibungskosten einzufordern.

Zumeist wird sich der Grundbuchrichter mit einem einfachen (unbeglaubigten) Antrag des Verpflichteten, welcher dahin geht, daß von ihm die Kosten erfordert werden sollen, begnügen. Wo dieses der Fall, kann natürlich ohne Weiteres von der Erhebung eines Kostenvorschusses abgesehen werden.

Die Auszahlung einer abgetretenen Forderung kann, streng genommen, erst nach erfolgter Umschreibung im Grundbuche und nach Eingang des Hypothekenbriefes, welcher, bezüglich der Uebereinstimmung mit den vorgeschriebenen Bedingungen ebenso zu prüfen ist, wie ein neu gebildeter, erfolgen.

Das wird in der Praxis allerdings selten durchführbar sein, weil der Veräußerer einer Forderung sogleich bei Uebergabe der Abtretungserklärung und des etwa vorhandenen Hypothekenbriefes den Gegenwerth verlangen wird. Thatsächlich geht ja auch die Forderung damit auf den Erwerber über.**) Hindernd wirkt jedoch die Möglichkeit, daß irgend eine auf Grund des § 42***)

---

*) 897 B. G. B. Die Kosten der Berichtigung des Grundbuchs und der dazu erforderlichen Erklärungen hat derjenige zu tragen, welcher die Berichtigung verlangt, sofern nicht aus einem zwischen ihm und dem Verpflichteten bestehenden Rechtsverhältnisse sich ein Anderes ergiebt.

**) § 1154 B. G. B. (s. 1. Anm. auf S. 96).

***) § 42 G. O. Bei einer Hypothek, über die ein Brief ertheilt ist, soll eine Eintragung nur erfolgen, wenn der Brief vorgelegt wird. Für die Eintragung eines Widerspruchs bedarf es der Vorlegung nicht, wenn die Eintragung durch eine einstweilige

der Grundbuchordnung eingetragene einstweilige Verfügung, ein Widerspruch,*) eine Kraftloserklärung**) oder eine Ausschließung***) die Forderung irgendwie zweifelhaft erscheinen lassen könnte.

Ferner geben die Bestimmungen darüber, daß der Erwerber der Forderung eine vorher ergangene Kündigung†) und auch gewisse Einreden††)

Verfügung angeordnet ist und der Widerspruch sich darauf gründet, daß die Hypothek oder die Forderung, für welche sie bestellt ist, nicht bestehe oder einer Einrede unterliege oder daß die Hypothek unrichtig eingetragen sei.

Der Vorlegung des Hypothekenbriefs steht es gleich, wenn in den Fällen der §§ 1162, 1170, 1171 d. B. G. B. auf Grund des Ausschlußurtheils die Ertheilung eines neuen Briefes beantragt wird. Soll die Ertheilung des Briefes nachträglich ausgeschlossen oder die Hypothek gelöscht werden, so genügt die Vorlegung des Ausschlußurtheils.

*) § 1139 B. G. B. (s. 3. Anm. auf S. 88).

**) § 1162 B. G. B. Ist der Hypothekenbrief abhanden gekommen oder vernichtet, so kann er im Wege des Aufgebotsverfahrens für kraftlos erklärt werden.

***) § 1170 B. G. B. Ist der Gläubiger unbekannt, so kann er im Wege des Aufgebotsverfahrens mit seinem Rechte ausgeschlossen werden, wenn seit der letzten sich auf die Hypothek beziehenden Eintragung in das Grundbuch zehn Jahre verstrichen sind und das Recht des Gläubigers nicht innerhalb dieser Frist von dem Eigenthümer in einer nach § 208 zur Unterbrechung der Verjährung geeigneten Weise anerkannt worden ist. Besteht für die Forderung eine nach dem Kalender bestimmte Zahlungszeit, so beginnt die Frist nicht vor dem Ablaufe des Zahlungstages.

Mit der Erlassung des Ausschlußurtheils erwirbt der Eigenthümer die Hypothek. Der dem Gläubiger ertheilte Hypothekenbrief wird kraftlos.

§ 1171 B. G. B. Der unbekannte Gläubiger kann im Wege des Aufgebotsverfahrens mit seinem Rechte auch dann ausgeschlossen werden, wenn der Eigenthümer zur Befriedigung des Gläubigers oder zur Kündigung berechtigt ist und den Betrag der Forderung für den Gläubiger unter Verzicht auf das Recht zur Rücknahme hinterlegt. Die Hinterlegung von Zinsen ist nur erforderlich, wenn der Zinssatz im Grundbuch eingetragen ist; Zinsen für eine frühere Zeit als das vierte Kalenderjahr vor der Erlassung des Ausschlußurtheils sind nicht zu hinterlegen.

Mit der Erlassung des Ausschlußurtheils gilt der Gläubiger als befriedigt, sofern nicht nach den Vorschriften über die Hinterlegung die Befriedigung schon vorher eingetreten ist. Der dem Gläubiger ertheilte Hypothekenbrief wird kraftlos.

Das Recht des Gläubigers auf den hinterlegten Betrag erlischt mit dem Ablaufe von dreißig Jahren nach der Erlassung des Ausschlußurtheils, wenn nicht der Gläubiger sich vorher bei der Hinterlegungsstelle meldet; der Hinterleger ist zur Rücknahme berechtigt, auch wenn er auf das Recht zur Rücknahme verzichtet hat.

†) § 1156 B. G. B. Die für die Uebertragung der Forderung geltenden Vorschriften der §§ 406 bis 408 finden auf das Rechtsverhältniß zwischen dem Eigenthümer und dem neuen Gläubiger in Ansehung der Hypothek keine Anwendung. Der neue Gläubiger muß jedoch eine dem bisherigen Gläubiger gegenüber erfolgte Kündigung des Eigenthümers gegen sich gelten lassen, es sei denn, daß die Uebertragung zur Zeit der Kündigung dem Eigenthümer bekannt oder im Grundbuch eingetragen ist.

††) § 1157 B. G. B. Eine Einrede, die dem Eigenthümer auf Grund eines zwischen ihm und dem bisherigen Gläubiger bestehenden Rechtsverhältnisses gegen die Hypothek zusteht, kann auch dem neuen Gläubiger entgegengesetzt werden. Die Vorschriften der §§ 892, 894 bis 899, 1140 gelten auch für diese Einrede.

§ 892 B. G. B. (s. 5. Anm. auf S. 95).

§ 894 B. G. B. Steht der Inhalt des Grundbuchs in Ansehung eines Rechts an dem Grundstück, eines Rechtes an einem solchen Rechte oder einer Verfügungsbeschränkung der im § 892 Abs. 1 bezeichneten Art mit der wirklichen Rechtslage nicht im Einklange, so kann derjenige, dessen Recht nicht oder nicht richtig eingetragen oder durch die Eintragung einer nicht bestehenden Belastung oder Beschränkung beeinträchtigt ist, die Zustimmung zu der Berichtigung des Grundbuchs von demjenigen verlangen, dessen Recht durch die Berichtigung betroffen wird.

gelten lassen muß, endlich auch der Umstand, daß der Zinsengenuß einwandfrei erst mit Ablauf desjenigen Kalendervierteljahres*) eintritt, das demjenigen, in welchem der Eigenthümer von der Uebertragung Kenntniß erlangt, folgt, zu manchen Bedenken Anlaß.

---

§ 895 B. G. B. Kann die Berichtigung des Grundbuchs erst erfolgen, nachdem das Recht des nach § 894 Verpflichteten eingetragen worden ist, so hat dieser auf Verlangen sein Recht eintragen zu lassen.

§ 896 B. G. B. Ist zur Berichtigung des Grundbuchs die Vorlegung eines Hypotheken-, Grundschuld- oder Rentenschuldbriefs erforderlich, so kann derjenige, zu dessen Gunsten die Berichtigung erfolgen soll, von dem Besitzer des Briefes verlangen, daß der Brief dem Grundbuchamte vorgelegt wird.

§ 897 B. G. B. Die Kosten der Berichtigung des Grundbuchs und der dazu erforderlichen Erklärungen hat derjenige zu tragen, welcher die Berichtigung verlangt, sofern nicht aus einem zwischen ihm und dem Verpflichteten bestehenden Rechtsverhältnisse sich ein Anderes ergiebt.

§ 898 B. G. B. Die in §§ 894 bis 896 bestimmten Ansprüche unterliegen nicht der Verjährung.

§ 899 B. G. B. In den Fällen des § 894 kann ein Widerspruch gegen die Richtigkeit des Grundbuchs eingetragen werden.

Die Eintragung erfolgt auf Grund einer einstweiligen Verfügung oder auf Grund einer Bewilligung desjenigen, dessen Recht durch die Berichtigung des Grundbuchs betroffen wird. Zur Erlassung der einstweiligen Verfügung ist nicht erforderlich, daß eine Gefährdung des Rechtes des Widersprechenden glaubhaft gemacht wird.

§ 1140 B. G. B. (s. 3. Anm. auf S. 74).

§ 1137 B. G. B. Der Eigenthümer kann gegen die Hypothek die dem persönlichen Schuldner gegen die Forderung sowie die nach § 770 einem Bürgen zustehenden Einreden geltend machen. Stirbt der persönliche Schuldner, so kann sich der Eigenthümer nicht darauf berufen, daß der Erbe für die Schuld nur beschränkt haftet.

Ist der Eigenthümer nicht der persönliche Schuldner, so verliert er eine Einrede nicht dadurch, daß dieser auf sie verzichtet.

*) § 1158 B. G. B. Soweit die Forderung auf Zinsen oder andere Nebenleistungen gerichtet ist, die nicht später als in dem Kalendervierteljahr, in welchem der Eigenthümer von der Uebertragung Kenntniß erlangt, oder dem folgenden Vierteljahre fällig werden, finden auf das Rechtsverhältniß zwischen dem Eigenthümer und dem neuen Gläubiger die Vorschriften der §§ 406—408 Anwendung; der Gläubiger kann sich gegenüber den Einwendungen, welche dem Eigenthümer nach den §§ 404, 406 bis 408, 1157 zustehen, nicht auf die Vorschriften des § 892 berufen.

§ 404 B. G. B. Der Schuldner kann dem neuen Gläubiger die Einwendungen entgegensetzen, die zur Zeit der Abtretung der Forderung gegen den bisherigen Gläubiger begründet waren.

§ 406 B. G. B. Der Schuldner kann eine ihm gegen den bisherigen Gläubiger zustehende Forderung auch dem neuen Gläubiger gegenüber aufrechnen, es sei denn, daß er bei dem Erwerbe der Forderung von der Abtretung Kenntniß hatte oder daß die Forderung erst nach der Erlangung der Kenntniß und später als die abgetretene Forderung fällig geworden ist.

§ 407 B. G. B. Der neue Gläubiger muß eine Leistung, die der Schuldner nach der Abtretung an den bisherigen Gläubiger bewirkt, sowie jedes Rechtsgeschäft, das nach der Abtretung zwischen dem Schuldner und dem bisherigen Gläubiger in Ansehung der Forderung vorgenommen wird, gegen sich gelten lassen, es sei denn, daß der Schuldner die Abtretung bei der Leistung oder der Vornahme des Rechtsgeschäfts kennt.

Ist in einem nach der Abtretung zwischen dem Schuldner und dem bisherigen Gläubiger anhängig gewordenen Rechtsstreit ein rechtskräftiges Urtheil über die Forderung ergangen, so muß der neue Gläubiger das Urtheil gegen sich gelten lassen, es sei denn, daß der Schuldner die Abtretung bei dem Eintritte der Rechtshängigkeit gekannt hat.

§ 408 B. G. B. Wird eine abgetretene Forderung von dem bisherigen Gläubiger nochmals an einen Dritten abgetreten, so finden, wenn der Schuldner an den Dritten

Um bei der Auszahlung der Valuta gegen Uebergabe des Hypothekenbriefes und der Abtretungserklärung möglichst sicher zu gehen, ist es erforderlich, vorher in jedem Falle sich von dem Eigenthümer bestätigen zu lassen, daß die Forderung nicht gekündigt ist, er auch bezüglich der Zinsen keinerlei Einwendungen zu erheben hat, dieselben vielmehr von dem Zeitpunkte, von welchem sie nach der Abtretungserklärung auf den Erwerber übergehen, an diesen zu zahlen verspricht.

Sodann sollte der Umschreibungsantrag bei dem Grundbuchamte eingereicht werden, wobei das Grundbuch daraufhin einzusehen ist, ob nicht irgend ein, die übertragene Forderung beeinträchtigender Vermerk eingetragen steht. Um ganz sicher zu gehen, wäre dabei nachzufragen, ob nicht etwa Anträge auf Eintragung einstweiliger Verfügungen vorliegen, die noch nicht erledigt sind. Ergeben sich daraus keine Bedenken und bestehen auch sonst nicht Zweifel über die Richtigkeit der eingetragenen Forderung und die Verfügungsfähigkeit des Abtretenden,*) so kann die Zahlung der Valuta erfolgen.

Der Gegenwerth für übertragene Buchhypotheken sollte erst gezahlt werden, nachdem die Eintragung der Abtretung im Grundbuche vermerkt ist, wobei vorausgesetzt wird, daß die Kasse im Wege der Einigung auf die Ausfertigung eines Hypothekenbriefes hingewirkt hat.

Laufende Verwaltung des Hypothekenbestandes.

Die laufende Verwaltung des Hypothekenbestandes verursacht verhältnißmäßig wenig Mühe. Eine besondere Aufmerksamkeit wegen Kraftloserklärung, wie bei den Inhaberpapieren, ist nicht nöthig, da Hypotheken nicht verjähren.**) Allerdings ist die Ausschließung***) des Gläubigers möglich, wenn er unbekannt und sein Recht 10 Jahre hindurch nicht ausgeübt hat. Dieser Fall ist indessen bei Sparkassenhypotheken wohl nicht denkbar.

Dagegen ist auf etwaige thatsächliche oder drohende Verschlechterungen des Grundstückes und der mitverpfändeten Gebäude, Zubehörstücke, Rechte und

---

leistet oder wenn zwischen dem Schuldner und dem Dritten ein Rechtsgeschäft vorgenommen oder ein Rechtsstreit anhängig wird, zu Gunsten des Schuldners die Vorschriften des § 407 dem früheren Erwerber gegenüber entsprechende Anwendung.

Das Gleiche gilt, wenn die bereits abgetretene Forderung durch gerichtlichen Beschluß einem Dritten überwiesen wird oder wenn der bisherige Gläubiger dem Dritten gegenüber anerkennt, daß die bereits abgetretene Forderung kraft Gesetzes auf den Dritten übergegangen sei.

§ 1157 B. G. B. (s. 5. Anm. auf S. 101).

*) § 892 B. G. B. (s. 5. Anm. auf S. 95).

**) § 902 B. G. B. Die Ansprüche aus eingetragenen Rechten unterliegen nicht der Verjährung. Dies gilt nicht für Ansprüche, die auf Rückstände wiederkehrender Leistungen oder auf Schadenersatz gerichtet sind.

Ein Recht, wegen dessen ein Widerspruch gegen die Richtigkeit des Grundbuchs eingetragen ist, steht einem eingetragenen Rechte gleich.

***) § 1170, 1171 B. G. B. (s. 3. Anm. S. 101).

dergl., wie sie auf S. 75 angeführt sind, gleichviel ob sie durch den Eigenthümer selbst oder durch Dritte vorgenommen werden, Acht zu geben.*)

Tritt dergleichen ein, so ist unverzüglich auf Unterlassung der zu besorgenden Verschlechterung zu klagen. Wird dem Klageantrage Statt gegeben, so trifft das Gericht die zur Sicherung des Gläubigers erforderlichen Maßregeln.**) Daß auf schleunigste Einziehung solcher gefährdeter Forderungen hinzuwirken ist, bedarf wohl kaum noch der Erwähnung.

---

*) § 1133 B. G. B. Ist in Folge einer Verschlechterung des Grundstücks die Sicherheit der Hypothek gefährdet, so kann der Gläubiger dem Eigenthümer eine angemessene Frist zur Beseitigung der Gefährdung bestimmen. Nach dem Ablaufe der Frist ist der Gläubiger berechtigt, sofort Befriedigung aus dem Grundstücke zu suchen, wenn nicht die Gefährdung durch Verbesserung des Grundstücks oder durch anderweitige Hypothekenbestellung beseitigt worden ist. Ist die Forderung unverzinslich und noch nicht fällig, so gebührt dem Gläubiger nur die Summe, welche mit Hinzurechnung der gesetzlichen Zinsen für die Zeit von der Zahlung bis zur Fälligkeit dem Betrage der Forderung gleichkommt.

§ 1134 B. G. B. Wirkt der Eigenthümer oder ein Dritter auf das Grundstück in solcher Weise ein, daß eine die Sicherheit der Hypothek gefährdende Verschlechterung des Grundstücks zu besorgen ist, so kann der Gläubiger auf Unterlassung klagen.

Geht die Einwirkung von dem Eigenthümer aus, so hat das Gericht auf Antrag des Gläubigers die zur Abwendung der Gefährdung erforderlichen Maßregeln anzuordnen. Das Gleiche gilt, wenn die Verschlechterung deshalb zu besorgen ist, weil der Eigenthümer die erforderlichen Vorkehrungen gegen Einwirkungen Dritter oder gegen andere Beschädigungen unterläßt.

§ 1135 B. G. B. Einer Verschlechterung des Grundstücks im Sinne der §§ 1133, 1134 steht es gleich, wenn Zubehörstücke, auf die sich die Hypothek erstreckt, verschlechtert oder den Regeln einer ordnungsmäßigen Wirthschaft zuwider von dem Grundstück entfernt werden.

**) § 935 C. P. O. Einstweilige Verfügungen in Beziehung auf den Streitgegenstand sind zulässig, wenn zu besorgen ist, daß durch eine Veränderung des bestehenden Zustandes die Verwirklichung des Rechts einer Partei vereitelt oder wesentlich erschwert werden könnte.

§ 936 C. P. O. Auf die Anordnung einstweiliger Verfügungen und das weitere Verfahren finden die Vorschriften über die Anordnung von Arresten und über das Arrestverfahren entsprechende Anwendung, soweit nicht die nachfolgenden Paragraphen abweichende Vorschriften enthalten.

§ 937 C. P. O. Für die Erlassung einstweiliger Verfügungen ist das Gericht der Hauptsache zuständig.

Die Entscheidung kann in dringenden Fällen ohne vorgängige mündliche Verhandlung erfolgen.

§ 938 C. P. O. Das Gericht bestimmt nach freiem Ermessen, welche Anordnungen zur Erreichung des Zweckes erforderlich sind.

Die einstweilige Verfügung kann auch in einer Sequestration sowie darin bestehen, daß dem Gegner eine Handlung geboten oder verboten, insbesondere die Veräußerung, Belastung oder Verpfändung eines Grundstücks untersagt wird.

§ 890 C. P. O. Handelt der Schuldner der Verpflichtung zuwider, eine Handlung zu unterlassen oder die Vornahme einer Handlung zu dulden, so ist er wegen einer jeden Zuwiderhandlung auf Antrag des Gläubigers von dem Prozeßgericht erster Instanz zu einer Geldstrafe bis zu 1500 Mark oder zur Strafe der Haft bis zu 6 Monaten zu verurtheilen. Das Maß der Gesammtstrafe darf zwei Jahre Haft nicht übersteigen.

Der Verurtheilung muß eine Strafandrohung vorausgehen, welche, wenn sie in dem die Verpflichtung aussprechenden Urtheile nicht enthalten ist, auf Antrag von dem Prozeßgericht erster Instanz erlassen wird.

Auch kann der Schuldner auf Antrag des Gläubigers zur Bestellung einer Sicherheit für den durch fernere Zuwiderhandlung entstehenden Schaden auf bestimmte Zeit verurtheilt werden.

An die Einhaltung der etwa ausbedungenen Kündigungsfrist ist die Kasse alsdann nach § 1133*) B. G. B. nicht gebunden. Sie muß allerdings vorher die Beseitigung der Gefährdung in angemessener Frist verlangt haben.

Am besten ist es, die Betreibung der Angelegenheit einem Rechtsanwalte zu übergeben.

Einer Klage wird die Sparkasse natürlich überhoben, sofern der Eigenthümer sich und das Grundstück urkundlich der sofortigen Zwangsvollstreckung unterworfen hat.

Tritt eine Verbesserung des Grundstückes durch Zuschreibung**) eines zweiten Grundstückes ein, so macht das dem Gläubiger keinerlei Umstände. Letzteres ist für die auf ersterem eingetragenen Hypotheken ohne Weiteres mit haftbar.***) War das zugeschriebene Grundstück bereits mit Rechten belastet, so gehen Letztere den auf dem altem Grundstücke eingetragenen auf das neue mit übertragenen Hypotheken im Range vor (natürlich nur bezüglich des zugeschriebenen Grundstückes).

Sind beide Grundstücke mit Rechten belastet, so ist allerdings eine Zuschreibung nicht gut zu erwarten, da solche wegen möglicher Verwirrung von dem Grundbuchamte abgelehnt werden darf.†)

Wird ein beliehenes Grundstück veräußert, so bleibt der Kasse der frühere Besitzer so lange unbeschadet der Haftbarkeit des Grundstückes für das Darlehn persönlich verpflichtet, bis er die Uebernahme der Schuld durch den Käufer der Kasse angezeigt und diese ihre Zustimmung ertheilt hat.

Der Veräußerer darf diese Anzeige erst erstatten, nachdem der neue Besitzer im Grundbuche eingetragen ist.

Sagt der Kasse der neue Erwerber als persönlicher Schuldner nicht zu, so wird sie die Zustimmung zur Uebernahme der Schuld durch ihn verweigern.

Erfolgt eine Weigerung in 6 Monaten nach erfolgter Anzeige nicht, so wird angenommen, daß der Gläubiger die Schuldübernahme durch den neuen Eigenthümer acceptirt.††)

---

*) § 1133 B. G. B. (s. 1. Anm. auf S. 104).

**) § 890 B. G. B. (s. S. 69).

***) § 1131 B. G. B. (s. S. 69).

†) § 5 G. O. Ein Grundstück soll nur dann einem anderen Grundstück als Bestandtheil zugeschrieben oder mit ihm vereinigt werden, wenn hiervon Verwirrung nicht zu besorgen ist.

Artikel 119 Ziffer 3 E. G. z. B. G. B. Unberührt bleiben die landesgesetzlichen Vorschriften, welche

1. 2c.

3. Die nach § 890 Abs. 1 B. G. B. zulässige Vereinigung mehrerer Grundstücke oder die nach § 890 Abs. 2 B. G. B. zulässige Zuschreibung eines Grundstücks zu einem anderen Grundstück untersagen oder beschränken.

††) § 416 B. G. B. Uebernimmt der Erwerber eines Grundstückes durch Vertrag mit dem Veräußerer eine Schuld des Veräußerers, für die eine Hypothek an dem Grundstücke besteht, so kann der Gläubiger die Schuldübernahme nur genehmigen, wenn der Veräußerer sie ihm mittheilt. Sind seit dem Empfange der Mittheilung sechs Monate

Wird nur ein Theil des Grundstückes veräußert, so bleibt dieser natürlich nach wie vor für die Schuld mitverpfändet. Es kommt dann auf eine Gesammthypothek hinaus, in welcher mehrere Grundstücke (das Stammgrundstück und der abgeschriebene Theil) für eine Hypothek haften.*)

Soll die pfandfreie Abschreibung des verkauften Grundstückstheiles im Grundbuche vorgenommen werden, dann ist auf Grund genauer Unterlagen, wie Auszügen aus den vorläufigen Fortschreibungsverhandlungen, Handzeichnungen und dergl. (eventl. nach örtlicher Besichtigung) zu prüfen, ob das Restgrundstück genügende Sicherheit nach Maßgabe der geltenden statutarischen und sonstigen Vorschriften für das Kapital bietet. Gegebenen Falls wird in die Entpfändung der abgeschriebenen Parzelle nur nach Abzahlung eines entsprechenden Theiles der Schuld gewilligt werden können.

Muster 46 Der Eigenthümer bedarf zur Erwirkung der pfandfreien Abschreibung der veräußerten Parzelle im Grundbuche einer Entpfändungserklärung.

Hat eine theilweise Tilgung der Schuld stattgefunden, so kann damit gleichzeitig die Löschungsbewilligung über den abgezahlten Betrag verbunden werden, indem zunächst die Löschung des Theilbetrages und alsdann die Entpfändung der abzuschreibenden Parzelle in der Urkunde zum Ausdruck gebracht wird.

Die Einreichung der Entpfändungserklärung an das Grundbuchamt bleibt dem Eigenthümer überlassen, dagegen ist der Hypothekenbrief von der Kasse zwecks Berichtigung an genanntes Amt einzureichen.**)

Sind Schuldner und Gläubiger übereingekommen, den Zinsfuß zu erhöhen oder zu ermäßigen und soll solch eine Veränderung im Grundbuche eingetragen werden, dann ist im ersten Falle von dem Eigenthümer, im zweiten Falle von beiden Betheiligten, in einer beglaubigten Urkunde oder zu Protokoll des Grundbuchrichters die Eintragung der Veränderung zu bewilligen und zu beantragen.

Die Zinsenerhöhung kann auch von dem Eigenthümer bewilligt und von dem Gläubiger beantragt werden, was aber umständlicher ist, als wenn ersterer beides besorgt.

Während bei einer Ermäßigung es dem Grundstückseigenthümer über-

---

verstrichen, so gilt die Genehmigung als ertheilt, wenn nicht der Gläubiger sie dem Veräußerer gegenüber vorher verweigert hat; die Vorschrift des § 415 Abs. 2 Satz 2 findet keine Anwendung.

Die Mittheilung des Veräußerers kann erst erfolgen, wenn der Erwerber als Eigenthümer im Grundbuch eingetragen ist. Sie muß schriftlich geschehen und den Hinweis enthalten, daß der Uebernehmer an die Stelle des bisherigen Schuldners tritt, wenn nicht der Gläubiger die Verweigerung innerhalb der sechs Monate erklärt.

Der Veräußerer hat auf Verlangen des Erwerbers dem Gläubiger die Schuldübernahme mitzutheilen. Sobald die Ertheilung oder Verweigerung der Genehmigung feststeht, hat der Veräußerer den Erwerber zu benachrichtigen.

*) § 1132 B. G. B. (s. 3. Anm. auf S. 82).

**) § 62 G. O. (s. 4. Anm. auf S. 98).

§ 896 B. G. B. (s. S. 102).

lassen bleiben kann, die Löschung des erlassenen Zinsenbetrages im Grundbuche zu beantragen oder nicht, weil die Kasse daran kein Interesse hat, muß bei der Erhöhung des Zinsfußes jedoch auf die Eintragung im Grundbuche gehalten werden, da anderenfalls bei eintretender Zwangsversteigerung der Zinsenrückstand nur nach dem im Grundbuche eingetragenen Satze berechnet werden würde.

Eine Erhöhung bis zu 5 Prozent behält die ursprüngliche Rangordnung*) bei, während ein Mehr hinter den zur Zeit der Erhöhungseintragung ferner verzeichneten Posten rangiren würde. Um solches zu vermeiden, müßte wegen der Zinsenerhöhung von den nachstehenden Gläubigern das Vorzugsrecht eingeräumt werden.

Sowohl wegen Ermäßigung als auch wegen Erhöhung des Zinsfußes ist neben der Bewilligungs- und Antragsurkunde der Hypothekenbrief zur Berichtigung dem Grundbuchamte einzureichen.**)

Will die Sparkasse ein Hypothekendarlehn zurückerhalten, dann ist letzteres dem im Grundbuche eingetragenen Eigenthümer, oder, falls sein Wohnort unbekannt ist, oder endlich, wenn er keinen Wohnsitz im Inlande hat, dessen Vertreter zu kündigen.***) Erforderlichen Falles ist die Bestellung eines Vertreters bei Gericht vom Gläubiger zu beantragen.***) Sofern nicht ein Verstoß gegen die etwa ausgemachten Nebenbedingungen oder eine Gefährdung der Sicherheit der Hypothek die sofortige Rückzahlung rechtfertigt, kann solche erst nach Ablauf der im Grundbuche eingetragenen Kündigungsfrist verlangt werden.

Auf Erfordern ist dem Eigenthümer bei der Kündigung der Hypothekenbrief vorzulegen. Handelt es sich dabei um einen im Grundbuche noch nicht eingetragenen Gläubiger, der sein Recht aus einer Abtretungserklärung herleitet (§ 1155 B. G. B.), so hat er auch letztere zur Einsicht vorzulegen.†)

---

*) § 1119 B. G. B. (s. 4. Anm. auf S. 67).

**) § 62 G. O. (s. 4. Anm. auf S. 98).

§ 896 B. G. B. (s. S. 102).

***) § 1141 B. G. B. Hängt die Fälligkeit der Forderung von einer Kündigung ab, so ist die Kündigung für die Hypothek nur wirksam, wenn sie von dem Gläubiger dem Eigenthümer oder von dem Eigenthümer dem Gläubiger erklärt wird. Zu Gunsten des Gläubigers gilt derjenige, welcher im Grundbuche als Eigenthümer eingetragen ist, als der Eigenthümer.

Hat der Eigenthümer keinen Wohnsitz im Inlande oder liegen die Voraussetzungen des § 132 Abs. 2 vor, so hat auf Antrag des Gläubigers das Amtsgericht, in dessen Bezirke das Grundstück liegt, dem Eigenthümer einen Vertreter zu bestellen, dem gegenüber die Kündigung des Gläubigers erfolgen kann.

§ 1148 B. G. B. Bei der Verfolgung des Rechtes aus der Hypothek gilt zu Gunsten des Gläubigers derjenige, welcher im Grundbuche als Eigenthümer eingetragen ist, als der Eigenthümer. Das Recht des nicht eingetragenen Eigenthümers, die ihm gegen die Hypothek zustehenden Einwendungen geltend zu machen, bleibt unberührt.

†) § 1160 B. G. B. Der Geltendmachung der Hypothek kann, sofern nicht die Ertheilung des Hypothekenbriefs ausgeschlossen ist, widersprochen werden, wenn der Gläubiger nicht den Brief vorlegt; ist der Gläubiger nicht im Grundbuch eingetragen, so sind auch die im § 1155 bezeichneten Urkunden vorzulegen.

Eine dem Eigenthümer gegenüber erfolgte Kündigung oder Mahnung ist unwirksam, wenn der Gläubiger die nach Abs. 1 erforderlichen Urkunden nicht vorlegt und der Eigenthümer die Kündigung oder die Mahnung aus diesem Grunde unverzüglich zurückweist.

Diese Vorschriften gelten nicht für die im § 1159 bezeichneten Ansprüche.

§ 1155 B. G. B. (s. 2. Anm. auf S. 93).

Ist eine Kündigungsfrist nicht vereinbart, so schreibt das Gesetz für Darlehne bis zur Höhe von 300 Mark eine solche von einem Monate, für höhere Beträge 3 Monate vor.*)

Für die Kündigung ist die schriftliche Form zwar nicht vorgeschrieben, aber doch in jedem Falle rathsam.

Sie erfolgt zweckmäßig durch eingeschriebenen Brief gegen Rückschein oder gegen Postzustellungsurkunde oder endlich durch Vermittelung eines Gerichtsvollziehers oder Rechtsanwalts.**)

Ist der eingetragene Eigenthümer eine geschäftsunfähige oder eine in der Geschäftsfähigkeit beschränkte Person, so muß das Kündigungsschreiben an deren gesetzlichen Vertreter gerichtet werden.

Muster 46 Das Grundstück haftet für die Kosten der Kündigung.***)

Ueber das ausbezahlte Darlehn nebst Zinsen wird der Schuldner von der Kasse entweder eine Löschungsbewilligung †) oder eine Abtretungserklärung verlangen. Außerdem ist ihm ††) bezw. dem Erwerber der Post †††) der Hypothekenbrief auszuhändigen, und zwar dem Erwerber, sobald es sich um eine Abtretung handelt.

Vorsichtshalber wäre in der Abtretungsurkunde seitens der Kasse noch zu bemerken, daß die Abtretung ohne Gewähr *†) und auf Kosten des die Cession veranlassenden Eigenthümers **†) erfolgt.

---

*) § 609 B. G. B. Ist für die Rückerstattung eines Darlehns eine Zeit nicht bestimmt, so hängt die Fälligkeit davon ab, daß der Gläubiger oder der Schuldner kündigt.

Die Kündigungsfrist beträgt bei Darlehen von mehr als dreihundert Mark drei Monate, bei Darlehen von geringerem Betrag einen Monat.

Sind Zinsen nicht bedungen, so ist der Schuldner auch ohne Kündigung zur Rückerstattung berechtigt.

**) § 132 B. G. B. Eine Willenserklärung gilt auch dann als zugegangen, wenn sie durch Vermittelung eines Gerichtsvollziehers zugestellt worden ist. Die Zustellung erfolgt nach den Vorschriften der Civilprozeßordnung.

Befindet sich der Erklärende über die Person desjenigen, welchem gegenüber die Erklärung abzugeben ist, in einer nicht auf Fahrlässigkeit beruhenden Unkenntniß oder ist der Aufenthalt dieser Person unbekannt, so kann die Zustellung nach den für die öffentliche Zustellung einer Ladung geltenden Vorschriften der C. P. O. erfolgen. Zuständig für die Bewilligung ist im ersteren Falle das Amtsgericht, in dessen Bezirke der Erklärende seinen Wohnsitz oder in Ermangelung eines inländischen Wohnsitzes seinen Aufenthalt hat, im letzteren Falle das Amtsgericht, in dessen Bezirke die Person, welcher zuzustellen ist, den letzten Wohnsitz oder in Ermangelung eines inländischen Wohnsitzes den letzten Aufenthalt hatte.

***) § 1118 B. G. B. (s. 4. Anm. auf S. 67).

†) § 875 B. G. B. (s. Anm. S. 95).

††) § 1144 B. G. B. Der Eigenthümer kann gegen Befriedigung des Gläubigers die Aushändigung des Hypothekenbriefs und der sonstigen Urkunden verlangen, die zur Berichtigung des Grundbuchs oder zur Löschung der Hypothek erforderlich sind.

†††) § 1154 B. G. B. (s. 1. Anm. auf S. 96).

*†) § 437 B. G B. Der Verkäufer einer Forderung oder eines sonstigen Rechtes haftet für den rechtlichen Bestand der Forderung oder des Rechtes.

Der Verkäufer eines Werthpapieres haftet auch dafür, daß es nicht zum Zwecke der Kraftloserklärung aufgeboten ist.

Wird die Schuld nur theilweise getilgt, so hat die Kasse den Hypothekenbrief zwecks Abschreibung des bezahlten Theilbetrages an das Grundbuchamt einzureichen. *)

Zahlt der Schuldner nicht pünktlich, **) so hat er die Schuld vom Fälligkeitstermine ab mit 4 % zu verzinsen. Gilt für das Darlehn ein höherer Zinssatz, so ist dieser fortzuentrichten. ***)

Hierbei sei noch bemerkt, daß für unpünktliche Zinsenzahlung Verzugszinsen — Zinses-Zinsen — nicht erhoben werden dürfen. †) Sie können auch nicht als Nebenbedingung vereinbart werden.

Man ersieht daraus, daß Verzugszinsen in den gesetzgebenden Kreisen gewissermaßen verpönt sind.

Glaubt eine Sparkasse, darauf nicht verzichten zu sollen, so müßte sie sich eine Erhöhung des ursprünglichen Zinsfußes — etwa von 4 auf 5 Prozent — seit dem Zeitpunkte ausbedingen, von dem ab die Zinsen- oder Kapitalzahlung im Rückstande bleibt.

Nimmt die Sparkasse von dem Schuldner nicht rechtzeitig das gekündigte Darlehn gegen Aushändigung des Hypothekenbriefes nebst Löschungsbewilligung oder Cession entgegen, obgleich ihr Zahlung angeboten, so geräth sie in Verzug. ††) Der Schuldner ist dann zur Verzinsung über den Fälligkeitstermin hinaus nicht verpflichtet. †††)

Geräth ein Hypothekenbrief in Verlust, so muß bei Gericht dessen Kraftloserklärung beantragt werden. *†)

---

*) § 1145 B. G. B. Befriedigt der Eigenthümer den Gläubiger nur theilweise, so kann er die Aushändigung des Hypothekenbriefes nicht verlangen. Der Gläubiger ist verpflichtet, die theilweise Befriedigung auf dem Briefe zu vermerken und den Brief zum Zwecke der Berichtigung des Grundbuchs oder der Löschung dem Grundbuchamt oder zum Zwecke der Herstellung eines Theilhypothekenbriefs für den Eigenthümer der zuständigen Behörde oder einem zuständigen Notare vorzulegen.

Die Vorschrift des Abs. 1 Satz 2 gilt für Zinsen und andere Nebenleistungen nur, wenn sie später als in dem Kalendervierteljahr, in welchem der Gläubiger befriedigt wird, oder dem folgenden Vierteljahre fällig werden. Auf Kosten, für die das Grundstück nach § 1118 haftet, findet die Vorschrift keine Anwendung.

**) § 1146 B. G. B. Liegen dem Eigenthümer gegenüber die Voraussetzungen vor, unter denen ein Schuldner in Verzug kommt, so gebühren dem Gläubiger Verzugszinsen aus dem Grundstücke.

***) § 288 B. G. B. Eine Geldschuld ist während des Verzugs mit vier vom Hundert für das Jahr zu verzinsen. Kann der Gläubiger aus einem anderen Rechtsgrunde höhere Zinsen verlangen, so sind diese fortzuentrichten.

Die Geltendmachung eines weiteren Schadens ist nicht ausgeschlossen.

†) § 248 Abs. 1 B. G. B. Eine im Voraus getroffene Vereinbarung, daß fällige Zinsen wieder Zinsen tragen sollen, ist nichtig.

§ 289 B. G. B. Von Zinsen sind Verzugszinsen nicht zu entrichten. Das Recht des Gläubigers auf Ersatz des durch den Verzug entstehenden Schadens bleibt unberührt.

††) § 293 B. G. B. Der Gläubiger kommt in Verzug, wenn er die ihm angebotene Leistung nicht annimmt.

†††) § 301 B. G. B. Von einer verzinslichen Geldschuld hat der Schuldner während des Verzugs des Gläubigers Zinsen nicht zu entrichten.

*†) § 1162 B. G. B. Ist der Hypothekenbrief abhanden gekommen oder vernichtet, so kann er im Wege des Aufgebotsverfahrens für kraftlos erklärt werden.

Das Verfahren ist bereits in den Abschnitten von dem Aufgebot der Sparbücher und Inhaberpapiere geschildert.

Besonders zu bemerken ist jedoch, daß für das Aufgebot von Hypothekenbriefen dasjenige Gericht zuständig ist, in dessen Bezirk das beliehene Grundstück liegt.*)

Darlehne an Kreise, Gemeinden, öffentliche Genossenschaften und dergl., sowie Aufstellung von Tilgungs- oder Amortisationsplänen darüber.

Obgleich Kreise, Gemeinden und dergl. für Darlehne neben der Steuerkraft ihrer Bewohner, durch den Besitz von Grundstücken, Kapitalien und ähnlichen Werthobjecten an und für sich genügende Garantien bieten, ist es dennoch rathsam, bei Prüfung derartiger Darlehnsanträge auf etwa bereits vorhandene Schulden und deren Verhältniß zur Leistungsfähigkeit, Rücksicht zu nehmen.

Aus wirthschaftlichen Gründen sollte für Anleihen öffentlicher Gemeinwesen stets vorweg eine allmälige Tilgung vorgesehen werden.

Die allmälige Tilgung (Tilgungs- oder Amortisationsverfahren) kann auf 2 Arten erfolgen. Entweder wählt man eine feste Abzahlungsrate, in welchem Falle sich der Zinsenbetrag und somit die jährliche Leistung (Zinsen-Abzahlungsrate) allmälig verringert, oder es wird eine alljährlich gleichbleibende Leistung (Annuität) festgesetzt, wobei neben den Zinsen ebenfalls eine Abzahlungsrate vorgesehen wird, die sich aber stets um den Betrag der, durch die fortschreitende Tilgung ersparten Zinsen erhöht.

Bei Anwendung der letzteren Art ist die Aufstellung eines Tilgungs-(Amortisations-) Planes erforderlich. Von einer vierteljährlichen Zinsen-Fälligkeit wird man in diesem Falle absehen müssen, da sonst der Plan zu complicirt werden würde. Ferner empfiehlt es sich, die Bedingung zu stellen, daß die Annuitätsrate am Ende der ersten und zweiten Hälfte des Rechnungsjahres fällig, aber bereits eine kurze Zeit, etwa 14 Tage, vorher zahlbar ist, wodurch eine über den planmäßigen Fälligkeitstermin hinausgehende Verzögerung vermieden werden soll. Kommt, dessen ungeachtet, eine Verzögerung vor, so müssen für die Zeit vom Fälligkeitstermine bis zum Zahlungstage von der Kapital-Abzahlungs-Rate Verzugszinsen berechnet werden.

Fällt der Zeitpunkt der Kapital-Begebung nicht mit dem Beginne eines Rechnungs-Halbjahres zusammen, so ist bis zum nächsten Halbjahres-Schlusse entweder die erste Annuitätsrate, diesem Zeitraume entsprechend, zu berechnen oder die Darlehns-Tilgung auszusetzen und mit derselben erst vom Beginne des nächsten Halbjahres ab anzufangen.

Wie allgemein, so wird auch bezüglich der Tilgungsdarlehne den Sparkassen die nachträgliche Zinsen-Fälligkeits-Berechnung empfohlen.

---

*) § 1005 Abs. 2 C. P. O. Ist die Urkunde über ein im Grundbuch eingetragenes Recht ausgestellt, so ist das Gericht der belegenen Sache ausschließlich zuständig.

Die Berechnung der „Tilgungs-(Amortisations-)-Pläne" kann auf 2 Arten geschehen: Muster 47

a) Die Differenz zwischen den Zinsen der letzten Restschuld und der Annuitätsrate bildet den Tilgungsbetrag und die Differenz zwischen diesem Betrage und der letzten Restschuld ergiebt die nächste Restschuld.

Beispiel:

$4^1/_2$ % Zinsen von 19000 Mk. für $\frac{15.\ \text{Februar}}{30.\ \text{Juni}}$ = 136 Tage =	Mk. 323
$1^1/_2$ % Tilgung „ „ „ „ „ „ „ =	Mk. 107,67
Dagegen Schuldenbestand	Mk. 19000,—
bleibt noch Restschuld . . .	„ 18892,33
Davon $4^1/_2$ % Zinsen für $^1/_2$ Jahr.	Mk. 425,08
Annuität (: $4^1/_2$ % Zinsen + $1^1/_2$ % Tilgung + ersparte Zinsen = 6 % von 19000 Mk. für $^1/_2$ Jahr:) .	„ 570,—
bleibt Tilgung	Mk. 144,92
Dagegen letzte Restschuld	„ 18892,33
bleibt noch Restschuld . . .	Mk. 18747,41

Davon $4^1/_2$ % Zinsen für $^1/_2$ Jahr u. s. w.

b. Zu demselben Resultat gelangt man auf folgende Weise: Die Summe von der letzten Tilgungsrate und den, nach dem festgesetzten Zinsfuße berechneten Zinsen davon, ergiebt die nächste Tilgungsrate. Die Differenz zwischen letzterer und der Annuitätsrate bildet den Zinsenbetrag, während die Differenz zwischen der letzten Restschuld und dem Tilgungsbetrage die nächste Restschuld ausmacht.

Beispiel aus dem Musterplan:

letzte Tilgungsrate	144,92 Mk.
$4^1/_2$ % Zinsen davon	3,26 „
nächste Tilgungsrate	148,18 Mk.
Annuitsrate.	570,— „
Zinsenbetrag	421,82 Mk.
letzte Restschuld	18747,41 Mk.
obige Tilgungsrate ab	148,18 „
nächste Restschuld	18599,23 Mk.

Ueber das Darlehn ist eine, von den zuständigen Organen ausgefertigte Schuldurkunde zu ertheilen. Näheres darüber findet man in dem von der Eintragung der Hypothekenforderungen handelnden Abschnitte. Muster 48

Faustpfand-, Unterpfand- oder Lombarddarlehne.

Das Ausleihegeschäft gegen Faustpfand stellt mit Rücksicht darauf, daß letzteres, sei es ein Inhaberpapier, eine Hypotheken- oder Grundschuldforderung, die gleiche Sicherheit gewähren muß, wie sie der Sparkasse für ihre eigenen

Anlagen in diesen Kategorien vorgeschrieben ist, ebenfalls eine äußerst sichere Kapitalanlage dar. Deshalb ist auf die Prüfung eines angebotenen Pfandobjektes dieselbe Sorgfalt zu verwenden, wie sie bei direkter Anlegung von Kassenbeständen im bezüglichen Falle am Platze wäre.

Außer den soeben erwähnten Inhaberpapieren, Hypotheken- und Grundschuldforderungen, kommen ferner die Sparguthaben auf Sparbücher der eigenen und fremder kommunaler Sparkassen als Pfandobjekte in Betracht, deren Sicherheit an und für sich kaum anzuzweifeln sein dürfte.

In dem Darlehnsantrage, Muster 13, sind die zu der oben erwähnten Prüfung nöthigen Angaben über Grundsteuerreinertrag pp. bei Hypothekendarlehnen, Tageskurs bei Inhaberpapieren u. s. w. anzuführen.

Da jedoch die Beleihung der zu verpfändenden Forderung in voller Höhe nicht zulässig zu sein pflegt (etwa nur $^4/_5$ oder $^9/_{10}$ des Nominal- oder Kurswerthes), ist ferner das statutenmäßig zulässige Höchstmaß anzugeben.

Zur Verpfändung berechtigt ist derjenige, welcher im unzweifelhaften Besitze des Pfandobjektes sich befindet; bei Staatsschuldscheinen und derartigen Obligationen also deren Inhaber*) und bei Hypotheken und Sparguthaben derjenige oder diejenigen, auf deren Namen der Hypothekenbrief oder das Sparbuch lautet, oder deren Rechtsnachfolger, die sich durch Urkunden, wie Testament, Erbschein oder Abtretungsurkunde als solche auszuweisen hätten.

Zu berücksichtigen ist, daß die, über die zu verpfändenden Forderungen ausgegebenen Werthpapiere für kraftlos erklärt sein können, oder ihretwegen das auf Kraftloserklärung gerichtete Verfahren schwebt.

Ferner können Inhaberpapiere vor längerer Zeit ausgeloost sein und durch den Umstand, daß über den Kündigungstermin hinaus eingelöste Zinsscheine vom Kapitalbetrage gekürzt werden,**) wesentlich an Werth eingebüßt haben. Deshalb ist es erforderlich, als Pfandobjekt angebotene Inhaberpapiere bezüglich etwaiger Verloosung, oder eines schwebenden Aufgebotsverfahrens zu prüfen.

Hypothekenbriefe sollten stets vor der Beleihung, oder besser noch, wenn der Antrag auf Eintragung der Forderungs-Verpfändung in das Grundbuch gestellt wird, mit der betreffenden Eintragung in letzterem daraufhin verglichen werden, ob nicht darin etwa den Werth beeinträchtigende Vormerkungen eingetragen stehen.

Wegen zu verpfändender Sparguthaben ist die betreffende Sparkasse

---

*) § 1006 B. G. B. Zu Gunsten des Besitzers einer beweglichen Sache wird vermuthet, daß er Eigenthümer der Sache sei. Dies gilt jedoch nicht einem früheren Besitzer gegenüber, dem die Sache gestohlen worden, verloren gegangen oder sonst abhanden gekommen ist, es sei denn, daß es sich um Geld oder Inhaberpapiere handelt.

Zu Gunsten eines früheren Besitzers wird vermuthet, daß er während der Dauer seines Besitzes Eigenthümer der Sache gewesen sei.

Im Falle eines mittelbaren Besitzes gilt die Vermuthung für den mittelbaren Besitzer.

**) § 803 B. G. B. (s. 2. Anm. auf S. 62).

anzufragen, ob der Verpfändung keine Bedenken, wie Auszahlungsproteste, Zahlungsverbote oder dergl. entgegenstehen.

In jedem Falle ist vor der Auszahlung des Unterpfanddarlehns dem Schuldner der verpfändeten Hypothek eine Anzeige seitens des Verpfänders von der Unterverpfändung zuzustellen.*) Zum Beweis dafür, daß dieses erfolgt ist, wäre eine Bestätigung seitens des Hypothekenschuldners unerläßlich. Für Spareinlagen gilt dasselbe.

Am einfachsten läßt sich die Verpfändung von Inhaberpapieren ausführen, weil sie, wie bewegliche Sachen, durch bloße Uebergabe, verbunden mit der ausgesprochenen oder schriftlichen Erklärung, sie verpfänden zu wollen, bewirkt wird.**)

Wesentlich schwieriger gestaltet sich die Verpfändung von Hypotheken- und Grundschuldforderungen.

Eine Eintragung der Unterverpfändung***) in das Grundbuch wäre eigentlich unerläßlich, um Nachtheile auszuschließen, welche durch die Eintragung etwaiger Widersprüche, einstweiliger Verfügungen oder dergl. seitens des Verpfänders selbst oder Dritter bezüglich der verpfändeten Post veranlaßt werden könnten.†)

Die Verpfändung von Sparguthaben ist in dieser Beziehung weniger umständlich, da die von der schuldenden Sparkasse gelegentlich der Anzeige über die Verpfändung (siehe oben) ertheilte Auskunft bezüglich der Beleihbarkeit

---

*) § 1280 B. G. B. Die Verpfändung einer Forderung, zu deren Uebertragung der Abtretungsvertrag genügt, ist nur wirksam, wenn der Gläubiger sie dem Schuldner anzeigt.

**) § 1205 B. G. B. Zur Bestellung des Pfandrechts ist erforderlich, daß der Eigenthümer die Sache dem Gläubiger übergiebt und beide darüber einig sind, daß dem Gläubiger das Pfandrecht zustehen soll. Ist der Gläubiger im Besitze der Sache, so genügt die Einigung über die Entstehung des Pfandrechts.

Die Uebergabe einer im mittelbaren Besitze des Eigenthümers befindlichen Sache kann dadurch ersetzt werden, daß der Eigenthümer den mittelbaren Besitz auf den Pfandgläubiger überträgt und die Verpfändung dem Besitzer anzeigt.

§ 1206 B. G. B. An Stelle der Uebergabe der Sache genügt die Einräumung des Mitbesitzes, wenn sich die Sache unter dem Mitverschlusse des Gläubigers befindet oder, falls sie im Besitz eines Dritten ist, die Herausgabe nur an den Eigenthümer und den Gläubiger gemeinschaftlich erfolgen kann.

§ 1293 B. G. B. Für das Pfandrecht an einem Inhaberpapiere gelten die Vorschriften über das Pfandrecht an beweglichen Sachen.

***) § 26 G. O. Soll die Uebertragung einer Hypothek, Grundschuld oder Rentenschuld, über die ein Brief ertheilt ist, eingetragen werden, so genügt es, wenn an Stelle der Eintragungsbewilligung die Abtretungserklärung des bisherigen Gläubigers vorgelegt wird.

Diese Vorschrift findet entsprechende Anwendung, wenn eine Belastung der Hypothek, Grundschuld oder Rentenschuld oder die Uebertragung oder Belastung einer Forderung, für die ein eingetragenes Recht als Pfand haftet, eingetragen werden soll.

†) § 1208 B. G. B. Ist die (verpfändete) Sache mit dem Rechte eines Dritten belastet, so geht das Pfandrecht dem Rechte vor, es sei denn, daß der Pfandgläubiger zur Zeit des Erwerbes des Pfandrechts in Ansehung des Rechtes nicht in gutem Glauben ist. Die Vorschriften des § 932 Abs. 1 Satz 2, des § 935 und des § 936 Abs. 3 finden entsprechende Anwendung.

der Forderung Sicherheit dafür gewährt, daß dort keine Auszahlungsproteste bestehen. Später eingebrachte Zahlungswidersprüche oder dergl. würden der als Pfandgläubigerin auftretenden Sparkasse gegenüber nicht wirksam sein.

Auf die Eintragung der Unterverpfändung von Hypothekenforderungen in das Grundbuch wird indessen nach, wie vor, oft verzichtet werden und zwar der damit verknüpften Kosten und des unangenehmen Aufsehens wegen, welches gerade gutsituirte Personen, die zufällig in die Lage kommen, ein Unterpfanddarlehn entnehmen zu müssen, vermieden sehen wollen.

In solchen Fällen kann füglich von der Eintragung der Unterverpfändung schon deshalb abgesehen werden, weil außer dem für die verpfändete Hypothek haftenden Grundstück, gewöhnlich noch der Besitzer des letzteren (oder sonst ein Dritter, falls der Eigenthümer nicht der persönliche Schuldner ist) neben dem Verpfänder der Forderung der Sparkasse gegenüber verbindlich ist.

Wegen dieser nicht im Grundbuche vorgemerkten Unterpfanddarlehne ist vor der Hingabe das Grundbuch wegen etwaiger Widersprüche oder ähnlicher Vermerke, die bei der zu verpfändenden Post eingetragen sein könnten, einzusehen. Des Ferneren ist bezüglich des Aufgebots oder der Verhängung des Zwangsversteigerungsverfahrens über das verpfändete Grundstück auf etwa in den dafür bestimmten Tagesblättern vorkommende Bekanntmachungen und Terminsbestimmungen*) zu achten und gegebenen Falls das Erforderliche zur Wahrung der Rechte der Sparkasse zu veranlassen, was am besten dadurch geschieht, daß die Angelegenheit einem Rechtsanwalte zur schleunigen Rechtsverfolgung übergeben wird.

Weil derartige Bekanntmachungen von räumlich weit entfernten, in anderen Gerichtsbezirken (als demjenigen der Kasse) belegenen Grundstücken schwer zu kontroliren sind, sollten sich Sparkassen auf die Beleihung von Hypotheken an solchen Grundstücken ohne Eintragung der Unterverpfändung in das Grundbuch überhaupt nicht einlassen.

Muster 49 Ueber das hinterlegte Unterpfand ist dem Verpfänder ein Hinterlegungsschein zu übergeben.

Nach Beendigung des Schuldverhältnisses ist derselbe, mit einem An-

---

*) § 39 Zw. G. Die Terminsbestimmung (Zwangsversteigerung) muß durch einmalige Einrückung in das für Bekanntmachungen des Gerichts bestimmte Blatt öffentlich bekannt gemacht werden.

Hat das Grundstück nur einen geringen Werth, so kann das Gericht anordnen, daß die Einrückung unterbleibt; in diesem Falle muß die Bekanntmachung dadurch erfolgen, daß die Terminsbestimmung in der Gemeinde, in deren Bezirke das Grundstück belegen ist, an die für amtliche Bekanntmachungen bestimmte Stelle angeheftet wird.

§ 40 Zw. G. Die Terminsbestimmung soll an die Gerichtstafel angeheftet werden. Ist das Gericht nach § 2 Abs. 2 zum Vollstreckungsgerichte bestellt, so soll die Anheftung auch bei den übrigen Gerichten bewirkt werden.

Das Gericht ist befugt, noch andere und wiederholte Veröffentlichungen zu veranlassen; bei der Ausübung dieser Befugniß ist insbesondere auf den Ortsgebrauch Rücksicht zu nehmen.

erkenntniß über den Rückempfang der Werthstücke Seitens des Verpfänders versehen, zurückzuverlangen.

Bei der Kasse sind die quittirten Hinterlegungsscheine aktenmäßig aufzubewahren, um später nöthigen Falles nachsehen zu können, an wen ein Unterpfand zurückgegeben ist.

Bei Darlehnen gegen Pfandschein (s. S. 118) ersetzt dieser den Hinterlegungsschein.

Für die Verpfändung einer Forderung sind die Bestimmungen maßgebend, welche für deren Uebertragung gelten.*)

Hypothekenforderungen können somit nur in schriftlicher Form bei gleichzeitiger Uebergabe des Hypothekenbriefes verpfändet werden.**)

Ist ein Hypothekenbrief nicht gebildet, so ist die Einigung der Betheiligten erforderlich.***)

Buchhypotheken sind keine geeignete Pfandobjekte, da dieselben vor der Verpfändung an die Kasse möglicherweise bereits einmal vorher verpfändet sein können. Das ältere Pfandrecht würde dem neueren dann im Range vorgehen.†)

Die Schuld- und Verpfändungsurkunde hat zu enthalten: Muster 50

a) den Schuldbetrag,
b) das Anerkenntniß der Schuld,
c) die Kündigungsfrist,
d) den Zinsfuß und Bestimmungen über die Zinsenfälligkeit,
e) die Verpfändungserklärung unter genauer Bezeichnung des Pfandobjekts,
f) Datum und
g) Unterschrift des Schuldners. Bestellt ein Dritter das Pfand, worauf im Text der Urkunde besonders hinzuweisen wäre, ist außerdem dessen Unterschrift erforderlich.

Man pflegt auf die gerichtliche oder notarielle Beglaubigung der Unterschrift wegen der damit verknüpften Unkosten zu verzichten, indessen ist es rathsam, daß die Unterschrift in Gegenwart des Rechnungsführers und eines

---

*) § 1274 B. G. B. Die Bestellung des Pfandrechts an einem Rechte erfolgt nach den für die Uebertragung des Rechtes geltenden Vorschriften. Ist zur Uebertragung des Rechtes die Uebergabe einer Sache erforderlich, so finden die Vorschriften der §§ 1205, 1206 Anwendung.

Soweit ein Recht nicht übertragbar ist, kann ein Pfandrecht an dem Rechte nicht bestellt werden. (§§ 1205 u. 1206 s. 2. Anm. S. 113.)

**) § 1154 B. G. B. (s. 1. Anm. auf S. 96).

***) § 873 B. G. B. (s. 6. Anm. auf S. 87).

§ 878 B. G. B. Eine von dem Berechtigten in Gemäßheit der §§ 873, 875, 877 abgegebene Erklärung wird nicht dadurch unwirksam, daß der Berechtigte in der Verfügung beschränkt wird, nachdem die Erklärung für ihn bindend geworden und der Antrag auf Eintragung bei dem Grundbuchamte gestellt worden ist.

†) § 1290 B. G. B. Bestehen mehrere Pfandrechte an einer Forderung, so ist zur Einziehung nur derjenige Pfandgläubiger berechtigt, dessen Pfandrecht den übrigen Pfandrechten vorgeht.

anderen Beamten oder Hülfsarbeiters abgegeben wird, um einen Zeugen für den Fall zu haben, daß die Echtheit der Unterschrift bestritten wird. Für nicht auf diese Weise geleistete Unterschriften sollte stets die Beglaubigung verlangt werden.

Die Schuldurkunde muß, den landesgesetzlichen Vorschriften entsprechend, versteuert werden.*) Die Kosten trägt natürlich der Schuldner.

---

*) In Preußen nach Tarifstelle 58 des Stempelsteuergesetzes vom 31. Juli 1895, welche wie folgt lautet:

Schuldverschreibungen.

I. Schuldverschreibungen, hypothekarische und persönliche aller Art, insoweit es sich nicht um der Reichsstempelabgabe unterworfene Werthpapiere handelt, $^1/_{12}$ des Kapitalbetrages der Schuldverschreibung.

Ermäßigungen.

a) Schuldverschreibungen über Kaufgelder, Erbgelder oder sonstige Forderungen aus zweiseitigen Verträgen, falls diese Verträge gehörig versteuert sind und alle wesentlichen Bedingungen des Schuldverhältnisses enthalten, wie Nebenausfertigungen derselben (vergl. die Tarifstelle „Nebenausfertigungen“);

b) Schuldverschreibungen über Darlehen, welche innerhalb Jahresfrist oder in einem kürzeren Zeitraum zurückzuzahlen sind, $^1/_{50}$% der dargeliehenen Summe in Abstufungen von 20 Pf. für je 1000 Mark oder einen Bruchtheil dieses Betrages.

So oft die Rückzahlungsfrist durch schriftliche Verabredungen über die Verlängerung der Darlehen, oder durch Ausstellung neuer Schuldverschreibungen bis zu einem Zeitraum von einem Jahre erweitert wird, je $^1/_{50}$% in den oben angeführten Abstufungen,

jedoch für die ursprüngliche Verschreibung und sämmtliche Verlängerungen nicht mehr wie $^1/_{12}$% der dargeliehenen Summe.

Beurkundungen der Verlängerung der Rückzahlungsfrist über den Zeitraum von einem Jahre hinaus $^1/_{12}$% der dargeliehenen Summe,

jedoch unter Anrechnung der für die Beurkundungen der ursprünglichen Verschreibung und der früheren Verlängerungen bereits entrichteten Stempel.

Die Anrechnung der früher gezahlten Stempel ist nur zulässig, wenn auf den Schriftstücken über die Verlängerung vom Aussteller vermerkt ist, zu welchen Urkunden und zu welchen Beträgen die früher gezahlten Stempel verwendet sind.

Befreiungen.

a) Beurkundungen über die Verlängerung der Rückzahlungsfrist, wenn es sich um Schuldverschreibungen handelt, die mit einem Zwölftel vom Hundert des Kapitalbetrages bereits versteuert sind.

b) Beurkundungen von zinsbaren Darlehen, welche gegen spezielle Verpfändung oder Hinterlegung von edlen Metallen, Waaren, Wechseln oder Werthpapieren gegeben werden (Lombarddarlehen) und innerhalb Jahresfrist oder in einem kürzeren Zeitraum zurückzuzahlen sind, vorausgesetzt daß der Werth des hinterlegten Pfandes dem gewährten Darlehen mindestens gleichkommt.

c) Sparkassenbücher und Bescheinigungen über einzelne Einlagen seitens öffentlicher und solcher Sparkassen, welche gemeinnützige Zwecke verfolgen, insbesondere solcher, welche die Gewinnvertheilung ausgeschlossen haben, sowie der Sparkassen derjenigen eingetragenen Erwerbs- und Wirthschaftsgenossenschaften (Reichs-Gesetz vom 1. Mai 1889, Reichsgesetzbl. S. 55), welche die Förderung des genossenschaftlichen Personalkredits bezwecken.

d) Für Kommunalverbände, Kommunen oder Korporationen ländlicher oder städtischer Grundbesitzer oder Grundkredit- und Hypothekenbanken ausgestellte Schuldverschreibungen, auf Grund deren reichsstempelpflichtige Renten- und Schuldverschreibungen demnächst ausgereicht werden.

Ueber Theilabzahlungen ist dem Schuldner Quittung mit dem Bemerken auszuhändigen, daß er dieselbe bei Rückempfang der Schuld- und Verpfändungsurkunde der Kasse wiederzugeben hat.

Die abgezahlten Theilbeträge sind auf der Rückseite der Schuldurkunde unter Beisetzung des Datums zu vermerken.

Wird das Darlehnskonto gänzlich beglichen,*) dann erhält der Schuldner die Schuld- und Verpfändungsurkunde nebst den Pfandstücken zurück.**) Hat ein Dritter das Pfand bestellt, so ist es an diesen zurückzugeben.

Mit der Rückgabe des Pfandes erlischt stets das Pfandrecht.***) Sie darf daher unter keinen Umständen vor der gänzlichen Tilgung des Darlehns erfolgen. Von Bedeutung ist dieses besonders auch dann, wenn für ein Faustpfanddarlehn noch ein Dritter Bürgschaft geleistet hat.†)

Der Kasse sind hierbei sämmtliche, über Theilabzahlungen ausgefertigte Quittungen nebst dem quittirten Hinterlegungsschein auszuhändigen.

II. Kaufmännische, nicht auf Ordre ausgestellte Verpflichtungsscheine über Leistungen von Geld $^1/_{50}$ % des Kapitalbetrages der Scheine in Abstufungen von 20 Pf. für je 1000 Mark oder einen Bruchtheil dieses Betrages.

Für die Verlängerung der Rückzahlungsfrist gelten die Bestimmungen zu I unter Ermäßigungen zu b und Befreiungen zu a.

III. Der Antrag auf Eintragung einer Hypothek oder Grundschuld oder einer wiederkehrenden Geldleistung im Grundbuche oder in einem für solche Eintragungen bestimmten öffentlichen Buche $^1/_{12}$ % der einzutragenden Summe oder des Kapitalwerthes der Geldleistung; sowie der Antrag auf Eintragung der Verpfändung einer Hypothek oder Grundschuld oder einer wiederkehrenden Geldleistung durch den eingetragenen Gläubiger in Büchern der bezeichneten Art $^1/_{12}$ % der Summe, für welche die Post verpfändet wird, wenn diese Summe geringer ist, als die Summe oder der Kapitalwert der verpfändeten Post, sonst der letzteren Summe oder des Kapitalwerthes.

Die Vorschrifen der Tarifstelle „Abtretung von Rechten" fünfter bis einschließlich achter Absatz finden sinngemäße Anwendung.

*) § 1252 B. G. B. Das Pfandrecht erlischt mit der Forderung, für die es besteht.

**) § 1223 B. G. B. Der Pfandgläubiger ist verpflichtet, das Pfand nach dem Erlöschen des Pfandrechts dem Verpfänder zurückzugeben.

Der Verpfänder kann die Rückgabe des Pfandes gegen Befriedigung des Pfandgläubigers verlangen, sobald der Schuldner zur Leistung berechtigt ist.

***) § 1253 B. G. B. Das Pfandrecht erlischt, wenn der Pfandgläubiger das Pfand dem Verpfänder oder dem Eigenthümer zurückgiebt. Der Vorbehalt der Fortdauer des Pfandrechts ist unwirksam.

Ist das Pfand im Besitze des Verpfänders oder des Eigenthümers, so wird vermuthet, daß das Pfand ihm von dem Pfandgläubiger zurückgegeben worden sei. Diese Vermuthung gilt auch dann, wenn sich das Pfand im Besitz eines Dritten befindet, der den Besitz nach der Entstehung des Pfandrechts von dem Verpfänder oder dem Eigenthümer erlangt hat.

§ 1278 B. G. B. Ist ein Recht, zu dessen Verpfändung die Uebergabe einer Sache erforderlich ist, Gegenstand des Pfandrechts, so finden auf das Erlöschen des Pfandrechts durch die Rückgabe der Sache die Vorschriften des § 1253 entsprechende Anwendung.

†) § 776 B. G. B. Giebt der Gläubiger ein mit der Forderung verbundenes Vorzugsrecht, eine für sie bestehende Hypothek, ein für sie bestehendes Pfandrecht oder das Recht gegen einen Mitbürgen auf, so wird der Bürge insoweit frei, als er aus dem aufgegebenen Rechte nach § 774 hätte Ersatz erlangen können. Dies gilt auch dann, wenn das aufgegebene Recht erst nach der Uebernahme der Bürgschaft entstanden ist.

Muster 51 Praktisch und bequem ist auch das bei der Reichsbank übliche Verfahren der Ausleihung gegen Pfandschein und zwar deshalb, weil bei öfteren Erhebungen und Rückzahlungen diese übersichtlich in ein- und derselben Urkunde zur Darstellung gelangen, während bei ersterem Verfahren eine Anzahl von Schuldurkunden bezw. Quittungen auszustellen ist.

Vortheilhaft ist hier auch die für die Hypothekenverpfändung vorgeschriebene Abtretungserklärung, wodurch die Sparkasse der Anwendung des gerichtlichen Verfahrens gegen säumige Schuldner dadurch überhoben wird, daß sie die Forderung ohne Weiteres durch einen Gerichtsvollzieher veräußern und zu dem Zwecke weiter abtreten kann.

Zur größeren Sicherheit wird in § 1 der auf dem Pfandschein (siehe Muster 52 Muster 51) abgedruckten Bedingungen die Uebergabe eines eigenen Wechsels*) seitens des Schuldners an die Kasse verlangt, um für den Fall, daß durch den Verkauf des Faustpfandes, die Sparkassenforderung nicht gedeckt wird, im Wechselprozesse gegen den Schuldner vorgehen zu können.

Voraussetzung für Darlehne auf Pfandschein ist, daß Schuldner und Besitzer des Faustpfandes ein- und dieselbe Person ist.

Die sonst für das Darlehnsgeschäft geltenden Vorschriften gehen aus den auf dem Pfandscheinmuster abgedruckten Bedingungen hervor.

Muster 53 Daneben ist zu bemerken, daß über jeden gewährten Darlehnsbetrag Muster 54 eine Quittung und über jede Abzahlung ein Ablieferungsschein von dem Darlehnsnehmer aus naheliegenden Gründen zu ertheilen ist.

Quittungen und Ablieferungsscheine sind bei der an der Kasse verbleibenden Pfandscheinabschrift aufzubewahren, welcher auch das Verzeichniß von den verpfändeten Werthstücken beizufügen ist.

Bei der vollständigen Tilgung des Darlehns muß stets der Pfandschein an die Kasse zurückgegeben werden. Ueber den gänzlichen oder theilweisen Rückempfang des Unterpfandes ist in der hiefür bestimmten Spalte des Verzeichnisses (Muster 51a) durch Namensbeischrift zu quittiren.

Die verpfändete Forderung nebst Zinsen**) haftet der Kasse für Kapital, Zinsen und Kosten.***)

---

*) Der Wechsel muß versteuert sein (s. 2. Anm. auf S. 127).

**) § 1289 B. G. B. Das Pfandrecht an einer Forderung erstreckt sich auf die Zinsen der Forderung. Die Vorschriften des § 1123 Abs. 2 und der §§ 1124, 1125 finden entsprechende Anwendung; an die Stelle der Beschlagnahme tritt die Anzeige des Pfandgläubigers an den Schuldner, daß er von dem Einziehungsrechte Gebrauch mache.

§ 1296 B. G. B. Das Pfandrecht an einem Werthpapier erstreckt sich auf die zu dem Papiere gehörenden Zins-, Renten- oder Gewinnantheilscheine nur dann, wenn sie dem Pfandgläubiger übergeben sind. Der Verpfänder kann, sofern nicht ein Anderes bestimmt ist, die Herausgabe der Scheine verlangen, soweit sie vor dem Eintritte der Voraussetzungen des § 1228 Abs. 2 fällig werden (s. 2. Anm. S. 140).

***) § 1210 B. G. B. Das Pfand haftet für die Forderung in deren jeweiligem Bestand, insbesondere auch für Zinsen und Vertragsstrafen. Ist der persönliche Schuldner nicht der Eigenthümer des Pfandes, so wird durch ein Rechtsgeschäft, das der Schuldner nach der Verpfändung vornimmt, die Haftung nicht erweitert.

Das Pfand haftet für die Ansprüche des Pfandgläubigers auf Ersatz von Verwendungen, für die dem Pfandgläubiger zu ersetzenden Kosten der Kündigung und der Rechtsverfolgung sowie für die Kosten des Pfandverkaufs.

Das Pfand ist in derselben Weise aufzubewahren,*) wie die gleichen, der Kasse eigenthümlich angehörenden Werthobjekte.**)

Mit Zustimmung des Verpfänders kann das Pfand bei einem Dritten z. B. der Reichsbank hinterlegt,***) auch weiter verpfändet werden,†) was in dem Geschäftsbetrieb der Sparkassen indessen nicht vorzukommen pflegt.

Die Erhebung der Zinsen von den verpfändeten Hypothekenforderungen und den Inhaberpapieren überläßt die Sparkasse zweckmäßig dem Verpfänder und händigt ihm zu diesem Behufe von den Werthpapieren die Zinsscheine rechtzeitig gegen Empfangsanerkenntniß aus,††) falls sie letztere nicht in Zahlung nimmt und auf die Darlehnszinsen in Anrechnung bringt.

Erfährt das für eine verpfändete Hypothekenforderung haftende Grundstück eine Werthverminderung durch eine Verschlechterung des Pfandgrundstückes,†††) oder droht eine solche,*†) welche naturgemäß auch die Sicherheit der Faustpfandforderung gefährden würde, oder erleiden endlich Inhaberpapiere durch Kursverluste wesentliche Wertheinbuße, dann ist von dem Pfandschuldner eine, je nach den Verhältnissen zu bemessende Darlehnsabzahlung oder Verstärkung des Unterpfandes zu verlangen.

Ist über das Geschäft eine Schuld- und Verpfändungsurkunde (Muster 50) ausgefertigt, so wäre bei einer Unterpfandverstärkung die Mitverpfändung des neu hinzugetretenen Pfandobjektes für die in der Urkunde benannte Darlehnsschuld schriftlich durch den Verpfänder zum Ausdruck zu bringen.

Derselbe hat, sofern das Pfandscheinverfahren angewendet ist, das zur Verstärkung weiter hingegebene Unterpfand in das zum Pfandscheine gehörige Verzeichniß (Muster 51) eigenhändig unter Beisetzung des Datums einzutragen.

---

*) § 1215 B. G. B. Der Pfandgläubiger ist zur Verwahrung des Pfandes verpflichtet.

**) § 690 B. G. B. Wird die Aufbewahrung unentgeltlich übernommen, so hat der Verwahrer nur für diejenige Sorgfalt einzustehen, welche er in eigenen Angelegenheiten anzuwenden pflegt.

***) § 691 B. G. B. Der Verwahrer ist im Zweifel nicht berechtigt, die hinterlegte Sache bei einem Dritten zu hinterlegen. Ist die Hinterlegung bei einem Dritten gestattet, so hat der Verwahrer nur ein ihm bei dieser Hinterlegung zur Last fallendes Verschulden zu vertreten. Für das Verschulden eines Gehülfen ist er nach § 278 verantwortlich.

†) § 700 B. G. B. Werden vertretbare Sachen in der Art hinterlegt, daß das Eigenthum auf den Verwahrer übergehen und dieser verpflichtet sein soll, Sachen von gleicher Art, Güte und Menge zurückzugewähren, so finden die Vorschriften über das Darlehen Anwendung. Gestattet der Hinterleger dem Verwahrer, hinterlegte vertretbare Sachen zu verbrauchen, so finden die Vorschriften über das Darlehen von dem Zeitpunkt an Anwendung, in welchem der Verwahrer sich die Sachen aneignet. In beiden Fällen bestimmen sich jedoch Zeit und Ort der Rückgabe im Zweifel nach den Vorschriften über den Verwahrungsvertrag.

Bei der Hinterlegung von Werthpapieren ist eine Vereinbarung der im Abs. 1 bezeichneten Art nur gültig, wenn sie ausdrücklich getroffen wird.

††) § 1296 B. G. B. (s. 2. Anm. auf voriger Seite).

†††) § 1133 B. G. B. (s. 1. Anm. auf S. 104).

*†) § 1134 B. G. B. (s. 1. Anm. auf S. 104).

Der Sparkasse steht es auch frei, das Unterpfand wegen zu besorgender wesentlicher Werthverminderung nach voraufgegangener Androhung öffentlich versteigern zu lassen,*) welche Maßnahme dann von Werth sein kann, wenn ein Schuldner der Aufforderung zur Erhöhung des Unterpfandes oder zur Abzahlung der Schuld nicht nachkommt.

Endlich auch kann eine Sparkasse die Kündigung einer ihr verpfändeten Hypotheken- oder Grundschuldforderung, wenn sie gefährdet erscheint, von dem Verpfänder verlangen.**)

Gelangen verpfändete Forderungen zur Rückzahlung, so darf der Schuldner nur an den Gläubiger und den Pfandgläubiger gemeinschaftlich Zahlung leisten,***) was für eine Sparkasse unter Umständen unbequem sein könnte. Deshalb wäre vor der Hingabe des Unterpfanddarlehns zu vereinbaren,†)

---

*) § 1219 B. G. B. Wird durch den drohenden Verderb des Pfandes oder durch eine zu besorgende wesentliche Minderung des Werthes die Sicherheit des Pfandgläubigers gefährdet, so kann dieser das Pfand öffentlich versteigern lassen.

Der Erlös tritt an die Stelle des Pfandes. Auf Verlangen des Verpfänders ist der Erlös zu hinterlegen.

§ 1247 B. G. B. Soweit der Erlös aus dem Pfande dem Pfandgläubiger zu seiner Befriedigung gebührt, gilt die Forderung als von dem Eigenthümer berichtigt. Im Uebrigen tritt der Erlös an die Stelle des Pfandes.

**) § 1286 B. G. B. Hängt die Fälligkeit der verpfändeten Forderung von einer Kündigung ab, so kann der Pfandgläubiger, sofern nicht das Kündigungsrecht ihm zusteht, von dem Gläubiger die Kündigung verlangen, wenn die Einziehung der Forderung wegen Gefährdung ihrer Sicherheit nach den Regeln einer ordnungsmäßigen Vermögensverwaltung geboten ist. Unter der gleichen Voraussetzung kann der Gläubiger von dem Pfandgläubiger die Zustimmung zur Kündigung verlangen, sofern die Zustimmung erforderlich ist.

§§ 1133, 1134 B. G. B. (s. 1. Anm. auf S. 104).

***) § 1281 B. G. B. Der Schuldner kann nur an den Pfandgläubiger und den Gläubiger gemeinschaftlich leisten. Jeder von beiden kann verlangen, daß an sie gemeinschaftlich geleistet wird, jeder kann statt der Leistung verlangen, daß die geschuldete Sache für beide hinterlegt oder, wenn sie sich nicht zur Hinterlegung eignet, an einen gerichtlich zu bestellenden Verwahrer abgeliefert wird.

§ 1282 B. G. B. Sind die Voraussetzungen des § 1228 Abs. 2 eingetreten, so ist der Pfandgläubiger zur Einziehung der Forderung berechtigt und kann der Schuldner nur an ihn leisten. Die Einziehung einer Geldforderung steht dem Pfandgläubiger nur insoweit zu, als sie zu seiner Befriedigung erforderlich ist. Soweit er zur Einziehung berechtigt ist, kann er auch verlangen, daß ihm die Geldforderung an Zahlungsstatt abgetreten wird.

Zu anderen Verfügungen über die Forderung ist der Pfandgläubiger nicht berechtigt; das Recht, die Befriedigung aus der Forderung nach § 1277 zu suchen, bleibt unberührt.

§ 1285 B. G. B. Hat die Leistung an den Pfandgläubiger und den Gläubiger gemeinschaftlich zu erfolgen, so sind beide einander verpflichtet, zur Einziehung mitzuwirken, wenn die Forderung fällig ist.

Soweit der Pfandgläubiger berechtigt ist, die Forderung ohne Mitwirkung des Gläubigers einzuziehen, hat er für die ordnungsmäßige Einziehung zu sorgen. Von der Einziehung hat er den Gläubiger unverzüglich zu benachrichtigen, sofern nicht die Benachrichtigung unthunlich ist.

§ 1228 B. G. B. (s. 2. Anm. auf S. 140).

†) § 1284 B. G. B. Die Vorschriften der §§ 1281 bis 1283 finden keine Anwendung, soweit der Pfandgläubiger und der Gläubiger ein Anderes vereinbaren.

daß die verpfändete Forderung, wenn sie fällig werden sollte, an die Kasse allein ohne Mitwirkung des Verpfänders ausgezahlt werden soll. Dieser Vereinbarung ist zweckmäßig bereits in der vorhin erwähnten, an den Schuldner der Pfandforderung zu erstattenden Anzeige von der Verpfändung zu gedenken.

Bürgschaftsdarlehne.
Schuldscheine mit Bürgschaftserklärung.
Der Wechsel in seinen verschiedenen Gestalten.

Ein wesentlicher Geschäftszweig der Sparkassen ist die Hingabe von Darlehnen*) ohne Realsicherheit.

Um den Wechselfällen, welche in der Vermögenslage einer Person eintreten können, nicht zu sehr ausgesetzt zu sein, zieht man gewissermaßen an Stelle des in dem vorigen Abschnitte besprochenen Faustpfandes eine zweite oder noch mehr Personen zur Bürgschaft**) heran. Es haften der Kasse dann die Vermögen mehrerer Personen, wodurch die Verlustgefahr wesentlich herabgemindert wird.

Sind für dasselbe Darlehn mehrere Bürgen eingetreten, so haften sie als Gesammtschuldner.***) Die Einrede der Theilung steht ihnen nicht zu.

Gewissermaßen vollwerthig ist eine Bürgschaft indessen nur, wenn sie als „selbstschuldnerische" bezeichnet ist, wodurch der Bürge die Bereitschaft ausdrückt, für das Darlehn ebenso haften zu wollen, als wäre er selbst der Schuldner.

Dem „nicht" als Selbstschuldner haftenden Bürgen steht nämlich das

---

*) § 607 B. G. B. Wer Geld oder andere vertretbare Sachen als Darlehen empfangen hat, ist verpflichtet, dem Darleiher das Empfangene in Sachen von gleicher Art, Güte und Menge zurückzuerstatten.

Wer Geld oder andere vertretbare Sachen aus einem anderen Grunde schuldet, kann mit dem Gläubiger vereinbaren, daß das Geld oder die Sachen als Darlehen geschuldet werden sollen.

§ 608 B. G. B. Sind für ein Darlehen Zinsen bedungen, so sind sie, sofern nicht ein Anderes bestimmt ist, nach dem Ablaufe je eines Jahres und, wenn das Darlehen vor dem Ablauf eines Jahres zurückzuerstatten ist, bei der Rückerstattung zu entrichten.

§ 609 B. G. B. (s. 1. Anm. auf S. 108).

§ 610 B. G. B. (s. Anm. auf S. 75).

**) § 765 B. G. B. Durch den Bürgschaftsvertrag verpflichtet sich der Bürge gegenüber dem Gläubiger eines Dritten, für die Erfüllung der Verbindlichkeit des Dritten einzustehen.

Die Bürgschaft kann auch für eine künftige oder eine bedingte Verbindlichkeit übernommen werden.

***) § 421 B. G. B. Schulden Mehrere eine Leistung in der Weise, daß jeder die ganze Leistung zu bewirken verpflichtet, der Gläubiger aber die Leistung nur einmal zu fordern berechtigt ist (Gesammtschuldner), so kann der Gläubiger die Leistung nach seinem Belieben von jedem der Schuldner ganz oder zu einem Theile fordern. Bis zur Bewirkung der ganzen Leistung bleiben sämmtliche Schuldner verpflichtet.

§ 769 B. G. B. Verbürgen sich Mehrere für dieselbe Verbindlichkeit, so haften sie als Gesammtschuldner, auch wenn sie die Bürgschaft nicht gemeinschaftlich übernehmen.

Recht auf verschiedene Einreden zu, besonders dasjenige der Vorausklage,*) d. h. er darf verlangen, daß der Gläubiger zunächst vom Schuldner Befriedigung im Klagewege sucht, bevor er in Anspruch genommen wird.

Ist eine Bürgschaft auf bestimmte Zeit eingegangen, was z. B. bei Darlehnen mit bestimmter Rückzahlungsfrist, wie „nach 3 Monaten" der Fall ist, so wird der Bürge frei, wenn die Einziehung nicht unverzüglich nach der Fälligkeit erfolgt.**)

Gelangt die Kasse dabei nicht zur vollen Befriedigung, so hat sie den Bürgen in Anspruch zu nehmen und ihm eine diesbezügliche Erklärung zuzustellen.

Bei der Prolongation von Bürgschaftsdarlehnen ist die Mitwirkung des Bürgen daher stets erforderlich.

Ist das Kapital fällig und wird dessen Prolongation gewünscht und bewilligt, so wird am Fälligkeitstage die bisherige Schuldurkunde durch eine neue ersetzt, wobei gleichzeitig die Zinsen zu berichtigen sind. Nur letztere werden in den Kassenbüchern vereinnahmt, während bezüglich des Kapitals der neue Fälligkeitstermin zu vermerken ist.

Eine Vereinnahmung und Verausgabung des Kapitals aber ist nicht nöthig.

Für das Schuldanerkenntniß***) sowohl, wie auch für die Bürgschafts-

---

*) § 771 B. G. B. Der Bürge kann die Befriedigung des Gläubigers verweigern, solange nicht der Gläubiger eine Zwangsvollstreckung gegen den Hauptschuldner ohne Erfolg versucht hat (Einrede der Vorausklage).

§ 772 B. G. B. Besteht die Bürgschaft für eine Geldforderung, so muß die Zwangsvollstreckung in die beweglichen Sachen des Hauptschuldners an seinem Wohnsitz und, wenn der Hauptschuldner an einem andern Orte eine gewerbliche Niederlassung hat, auch an diesem Orte, in Ermangelung eines Wohnsitzes und einer gewerblichen Niederlassung an seinem Aufenthaltsorte versucht werden.

Steht dem Gläubiger ein Pfandrecht oder ein Zurückbehaltungsrecht an einer beweglichen Sache des Hauptschuldners zu, so muß er auch aus dieser Sache Befriedigung suchen. Steht dem Gläubiger ein solches Recht an der Sache auch für eine andere Forderung zu, so gilt dies nur, wenn beide Forderungen durch den Werth der Sache gedeckt werden.

**) § 777 B. G. B. Hat sich der Bürge für eine bestehende Verbindlichkeit auf bestimmte Zeit verbürgt, so wird er nach dem Ablaufe der bestimmten Zeit frei, wenn nicht der Gläubiger die Einziehung der Forderung unverzüglich nach Maßgabe des § 772 betreibt, das Verfahren ohne wesentliche Verzögerung fortsetzt und unverzüglich nach der Beendigung des Verfahrens dem Bürgen anzeigt, daß er ihn in Anspruch nehme. Steht dem Bürgen die Einrede der Vorausklage nicht zu, so wird er nach dem Ablaufe der bestimmten Zeit frei, wenn nicht der Gläubiger ihm unverzüglich diese Anzeige macht.

Erfolgt die Anzeige rechtzeitig, so beschränkt sich die Haftung des Bürgen im Falle des Abs. 1 Satz 1 auf den Umfang, den die Hauptverbindlichkeit zur Zeit der Beendigung des Verfahrens hat, im Falle des Abs. 1 Satz 2 auf den Umfang, den die Hauptverbindlichkeit bei dem Ablaufe der bestimmten Zeit hat.

***) § 781 B. G. B. Zur Gültigkeit eines Vertrags, durch den das Bestehen eines Schuldverhältnisses anerkannt wird (Schuldanerkenntniß), ist schriftliche Ertheilung der Anerkennungserklärung erforderlich. Ist für die Begründung des Schuldverhältnisses, dessen Bestehen anerkannt wird, eine andere Form vorgeschrieben, so bedarf der Anerkennungsvertrag dieser Form.

erklärung*) ist die schriftliche Form erforderlich, wovon zwei Arten zur Verfügung stehen, nämlich:

a) die Schuldurkunde mit Bürgschaftserklärung,

b) der Wechsel in seiner mannigfachen Gestalt.

Ersterer Art ist in den Abschnitten von den Hypothekenschuldurkunden und den Faustpfanddarlehnen bereits ausreichend Erwähnung gethan und, was im Speciellen die Form der Bürgschaftserklärung anbetrifft, giebt das Muster Muster 55 genügenden Aufschluß.

Wechselfähig ist Jeder, welcher sich durch Verträge verpflichten kann.**)

Man unterscheidet zwei Hauptarten von Wechseln und zwar:

a. Den gezogenen oder trassirten Wechsel, in welchem der Aussteller (Trassant) einem Dritten, dem Bezogenen, aufgiebt, an eine darin benannte Person (Remittent) oder an sich selbst (an eigene Ordre) Muster 56 einen bestimmten Betrag an einem bestimmten Verfall-Tage oder bei Vorzeigung (bei Sicht, avista) zu zahlen.

b. Den eigenen oder „Solawechsel", auch trockener oder todter Wechsel Muster 57 genannt, in welchem der Aussteller sich selbst verpflichtet, an eine darin benannte Person, den Wechselbetrag am Verfalltage oder bei Sicht zu zahlen.

Hat der Bezogene den Wechsel angenommen (acceptirt)***) und

---

*) § 766 B. G. B. Zur Gültigkeit des Bürgschaftsvertrages ist schriftliche Ertheilung der Bürgschaftserklärung erforderlich. Soweit der Bürge die Hauptverbindlichkeit erfüllt, wird der Mangel der Form geheilt.

**) §§ 104—106 B. G. B. (s. 1. u. 2. Anm. auf S. 37).

§ 112 B. G. B. Ermächtigt der gesetzliche Vertreter mit Genehmigung des Vormundschaftsgerichts den Minderjährigen zum selbständigen Betrieb eines Erwerbsgeschäfts, so ist der Minderjährige für solche Rechtsgeschäfte unbeschränkt geschäftsfähig, welche der Geschäftsbetrieb mit sich bringt. Ausgenommen sind Rechtsgeschäfte, zu denen der Vertreter der Genehmigung des Vormundschaftsgerichts bedarf.

Die Ermächtigung kann von dem Vertreter nur mit Genehmigung des Vormundschaftsgerichts zurückgenommen werden.

Siehe §§ 1821, 1822 B. G. B. 2. u. 3. Anm. a. S. 81 § 1630 B. G. B. s. 3. Anm. a. S. 79.

§ 1643 B. G. B. (s. 1. Anm. a. S. 81).

§ 114 B. G. B. (s. 2. Anm. a. S. 78).

§ 1405 B. G. B. Ertheilt der Mann der Frau die Einwilligung zum selbständigen Betrieb eines Erwerbsgeschäfts, so ist seine Zustimmung zu solchen Rechtsgeschäften und Rechtsstreitigkeiten nicht erforderlich, die der Geschäftsbetrieb mit sich bringt. Einseitige Rechtsgeschäfte, die sich auf das Erwerbsgeschäft beziehen, sind der Frau gegenüber vorzunehmen.

Der Einwilligung des Mannes in den Geschäftsbetrieb steht es gleich, wenn die Frau mit Wissen und ohne Einspruch des Mannes das Erwerbsgeschäft betreibt.

Dritten gegenüber ist ein Einspruch und der Widerruf der Einwilligung nur nach Maßgabe des § 1435 wirksam.

***) Artikel 21 W. O. Die Annahme des Wechsels muß auf dem Wechsel schriftlich geschehen.

Jede auf den Wechsel geschriebene und von dem Bezogenen unterschriebene Erklärung gilt für eine unbeschränkte Annahme, sofern nicht in derselben ausdrücklich ausgesprochen ist, daß der Bezogene entweder überhaupt nicht oder nur unter gewissen Einschränkungen annehmen wolle.

dieses durch seine Unterschrift oder durch gerichtlich oder notariell beglaubigte Handzeichen*) ausgedrückt, so wird er Acceptant genannt.

Das Gesetz schreibt sowohl für den gezogenen,**) als auch für den

---

Gleichergestalt gilt es für eine unbeschränkte Annahme, wenn der Bezogene ohne weiteren Beisatz seinen Namen oder seine Firma auf die Vorderseite des Wechsels schreibt.

Die einmal erfolgte Annahme kann nicht wieder zurückgenommen werden.

Artikel 22. Der Bezogene kann die Annahme auf einen Theil der im Wechsel verschriebenen Summe beschränken.

Werden dem Accepte andere Einschränkungen beigefügt, so wird der Wechsel einem solchen gleichgeachtet, dessen Annahme gänzlich verweigert worden ist, der Acceptant haftet aber nach dem Inhalte seines Acceptes wechselmäßig.

Artikel 23. Der Bezogene wird durch die Annahme wechselmäßig verpflichtet, die von ihm acceptirte Summe zur Verfallzeit zu zahlen.

Auch dem Aussteller haftet der Bezogene aus dem Accepte wechselmäßig.

Dagegen steht dem Bezogenen kein Wechselrecht gegen den Aussteller zu.

*) Artikel 94 W. O. Wechselerklärungen, welche statt des Namen mit Kreuzen oder anderen Zeichen vollzogen sind, haben nur dann, wenn diese Zeichen gerichtlich oder notariell beglaubigt werden, Wechselkraft.

**) Artikel 4 W. O. Die wesentlichen Erfordernisse eines gezogenen Wechsels sind:

1. die in den Wechsel selbst aufzunehmende Bezeichnung als Wechsel, oder, wenn der Wechsel in einer fremden Sprache ausgestellt ist, ein jener Bezeichnung entsprechender Ausdruck in der fremden Sprache;
2. die Angabe der zu zahlenden Geldsumme:
3. der Name der Person oder die Firma, an welche oder an deren Ordre gezahlt werden soll (des Remittenten);
4. die Angabe der Zeit, zu welcher gezahlt werden soll; die Zahlungszeit kann für die gesammte Geldsumme nur ein und dieselbe sein und nur festgesetzt werden
   auf einen bestimmten Tag,
   auf Sicht (Vorzeigung, a vista rc.) oder auf eine bestimmte Zeit nach Sicht,
   auf eine bestimmte Zeit nach dem Tage der Ausstellung (nach dato),
   auf eine Messe oder einen Markt (Meß- oder Marktwechsel);
5. die Unterschrift des Ausstellers (Trassanten) mit seinem Namen oder seiner Firma;
6. die Angabe des Ortes, Monatstages und Jahres der Ausstellung;
7. der Name der Person oder die Firma, welche die Zahlung leisten soll (des Bezogenen oder Trassaten);
8. die Angabe des Ortes, wo die Zahlung geschehen soll; der bei dem Namen oder der Firma des Bezogenen angegebene Ort gilt für den Wechsel, insofern nicht ein eigener Zahlungsort angegeben ist, als Zahlungsort und zugleich als Wohnort des Bezogenen.

Artikel 5. Ist die zu zahlende Geldsumme (Art. 4 Nr. 2) in Buchstaben und in Ziffern ausgedrückt, so gilt bei Abweichungen die in Buchstaben ausgedrückte Summe.

Ist die Summe mehrmals mit Buchstaben oder mehrmals mit Ziffern geschrieben, so gilt bei Abweichungen die geringere Summe.

Artikel 6. Der Aussteller kann sich selbst als Remittenten (Art. 4 Nr. 3) bezeichnen (Wechsel an eigene Ordre).

Desgleichen kann der Aussteller sich selbst als Bezogenen (Art. 4 Nr. 7) bezeichnen, sofern die Zahlung an einem anderen Orte als dem der Ausstellung geschehen soll (trassirt-eigene Wechsel).

Artikel 7. Aus einer Schrift, welcher eines der wesentlichen Erfordernisse eines Wechsels (Art. 4) fehlt, entsteht keine wechselmäßige Verbindlichkeit. Auch haben die auf eine solche Schrift gesetzten Erklärungen (Indossament, Accept, Aval) keine Wechselkraft. Das in einem Wechsel enthaltene Zinsversprechen gilt als nicht geschrieben.

eigenen*) Wechsel gewisse Erfordernisse vor. Ihnen muß genau entsprochen werden, da ein diesbezüglicher Mangel den Wechsel ungültig macht.**) Ebenso können einen Wechsel ungültig machen:

„ein Widerspruch in der Datirung, z. B. wenn ein am 2. Januar 1898 ausgestellter Wechsel versehentlich im Texte am 1. April 1897 als fällig bezeichnet ist",

„Korrekturen, Durchstreichungen und Rasuren,"

„eine unmögliche Datirung, z. B. wenn es heißt, der Wechsel sei am 31. September fällig, obgleich der September nur 30 Tage hat",

„die eigene Ordre des Ausstellers bei einem Solawechsel, also wenn der Aussteller im Text schreibt: ‚zahlen Sie an die Ordre von mir selbst'".

Auch Wechsel mit mehreren Acceptanten sind neuerdings als ungültig erklärt.

Ein Gewerbetreibender hatte auf ein Ehepaar einen Wechsel an eigene Ordre gezogen. Die Adresse lautete: „Herrn A. D. und Frau A. M. D. in B." Beide Ehe-

---

*) Artikel 96 W. O. Die wesentlichen Erfordernisse eines eigenen (trockenen) Wechsels sind:

1. die in den Wechsel selbst aufzunehmende Bezeichnung als Wechsel, oder, wenn der Wechsel in einer fremden Sprache ausgestellt ist, ein jener Bezeichnung entsprechender Ausdruck in der fremden Sprache;
2. die Angabe der zu zahlenden Geldsumme;
3. der Name der Person oder die Firma, an welche oder an deren Ordre der Aussteller Zahlung leisten will;
4. die Bestimmung der Zeit, zu welcher gezahlt werden soll (Artikel 4 Nr. 4);
5. die Unterschrift des Ausstellers mit seinem Namen oder seiner Firma;
6. die Angabe des Ortes, Monatstages und Jahres der Ausstellung;

Artikel 97. Der Ort der Ausstellung gilt für den eigenen Wechsel, insofern nicht ein besonderer Zahlungsort angegeben ist, als Zahlungsort und zugleich als Wohnort des Ausstellers.

Artikel 98. Nachstehende, in diesem Gesetze für gezogene Wechsel gegebene Vorschriften gelten auch für eigene Wechsel:

1. die Art. 5 und 7 über die Form des Wechsels;
2. die Art. 9—17 über das Indossament;
3. die Art. 19 und 20 über die Präsentation der Wechsel auf eine Zeit nach Sicht mit der Maßgabe, daß die Präsentation dem Aussteller geschehen muß;
4. der Art. 29 über den Sicherheitsregreß mit der Maßgabe, daß derselbe im Falle der Unsicherheit des Ausstellers stattfindet;
5. die Art. 30—40 über die Zahlung und die Befugniß zur Deposition des fälligen Wechselbetrages mit der Maßgabe, daß letztere durch den Aussteller geschehen kann;
6. die Art. 41 und 42, sowie die Art. 45—55 über den Regreß Mangels Zahlung gegen die Indossanten;
7. die Art. 62—65 über die Ehrenzahlung;
8. die Art. 70—72 über die Kopien;
9. die Art. 73—76 über abhanden gekommene und falsche Wechsel mit der Maßgabe, daß im Falle des Art. 73 die Zahlung durch den Aussteller erfolgen muß;
10. die Art. 78—96 über die allgemeinen Grundsätze der Wechselverjährung, die Verjährung der Regreßansprüche gegen die Indossanten, das Klagerecht des Wechselgläubigers, die ausländischen Wechselgesetze, den Protest, den Ort und die Zeit für die Präsentation und andere im Wechselverkehre vorkommende Handlungen, sowie über mangelhafte Unterschriften.

**) Art. 7 W. O. (s. 3. Anm. S. 124).

leute hatten acceptirt, am Verfalltage aber nicht bezahlt. Der Gewerbetreibende ließ Protest erheben und klagte, wurde jedoch in allen Instanzen, auch vom zweitem Zivilsenat des Reichsgerichts abgewiesen, weil der Wechsel zwei Bezogene nenne und deshalb ungültig sei. Das Reichsgericht stützte seine Ansicht hauptsächlich darauf, daß die Wechselordnung im Artikel 4, Ziffer 7 von „dem Bezogenen" spricht, womit nach Ansicht des Reichsgerichts nur eine Person gemeint sein kann. Die Folgerungen, die sich aus der Zulassung der Benennung mehrerer Bezogener ergeben würden, wären mit den Grundsätzen des Wechselrechtes unverträglich.

Außerdem ist im geschäftlichen Verkehr allgemein üblich, die Art, in welcher der Aussteller vom Remittenten befriedigt ist, z. B. „Werth empfangen", „Werth in Effekten" u. s. w. zum Ausdrucke zu bringen. Lautet der Wechsel an eigene Ordre, so schreibt man „Werth in mir selbst". Da durch Anwendung der vorher angeführten Bezeichnungen „Werth empfangen" der Aussteller sich selbst den Empfang des Werthes bestätigen würde.

Endlich auch ist es gebräuchlich, durch die Worte „und stellen denselben (den Werth nämlich) auf Rechnung laut Bericht" den Bezogenen aufzufordern, den Betrag nach der ihm gewordenen Benachrichtigung in Rechnung zu stellen. Beabsichtigt der Aussteller nicht, dem Bezogenen Mittheilung zu machen, so schreibt er in den Wechsel statt „laut Bericht" „ohne Bericht oder $\frac{\text{laut}}{\text{ohne}}$ Bericht."

Gleichwie die in den vorhergehenden Abschnitten behandelten Forderungen übertragbar sind, ist dieses auch bezüglich der Wechselforderungen möglich.

Die Uebertragung*) erfolgt durch einen entsprechenden mit Ort, Datum und Unterschrift versehenen Vermerk des Remittenten auf der Rückseite des Wechsels etwa mit den Worten: „Für mich an die Ordre des Herrn N. N. Wert erhalten."

---

*) Art. 9 W. O. Der Remittent kann den Wechsel an einen anderen durch Indossament (Giro) übertragen.

Hat jedoch der Aussteller die Uebertragung im Wechsel durch die Worte „nicht an Ordre" oder durch einen gleichbedeutenden Ausdruck untersagt, so hat das Indossament keine wechselrechtliche Wirkung.

Art. 10 W. O. Durch das Indossament gehen alle Rechte aus dem Wechsel auf den Indossatar über, insbesondere auch die Befugniß, den Wechsel weiter zu indossieren. Auch an den Aussteller, Bezogenen, Acceptanten oder einen früheren Indossanten kann der Wechsel gültig indossirt und von denselben weiter indossirt werden.

Art. 11 W. O. Das Indossament muß auf den Wechsel, eine Kopie desselben oder ein mit dem Wechsel oder der Kopie verbundenes Blatt (Allonge) geschrieben werden.

Art. 12 W. O. Ein Indossament ist gültig, wenn der Indossant auch nur seinen Namen oder seine Firma auf die Rückseite des Wechsels oder der Kopie, oder auf die Allonge schreibt (Blanko-Indossament).

Art. 13 W. O. Jeder Inhaber eines Wechsels ist befugt, die auf demselben befindlichen Blanko-Indossamente auszufüllen; er kann den Wechsel aber auch ohne diese Ausfüllung weiter indossieren.

Art. 14 W. O. Der Indossant haftet jedem späteren Inhaber des Wechsels für dessen Annahme und Zahlung wechselmäßig. Hat er aber dem Indossamente die Bemerkung „ohne Gewährleistung", ohne „Obligo" oder einen gleichbedeutenden Vorbehalt hinzugefügt, so ist er von der Verbindlichkeit aus seinem Indossamente befreit.

Art. 15 W. O. Ist in dem Indossamente die Weiterbegebung durch die Worte „nicht an Ordre" oder durch einen gleichbedeutenden Ausdruck verboten, so haben die-

Erforderlich ist dieser Vermerk indessen nicht; es genügt zur Uebertragung auch die bloße Unterschrift des Remittenten auf der Rückseite des Wechsels. Man nennt das Blankoindossament.

Außer dem Indossament ist die Uebergabe des Wechsels zur Uebertragung des Eigenthums an demselben erforderlich.

Für die Wechselverbindlichkeit sind alle diejenigen Personen haftbar, deren echte Unterschriften sich auf einem richtigen Wechsel ohne Vorbehalt befinden.*)

Nimmt die Sparkasse einen Wechsel an, so hat sie sich zu vergewissern, ob die darauf stehenden Unterschriften echt sind und von wechselfähigen und eingeschätzten (s. § 12 des Statuts) Personen herrühren.

Ferner ist auf die richtige Versteuerung des Wechsels zu achten**) und darauf, daß er den vorgeschriebenen Formen entspricht.

---

jenigen, an welche der Wechsel aus der Hand des Indossatars gelangt, gegen den Indossanten keinen Regreß.

Art. 16 W. O. Wenn ein Wechsel indossirt wird, nachdem die für die Protesterhebung mangels Zahlung bestimmte Frist abgelaufen ist, so erlangt der Indossatar die Rechte aus dem etwa vorhandenen Accepte gegen den Bezogenen und Regreßrechte gegen diejenigen, welche den Wechsel nach Ablauf dieser Frist indossirt haben.

Ist aber der Wechsel vor dem Indossamente bereits Mangels Zahlung protestirt worden, so hat der Indossatar nur die Rechte seines Indossanten gegen den Acceptanten, den Aussteller und diejenigen, welche den Wechsel bis zur Protesterhebung indossirt haben. Auch ist in einem solchen Falle der Indossant nicht wechselmäßig verpflichtet.

Art. 17 W. O. Ist dem Indossamente die Bemerkung „zur Einkassirung", „in Prokura" oder eine andere, die Bevollmächtigung ausdrückende Formel beigefügt worden, so überträgt das Indossament das Eigenthum an dem Wechsel nicht, ermächtigt aber den Indossatar zur Einziehung der Wechselforderung, Protesterhebung und Benachrichtigung des Vormannes seines Indossanten von der unterbliebenen Zahlung (Art. 45), sowie zur Einklagung der nicht bezahlten und zur Erhebung der deponirten Wechselschuld. Ein solcher Indossatar ist auch berechtigt, diese Befugniß durch ein weiteres Prokura-Indossament einem anderen zu übertragen. Dagegen ist derselbe zur weiteren Begebung durch eigentliches Indossament selbst dann nicht befugt, wenn dem Prokura-Indossament der Zusatz „oder Ordre" hinzugefügt ist.

Art. 36 W. O. Der Inhaber eines indossirten Wechsels wird durch eine zusammenhängende, bis auf ihn hinuntergehende Reihe von Indossamenten als Eigenthümer des Wechsels legitimirt. Das erste Indossament muß demnach mit dem Namen des Remittenten, jedes folgende Indossament mit dem Namen desjenigen unterzeichnet sein, welchen das unmittelbar vorhergehende Indossament als Indossatar benennt. Wenn auf ein Blanko-Indossament ein weiteres Indossament folgt, so wird angenommen, daß der Aussteller des letzteren den Wechsel durch das Blanko-Indossament erworben hat. Ausgestrichene Indossamente werden bei Prüfung der Legitimation als nicht geschrieben angesehen. Die Echtheit der Indossamente zu prüfen, ist der Zahlende nicht verpflichtet.

*) Art. 3 W. O. Finden sich auf einem Wechsel Unterschriften von Personen, welche eine Wechselverbindlichkeit überhaupt nicht, oder nicht mit vollem Erfolge eingehen können, so hat dies auf die Verbindlichkeit der übrigen Wechselverpflichteten keinen Einfluß.

Art. 75 W. O. Auch wenn die Unterschrift des Ausstellers eines Wechsels falsch oder verfälscht ist, behalten dennoch das echte Accept und die echten Indossamente die wechselmäßige Wirkung.

Art. 76 W. O. Aus einem, mit einem falschen oder verfälschten Accepte oder Indossamente versehenen Wechsel bleiben sämmtliche Indossanten und der Aussteller, deren Unterschriften echt sind, wechselmäßig verpflichtet.

Art. 7 (s. 3. Anm. a. S. 124).

**) § 2 d. Wechsel-Stempelst.-Ges. Die Stempelabgabe beträgt:

von einer Summe von 200 Mark und weniger 0,10 Mark,
" " " über 200 " bis 400 Mark 0,20 "

Ein Zinsversprechen im Wechsel gilt als ungeschrieben, (Art. 7. W. O. s. 3. Anm. auf S. 124) deshalb ist es nöthig, die ausbedungenen Zinsen (Diskont) bei der Hingabe des Darlehns bereits in Abzug zu bringen.

Ist der Aussteller des Wechsels sich nicht sicher, ob der Bezogene den Wechsel acceptiren und einlösen wird, oder hat er sonst welche Gründe dazu, so pflegt er auf dem Wechsel, besonders um die Kosten, welche durch Accept oder Zahlungsverweigerung entstehen können, zu ersparen, eine Nothadresse zusetzen, d. h. er giebt neben dem Bezogenen eine zweite Person am Zahlungsorte an, bei der im Weigerungsfalle Accept oder Zahlung für den Bezogenen geleistet werden soll, etwa mit den Worten: „Falls bei Herrn N. N." oder „Im Nothfalle bei Herrn N. N."

Nicht nur der Aussteller, sondern jeder Regreßpflichtige ist berechtigt, eine Nothadresse auf den Wechsel zu setzen.

---

von einer Summe von 400 Mark bis 600 Mark 0,30 Mark
" " " " 600 " " 800 " 0,40 "
" " " " 800 " " 1000 " 0,50 "

und von jeden ferneren 1000 Mark der Summe 0,50 Mark mehr, dergestalt, daß jedes angefangene Tausend für voll gerechnet wird.

§ 6. Die Entrichtung der Stempelabgabe muß erfolgen, ehe ein inländischer Wechsel von dem Aussteller, ein ausländischer Wechsel von dem ersten inländischen Inhaber (§ 5) aus den Händen gegeben wird.

§ 7. Dem Aussteller eines inländischen Wechsels und dem ersten inländischen Inhaber eines ausländischen Wechsels ist gestattet, den mit einem inländischen Indossament noch nicht versehenen Wechsel vor Entrichtung der Stempelabgabe lediglich zum Zwecke der Annahme zu versenden und zur Annahme zu präsentiren. Der Acceptant eines unversteuerten Wechsels ist verpflichtet, vor der Rückgabe oder jeder anderweiten Aushändigung des Wechsels die Versteuerung desselben zu bewirken.

Wird jedoch ein nicht zum Umlauf im Bundesgebiet bestimmtes Exemplar eines in mehreren Exemplaren ausgefertigten Wechsels zur Einholung des Acceptes benutzt, so bleibt der Acceptant von der Verpflichtung zur Versteuerung befreit, wenn die Rückseite des acceptirten Exemplars vor der Rückgabe dergestalt durchkreuzt wird, daß dadurch die weitere Benutzung desselben zum Indossiren ausgeschlossen wird.

§ 8. Wird derselbe Wechsel in mehreren, im Kontexte als Prima, Sekunda, Tertia u. s. w. bezeichneten Exemplaren ausgefertigt, so ist unter diesen dasjenige zu versteuern, welches zum Umlaufe bestimmt ist.

§ 9. Außerdem unterliegt der Versteuerung jedes Exemplar, auf welches eine Wechselerklärung — mit Ausnahme des Acceptes und der Nothadressen — gesetzt ist, die nicht auf einem nach Vorschrift dieses Gesetzes versteuerten Exemplare sich befindet. Die Versteuerung muß erfolgen, ehe das betreffende Exemplar von dem Aussteller der die Stempelpflichtigkeit begründenden Wechselerklärung, oder, wenn letztere im Auslande abgegeben ist, von dem ersten inländischen Inhaber aus den Händen gegeben wird.

Soll ein unversteuertes Wechselduplikat ohne Auslieferung eines versteuerten Exemplars desselben Wechsels bezahlt oder Mangels Zahlung protestirt werden, so ist die Versteuerung desselben zu bewirken, ehe die Zahlung oder Protestaufnahme stattfindet.

Der Beweis des Vorhandenseins eines versteuerten Wechselduplikates oder des Einwandes, daß die auf ein unversteuertes Exemplar gesetzte Wechselerklärung auf einem versteuerten Duplikate abgegeben sei, oder daß bei Bezahlung eines unversteuerten Duplikates auch ein versteuertes Exemplar ausgeliefert sei, liegt demjenigen ob, welcher wegen unterlassener Versteuerung eines Wechselexemplars in Anspruch genommen wird.

§ 10. Die Bestimmungen im § 9 finden gleichmäßig auf Wechselabschriften Anwendung, welche mit einem Original-Indossamente, oder mit einer anderen urschriftlichen Wechselerklärung versehen sind. Jede solche Abschrift wird hinsichtlich der Besteuerung einem Duplikate desselben Wechsels gleichgeachtet.

§ 11. Ist die in den §§ 6 bis 10 vorgeschriebene Versteuerung eines Wechsels, eines Wechselduplikates oder einer Wechselabschrift unterlassen, so ist der nächste und, solange die Versteuerung nicht bewirkt ist, auch jeder fernere inländische Inhaber verpflichtet, den Wechsel zu versteuern, ehe er denselben auf der Vorder- oder Rückseite unterzeichnet, veräußert, verpfändet, zur Zahlung präsentirt, Zahlung darauf empfängt oder leistet, eine Quittung darauf setzt, Mangels Zahlung Protest erheben läßt oder den Wechsel aus den Händen giebt. Auf die von den Vordermännern verwirkten Strafen hat die Entrichtung der Abgabe durch einen späteren Inhaber keinen Einfluß.

§ 13. Die Verpflichtung zur Entrichtung der Stempelabgabe wird erfüllt:

1. durch Ausstellung des Wechsels auf einem mit dem erforderlichen Bundesstempel versehenen Blanket,

oder

2. durch Verwendung der erforderlichen Bundesstempelmarke auf dem Wechsel, wenn hierbei die von dem Bundesrathe erlassenen und bekannt gemachten Vorschriften über die Art und Weise der Verwendung beobachtet worden sind.

§ 14. Stempelmarken, welche nicht in der vorgeschriebenen Weise verwendet worden sind, werden als nicht verwendet angesehen.

§ 15. Die Nichterfüllung der Verpflichtung zur Entrichtung der Stempelabgabe wird mit einer Geldbuße bestraft, welche dem fünfzigfachen Betrage der hinterzogenen Abgabe gleichkommt.

Diese Strafe ist besonders und ganz zu entrichten von Jedem, welcher der nach den §§ 4—12 ihm obliegenden Verpflichtung zur Entrichtung der Stempelabgabe nicht rechtzeitig genügt hat, ingleichen von inländischen Maklern und Unterhändlern, welche wissentlich unversteuerte Wechsel verhandelt haben.

Die Verwandlung einer Geldbuße, zu deren Zahlung der Verpflichtete unvermögend ist, in eine Freiheitsstrafe findet nicht statt. Auch darf zur Beitreibung von Geldbußen ohne Zustimmung des Verurtheilten, insofern dieser ein Inländer ist, kein Grundstück subhastirt werden.

§ 20. Die in den einzelnen Staaten des Reiches mit der Beaufsichtigung des Stempelwesens beauftragten Behörden und Beamten haben die ihnen obliegenden Verpflichtungen mit gleichen Befugnissen, wie sie ihnen hinsichtlich der nach den Landesgesetzen zu entrichtenden Stempelabgaben zustehen, auch hinsichtlich der Reichs-Stempelabgabe wahrzunehmen.

§ 21. Außer den Steuerbehörden haben alle diejenigen Staats- oder Kommunalbehörden und Beamten, denen eine richterliche oder Polizeigewalt anvertraut ist, sowie die Notare und andere Beamte, welche Wechselproteste ausfertigen, die Verpflichtung, die Besteuerung der bei ihnen vorkommenden Wechsel und Anweisungen von Amtswegen zu prüfen und die zu ihrer Kenntniß kommenden Zuwiderhandlungen gegen dieses Gesetz bei der nach § 18 zuständigen Behörde zur Anzeige zu bringen. Notare, Gerichtspersonen und andere Beamte, welche Wechselproteste ausfertigen, sind verbunden, sowohl in dem Proteste, als in dem über die Protestation etwa aufzunehmenden Protokolle ausdrücklich zu bemerken, mit welchem Stempel die protestirte Urkunde versehen, oder daß sie mit einem Reichsstempel nicht versehen ist.

Bekanntmachung des Reichskanzlers vom 16. Juli 1881 (Reichs-Gesetzbl. S. 245):

In Bezug auf die Art der Verwendung der Reichsstempelmarken zu Wechseln und den dem Wechselstempel unterworfenen Anweisungen u. s. w. (§ 24 des Gesetzes vom 10. Juni 1869) sind nachfolgende Vorschriften zu beobachten:

1. Die den erforderlichen Steuerbetrag darstellenden Marken sind auf der Rückseite der Urkunde und zwar, wenn die Rückseite noch unbeschrieben ist, unmittelbar an einem Rande derselben, andernfalls unmittelbar unter dem letzten Vermerke (Indossament u. s. w.) auf einer mit Buchstaben oder Ziffern nicht beschriebenen oder bedruckten Stelle aufzukleben.

Das erste inländische Indossament, welches nach der Kassirung der Stempelmarke auf die Rückseite des Wechsels gesetzt wird, beziehungsweise der erste sonstige inländische Vermerk, ist unterhalb der Marke niederzuschreiben, widrigenfalls die letztere dem Niederschreiber dieses Indossaments beziehungsweise Vermerks und dessen Nachmännern gegenüber als nicht verwendet, gilt. Es dürfen jedoch die Vermerke „ohne Protest“, „ohne Kosten“ neben der Marke niedergeschrieben werden.

Acceptirt der in der Nothadresse Bezeichnete an Stelle des Bezogenen den Wechsel, so handelt es sich um ein Ehrenaccept.*)

Wesentlich für Sparkassen ist die Bestimmung, daß der Aussteller einen Wechsel an einem anderen, als dem Wohnorte des Bezogenen — bei einem Solawechsel an einem anderen, als dem Wohnorte des Ausstellers — zahlbar machen kann.**) Man nennt das, einen Wechsel domiciliren, einen so behandelten Wechsel „Domicilwechsel". Ist in dem Domicilvermerk eine Person

Muster 58

Dem inländischen Inhaber, welcher aus Versehen sein Indossament auf den Wechsel gesetzt hat, bevor er die Marke aufgeklebt hatte, ist gestattet, vor der Weitergabe des Wechsels unter Durchstreichung dieses Indossaments die Marke unter dem letzteren aufzukleben.

2. In jeder einzelnen der aufgeklebten Marke muß das Datum der Verwendung der Marke auf dem Wechsel und zwar der Tag und das Jahr mit arabischen Ziffern, der Monat mit Buchstaben mittelst deutlicher Schriftzeichen, ohne jede Rasur, Durchstreichung oder Ueberschrift, an der durch den Vordruck bezeichneten Stelle niedergeschrieben werden. Allgemein übliche und verständliche Abkürzungen der Monatsbezeichnung mit Buchstaben sind zulässig (z. B. 7. Sept. 1881, 8. Oktbr. 1882).

3. Bei Ausstellung des Wechsels auf einem gestempelten Blanket kann der an dem vollen gesetzlichen Betrage der Steuer etwa noch fehlende Theil durch vorschriftsmäßig zu verwendende Stempelmarken ergänzt werden.

Stempelmarken, welche nicht in der vorgeschriebenen Weise verwendet worden sind, werden als nicht verwendet angesehen (§ 14 des Gesetzes).

*) Artikel 56 W. O. Befindet sich auf einem Mangels Annahme protestirten Wechsel eine auf den Zahlungsort lautende Nothadresse, so muß, ehe Sicherstellung verlangt werden kann, die Annahme von der Nothadresse gefordert werden. Unter mehreren Nothadressen gebührt derjenigen der Vorzug, durch deren Zahlung die meisten Verpflichteten befreit werden.

Artikel 57 W. O. Die Ehrenannahme von Seiten einer nicht auf dem Wechsel als Nothadresse benannten Person braucht der Inhaber nicht zuzulassen.

Artikel 58 W. O. Der Ehrenacceptant muß sich den Protest Mangels Annahme gegen Erstattung der Kosten aushändigen und in einem Anhange zu demselben die Ehrenannahme bemerken lassen. Er muß den Honoraten unter Uebersendung des Protestes von der geschehenen Intervention benachrichtigen und diese Benachrichtigung mit dem Proteste innerhalb zweier Tage nach dem Tage der Protesterhebung zur Post geben. Unterläßt er dies, so haftet er für den durch die Unterlassung entstehenden Schaden.

Artikel 59 W. O. Wenn der Ehrenacceptant unterlassen hat, in seinem Accepte zu bemerken, zu wessen Ehren die Annahme geschieht, so wird der Aussteller als Honorat angesehen.

Artikel 60 W. O. Der Ehrenacceptant wird den sämmtlichen Nachmännern des Honoraten durch die Annahme wechselmäßig verpflichtet. Diese Verpflichtung erlischt, wenn den Ehrenacceptanten der Wechsel nicht spätestens am zweiten Werktage nach dem Zahlungstage zur Zahlung vorgelegt wird.

Artikel 61 W. O. Wenn der Wechsel von einer Nothadresse oder einem andern Intervenienten zu Ehren angenommen wird, so haben der Inhaber und die Nachmänner des Honoraten keinen Regreß auf Sicherstellung. Derselbe kann aber von dem Honoraten und dessen Vormännern geltend gemacht werden.

**) Artikel 24 W. O. Ist in dem Wechsel ein vom Wohnorte des Bezogenen verschiedener Zahlungsort (Art. 4 Nr. 8) angegeben (Domicilwechsel), so ist, insofern der Wechsel nicht schon ergiebt, durch wen die Zahlung am Zahlungsorte erfolgen soll, dies vom Bezogenen bei der Annahme auf dem Wechsel zu bemerken. Ist dies nicht geschehen, so wird angenommen, daß der Bezogene selbst die Zahlung am Zahlungsorte leisten wolle.

Der Aussteller eines Domicilwechsels kann in demselben die Präsentation zur Annahme vorschreiben. Die Nichtbeachtung dieser Vorschrift hat den Verlust des Regresses gegen den Aussteller und die Indossanten zur Folge.

bezeichnet, welche Zahlung leisten soll (Domiciliat), so wird er „bestimmt domicilirter Wechsel" genannt, fehlt dagegen „die Bezeichnung des Domiciliaten, so ist es ein „unbestimmter Domicilwechsel". Das Haupterforderniß ist stets die Verschiedenheit der Wohnorte des Bezogenen und des Domiciliaten.

Wohnt der Bezogene auf dem Lande, während der Sitz der Kasse sich in der Stadt befindet, so ist es für die letztere sehr bequem, Wechsel, die sie erwirbt, von den Ausstellern bei sich selbst domiciliren zu lassen. Sache des Schuldners ist es dann, selbst rechtzeitig für Deckung bei der Kasse zu sorgen. Hierdurch wird die weiter unten erörterte Präsentation bei dem entfernt wohnenden Bezogenen unnöthig.*) Auch eine Protesterhebung gestaltet sich in solchem Falle einfacher und weniger kostspielig, da sie bei der Kasse selbst erfolgt.*)

Wird die Annahme des Wechsels verweigert, oder geräth der Acceptant vor dem Fälligkeitstermine in Vermögensverfall, so kann der Inhaber von seinen Vormännern Sicherstellung verlangen.**)

Die Fälligkeit der Wechsel ist genau zu kontroliren.

---

*) Artikel 43 W. O. Domicilirte Wechsel sind dem Domiciliaten, oder wenn ein solcher nicht benannt ist, dem Bezogenen selbst an demjenigen Orte, wohin der Wechsel domicilirt ist, zur Zahlung zu präsentiren, und wenn die Zahlung unterbleibt, dort zu protestiren. Wird die rechtzeitige Protesterhebung beim Domiciliaten verabsäumt, so geht dadurch der wechselmäßige Anspruch nicht nur gegen den Aussteller und die Indossanten, sondern auch gegen den Acceptanten verloren.

**) Artikel 25 W. O. Wenn die Annahme eines Wechsels überhaupt nicht, oder unter Einschränkungen, oder nur auf eine geringere Summe erfolgt ist, so sind die Indossanten und der Aussteller wechselmäßig verpflichtet, gegen Aushändigung des, Mangels Annahme aufgenommenen Protestes genügende Sicherheit dahin zu leisten, daß die Bezahlung der im Wechsel verschriebenen Summe oder des nicht angenommenen Betrages, sowie die Erstattung der durch die Nichtannahme veranlaßten Kosten am Verfalltage erfolgen werde.

Jedoch sind diese Personen auch befugt, auf ihre Kosten die schuldige Summe bei Gericht oder bei einer anderen, zur Annahme von Depositen ermächtigten Behörde oder Anstalt niederzulegen.

Artikel 29 W. O. Ist ein Wechsel ganz oder theilweise angenommen worden, so kann in Betreff der acceptirten Summe Sicherheit nur gefordert werden:

1. wenn über das Vermögen des Acceptanten der Konkurs (Debitverfahren, Falliment) eröffnet worden ist oder der Acceptant auch nur seine Zahlungen eingestellt hat;
2. wenn nach Ausstellung des Wechsels eine Exekution in das Vermögen des Acceptanten fruchtlos ausgefallen oder wider denselben wegen Erfüllung einer Zahlungsverbindlichkeit die Vollstreckung des Personalarrestes verfügt worden ist.

Wenn in diesen Fällen die Sicherheit von dem Acceptanten nicht geleistet und dieserhalb Protest gegen denselben erhoben wird, auch von den auf dem Wechsel etwa benannten Nothadressen die Annahme nach Ausweis des Protestes nicht zu erhalten ist, so kann der Inhaber des Wechsels und jeder Indossatar gegen Auslieferung des Protestes von seinen Vormännern Sicherstellung fordern (Art. 25—28). Der bloße Besitz des Wechsels vertritt die Stelle einer Vollmacht, in den Nr. 1 und 2 genannten Fällen von dem Acceptanten Sicherheitsbestellung zu fordern und, wenn solche nicht zu erhalten ist, Protest erheben zu lassen.

Der Wechselinhaber ist berechtigt, in den Nr. 1 und 2 genannten Fällen auch von dem Acceptanten im Wege des Wechselprozesses Sicherheitsbestellung zu fordern.

Nicht bei der Kasse domicilirte Wechsel sind am Fälligkeitstage*) dem Bezogenen und, wenn dieser keine Zahlung leistet, außerdem den etwaigen Nothadressaten zur Einlösung vorzulegen,) „zu präsentiren", wozu man sich auch der Post,***) oder eines an dem Wohnorte des Bezogenen ansässigen Bankgeschäftes und dergl. bedienen kann.**

---

*) Art. 30. W. O. Ist in dem Wechsel ein bestimmter Tag als Zahlungstag bezeichnet, so tritt die Verfallzeit an diesem Tage ein. Ist die Zahlungszeit auf die Mitte eines Monats gesetzt worden, so ist der Wechsel am 15. dieses Monats fällig. Ist die Zahlungszeit auf Anfang oder ist sie auf Ende eines Monats gesetzt worden, so ist darunter der erste oder letzte Tag des Monats zu verstehen.

Art. 32 W. O. Bei Wechseln, welche mit dem Ablaufe einer bestimmten Frist nach Sicht oder nach Dato zahlbar sind, tritt die Verfallzeit ein:

1. wenn die Frist nach Tagen bestimmt ist, an dem letzten Tage der Frist; bei Berechnung der Frist wird der Tag, an welchem der nach Dato zahlbare Wechsel ausgestellt oder der nach Sicht zahlbare zur Annahme präsentirt ist, nicht mitgerechnet;
2. wenn die Frist nach Wochen, Monaten, oder einem, mehrere Monate umfassenden Zeitraume (Jahr, halbes Jahr, Vierteljahr) bestimmt ist, an demjenigen Tage der Zahlungswoche oder des Zahlungsmonats, der durch seine Benennung oder Zahl dem Tage der Ausstellung oder Präsentation entspricht; fehlt dieser Tag in dem Zahlungsmonate, so tritt die Verfallzeit am letzten Tage des Zahlungsmonats ein.

Der Ausdruck „halber Monat" wird einem Zeitraume von 15 Tagen gleichgeachtet. Ist der Wechsel auf einen oder mehrere ganze Monate und einen halben Monat gestellt, so sind die 15 Tage zuletzt zu zählen.

**) Art. 91 W. O. Die Präsentation zur Annahme oder Zahlung, die Protesterhebung, die Abforderung eines Wechselduplikats, sowie alle sonstigen, bei einer bestimmten Person vorzunehmenden Akte müssen in deren Geschäftslokal, und in Ermangelung eines solchen, in deren Wohnung vorgenommen werden. An einem anderen Orte, z. B. an der Börse, kann dies nur mit beiderseitigem Einverständnisse geschehen. Daß das Geschäftslokal oder die Wohnung nicht zu ermitteln sei, ist erst dann als festgestellt anzunehmen, wenn auch eine dieserhalb bei der Polizeibehörde des Orts geschehene Nachfrage des Notars oder des Gerichtsbeamten fruchtlos geblieben ist, welches im Proteste bemerkt werden muß.

Art. 92 W. O. Verfällt der Wechsel an einem Sonntage oder allgemeinen Feiertage, so ist der nächste Werktag der Zahlungstag. Auch die Herausgabe eines Wechselduplikats, die Erklärung über die Annahme, sowie jede andere Handlung, können nur an einem Werktage gefordert werden. Fällt der Zeitpunkt, in welchen die Vornahme einer der vorstehenden Handlungen spätestens gefordert werden mußte, auf einen Sonntag oder allgemeinen Feiertag, so muß diese Handlung am nächsten Werktage gefordert werden. Dieselbe Bestimmung findet auch auf die Protesterhebung Anwendung.

Art. 93 W. O. Bestehen an einem Wechselplatze allgemeine Zahltage (Kassirtage), so braucht die Zahlung eines zwischen den Zahltagen fällig gewordenen Wechsels erst am nächsten Zahltage geleistet zu werden, sofern nicht der Wechsel auf Sicht lautet. Die im Art. 41 für die Aufnahme des Protestes Mangels Zahlung bestimmte Frist darf jedoch nicht überschritten werden.

***) § 22 der Postordnung vom 11. Juni 1892.

I. Im Wege des Postauftrages können:
   a) Gelder bis zum Betrage von achthundert Mark einschließlich eingezogen, oder
   b) Wechsel an den Bezogenen behufs Einholung der Annahmeerklärung versendet werden.

II. Dem Postauftrage sind die einzulösenden Papiere (die quittirte Rechnung, der quittirte Wechsel, der Zinsschein 2c.) zur Aushändigung an Denjenigen, welcher Zahlung leisten soll, oder die zur Annahme vorzuzeigenden Wechsel beizufügen. Die Vereinigung mehrerer Postaufträge zu einer Sendung ist nicht statthaft. Einem Postauftrage zur Geldeinziehung können mehrere Quittungen, Wechsel,

Zinsscheine ꝛc. zur gleichzeitigen Einziehung von demselben Zahlungspflichtigen beigefügt werden; die Gesammtsumme des einzuziehenden Betrages darf jedoch 800 Mk. nicht übersteigen. Ebenso können einem Postauftrage zur Accepteinholung mehrere Wechsel beigefügt werden, wenn sie auf den nämlichen Bezogenen lauten und gleichzeitig zur Annahmeerklärung vorzuzeigen sind.

III. Zu den Postaufträgen für Geldeinziehung und für Accepteinholung kommen verschiedene Formulare zur Anwendung. Derartige Formulare werden zum Preise von 5 Pf. für je 10 Stück bei sämmtlichen Postanstalten zum Verkauf bereit gehalten ꝛc.

IV. Der Auftraggeber hat auf der Vorderseite des Formulars anzugeben: den Namen und Wohnort des Zahlungspflichtigen oder des Bezogenen; den einzuziehenden Betrag oder den Betrag des zur Annahme vorzuzeigenden Wechsels, wobei die Marksumme in Zahlen und in Buchstaben ausgedrückt sein muß, den eigenen (des Auftraggebers) Namen und Wohnort.

Bei den Postaufträgen zur Geldeinziehung ist außerdem die Zahl der beigefügten Anlagen einzurücken. Ferner ist bei diesen Aufträgen gestattet, im Auftragsformular das Datum desjenigen Tages anzugeben, an welchem die Einziehung des Betrages erfolgen soll. Dieser Zeitpunkt ist dann für die Vorzeigung des Postauftrags maßgebend.

Bei den Postaufträgen zur Accepteinholung bleibt die Ausfüllung des Vordrucks bezüglich des Tages der Fälligkeit des Wechsels und die Angabe der Wechselnummer dem Auftraggeber anheimgestellt.

Der unbedruckte Theil der Rückseite der Auftragsformulare dient zur Aufnahme etwaiger Bestimmungen des Auftraggebers darüber, was mit dem Postauftrage nach einmaliger vergeblicher Vorzeigung geschehen soll (unter VI).

VI. Der Auftraggeber kann verlangen, daß der Postauftrag nach einmaliger vergeblicher Vorzeigung an ihn zurückgesandt oder nach einem innerhalb des Deutschen Reiches belegenen Orte, nicht aber nach dem Aufgabeorte des Postauftrags, weiter gesandt werde. Dieses Verlangen ist durch den Vermerk „Sofort zurück“ oder — unter genauer Bezeichnung eines anderen Empfängers — durch den Vermerk „Sofort an N. in N.“ auf der Rückseite des Postauftragsformulars auszudrücken. Wünscht der Auftraggeber, daß die Weitersendung an eine zur Aufnahme des Wechselprotestes befugte Person geschieht, so genügt der Vermerk „Sofort zum Protest“ auf der Rückseite des Postauftragsformulars, ohne daß es der namentlichen Bezeichnung einer solchen Person bedarf.

VII. Der Auftraggeber hat den Postauftrag unter verschlossenem Umschlage an die Postanstalt, welche die Einziehung oder Accepteinholung bewirken soll, abzusenden. Der Brief ist mit der Aufschrift „Postauftrag nach . . . .“ (Name der Postanstalt) zu versehen. Soll die Vorzeigung an einem bestimmten Tage geschehen, dann darf die Einlieferung des Postauftrags nicht früher, als sieben Tage vorher erfolgen.

XVIII. Alle Postaufträge, auf welchen für den Fall der Nichteinlösung oder der verweigerten Annahme die sofortige Rücksendung, die Weitersendung an eine andere Person oder die Weitergabe zur Protestaufnahme verlangt ist, werden sofort nach der ersten vergeblichen Vorzeigung bezw. nach dem ersten vergeblich gebliebenen Versuche der Vorzeigung, mittelst Einschreibbriefs zurück- oder weitergesandt. Bei Postaufträgen mit dem Vermerk „Sofort zum Protest“ ist mit der Weitergabe des Postauftrags und dessen Anlagen an den Gerichtsvollzieher, Notar ꝛc. die Obliegenheit der Postverwaltung erfüllt. Die Protestkosten hat der Auftraggeber unmittelbar an den Erheber des Protestes zu entrichten.

XIX. Die Postverwaltung haftet für eine Postauftragssendung wie für einen eingeschriebenen Brief, für den eingezogenen Betrag aber in demselben Umfange, wie für die auf Postanweisungen eingezahlten Beträge. Eine weitergehende Gewähr, insbesondere für rechtzeitige Vorzeigung oder für rechtzeitige Rück- oder Weitersendung des Postauftrags wird nicht geleistet; auch übernehmen die Postanstalten keinerlei Verpflichtung zur Erfüllung der besonderen Vorschriften des Wechselrechts.

XX. Für einen Postauftrag kommen folgende Gebühren in Ansatz.

1. Porto für den Postauftragsbrief mit 30 Pf.;

Erfolgt Zahlung, so ist dem Wechselschuldner der quittirte Wechsel auszuhändigen.*)

Theilzahlungen sind zulässig.**)

Sofern von dem Aussteller und den Giranten die Protesterhebung nicht verbeten ist,***) muß zwecks Aufrechterhaltung der Regreßansprüche†) an die Vormänner mit Ausnahme des Acceptanten††) am Verfalltage oder spätestens zwei Werktage danach durch einen zuständigen Beamten†††) Protest erhoben werden.

---

2. a) bei Postaufträgen zur Geldeinziehung die tarifmäßige Postanweisungsgebühr für die Uebermittelung des eingezogenen Geldbetrages;
b) bei Postaufträgen zur Accepteinholung Porto für die Rücksendung des angenommenen Wechsels mit 30 Pf.

Das Porto unter 1 ist vom Auftraggeber vorauszubezahlen. Die Postanweisungsgebühr (2a) wird von dem eingezogenen Geldbetrage in Abzug gebracht. Der Portobetrag unter (2b) wird dem Auftraggeber bei Uebersendung des angenommenen Wechsels angerechnet.

Ist die Zahlung des Geldbetrages oder die Annahme des Wechsels verweigert worden, so wird die Rücksendung des Auftrags und die Weitersendung desselben an einen anderen Empfänger oder an eine zur Aufnahme des Wechselprotestes befugte Person ohne neuen Gebührenansatz bewirkt.

*) Art. 39 W. O. Der Wechselschuldner ist nur gegen Aushändigung des quittirten Wechsels zu zahlen verpflichtet. Hat der Wechselschuldner eine Theilzahlung geleistet, so kann derselbe nur verlangen, daß die Zahlung auf den Wechsel abgeschrieben und ihm Quittung auf einer Abschrift des Wechsels ertheilt werde.

§ 34 K. O. Wechselzahlungen des Gemeinschuldners (im Konkursverfahren) können auf Grund des § 30 Nr. 1 von dem Empfänger nicht zurückgefordert werden, wenn nach Wechselrecht der Empfänger bei Verlust des Wechselanspruchs gegen andere Wechselverpflichtete zur Annahme der Zahlung verbunden war.

Die gezahlte Wechselsumme muß von dem letzten Wechselregreßschuldner oder, falls derselbe den Wechsel für Rechnung eines Dritten begeben hatte, von diesem erstattet werden, wenn dem letzten Wechselregreßschuldner oder dem Dritten zu der Zeit, als er den Wechsel begab oder begeben ließ, einer der im § 30 Nr. 1 erwähnten Umstände bekannt war.

**) Art. 38 W. O. Der Inhaber des Wechsels darf eine ihm angebotene Theilzahlung selbst dann nicht zurückweisen, wenn die Annahme auf den ganzen Betrag der verschriebenen Summe erfolgt ist.

Art. 39 W. O. (s. vorige Anm.).

***) Art. 42 W. O. Die Aufforderung, keinen Protest erheben zu lassen („ohne Protest", „ohne Kosten" ꝛc.), gilt als Erlaß des Protestes, nicht aber als Erlaß der Pflicht zur rechtzeitigen Präsentation. Der Wechselverpflichtete, von welchem jene Aufforderung ausgeht, muß die Beweislast übernehmen, wenn er die rechtzeitig geschehene Präsentation in Abrede stellt. Gegen die Pflicht zum Ersatze der Protestkosten schützt jene Aufforderung nicht.

†) Art. 41. W. O. Zur Ausübung des bei nicht erlangter Zahlung statthaften Regresses gegen den Aussteller und die Indossanten ist erforderlich:
1. daß der Wechsel zur Zahlung präsentirt worden ist und
2. daß sowohl diese Präsentation, als die Nichterlangung der Zahlung durch einen rechtzeitig darüber aufgenommenen Protest dargethan wird.

Die Erhebung des Protestes ist am Zahlungstage zulässig, sie muß aber spätestens am zweiten Werktage nach dem Zahlungstage geschehen.

††) Art. 44 W. O. Zur Erhaltung des Wechselrechts gegen den Acceptanten bedarf es, mit Ausnahme des im Art. 43 erwähnten Falles, weder der Präsentation am Zahlungstage noch der Erhebung eines Protestes.

†††) Art. 87 W. O. Jeder Protest muß durch einen Notar oder einen Gerichtsbeamten aufgenommen werden. Der Zuziehung von Zeugen oder eines Protokollführers bedarf es dabei nicht.

Dem Vormanne ist innerhalb zweier Tage nach der erfolgten Protesterhebung hiervon Mittheilung zu machen.*)

Jeder Wechselschuldner kann darauf den Gläubiger wegen Kapital, Zinsen und Kosten**) befriedigen und die Auslieferung des quittirten Wechsels nebst der Protesturkunde verlangen.

Damit wäre für eine Sparkasse das Geschäft erledigt.

Erfolgt indessen auf diese Weise Zahlung nicht, so bleibt nichts anderes übrig, als rechtzeitig die Wechselklage, von welcher später noch die Rede sein wird, gegen einen, einige oder alle Wechselverpflichtete einzuleiten,***) um zu

---

*) Art. 45 W. O. Der Inhaber eines Mangels Zahlung protestirten Wechsels ist verpflichtet, seinen unmittelbaren Vormann innerhalb zweier Tage nach dem Tage der Protesterhebung von der Nichtzahlung des Wechsels schriftlich zu benachrichtigen, zu welchem Ende es genügt, wenn das Benachrichtigungsschreiben innerhalb dieser Frist zur Post gegeben ist. Jeder benachrichtigte Vormann muß binnen derselben, vom Tage des empfangenen Berichts zu berechnenden Frist seinen nächsten Vormann in gleicher Weise benachrichtigen. Der Inhaber oder Indossator, welcher die Benachrichtigung unterläßt oder dieselbe nicht an den unmittelbaren Vormann ergehen läßt, wird hierdurch den sämmtlichen oder den übersprungenen Vormännern zum Ersatze des aus der unterlassenen Benachrichtigung entstandenen Schadens verpflichtet. Auch verliert derselbe gegen diese Personen den Anspruch auf Zinsen und Kosten, so daß er nur die Wechselsumme zu fordern berechtigt ist.

Art. 46. Kommt es auf den Nachweis der dem Vormanne rechtzeitig gegebenen schriftlichen Benachrichtigung an, so genügt zu diesem Zwecke der durch ein Postattest geführte Beweis, daß ein Brief von dem Betheiligten an den Adressaten an dem angegebenen Tage abgesandt ist, sofern nicht dargethan wird, daß der angekommene Brief einen andern Inhalt gehabt hat. Auch der Tag des Empfanges der erhaltenen schriftlichen Benachrichtigung kann durch ein Postattest nachgewiesen werden.

Art. 47. Hat ein Indossant den Wechsel ohne Hinzufügung einer Ortsbezeichnung weiter begeben, so ist der Vormann desselben von der unterbliebenen Zahlung zu benachrichtigen.

**) Art. 50 W. O. Die Regreßansprüche des Inhabers, welcher den Wechsel Mangels Zahlung hat protestiren lassen, beschränken sich auf

1. die nicht bezahlte Wechselsumme nebst 6 % jährlicher Zinsen vom Verfalltage ab,
2. die Protestkosten und anderen Auslagen,
3. eine Provision von ein Drittel Prozent.

Die vorstehenden Beträge müssen, wenn der Regreßpflichtige an einem anderen Orte als dem Zahlungsorte wohnt, zu demjenigen Kurse gezahlt werden, welchen ein vom Zahlungsorte auf den Wohnort des Regreßpflichtigen gezogener Wechsel auf Sicht hat. Besteht am Zahlungsorte kein Kurs auf jenen Wohnort, so wird der Kurs nach demjenigen Platze genommen, welcher dem Wohnorte des Regreßpflichtigen am nächsten liegt. Der Kurs ist auf Verlangen des Regreßpflichtigen durch einen unter öffentlicher Autorität ausgestellten Kurszettel oder durch das Attest eines vereideten Maklers oder, in Ermangelung derselben, durch ein Attest zweier Kaufleute zu bescheinigen.

***) Art. 49 W. O. Der Inhaber eines, Mangels Zahlung protestirten Wechsels kann die Wechselklage gegen alle Wechselverpflichtete oder auch nur gegen Einige oder Einen derselben anstellen, ohne dadurch seinen Anspruch gegen die nicht in Anspruch genommenen Verpflichteten zu verlieren. Derselbe ist an die Reihenfolge der Indossamente nicht gebunden.

Art. 81 W. O. Die wechselmäßige Verpflichtung trifft den Aussteller, Acceptanten und Indossanten des Wechsels, sowie einen Jeden, welcher den Wechsel, die Wechselcopie, das Accept oder das Indossament mitunterzeichnet hat, selbst dann, wenn er sich dabei nur als Bürge (per aval) benannt hat. Die Verpflichtung dieser Personen erstreckt sich auf Alles, was der Wechselinhaber wegen Nichterfüllung der Wechselverbindlichkeiten zu

vermeiden, daß der Wechselanspruch gegen die Indossanten und den Aussteller verjährt.*)

Durch Erhebung der Klage wird die Verjährung unterbrochen.**)

Der wechselmäßige Anspruch gegen die Acceptanten eines gezogenen sowohl, wie auch gegen den Aussteller eines eigenen Wechsels verjährt in drei Jahren.***)

---

fordern hat. Der Wechselinhaber kann sich wegen seiner ganzen Forderung an den Einzelnen halten; es steht in seiner Wahl, welchen Wechselverpflichteten er zuerst in Anspruch nehmen will.

Art. 83 W. O. Ist die wechselmäßige Verbindlichkeit des Ausstellers oder des Acceptanten durch Verjährung oder dadurch, daß die zur Erhaltung des Wechselrechts gesetzlich vorgeschriebenen Handlungen verabsäumt sind, erloschen, so bleiben dieselben dem Inhaber des Wechsels nur soweit, als sie sich mit dessen Schaden bereichern würden, verpflichtet. Gegen die Indossanten, deren wechselmäßige Verbindlichkeit erloschen ist, findet ein solcher Anspruch nicht statt.

*) Art. 78 W. O. Die Regreßansprüche des Inhabers (Art 50) gegen den Aussteller und die übrigen Vormänner verjähren: 1) in 3 Monaten 2c

Art. 79 W. O. Die Regreßansprüche des Indossanten (Art. 51) gegen den Aussteller und die übrigen Vormänner verjähren: 1) in 3 Monaten 2c.

**) § 209 B. G. B. Die Verjährung wird unterbrochen, wenn der Berechtigte auf Befriedigung oder auf Feststellung des Anspruchs, auf Ertheilung der Vollstreckungsklausel oder auf Erlassung des Vollstreckungsurtheils Klage erhebt.

Der Erhebung der Klage stehen gleich:

1. die Zustellung eines Zahlungsbefehls im Mahnverfahren;
2. die Anmeldung des Anspruchs im Konkurse;
3. die Geltendmachung der Aufrechnung des Anspruchs im Prozesse;
4. die Streitverkündung in dem Prozesse, von dessen Ausgange der Anspruch abhängt;
5. die Vornahme einer Vollstreckungshandlung und, soweit die Zwangsvollstreckung den Gerichten oder anderen Behörden zugewiesen ist, die Stellung des Antrags auf Zwangsvollstreckung.

§ 211 B. G. B. Die Unterbrechung durch Klageerhebung dauert fort, bis der Prozeß rechtskräftig entschieden oder anderweit erledigt ist.

Geräth der Prozeß in Folge einer Vereinbarung oder dadurch, daß er nicht betrieben wird, in Stillstand, so endigt die Unterbrechung mit der letzten Prozeßhandlung der Parteien oder des Gerichts. Die nach der Beendigung der Unterbrechung beginnende neue Verjährung wird dadurch, daß eine der Parteien den Prozeß weiter betreibt, in gleicher Weise wie durch Klageerhebung unterbrochen.

§ 212 B. G. B. Die Unterbrechung durch Klageerhebung gilt als nicht erfolgt, wenn die Klage zurückgenommen oder durch ein nicht in der Sache selbst entscheidendes Urtheil rechtskräftig abgewiesen wird.

Erhebt der Berechtigte binnen sechs Monaten von Neuem Klage, so gilt die Verjährung als durch die Erhebung der ersten Klage unterbrochen. Auf diese Frist finden die Vorschriften der §§ 203, 206, 207 entsprechende Anwendung.

§ 214 B. G. B. Die Unterbrechung durch Anmeldung im Konkurse dauert fortbis der Konkurs beendigt ist.

Die Unterbrechung gilt als nicht erfolgt, wenn die Anmeldung zurückgenommen wird.

Wird bei der Beendigung des Konkurses für eine Forderung, die in Folge eines bei der Prüfung erhobenen Widerspruchs in Prozeß befangen ist, ein Betrag zurückbehalten, so dauert die Unterbrechung auch nach der Beendigung des Konkurses fort, das Ende der Unterbrechung bestimmt sich nach den Vorschriften des § 211.

***) Art. 77 W. O. Der wechselmäßige Anspruch gegen den Acceptanten verjährt in drei Jahren vom Verfalltage des Wechsels an gerechnet.

Art. 100 W. O. Der wechselmäßige Anspruch gegen den Aussteller eines eigenen Wechsels verjährt in drei Jahren, vom Verfalltage des Wechsels an gerechnet.

Eigene, „nicht domicilirte“ Wechsel (Solawechsel) erfordern zur Erhaltung des Wechselrechts gegen den Aussteller weder der Präsentation am Zahlungstage, noch der Protesterhebung.*)

Aus diesem Grunde ist mit Rücksicht darauf, daß der Wechsel Sparkassen gegenüber zumeist die Stelle eines Schuldscheines vertritt, die Anwendung nicht domicilirter, an die Ordre der Kasse lautender Solawechsel, in welchen der Schuldner sowohl, wie auch die Bürgen gemeinsam als Aussteller auftreten, empfehlenswerth. Muster 59

Der Bürge darf sich auch als solcher in dem Wechsel bezeichnen „als Bürge“ „per aval“. Von Einfluß auf seine Wechselverbindlichkeit dem Gläubiger gegenüber ist dieses jedoch nicht. (Art. 81 W. O. s. S. 135 unten.)

Abhanden gekommene Wechsel können im Wege des Aufgebotsverfahrens für kraftlos erklärt werden.**)

Dieses Verfahrens ist bereits in den vorhergehenden Abschnitten von den Spareinlagen und Inhaberpapieren Erwähnung gethan.

Noch in einer andern Beziehung ist das Wechselgeschäft für Sparkassen von Bedeutung und zwar da, wo es sich um Wechsel in der, ihrem Wesen zutreffendsten Bedeutung handelt, nämlich um die im großen Geschäftsverkehr vorkommenden Wechsel, auch Diskonten genannt.

In Betracht kommen nur erste Wechsel, so genannt, weil sie von durchaus soliden erstklassigen Handelsfirmen herrühren. Stammen sie vom Ausland her, so werden sie Devisen genannt.

Die Wechsel werden ebenso, wie Inhaberpapiere, an den Börsen gehandelt. Der börsenmäßig festgesetzte Diskont, im Gegensatz zum Reichsbankdiskont „Privatdiskont“ genannt, gelangt in den Kurszetteln (s. Abschn. „Kurs- und Kurszettel“) zur Notirung.

Die Bedeutung der Diskonten für Sparkassen liegt darin, daß in ihnen angelegte Kapitalien durch Weiterverkauf leicht wieder flüssig gemacht werden können. Außerdem sind dieselben ohnehin in nicht zu ferner Zeit fällig, da Diskonten, welche bis zur Fälligkeit mehr als 3 Monate zu laufen haben, in der Regel nicht gehandelt werden.

---

*) Art. 99 W. O. Eigene domicilirte Wechsel sind dem Domiciliaten oder, wenn ein solcher nicht benannt ist, dem Aussteller selbst an demjenigen Orte, wohin der Wechsel domicilirt ist, zur Zahlung zu präsentiren und, wenn die Zahlung unterbleibt, dort zu protestiren. Wird die rechtzeitige Protesterhebung beim Domiciliaten verabsäumt, so geht dadurch der wechselmäßige Anspruch gegen den Aussteller und die Indossanten verloren. Bei nicht domicilirten eigenen Wechseln bedarf es zur Erhaltung des Wechselrechtes gegen den Aussteller weder der Präsentation am Zahlungstage, noch der Erhebung eines Protestes.

**) Art. 73. Der Eigenthümer eines abhanden gekommenen Wechsels kann die Amortisation des Wechsels bei dem Gerichte des Zahlungsortes beantragen. Nach Einleitung des Amortisationsverfahrens kann derselbe vom Acceptanten Zahlung fordern, wenn er bis zur Amortisation des Wechsels Sicherheit bestellt. Ohne eine solche Sicherheitsstellung ist er nur die Deposition der aus dem Accepte schuldigen Summe bei Gericht oder bei einer andern zur Annahme von Depositen ermächtigten Behörde oder Anstalt zu fordern berechtigt.

Die ungefähre Laufzeit der Wechsel wird mit den Worten „kurz" und „lang" oder kurze und lange Sicht bezeichnet. Man versteht darunter im ersteren Falle, daß die Fälligkeit in 8—14 Tagen, in letzterem Falle, daß sie in 2—3 Monaten eintritt.

Langsichtige Wechsel eignen sich zum Ankauf für Sparkassen aus naheliegenden Gründen besser, als kurzsichtige.

Zum Ankaufe erster Wechsel sind die Sparkassen, wie beim Ankaufe von Inhaberpapieren auf die Vermittelung eines Bankgeschäftes angewiesen. Die hierfür berechnete Vergütung ist äußerst minimal und wird zumeist nur von dem Verkäufer erhoben.

Praktisch ist es, die erworbenen Diskonten bei dem Bankgeschäfte in Verwahrung zu belassen und dasselbe mit der Einziehung (Inkasso) am Verfalltage und eventl. Ergänzung des Wechselbestandes durch Neuankäufe zu beauftragen.

Um Geld flüssig zu machen, können auch die im Bestande der Kasse befindlichen Wechsel bei der Reichsbank diskontirt werden.

Der Diskontsatz wird öffentlich bekannt gemacht.

Die sonstigen Bedingungen sind folgende:

1. (Erfordernisse der Wechsel.) Die Wechsel müssen der Wechsel-Ordnung beziehungsweise den an dem ausländischen Ausstellungs-Orte geltenden wechselrechtlichen Bestimmungen entsprechen, eine Laufzeit von höchstens drei Monaten haben und die Unterschriften von in der Regel drei, mindestens aber zwei als zahlungsfähig bekannten Personen oder Firmen tragen; sie sind an die Bankanstalt des Zahlungsorts zu giriren.

   Wechsel, welche am Sitz der ankaufenden Bankanstalt zahlbar sind, und alle domicilirten Wechsel müssen vor dem Ankaufe mit Annahmevermerk versehen sein.

   Wechsel, welche die Einschränkung „oder Werth" enthalten, oder auf einen andern Tag, als den im Wechsel angegebenen Verfalltag acceptirt sind, oder Rasuren oder Korrekturen enthalten, werden von der Reichsbank nicht angekauft.

   Bei Wechseln mit offenem (Blanco-) Giro muß jedenfalls das Indossament an den Verkäufer und dasjenige des letzteren an die Bank ausgefüllt sein. Allongen müssen stets eine vollständige Bezeichnung des betreffenden Wechsels enthalten.

   Die Wechsel sind mit den Fälligkeitstagen zu überschreiben, mit einer Rechnung (2) einzureichen und übereinstimmend mit derselben zu ordnen.

2. (Erfordernisse der Rechnung.) Besondere Rechnungen müssen ausgestellt werden:

   a) für Platzwechsel (zahlbar am Sitze der ankaufenden oder einer ihr untergeordneten Bankanstalt);

   b) für Versandtwechsel (zahlbar an andern deutschen Bankplätzen).

Außerdem sind bei Diskontirungen in der Zeit vom 1. Oktober bis 31. Dezember jeden Jahres die Wechsel, welche noch im alten Jahre verfallen, und diejenigen, welche im neuen Jahre fällig werden, von einander zu trennen und auf besonderen Noten einzureichen.

Auf der Rechnung sind die Wechsel nach den Bankanstalten geordnet, nach Betrag, Verfalltag, Bezogenem und Zahlungsort einzeln zu verzeichnen und die in Abzug kommenden Zinsen auszurechnen; bei Domizilwechseln ist der Name und Wohnort des Acceptanten und des Domiciliaten anzuführen.

Bei der Zinsberechnung wird jeder Monat zu 30 Tagen angenommen; indessen wird der Monat Februar bei solchen Wechseln, welche am letzten Februar fällig sind, nur zu 28 bezw. 29 Tagen gerechnet. Der Tag des Ankaufs wird nicht mitgezählt.

Mithin sind zu berechnen bei Wechseln

am	15. Februar	angekauft	per	5. März	20	Tage
„	15.	„	„	28. Februar	13	„
„	15.	„	„	29. „	14	„
„	28.	„	„	5. März	7	„

An Zinsen sind **mindestens** zu berechnen:

a) 4 Tage auf Wechsel, welche am Ankaufsorte zahlbar sind:

b) 5 Tage auf solche nicht am Ankaufsorte zahlbaren Wechsel, welche in **Stücken** von 10 000 Mark und mehr, oder bei **Posten** von mindestens 20,000 Mark in Stücken von nicht unter 5000 Mark eingereicht werden;

c) 10 Tage für alle übrigen Wechsel.

Für jeden einzelnen Wechsel im Betrage von 100 Mark und weniger werden jedoch mindestens 30 Pfennig, für jeden Wechsel über mehr als 100 Mark mindestens 50 Pfennig erhoben.

Falls in der Rechnung **Zinszahlen** anstatt der Zinsbeträge jedes einzelnen Wechsels angegeben sind, so sind mindestens anzusetzen:

	für **30 Pf.**	für **50 Pf.**
bei 3 %	36,00 No.,	60,00 No.
„ $3^1/_2$ „	30,85 „	51,43 „
„ 4 „	27,00 „	45,00 „
„ $4^1/_2$ „	24,00 „	40,00 „
„ 5 „	21,60 „	36,00 „
„ $5^1/_2$ „	19,64 „	32,73 „
„ 6 „	18,00 „	30,00 „
„ $6^1/_2$ „	16,62 „	27,70 „

Die Wechselrechnungen sind vom Verkäufer bezw. dessen Prokuristen oder Bevollmächtigten eigenhändig zu quittiren.

VII. Theil: Verschiedenes.

Beitreibung von Rückständen.

Leistet ein Schuldner nicht gutwillig Zahlung, ist auch die Eintreibung der Schuld nicht durch Verkauf eines Pfandobjectes bei Faustpfanddarlehnen oder durch Inanspruchnahme der Bürgen bei Bürgschaftsdarlehnen zu ermöglichen, dann bleibt nichts anderes übrig, als das gerichtliche Beitreibungsverfahren einzuschlagen.

Hierzu bedient sich eine Sparkasse zweckmäßig stets eines Rechtsanwalts, Muster 60 dessen Kosten bei Obsiegen (was wohl ausnahmslos zutrifft) zu Lasten des Beklagten gehen. Dem Anwalt ist eine Prozeßvollmacht zu ertheilen.*)

Eingehende Erörterungen über das gerichtliche Verfahren dürften hier nicht am Platze sein, auch nicht in den Rahmen dieses Buches passen, indessen sind einige kurze Erläuterungen zum Verständnisse der Sache wohl zweckmäßig und angebracht.

Handelt es sich um die Eintreibung eines Faustpfanddarlehns, so erübrigt das gerichtliche Verfahren.

Die Sparkasse kann das Faustpfand durch einen Gerichtsvollzieher, nachdem die Forderung fällig geworden ist, öffentlich versteigern lassen.**)

---

*) § 78 Abs. 1 C. P. O. Vor den Landgerichten und vor allen Gerichten höherer Instanz müssen die Parteien sich durch einen, bei dem Prozeßgerichte zugelassenen Rechtsanwalt als Bevollmächtigten vertreten lassen (Anwaltsprozeß).

§ 79 C. P. O. Insoweit eine Vertretung durch Anwälte nicht geboten ist, können die Parteien den Rechtsstreit selbst oder durch jede prozeßfähige Person als Bevollmächtigten führen.

§ 80 C. P. O. Der Bevollmächtigte hat die Bevollmächtigung durch eine schriftliche Vollmacht nachzuweisen und diese zu den Gerichtsacten abzugeben.

Eine Privaturkunde muß auf Verlangen des Gegners gerichtlich oder notariell beglaubigt werden. Bei der Beglaubigung bedarf es weder der Zuziehung von Zeugen noch der Aufnahme eines Protokolls.

**) § 1219 B. G. B. (s. 1. Anm. a. S. 120).

§ 1228 B. G. B. Die Befriedigung des Pfandgläubigers aus dem Pfande erfolgt durch Verkauf.

Der Pfandgläubiger ist zum Verkaufe berechtigt, sobald die Forderung ganz oder zum Theil fällig ist. Besteht der geschuldete Gegenstand nicht in Geld, so ist der Verkauf erst zulässig, wenn die Forderung in eine Geldforderung übergegangen ist.

§ 1233 B. G. B. Der Verkauf des Pfandes ist nach den Vorschriften der §§ 1234 bis 1240 zu bewirken.

Hat der Pfandgläubiger für sein Recht zum Verkauf einen vollstreckbaren Titel gegen den Eigenthümer erlangt, so kann er den Verkauf auch nach den für den Verkauf einer gepfändeten Sache geltenden Vorschriften bewirken lassen.

§ 1234 B. G. B. Der Pfandgläubiger hat dem Eigenthümer den Verkauf vorher anzudrohen und dabei den Geldbetrag zu bezeichnen, wegen dessen der Verkauf stattfinden soll. Die Androhung kann erst nach dem Eintritte der Verkaufsberechtigung erfolgen; sie darf unterbleiben, wenn sie unthunlich ist.

Der Verkauf darf nicht vor dem Ablauf eines Monats nach der Androhung erfolgen. Ist die Androhung unthunlich, so wird der Monat von dem Eintritte der Verkaufsberechtigung an berechnet.

§ 1235 B. G. B. Der Verkauf des Pfandes ist im Wege öffentlicher Versteigerung zu bewirken.

Hat das Pfand einen Börsen- oder Marktpreis, so findet die Vorschrift des § 1221 Anwendung. (Siehe 1. Anm. zur folgenden Seite.)

Der Verkauf von Inhaberpapieren kann an der Börse erfolgen.*)
Der Pfandgläubiger hat dem Schuldner den Verkauf vorher anzudrohen.**)

---

§ 1236 B. G. B. Die Versteigerung hat an dem Orte zu erfolgen, an dem das Pfand aufbewahrt wird. Ist von einer Versteigerung an dem Aufbewahrungsort ein angemessener Erfolg nicht zu erwarten, so ist das Pfand an einem geeigneten anderen Orte zu versteigern.

§ 1237 B. G. B. Zeit und Ort der Versteigerung sind unter allgemeiner Bezeichnung des Pfandes öffentlich bekannt zu machen. Der Eigenthümer und Dritte, denen Rechte an dem Pfande zu stehen, sind besonders zu benachrichtigen; die Benachrichtigung darf unterbleiben, wenn sie unthunlich ist.

§ 1238 B. G. B. Das Pfand darf nur mit der Bestimmung verkauft werden, daß der Käufer den Kaufpreis sofort baar zu entrichten hat und seiner Rechte verlustig sein soll, wenn dies nicht geschieht.

Erfolgt der Verkauf ohne diese Bestimmung, so ist der Kaufpreis als von dem Pfandgläubiger empfangen anzusehen; die Rechte des Pfandgläubigers gegen den Ersteher bleiben unberührt. Unterbleibt die sofortige Entrichtung des Kaufpreises, so gilt das Gleiche, wenn nicht vor dem Schlusse des Versteigerungstermins von dem Vorbehalte der Rechtswirkung Gebrauch gemacht wird.

§ 1239 B. G. B. Der Pfandgläubiger und der Eigenthümer können bei der Versteigerung mitbieten. Erhält der Pfandgläubiger den Zuschlag, so ist der Kaufpreis als von ihm empfangen anzusehen.

Das Gebot des Eigenthümers darf zurückgewiesen werden, wenn nicht der Betrag baar erlegt wird. Das Gleiche gilt von dem Gebote des Schuldners, wenn das Pfand für eine fremde Schuld haftet.

§ 1243 B. G. B. Die Veräußerung des Pfandes ist nicht rechtmäßig, wenn gegen die Vorschriften des § 1228 Abs. 2, des § 1230 Satz 2, des § 1235, des § 1237 Satz 1 oder des § 1240 verstoßen wird.

Verletzt der Pfandgläubiger eine andere für den Verkauf geltende Vorschrift, so ist er zum Schadenersatze verpflichtet, wenn ihm ein Verschulden zur Last fällt.

§ 1245 B. G. B. Der Eigenthümer und der Pfandgläubiger können eine von den Vorschriften der §§ 1234 bis 1240 abweichende Art des Pfandverkaufs vereinbaren. Steht einem Dritten an dem Pfande ein Recht zu, das durch die Veräußerung erlischt, so ist die Zustimmung des Dritten erforderlich. Die Zustimmung ist Demjenigen gegenüber zu erklären, zu dessen Gunsten sie erfolgt; sie ist unwiderruflich.

Auf die Beobachtung der Vorschriften des § 1235, des § 1237 Satz 1 und des § 1240 kann nicht vor dem Eintritte der Verkaufsberechtigung verzichtet werden.

§ 1246 B. G. B. Entspricht eine von den Vorschriften der §§ 1235—1240 abweichende Art des Pfandverkaufs nach billigem Ermessen den Interessen der Betheiligten, so kann jeder von ihnen verlangen, daß der Verkauf in dieser Art erfolgt.

Kommt eine Einigung nicht zu Stande, so entscheidet das Gericht.

*) § 1221 B. G. B. Hat das Pfand einen Börsen- oder Marktpreis, so kann der Pfandgläubiger den Verkauf aus freier Hand durch einen zu solchen Verkäufen öffentlich ermächtigten Handelsmäkler oder durch eine zur öffentlichen Versteigerung befugte Person zum laufenden Preise bewirken.

§ 1235 Abs. 2 B. G. B. (s. 2. Anm. auf voriger Seite).

§ 1295 B. G. B. Hat ein verpfändetes Papier, das durch Indossament übertragen werden kann, einen Börsen- oder Marktpreis, so ist der Gläubiger nach dem Eintritte der Voraussetzungen des § 1228 Abs. 2 berechtigt, das Papier nach § 1221 verkaufen zu lassen.

**) § 1220 B. G. B. Die Versteigerung des Pfandes ist erst zulässig, nachdem sie dem Verpfänder angedroht worden ist, die Androhung darf unterbleiben, wenn das Pfand dem Verderb ausgesetzt und mit dem Aufschube der Versteigerung Gefahr verbunden ist. Im Falle der Werthminderung ist außer der Androhung erforderlich, daß der Pfandgläubiger dem Verpfänder zur Leistung anderweitiger Sicherheit eine angemessene Frist bestimmt hat und diese verstrichen ist.

Der Pfandgläubiger hat den Verpfänder von der Versteigerung unverzüglich zu benachrichtigen; im Falle der Unterlassung ist er zum Schadensersatze verpflichtet.

Sofern nicht mit dem Aufschub der Versteigerung eine Gefahr verbunden ist, darf dieselbe erst mit Ablauf eines Monats nach erfolgter Androhung vorgenommen werden.

Sind mehrere Werthstücke verpfändet, deren gesammte Inanspruchnahme jedoch nicht erforderlich, dann ist der Gläubiger berechtigt, nach seiner Wahl die ihm geeignet erscheinenden Stücke zur Befriedigung heranzuziehen.*)

Hypotheken und Grundschuldforderungen, über welche sich die Kasse bei der Verpfändung eine Abtretungserklärung hat ertheilen lassen, wären an den Erwerber weiter abzutreten.

Besitzt die Kasse über eine ihr verpfändete Hypothekenforderung eine Cession auf sich nicht, so darf sie zu ihrer Befriedigung, falls nicht auf Grund der §§ 1245 und 1284 B. G. B.**) eine abweichende Art des Pfandverkaufs vereinbart ist, eines vollstreckbaren Titels,***) der im Wege der Klage oder durch gütliches Uebereinkommen†) zu erwirken wäre.

Der der Kasse vom Gericht zu ertheilende Ueberweisungsbeschluß ersetzt die Abtretungserklärung an sie. Handelt es sich dabei um eine Buchhypothek, so ist die Umschreibung derselben auf den Namen der Sparkasse unerläßlich, während eine Briefhypothek auf Grund des Ueberweisungsbeschlusses weiter abgetreten werden kann.

Aber noch ein anderes Verfahren kann zur Befriedigung des Gläubigers führen, nämlich die Einziehung der verpfändeten Hypothekenforderung von dem Eigenthümer des Pfandgrundstückes.††)

Die Androhung, die Fristbestimmung und die Benachrichtigung dürfen unterbleiben, wenn sie unthunlich sind.

§ 1234 B. G. B. (s. 2. Anm. auf Seite 140).

*) § 1222 B. G. B. Besteht das Pfandrecht an mehreren Sachen, so haftet jede für die ganze Forderung.

§ 1230 B. G. B. Unter mehreren Pfändern kann der Pfandgläubiger, soweit nicht ein Anderes bestimmt ist, diejenigen auswählen, welche verkauft werden sollen. Er kann nur so viele Pfänder zum Verkaufe bringen, als zu seiner Befriedigung erforderlich sind.

**) § 1245 B. G. B. (s. S. 141).

§ 1284 B. G. B. (s. 4. Anm. a. S. 120).

***) § 1277 B. G. B. Der Pfandgläubiger kann seine Befriedigung aus dem Rechte nur auf Grund eines vollstreckbaren Titels nach den für die Zwangsvollstreckung geltenden Vorschriften suchen, sofern nicht ein Anderes bestimmt ist. Die Vorschriften des § 1229 und des § 1245 Abs. 2 bleiben unberührt.

§ 837 C. P. O. Zur Ueberweisung einer gepfändeten Forderung, für welche eine Hypothek besteht, genügt die Aushändigung des Ueberweisungsbeschlusses an den Gläubiger. Ist die Ertheilung des Hypothekenbriefs ausgeschlossen, so ist zur Ueberweisung an Zahlungsstatt die Eintragung der Ueberweisung in das Grundbuch erforderlich; die Eintragung erfolgt auf Grund des Ueberweisungsbeschlusses.

Diese Vorschriften finden keine Anwendung, soweit es sich um die Ueberweisung der Ansprüche auf die im § 1159 des B. G. B. bezeichneten Leistungen handelt. Das Gleiche gilt bei einer Sicherungshypothek im Falle des § 1187 d. B. G. B. von der Ueberweisung der Hauptforderung.

Bei einer Sicherungshypothek der im § 1190 des B. G. B. bezeichneten Art kann die Hauptforderung nach den allgemeinen Vorschriften gepfändet und überwiesen werden, wenn der Gläubiger die Ueberweisung der Forderung ohne die Hypothek an Zahlungsstatt beantragt.

†) § 794 Ziffer 5 C. P. O. (s. 1. Anm. a. S. 76).

††) § 1282 B. G. B. (s. 3. Anm. a. S. 120).

Uebersteigt der Erlös die Forderung nebst Zinsen und Kosten, so wäre der Ueberschuß dem Schuldner auszuhändigen oder zu hinterlegen, Falls sonst noch Ansprüche auf denselben, z. B. aus einem der Sparkasse im Range nachstehenden Pfandrechte erhoben werden.*)

Im Uebrigen stehen einer Sparkasse je nach der Art der einzutreibenden Forderungen der Urkunden- und Wechselprozeß,**) sowie das Mahnverfahren***) zu Gebote.

---

*) § 1247 B. G. B. (s. 1. Anm. a. S. 120).

§ 1288 B. G. B. Wird eine Geldforderung in Gemäßheit des § 1281 eingezogen, so sind der Pfandgläubiger und der Gläubiger einander verpflichtet, dazu mitzuwirken, daß der eingezogene Betrag, soweit es ohne Beeinträchtigung des Interesses des Pfandgläubigers thunlich ist, nach den für die Anlegung von Mündelgeld geltenden Vorschriften verzinslich angelegt und gleichzeitig dem Pfandgläubiger das Pfandrecht bestellt wird. Die Art der Anlegung bestimmt der Gläubiger.

Erfolgt die Einziehung in Gemäßheit des § 1282, so gilt die Forderung des Pfandgläubigers, soweit ihm der eingezogene Betrag zu seiner Befriedigung gebührt, als von dem Gläubiger berichtigt. (§§ 1281, 1282 s. S. 120.)

**) § 592 C. P. O. Ein Anspruch, welcher die Zahlung einer bestimmten Geldsumme oder die Leistung einer bestimmten Quantität anderer vertretbarer Sachen oder Werthpapiere zum Gegenstande hat, kann im Urkundenprozesse geltend gemacht werden, wenn die sämmtlichen zur Begründung des Anspruchs erforderlichen Thatsachen durch Urkunden bewiesen werden können. Als ein Anspruch, welcher die Zahlung einer Geldsumme zum Gegenstande hat, gilt auch der Anspruch aus einer Hypothek, einer Grundschuld oder einer Rentenschuld.

§ 593 C. P. O. Die Klage muß die Erklärung enthalten, daß im Urkundenprozesse geklagt werde. Muster 61

Die Urkunden müssen in Urschrift oder in Abschrift der Klage oder einem vorbereitenden Schriftsatze beigefügt werden. Im letzteren Falle muß zwischen der Zustellung des Schriftsatzes und dem Termine zur mündlichen Verhandlung ein der Einlassungsfrist gleicher Zeitraum liegen.

§ 594 C. P. O. Auf Grund prozeßhindernder Einreden darf die Verhandlung zur Hauptsache nicht verweigert werden; das Gericht kann jedoch die abgesonderte Verhandlung über diese Einreden auch von Amtswegen anordnen.

§ 595 C. P. O. Widerklagen sind nicht statthaft.

Als Beweismittel sind bezüglich der Echtheit oder Unechtheit einer Urkunde, sowie bezüglich anderer als der im § 592 erwähnten Thatsachen nur Urkunden und Eideszuschiebung zulässig.

Die Antretung des Urkundenbeweises kann nur durch Vorlegung der Urkunden erfolgen.

Die Leistung eines Eides ist durch Beweisbeschluß anzuordnen.

§ 596 C. P. O. Der Kläger kann, ohne daß es der Einwilligung des Beklagten bedarf, bis zum Schlusse der mündlichen Verhandlung von dem Urkundenprozesse in der Weise abstehen, daß der Rechtsstreit im ordentlichen Verfahren anhängig bleibt.

§ 597 C. P. O. Insoweit der in der Klage geltend gemachte Anspruch an sich oder in Folge einer Einrede des Beklagen als unbegründet sich darstellt, ist der Kläger mit dem Anspruche abzuweisen.

Ist der Urkundenprozeß unstatthaft, ist insbesondere ein dem Kläger obliegender Beweis nicht mit den im Urkundenprozesse zulässigen Beweismitteln angetreten oder mit solchen Beweismitteln nicht vollständig geführt, so wird die Klage als in der gewählten Prozeßart unstatthaft abgewiesen, selbst wenn in dem Termine zur mündlichen Verhandlung der Beklagte nicht erschienen ist oder der Klage nur auf Grund von Einwendungen widersprochen hat, welche rechtlich unbegründet oder im Urkundenprozesse unstatthaft sind.

§ 598 C. P. O. Einwendungen des Beklagten sind, wenn der dem Beklagten obliegende Beweis derselben nicht mit den im Urkundenprozesse zulässigen Beweismitteln angetreten oder mit solchen Beweismitteln nicht vollständig geführt ist, als im Urkundenprozesse unstatthaft zurückzuweisen.

§ 599 C. P. O. Dem Beklagten, welcher dem geltend gemachten Anspruche widersprochen hat, ist in allen Fällen, in denen er verurtheilt wird, die Ausführung seiner Rechte vorzubehalten.

Enthält das Urtheil keinen Vorbehalt, so kann die Ergänzung des Urtheils nach Vorschrift des § 321 beantragt werden.

Das Urtheil, welches unter Vorbehalt der Rechte ergeht, ist in Betreff der Rechtsmittel und der Zwangsvollstreckung als Endurtheil anzusehen.

§ 600 C. P. O. Wird dem Beklagten die Ausführung seiner Rechte vorbehalten, so bleibt der Rechtsstreit im ordentlichen Verfahren anhängig.

Soweit sich in diesem Verfahren ergiebt, daß der Anspruch des Klägers unbegründet war, finden die Vorschriften des § 302 Abs. 4 Satz 2—4 Anwendung.

Erscheint in diesem Verfahren eine Partei nicht, so finden die Vorschriften über das Versäumnißurtheil entsprechende Anwendung.

§ 601 C. P. O. Die Vorschriften der §§ 540, 541 finden im Urkundenprozesse keine Anwendung.

Muster 62 § 602 C. P. O. Werden im Urkundenprozesse Ansprüche aus Wechseln im Sinne der Wechselordnung geltend gemacht (Wechselprozeß), so kommen die nachfolgenden besonderen Vorschriften zur Anwendung.

§ 603 C. P. O. Wechselklagen können sowohl bei dem Gerichte des Zahlungsorts als bei dem Gericht angestellt werden, bei welchem der Beklagte seinen allgemeinen Gerichtsstand hat.

Wenn mehrere Wechselverpflichtete gemeinschaftlich verklagt werden, so ist außer dem Gerichte des Zahlungsorts jedes Gericht zuständig, bei welchem einer der Beklagten seinen allgemeinen Gerichtsstand hat.

§ 604 C. P. O. Die Klage muß die Erklärung enthalten, daß im Wechselprozesse geklagt werde.

Die Einlassungsfrist beträgt, wenn die Klage am Sitze des Prozeßgerichts zugestellt wird, mindens 24 Stunden, wenn sie an einem anderen Orte innerhalb des Landgerichtsbezirkes, in welchem das Prozeßgericht seinen Sitz hat, zugestellt wird, mindestens drei Tage; wenn sie an einem anderen deutschen Orte zugestellt wird, mindestens eine Woche. Das Gleiche gilt von der Ladungsfrist, soweit sie nicht nach den allgemeinen Bestimmungen kürzer, als die im ersten Satze festgesetzte Einlassungsfrist ist.

Auf das Verfahren in den höheren Instanzen finden die Vorschriften des Abs. 2 entsprechende Anwendung.

§ 605 C. P. O. Soweit es zur Erhaltung des wechselmäßigen Anspruchs der rechtzeitigen Protesterhebung nicht bedarf, ist als Beweismittel bezüglich der Präsentation des Wechsels Eideszuschiebung zulässig.

Zur Berücksichtigung einer Nebenforderung genügt, daß sie glaubhaft gemacht ist.

***) § 688 C. P. O. Wegen eines Anspruchs, welcher die Zahlung einer bestimmten Geldsumme oder die Leistung einer bestimmten Quantität anderer vertretbarer Sachen oder Werthpapiere zum Gegenstand hat, ist auf Gesuch des Gläubigers ein bedingter Zahlungsbefehl zu erlassen. Als ein Anspruch, welcher die Zahlung einer Geldsumme zum Gegenstande hat, gilt auch der Anspruch aus einer Hypothek, einer Grundschuld oder einer Rentenschuld.

Das Mahnverfahren findet nicht statt, wenn nach Inhalt des Gesuchs die Geltendmachung des Anspruchs von einer noch nicht erfolgten Gegenleistung abhängig ist oder wenn die Zustellung des Zahlungsbefehls im Auslande oder durch öffentliche Bekanntmachung erfolgen müßte.

§ 689. C. P. O. Die Zahlungsbefehle werden von den Amtsgerichten erlassen.

Ausschließlich zuständig ist das Amtsgericht, bei welchem der allgemeine persönliche Gerichtsstand, der Gerichtsstand des Aufenthalts (§ 20) oder der dingliche Gerichtsstand für die im ordentlichen Verfahren erhobene Klage begründet sein würde, wenn die Amtsgerichte in erster Instanz sachlich unbeschränkt zuständig wären.

Muster 63 § 690 C. P. O. Das Gesuch muß enthalten:

1. die Bezeichnung der Parteien nach Namen, Stand oder Gewerbe und Wohnort;
2. die Bezeichnung des Gerichts;

3. die bestimmte Angabe des Betrags oder Gegenstandes und des Grundes des Anspruchs:
4. das Gesuch um Erlassuug des Zahlungsbefehls.

§ 691 C. P. O. Entspricht das Gesuch nicht den Bestimmungen der vorstehenden Paragraphen oder ergiebt sich aus dem Inhalte des Gesuchs, daß der Anspruch überhaupt oder zur Zeit nicht begründet ist, so wird dasselbe zurückgewiesen.

Das Gesuch ist auch dann zurückzuweisen, wenn der Zahlungsbefehl nur in Ansehung eines Theils des Anspruchs nicht erlassen werden kann.

Eine Anfechtung der zurückweisenden Verfügung findet nicht statt.

§ 692 C. P. O. Der Zahlungsbefehl enthält die im § 690 Nr. 1—3 bezeichneten Erfordernisse des Gesuchs und außerdem den Befehl an den Schuldner, binnen einer vom Tage der Zustellung laufenden Frist von einer Woche bei Vermeidung sofortiger Zwangsvollstreckung den Gläubiger wegen des Anspruchs nebst den dem Betrage nach zu bezeichnenden Kosten des Verfahrens und den geforderten Zinsen zu befriedigen oder bei dem Gerichte Widerspruch zu erheben.

§ 693 C. P. O. Mit der Zustellung des Zahlungsbefehls an den Schuldner treten die Wirkungen der Rechtshängigkeit ein.

§ 694 C. P. O. Der Schuldner kann gegen den Anspruch oder einen Theil desselben Widerspruch erheben, so lange der Vollstreckungsbefehl nicht verfügt ist. Muster 64

Das Gericht hat den Gläubiger von dem rechtzeitig erhobenen Widerspruche in Kenntniß zu setzen und dem Schuldner auf Verlangen eine Bescheinigung darüber zu ertheilen, daß er rechtzeitig Widerspruch erhoben habe.

Einer Zurückweisung des nicht rechtzeitig erhobenen Widerspruchs bedarf es nicht.

§ 695 C. P. O. Durch die rechtzeitige Erhebung des Widerspruchs gegen den Anspruch oder einen Theil desselben verliert der Zahlungsbefehl seine Kraft. Die Wirkungen der Rechtshängigkeit bleiben bestehen.

§ 696 C. P. O. Gehört eine wegen des Anspruchs zu erhebende Klage vor die Amtsgerichte, so wird, wenn rechtzeitig Widerspruch erhoben ist, die Klage als mit der Zustellung des Zahlungsbefehls bei dem Amtsgericht erhoben angesehen, welches den Befehl erlassen hat.

Jede Partei kann den Gegner zur mündlichen Verhandlung laden; die Ladungsfrist beträgt mindestens drei Tage.

§ 697 C. P. O. Gehört eine wegen des Anspruchs zu erhebende Klage vor die Landgerichte, so erlöschen die Wirkungen der Rechtshängigkeit, wenn nicht binnen einer sechsmonatigen Frist, welche von dem Tage der Benachrichtigung von der Erhebung des Widerspruchs läuft, die Klage bei dem zuständigen Gericht erhoben wird.

§ 698 C. P. O. Die Kosten des Mahnverfahrens sind im Falle der rechtzeitigen Erhebung des Widerspruchs als ein Theil der Kosten des entstehenden Rechtsstreits anzusehen.

Wird im Falle des § 697 die Klage nicht binnen der bestimmten Frist erhoben, so hat der Gläubiger die Kosten des Mahnverfahrens zu tragen.

§ 699 C. P. O. Der Zahlungsbefehl ist nach Ablauf der darin bestimmten Frist auf Gesuch des Gläubigers für vorläufig vollstreckbar zu erklären, sofern nicht vor der Vollstreckbarkeitserklärung von dem Schuldner Widerspruch erhoben ist. Die Vollstreckbarkeitserklärung erfolgt durch einen auf den Zahlungsbefehl zu setzenden Vollstreckungsbefehl. In den Vollstreckungsbefehl sind die von dem Gläubiger zu berechnenden Kosten des bisherigen Verfahrens aufzunehmen. Muster 44

Gegen den Beschluß, durch welchen das Gesuch des Gläubigers zurückgewiesen wird, findet sofortige Beschwerde statt.

§ 700 C. P. O. Der Vollstreckungsbefehl steht einem für vorläufig vollstreckbar erklärten auf Versäumniß erlassenen Endurtheile gleich. Gegen denselben findet der Einspruch nach den Vorschriften der §§ 338—346 statt. Gehört der Anspruch nicht vor die Amtsgerichte, so wird bei dem Amtsgerichte nur darüber verhandelt und entschieden, ob der Einspruch in der gesetzlichen Form und Frist eingelegt sei. Die im § 697 bestimmte Frist beginnt in diesem Falle mit der Rechtskraft des Urtheils, durch welches der Einspruch für zulässig erklärt ist.

§ 701 C. P. O. Wird in dem Falle, wenn Widerspruch nicht erhoben ist, die Erlassung des Vollstreckungsbefehls nicht binnen einer sechsmonatigen Frist, welche mit Ablauf der im Zahlungsbefehle bestimmten Frist beginnt, nachgesucht, so verliert der

Unbeschränkt in Bezug auf die Höhe des Streitobjekts sind die Amtsgerichte für das Mahnverfahren zuständig, desgleichen für sonstige Streitigkeiten bis zum Objekte von 300 Mark. Für höhere Klageobjekte sind die Landgerichte zuständig.

War die Zwangsvollstreckung in das bewegliche Vermögen des Schuldners erfolglos oder wurde darauf aus irgend einem Grunde verzichtet, der Kasse jedoch freiwillig (Hypothekendarlehn) oder zwangsweise*) Hypothek bestellt, so
Muster 66 ist die Einleitung der Zwangsverwaltung,**) worauf später zurückgekommen werden wird, oder je nach den Umständen auch sogleich die Einleitung der
Muster 67 Zwangsversteigerung***) bei Gericht zu beantragen.

Einem bereits eingeleiteten Verfahren kann beigetreten werden.†)

Dem Antrag auf Einleitung des Zwangsversteigerungsverfahrens ist

---

Zahlungsbefehl dergestalt seine Kraft, daß auch die Wirkungen der Rechtshängigkeit erlöschen. Dasselbe gilt, wenn die Erlassung des Vollstreckungsbefehls rechtzeitig nachgesucht ist, das Gesuch aber zurückgewiesen wird.

§ 702 C. P. O. Das Gesuch um Erlassung eines Zahlungsbefehls oder eines Vollstreckungsbefehls, sowie die Erhebung eines Widerspruchs werden der anderen Partei abschriftlich nicht mitgetheilt, im Falle ihrer mündlichen Anbringung ist die Aufnahme eines Protokolls nicht erforderlich.

§ 703 C. P. O. Des Nachweises einer Vollmacht bedarf es nicht, wenn für den Gläubiger die Erlassung eines Zahlungsbefehls nachgesucht oder für den Schuldner Widerspruch gegen einen Zahlungsbefehl erhoben wird.

*) § 932 C. P. O. Die Vollziehung des Arrestes in ein Grundstück oder in eine Berechtigung, für welche die sich auf Grundstücke beziehenden Vorschriften gelten, erfolgt durch Eintragung einer Sicherungshypothek für die Forderung, der nach § 923 festgestellte Geldbetrag ist als der Höchstbetrag zu bezeichnen, für welchen das Grundstück oder die Berechtigung haftet.

Im Uebrigen finden die Vorschriften der §§ 867, 868 Anwendung.

Der Antrag auf Eintragung der Hypothek gilt im Sinne des § 929 Abs. 2, 3 als Vollziehung des Arrestbefehls.

**) § 146 Zw. G. Auf die Anordnung der Zwangsverwaltung finden die Vorschriften über die Anordnung der Zwangsversteigerung entsprechende Anwendung, soweit sich nicht aus den §§ 147 bis 151 ein Anderes ergiebt.

Von der Anordnung sind nach dem Eingange der im § 19 Abs. 2 bezeichneten Mittheilungen des Grundbuchamts die Betheiligten zu benachrichtigen.

***) § 1 Zw. G. Für die Zwangsversteigerung und die Zwangsverwaltung eines Grundstücks ist als Vollstreckungsgericht das Amtsgericht zuständig, in dessen Bezirke das Grundstück belegen ist.

§ 15 Zw. G. Die Zwangsversteigerung eines Grundstücks wird von dem Vollstreckungsgericht auf Antrag angeordnet.

§ 16 Zw. G. Der Antrag soll das Grundstück, den Eigenthümer, den Anspruch und den vollstreckbaren Titel bezeichnen.

Die für den Beginn der Zwangsvollstreckung erforderlichen Urkunden sind dem Antrage beizufügen.

†) § 27 Zw. G. Wird nach der Anordnung der Zwangsversteigerung ein weiterer Antrag auf Zwangsversteigerung des Grundstücks gestellt, so erfolgt statt des Versteigerungsbeschlusses die Anordnung, daß der Beitritt des Antragstellers zu dem Verfahren zugelassen wird. Eine Eintragung dieser Anordnung in das Grundbuch findet nicht statt.

Der Gläubiger, dessen Beitritt zugelassen ist, hat dieselben Rechte, wie wenn auf seinen Antrag die Versteigerung angeordnet wäre.

außer dem vollstreckbaren Titel der durch Landesgesetz angeordnete Steuerbuchauszug beizufügen.*)

Wird dem Antrage stattgegeben und durch Gerichtsbeschluß die Zwangsversteigerung angeordnet, so gilt das betroffene Grundstück nebst gewissen Erzeugnissen**) zu Gunsten des Gläubigers als beschlagnahmt, was einem Veräußerungsverbot gleichkommt. Das Verfahren behält seinen Fortgang, auch wenn das Grundstück nach der Beschlagnahme veräußert wird.

Die Verwaltung des Grundstückes bleibt in den Händen des Schuldners, wenn nicht die vorher erwähnte Zwangsverwaltung beantragt ist. Er darf sogar über bewegliche Zubehörstücke innerhalb der Grenzen einer ordnungsmäßigen Wirthschaft verfügen.

Gefährdet der Schuldner das Grundstück, so steht es dem Gläubiger frei, bei Gericht Maßregeln zur Abwendung auf seine Kosten, die er später liquidiren darf, zu beantragen.

Die gänzliche Zurücknahme des Zwangsversteigerungsantrages, sowie die einstweilige Einstellung des Verfahrens ist auf Ansuchen des Gläubigers zulässig.***)

Die Einstellung erfolgt auch, wenn der Gläubiger bei Beginn der Versteigerung befriedigt wird.

---

*) § 5 d. Einf. G. z. Zw. G. Durch Landesgesetz kann bestimmt werden, daß dem Antrag auf Zwangsversteigerung ein Auszug aus einem Steuerbuche beigefügt werden soll.

**) § 21 Zw. G. Die Beschlagnahme umfaßt land- und forstwirthschaftliche Erzeugnisse des Grundstücks, sowie die Forderung aus einer Versicherung solcher Erzeugnisse nur, soweit die Erzeugnisse noch mit dem Boden verbunden oder soweit sie Zubehör des Grundstücks sind.

Die Beschlagnahme umfaßt nicht die Mieth- und Pachtzinsforderungen, sowie die Ansprüche aus einem mit dem Eigenthum an dem Grundstücke verbundenen Rechte auf wiederkehrende Leistungen.

Das Recht eines Pächters auf den Fruchtgenuß wird von der Beschlagnahme nicht berührt.

§ 55 Zw. G. Die Versteigerung des Grundstücks erstreckt sich auf alle Gegenstände, deren Beschlagnahme noch wirksam ist.

Auf Zubehörstücke, die sich im Besitze des Schuldners oder eines neu eingetretenen Eigenthümers befinden, erstreckt sich die Versteigerung auch dann, wenn sie einem Dritten gehören, es sei denn, daß dieser sein Recht nach Maßgabe des § 37 Nr. 5. geltend gemacht hat.

***) § 29 Zw. G. Das Verfahren ist aufzuheben, wenn der Versteigerungsantrag von dem Gläubiger zurückgenommen wird.

§ 30 Zw. G. Das Verfahren ist einstweilen einzustellen, wenn der Gläubiger die Einstellung bewilligt; ist die Einstellung erfolgt, so gilt eine neue Bewilligung als Rücknahme des Versteigerungsantrages.

Der Bewilligung der Einstellung steht es gleich, wenn von dem Gläubiger die Aufhebung des Versteigerungstermins bewilligt wird.

§ 31 Zw. G. Im Falle einer einstweiligen Einstellung darf das Verfahren, soweit sich nicht aus dem Gesetz ein Anderes ergiebt, nur auf Antrag des Gläubigers fortgesetzt werden.

Wird der Antrag nicht binnen sechs Monaten gestellt, so ist das Verfahren aufzuheben. Die Frist beginnt, wenn die Einstellung von dem Prozeßgericht angeordnet war, mit der Wiederaufhebung der Anordnung, in den übrigen Fällen mit der Einstellung des Verfahrens.

Wird das Verfahren fortgesetzt, so bestimmt das Gericht den Versteigerungstermin,*) wovon den Betheiligten brieflich Nachricht gegeben wird. Ferner erfolgt die Bekanntmachung des Termins durch Einrücken in eine oder mehrere Zeitungen und durch Anheften an die Gerichtstafel.

Daraufhin sind die Zinsen der Forderungen, Kosten und Vorschüsse**) spätestens im Versteigerungstermine vor der Aufforderung zur Abgabe von Geboten bei dem Vollstreckungsgericht anzumelden.

Das Gericht setzt nach den hierfür gegebenen Vorschriften das geringste Gebot***) und die Versteigerungsbedingungen, insbesondere über das baar zu zahlende Kaufgeld†) fest.

---

*) § 36 Zw. G. Der Versteigerungstermin soll erst nach der Beschlagnahme des Grundstücks und nach dem Eingange der Mittheilungen des Grundbuchamts bestimmt werden.

Der Zeitraum zwischen der Anberaumung des Termins und dem Termine soll, wenn nicht besondere Gründe vorliegen, nicht mehr als sechs Monate betragen.

Der Termin kann nach dem Ermessen des Gerichts an der Gerichtsstelle oder an einem anderen Orte im Gerichtsbezirk abgehalten werden.

§ 37 Zw. G. Die Terminsbestimmung muß enthalten:

1. die Bezeichnung des Grundstücks;
2. Zeit und Ort des Versteigerungstermins;
3. die Angabe, daß die Versteigerung im Wege der Zwangsvollstreckung erfolgt:
4. die Aufforderung, Rechte, soweit sie zur Zeit der Eintragung des Versteigerungsvermerkes aus dem Grundbuche nicht ersichtlich waren, spätestens im Versteigerungstermine vor der Aufforderung zur Abgabe von Geboten anzumelden und, wenn der Gläubiger widerspricht, glaubhaft zu machen, widrigenfalls die Rechte bei der Feststellung des geringsten Gebots nicht berücksichtigt und bei der Vertheilung des Versteigerungserlöses dem Anspruche des Gläubigers und den übrigen Rechten nachgesetzt werden würden;
5. die Aufforderung an diejenigen, welche ein der Versteigerung entgegenstehendes Recht haben, vor der Ertheilung des Zuschlags die Aufhebung oder einstweilige Einstellung des Verfahrens herbeizuführen, widrigenfalls für das Recht der Versteigerungserlös an die Stelle des versteigerten Gegenstandes treten würde.

§ 38 Zw. G. Die Terminsbestimmung soll die Bezeichnung des zur Zeit der Eintragung des Versteigerungsvermerkes eingetragenen Eigenthümers sowie die Angabe des Grundbuchblatts und der Größe des Grundstücks enthalten.

**) § 45 Zw. G. Ein Recht ist bei der Feststellung des geringsten Gebots insoweit, als es zur Zeit der Eintragung des Versteigerungsvermerkes aus dem Grundbuch ersichtlich war, nach dem Inhalte des Grundbuchs, im Uebrigen nur dann zu berücksichtigen, wenn es rechtzeitig angemeldet und, falls der Gläubiger widerspricht, glaubhaft gemacht wird.

Von wiederkehrenden Leistungen, die nach dem Inhalte des Grundbuchs zu entrichten sind, brauchen die laufenden Beträge nicht angemeldet, die rückständigen nicht glaubhaft gemacht zu werden.

***) § 44 Zw. G. Bei der Versteigerung wird nur ein solches Gebot zugelassen, durch welches die dem Anspruche des Gläubigers vorgehenden Rechte, sowie die aus dem Versteigerungserlöse zu entnehmenden Kosten des Verfahrens gedeckt werden (geringstes Gebot).

Wird das Verfahren wegen mehrerer Ansprüche von verschiedenem Range betrieben, so darf der vorgehende Anspruch der Feststellung des geringsten Gebots nur dann zu Grunde gelegt werden, wenn der wegen dieses Anspruchs ergangene Beschluß dem Schuldner zwei Wochen vor dem Versteigerungstermine zugestellt ist.

§ 62 Zw. G. Das Gericht kann schon vor dem Versteigerungstermine Erörterungen der Betheiligten über das geringste Gebot und die Versteigerungsbedingungen veranlassen, zu diesem Zwecke auch einen besonderen Termin bestimmen.

†) § 49 Zw. G. Der Theil des geringsten Gebots, welcher zur Deckung der Kosten, sowie der im § 10 Nr. 1 bis 3 und im § 12 Nr. 1, 2 bezeichneten Ansprüche bestimmt

Nicht fällige Hypotheken bleiben weiter bestehen.*)

Beabsichtigt der Gläubiger, die Hypothek zu kündigen oder unverzüglich fällig zu machen, so ist davon dem Gericht vor der Aufforderung zur Abgabe von Geboten Mittheilung zu machen.**)

Die Wahrnehmung des Versteigerungstermins überläßt man zweckmäßig einem Rechtsanwalt, dem event. noch ein Vorstandsmitglied beizugeben ist. Besonders die ziemlich complicirten Bestimmungen über die Feststellung des geringsten Gebots bei dem Einzel- und Gesammtausgebot mehrerer Grundstücke***)

---

ist, desgleichen der das geringste Gebot übersteigende Betrag des Meistgebots ist von dem Ersteher im Vertheilungstermine baar zu berichtigen (Baargebot).

Das Baargebot ist von dem Zuschlag an zu verzinsen.

Der Ersteher wird durch Hinterlegung von seiner Verbindlichkeit befreit, wenn die Hinterlegung und die Ausschließung der Rücknahme im Vertheilungstermine nachgewiesen werden.

§§ 10 und 12 Zw. G. (s. 1. Anm. a. S. 152).

*) § 52 Zw. G. Ein Recht bleibt insoweit bestehen, als es bei der Feststellung des geringsten Gebots berücksichtigt und nicht durch Zahlung zu decken ist. Im Uebrigen erlöschen die Rechte.

Das Recht auf eine der in den §§ 912 bis 917 d. B. G. B. bezeichneten Renten bleibt auch dann bestehen, wenn es bei der Feststellung des geringsten Gebots nicht berücksichtigt ist.

§ 53 Zw. G. Haftet bei einer Hypothek, die bestehen bleibt, der Schuldner zugleich persönlich, so übernimmt der Ersteher die Schuld in Höhe der Hypothek; die Vorschriften des § 416 d. B. G. B. finden mit der Maßgabe entsprechende Anwendung, daß als Veräußerer im Sinne dieser Vorschriften der Schuldner anzusehen ist.

Das Gleiche gilt, wenn bei einer Grundschuld oder Rentenschuld, die bestehen bleibt, der Schuldner zugleich persönlich haftet, sofern er spätestens im Versteigerungstermine vor der Aufforderung zur Abgabe von Geboten die gegen ihn bestehende Forderung unter Angabe ihres Betrags und Grundes angemeldet und auf Verlangen des Gerichts oder eines Betheiligten glaubhaft gemacht hat.

**) § 1141 B. G. B. (s. 3. Anm. a. S. 107).

***) § 63 Zw. G. Mehrere, in demselben Verfahren zu versteigernde Grundstücke sind einzeln auszubieten.

Jeder Betheiligte kann verlangen, daß neben dem Einzelausgebot alle Grundstücke und, sofern einige von ihnen mit einem und demselben Rechte belastet sind, auch diese Grundstücke zusammen ausgeboten werden. Auf Antrag kann das Gericht auch in anderen Fällen das Gesammtausgebot einiger der Grundstücke anordnen.

Das Gesammtausgebot kann vor oder nach dem Einzelausgebot erfolgen.

Wird bei dem Einzelausgebot auf eines der Grundstücke ein Meistgebot abgegeben, das mehr beträgt als das geringste Gebot für dieses Grundstück, so erhöht sich bei dem Gesammtausgebote das gerinste Gebot um den Mehrbetrag. Der Zuschlag wird auf Grund des Gesammtausgebots nur ertheilt, wenn das Meistgebot höher ist, als das Gesammtergebniß der Einzelausgebote.

Das Einzelausgebot unterbleibt, wenn die anwesenden Betheiligten zustimmen, deren Rechte bei der Feststellung des geringsten Gebots nicht zu berücksichtigen sind.

§ 83 Zw. G. Der Zuschlag ist zu versagen:

1. pp.
2. wenn bei der Versteigerung mehrerer Grundstücke das Einzelausgebot oder das Gesammtausgebot den Vorschriften des § 63 Abs. 1, Abs. 2 Satz 1, Abs. 5 zuwider unterblieben ist.
3. pp.

§ 112 Zw. G. Ist bei der Versteigerung mehrerer Grundstücke der Zuschlag auf Grund eines Gesammtausgebots ertheilt und wird eine Vertheilung des Erlöses auf die einzelnen Grundstücke nothwendig, so wird aus dem Erlöse zunächst der Betrag entnommen,

und bei Gesammthypotheken,*) lassen eine sachkundige Vertretung nothwendig erscheinen. Auch wegen etwa erforderlich werdender Beschwerden**) ist dieses rathsam.

Als betreibende Gläubigerin kann eine Sparkasse in die Lage kommen,

---

welcher zur Deckung der Kosten, sowie zur Befriedigung derjenigen bei der Feststellung des geringsten Gebots berücksichtigten und durch Zahlung zu deckenden Rechte erforderlich ist, für welche die Grundstücke ungetheilt haften.

Der Ueberschuß wird auf die einzelnen Grundstücke nach dem Verhältnisse des Werthes der Grundstücke vertheilt. Dem Ueberschusse wird der Betrag der Rechte, welche nach § 91 nicht erlöschen, hinzugerechnet. Auf den einem Grundstücke zufallenden Antheil am Erlöse wird der Betrag der Rechte, welche an diesem Grundstücke bestehen bleiben, angerechnet. Besteht ein solches Recht an mehreren der versteigerten Grundstücke, so ist bei jedem von ihnen nur ein dem Verhältnisse des Werthes der Grundstücke entsprechender Theilbetrag in Anrechnung zu bringen.

Reicht der nach Abs. 2 auf das einzelne Grundstück entfallende Antheil am Erlöse nicht zur Befriedigung derjenigen Ansprüche aus, welche nach Maßgabe des geringsten Gebots durch Zahlung zu berichtigen sind oder welche durch das bei dem Einzelausgebote für das Grundstück erzielte Meistgebot gedeckt werden, so erhöht sich der Antheil um den Fehlbetrag.

*) § 64 Zw. G. Werden mehrere Grundstücke, die mit einer dem Anspruche des Gläubigers vorgehenden Gesammthypothek belastet sind, in demselben Verfahren versteigert, so ist auf Antrag die Gesammthypothek bei der Feststellung des geringsten Gebots für das einzelne Grundstück nur zu dem Theilbetrage zu berücksichtigen, der dem Verhältnisse des Werthes des Grundstücks zu dem Werthe der sämmtlichen Grundstücke entspricht; der Werth wird unter Abzug der Belastungen berechnet, die der Gesammthypothek im Range vorgehen und bestehen bleiben. Antragsberechtigt sind der Gläubiger, der Eigenthümer und jeder dem Hypothekengläubiger gleich- oder nachstehende Betheiligte.

Wird der im Abs. 1 bezeichnete Antrag gestellt, so kann der Hypothekengläubiger bis zum Schlusse der Verhandlung im Versteigerungstermine verlangen, daß bei der Feststellung des geringsten Gebots für die Grundstücke nur die seinem Anspruche vorgehenden Rechte berücksichtigt werden; in diesem Falle sind die Grundstücke auch mit der verlangten Abweichung auszubieten. Erklärt sich nach erfolgtem Ausgebote der Hypothekengläubiger der Aufforderung des Gerichts ungeachtet nicht darüber, welches Ausgebot für die Ertheilung des Zuschlags maßgebend sein soll, so verbleibt es bei der auf Grund des Abs. 1 erfolgten Feststellung des geringsten Gebots.

Diese Vorschriften finden entsprechende Anwendung, wenn die Grundstücke mit einer und derselben Grundschuld oder Rentenschuld belastet sind.

§ 83 Zw. G. Der Zuschlag ist zu versagen:

1. pp.
3. wenn in den Fällen des § 64 Abs. 2 Satz 1, Abs. 3 die Hypothek, Grundschuld oder Rentenschuld oder das Recht eines gleich- oder nachstehenden Betheiligten, der dem Gläubiger vorgeht, durch das Gesammtergebniß der Einzelausgebote nicht gedeckt werden.

**) § 96 Zw. G. Auf die Beschwerde gegen die Entscheidung über den Zuschlag finden die Vorschriften der C. P. O. über die sofortige Beschwerde nur insoweit Anwendung, als nicht in den §§ 97—104 ein Anderes vorgeschrieben ist.

§ 97 Zw. G. Die Beschwerde steht im Falle der Ertheilung des Zuschlags jedem Betheiligten sowie dem Ersteher und dem für zahlungspflichtig erklärten Dritten, im Falle der Versagung dem Gläubiger zu, in beiden Fällen auch dem Bieter, dessen Gebot nicht erloschen ist, sowie demjenigen, welcher nach § 81 an die Stelle des Bieters treten soll.

Im Falle des § 9 Nr. 2 genügt es, wenn die Anmeldung und Glaubhaftmachung des Rechtes bei dem Beschwerdegericht erfolgt.

§ 98 Zw. G. Die Frist für die Beschwerde gegen einen Beschluß des Vollstreckungsgerichts, durch welchen der Zuschlag versagt wird, beginnt mit der Verkündung des Beschlusses. Das Gleiche gilt im Falle der Ertheilung des Zuschlags für die Betheiligten, welche im Versteigerungstermin oder im Verkündungstermin erschienen waren.

durch ihren Vertreter auf das zu versteigernde Grundstück mitbieten zu lassen, zu welchem Behufe dieser mit Mitteln zur Kautionsbestellung*) versehen werden muß.

Der Zuschlag wird dem Meistbietenden durch Beschluß ertheilt, welcher damit Eigenthümer des Grundstückes wird und die Räumung und Herausgabe desselben von dem Schuldner event. im Wege der Zwangsvollstreckung verlangen kann.

Nach Ertheilung des Zuschlags wird ein Termin**) zur Vertheilung des Erlöses festgesetzt, in welchem letzterer auf Grund eines Planes***) nach

---

*) § 67 Zw. G. Ein Betheiligter, dessen Recht durch Nichterfüllung des Gebots beeinträchtigt werden würde, kann Sicherheitsleistung verlangen, jedoch nur sofort nach Abgabe des Gebots. Das Verlangen gilt auch für weitere Gebote desselben Bieters.

Steht dem Bieter eine durch das Gebot ganz oder theilweise gedeckte Hypothek, Grundschuld oder Rentenschuld zu, so braucht er Sicherheit nur auf Verlangen des Gläubigers zu leisten. Auf Gebote des Schuldners oder eines neu eingetretenen Eigenthümers findet diese Vorschrift keine Anwendung.

Für ein Gebot des Reichs, der Reichsbank oder eines Bundesstaats kann Sicherheitsleistung nicht verlangt werden. Das Gleiche gilt in Ansehung eines Gebots, zu dessen Erfüllung sich nach § 61 ein Dritter verpflichtet hat.

§ 68 Zw. G. Die Sicherheit ist für ein Zehntel des Baargebots, wenn aber der Betrag der aus dem Versteigerungserlöse zu entnehmenden Kosten höher ist, für diesen Betrag zu leisten.

Ein Betheiligter, dessen Recht nach § 52 bestehen bleibt, kann Sicherheitsleistung bis zur Höhe des Betrages verlangen, welcher zur Deckung der seinem Rechte vorgehenden Ansprüche durch Zahlung zu berichtigen ist.

Bietet der Schuldner oder ein neu eingetretener Eigenthümer des Grundstücks, so kann der Gläubiger Sicherheitsleistung bis zur Höhe des Betrages verlangen, welcher zur Deckung seines Anspruchs durch Zahlung zu berichtigen ist.

§ 69 Zw. G. Die Sicherheitsleistung ist durch Hinterlegung von Geld oder inländischen Werthpapieren zu bewirken. Werthpapiere sind zur Sicherheitsleistung nur geeignet, wenn sie auf den Inhaber lauten und einen Kurswerth haben; den Inhaberpapieren stehen Ordrepapiere gleich, die mit Blankoindossament versehen sind. Mit Werthpapieren kann die Sicherheit in Höhe des ganzen Kurswerths geleistet werden.

Die Uebergabe an das Gericht hat die Wirkung der Hinterlegung.

**) § 105 Zw. G. Nach der Ertheilung des Zuschlags hat das Gericht einen Termin zur Vertheilung des Versteigerungserlöses zu bestimmen.

Die Terminsbestimmung ist den Betheiligten und dem Ersteher sowie im Falle des § 61 dem für zahlungspflichtig erklärten Dritten und in den Fällen des § 81 Abs. 2, 3 dem Meistbietenden zuzustellen. Als Betheiligte gelten auch diejenigen, welche das angemeldete Recht noch glaubhaft zu machen haben.

Die Terminsbestimmung soll an die Gerichtstafel angeheftet werden.

Ist die Terminsbestimmung dem Ersteher und im Falle des § 61 auch dem für zahlungspflichtig erklärten Dritten sowie in den Fällen des § 81 Abs. 2, 3 auch dem Meistbietenden nicht zwei Wochen vor dem Termine zugestellt, so ist der Termin aufzuheben und von neuem zu bestimmen, sofern nicht das Verfahren genehmigt wird.

***) § 106 Zw. G. Zur Vorbereitung des Vertheilungsverfahrens kann das Gericht in der Terminsbestimmung die Betheiligten auffordern, binnen zwei Wochen eine Berechnung ihrer Ansprüche einzureichen. In diesem Falle hat das Gericht nach dem Ablaufe der Frist den Theilungsplan anzufertigen und ihn spätestens drei Tage vor dem Termin auf der Gerichtsschreiberei zur Einsicht der Betheiligten niederzulegen.

§ 113 Zw. G. In dem Vertheilungstermine wird nach Anhörung der anwesenden Betheiligten von dem Gerichte, nöthigenfalls mit Hülfe eines Rechnungsverständigen, der Theilungsplan aufgestellt.

In dem Plane sind auch die nach § 91 nicht erlöschenden Rechte anzugeben.

Maßgabe der gesetzmäßig vorgeschriebenen Rangordnung*) an die Berechtigten

---

§ 114 Zw. G. In den Theilungsplan sind Ansprüche, soweit ihr Betrag oder ihr Höchstbetrag zur Zeit der Eintragung des Versteigerungsvermerkes aus dem Grundbuch ersichtlich war, nach dem Inhalte des Buches, im Uebrigen nur dann aufzunehmen, wenn sie spätestens in dem Termine angemeldet sind. Die Ansprüche des Gläubigers gelten als angemeldet, soweit sie sich aus dem Versteigerungsantrag ergeben.

Laufende Beträge wiederkehrender Leistungen, die nach dem Inhalte des Grundbuchs zu entrichten sind, brauchen nicht angemeldet zu werden.

*) § 10 Zw. G. Ein Recht auf Befriedigung aus dem Grundstücke gewähren nach folgender Rangordnung, bei gleichem Range nach dem Verhältniß ihrer Beträge:

1. der Anspruch eines die Zwangsverwaltung betreibenden Gläubigers auf Ersatz seiner Ausgaben zur Erhaltung oder nöthigen Verbesserung des Grundstücks, im Falle der Zwangsversteigerung jedoch nur, wenn die Verwaltung bis zum Zuschlage fortdauert und die Ausgaben nicht aus den Nutzungen des Grundstücks erstattet werden können;
2. bei einem land- oder forstwirthschaftlichen Grundstücke die Ansprüche der zur Bewirthschaftung des Grundstücks oder zum Betrieb eines mit dem Grundstücke verbundenen land- oder forstwirthschaftlichen Nebengewerbes angenommen, in einem Dienst- oder Arbeitsverhältnisse stehenden Personen, insbesondere des Gesindes, der Wirthschafts- und Forstbeamten, auf Lohn, Kostgeld und andere Bezüge wegen der laufenden und der aus dem letzten Jahre rückständigen Beträge;
3. die Ansprüche auf Entrichtung der öffentlichen Lasten des Grundstücks wegen der laufenden und der aus den letzten zwei Jahren rückständigen Beträge;
4. die Ansprüche aus Rechten an dem Grundstücke, soweit sie nicht in Folge der Beschlagnahme dem Gläubiger gegenüber unwirksam sind, die Ansprüche auf wiederkehrende Leistungen jedoch, mit Einschluß derjenigen, welche als Zuschlag zu den Zinsen behufs allmäliger Kapitalstilgung zu entrichten sind, nur wegen der laufenden und der aus den letzten zwei Jahren rückständigen Beträge;
5. der Anspruch des Gläubigers, soweit er nicht in einer der vorhergehenden Klassen zu befriedigen ist;
6. die Ansprüche der vierten Klasse, soweit sie in Folge der Beschlagnahme dem Gläubiger gegenüber unwirksam sind;
7. die Ansprüche der dritten Klasse wegen der älteren Rückstände;
8. die Ansprüche der vierten Klasse wegen der älteren Rückstände.

Das Recht auf Befriedigung aus dem Grundstücke besteht auch für die Kosten der Kündigung und der die Befriedigung aus dem Grundstücke bezweckendeu Rechtsverfolgung.

§ 11 Zw. G. Sind Ansprüche aus verschiedenen Rechten nach § 10 Nr. 4, 6 oder 8 in derselben Klasse zu befriedigen, so ist für sie das Rangverhältniß maßgebend, welches unter den Rechten besteht.

In der fünften Klasse geht unter mehreren Ansprüchen derjenige vor, für welchen die Beschlagnahme früher erfolgt ist.

§ 12 Zw. G. Die Ansprüche aus einem und demselben Rechte haben unter einander folgende Rangordnung:

1. die Ansprüche auf Ersatz der im § 10 Abs. 2 bezeichneten Kosten;
2. die Ansprüche auf wiederkehrende Leistungen und andere Nebenleistungen;
3. der Hauptanspruch.

§ 13 Zw. G. Die laufenden Beträge wiederkehrender Leistungen nehmen ihren Anfang von dem letzten Fälligkeitstermine vor der Beschlagnahme des Grundstücks; die Rückstände werden von demselben Zeitpunkte zurückgerechnet.

Fehlt es innerhalb der letzten zwei Jahre an einem Fälligkeitstermine, so entscheidet die Zeit der Beschlagnahme.

Liegen mehrere Beschlagnahmen vor, so ist die erste maßgebend. Bei der Zwangsversteigerung gilt, wenn bis zur Beschlagnahme eine Zwangsverwaltung fortgedauert hat, die für diese bewirkte Beschlagnahme als die erste.

§ 14 Zw. G. Ansprüche von unbestimmtem Betrage gelten als aufschiebend bedingt durch die Feststellung des Betrags.

ausgezahlt wird.*) Dabei ist der Hypothekenbrief dem Gericht vorzulegen, welches denselben, je nachdem die Forderung erloschen oder theilweise zur Hebung gekommen ist, vernichtet oder mit einem entsprechenden Vermerk versieht.

Wird die Einleitung der Zwangsverwaltung (Sequestration) aus irgend einem Grunde beliebt, so ist, wie bereits erwähnt, ein diesbezüglicher Antrag bei dem Vollstreckungsgericht einzubringen.

Dieses Verfahren hat zunächst den Zweck, dem Schuldner die Verwaltung des Grundstücks zu entziehen**) und dem Gläubiger durch die Nutzung Befriedigung***) zu verschaffen, was bezüglich der ganzen Forderung zwar ausgeschlossen, aber doch von Bedeutung ist, weil der Zwangsverwaltung die Zwangsvollstreckung gewöhnlich folgt.

Aber auch Zwecks Rangirung des Schuldners kann die Zwangsverwaltung, ohne daß die Zwangsvollstreckung folgt, von wirthschaftlichem Werthe sein.

Wird dem Antrage stattgegeben, so bestellt das Gericht einen Verwalter (Sequester)†), welcher die Verwaltung des Grundstückes nach den

---

*) § 117 Zw. G. Soweit der Versteigerungserlös in Geld vorhanden ist, wird der Theilungsplan durch Zahlung an die Berechtigten ausgeführt.

Die Auszahlung an einen im Termine nicht erschienenen Berechtigten ist von Amtswegen anzuordnen. Die Art der Auszahlung bestimmt sich nach den Landesgesetzen. Kann die Auszahlung nicht erfolgen, so ist der Betrag für den Berechtigten zu hinterlegen.

Im Falle der Hinterlegung des Erlöses kann statt der Zahlung eine Anweisung auf den hinterlegten Betrag ertheilt werden.

§ 143 Zw. G. Die Vertheilung des Versteigerungserlöses durch das Gericht findet nicht statt, wenn dem Gerichte durch öffentliche oder öffentlich beglaubigte Urkunden nachgewiesen wird, daß sich die Betheiligten über die Vertheilung des Erlöses geeinigt haben.

**) § 151 Zw. G. Die Beschlagnahme wird auch dadurch wirksam, daß der Verwalter nach § 150 den Besitz des Grundstücks erlangt.

Der Beschluß, durch welchen der Beitritt eines Gläubigers zugelassen wird, soll dem Verwalter zugestellt werden; die Beschlagnahme wird zu Gunsten des Gläubigers auch mit dieser Zustellung wirksam, wenn der Verwalter sich bereits im Besitze des Grundstücks befindet.

Das Zahlungsverbot an den Drittschuldner ist auch auf Antrag des Verwalters zu erlassen.

***) § 155 Zw. G. Aus den Nutzungen des Grundstücks sind die Ausgaben der Verwaltung sowie die Kosten des Verfahrens mit Ausnahme derjenigen, welche durch die Anordnung des Verfahrens oder den Beitritt eines Gläubigers entstehen, vorweg zu bestreiten.

Die Ueberschüsse werden auf die im § 10 Nr. 1 bis 5 bezeichneten Ansprüche vertheilt, auf die Ansprüche der zweiten, dritten und vierten Klasse jedoch nur insoweit, als laufende Beträge wiederkehrender Leistungen zu berichtigen sind.

§ 157 Zw. G. Nach der Feststellung des Theilungsplans hat das Gericht die planmäßige Zahlung der Beträge an die Berechtigten anzuordnen; die Anordnung ist zu ergänzen, wenn nachträglich der Beitritt eines Gläubigers zugelassen wird. Die Auszahlungen erfolgen zur Zeit ihrer Fälligkeit durch den Verwalter, soweit die Bestände hinreichen.

Im Falle der Hinterlegung eines zugetheilten Betrags für den unbekannten Berechtigten ist nach den Vorschriften der §§ 135 bis 141 zu verfahren. Die Vorschriften des § 142 finden Anwendung.

†) § 150 Zw. G. Der Verwalter wird von dem Gerichte bestellt.

Das Gericht hat dem Verwalter durch einen Gerichtsvollzieher oder durch einen sonstigen Beamten das Grundstück zu übergeben oder ihm die Ermächtigung zu ertheilen, sich selbst den Besitz zu verschaffen.

Weisungen des Gerichts, auf die auch der Gläubiger Einfluß auszuüben vermag,*) besorgt, Rechnung zu legen hat**) und für seine Mühewaltung honorirt*) wird.

Etwaige Vorschüsse für Aufwendungen zur Erhaltung und Verbesserung des Grundstückes werden dem Gläubiger in erster Reihe erstattet.***)

Das Zwangsverwaltungsverfahren endigt mit der Zurücknahme des von dem Gläubiger hierauf gerichteten Antrages, mit der Beendigung des Zwangsversteigerungsverfahrens, oder endlich, wenn der Gläubiger die zur Verwaltung nöthigen Geldbeträge nicht vorschießt.

Geräth ein Schuldner in Konkurs, so ist innerhalb der bekannt gemachten Anmeldefrist †) die Forderung anzumelden. ††)

Muster 68

---

§ 152 Zw. G. Der Verwalter hat das Recht und die Pflicht, alle Handlungen vorzunehmen, die erforderlich sind, um das Grundstück in seinem wirthschaftlichen Bestande zu erhalten und ordnungsmäßig zu benutzen; er hat die Ansprüche, auf welche sich die Beschlagnahme erstreckt, geltend zu machen und die für die Verwaltung entbehrlichen Nutzungen in Geld umzusetzen.

Ist das Grundstück vor der Beschlagnahme einem Miether oder Pächter überlassen, so ist der Mieth- oder Pachtvertrag auch dem Verwalter gegenüber wirksam.

*) § 153 Zw. G. Das Gericht hat den Verwalter nach Anhörung des Gläubigers und des Schuldners mit der erforderlichen Anweisung für die Verwaltung zu versehen, die dem Verwalter zu gewährende Vergütung festzusetzen und die Geschäftsführung zu beaufsichtigen; in geeigneten Fällen ist ein Sachverständiger zuzuziehen.

Das Gericht kann dem Verwalter die Leistung einer Sicherheit auferlegen, gegen ihn Ordnungsstrafen bis zu zweihundert Mark verhängen und ihn entlassen.

**) § 154 Zw. G. Der Verwalter ist für die Erfüllung der ihm obliegenden Verpflichtungen allen Betheiligten gegenüber verantwortlich. Er hat dem Gläubiger und dem Schuldner jährlich und nach der Beendigung der Verwaltung Rechnung zu legen. Die Rechnung ist dem Gericht einzureichen und von diesem dem Gläubiger und dem Schuldner vorzulegen.

§ 156 Zw. G. Die laufenden Beträge der öffentlichen Lasten sind von dem Verwalter ohne weiteres Verfahren zu berichtigen.

Ist zu erwarten, daß auch auf andere Ansprüche Zahlungen geleistet werden können, so wird nach dem Eingange der im § 19 Abs. 2 bezeichneten Mittheilungen des Grundbuchamts der Vertheilungstermin bestimmt. In dem Termine wird der Theilungsplan für die ganze Dauer des Verfahrens aufgestellt. Die Terminsbestimmung ist den Betheiligten sowie dem Verwalter zuzustellen. Die Vorschriften des § 105 Abs. 2 Satz 2, des § 113 Abs. 1 und der §§ 114, 115, 124, 126 finden entsprechende Anwendung.

***) § 10 Ziffer 1 Zw. G. (s. 1. Anm. a. S. 152).

†) § 76 K. O. Die öffentlichen Bekanntmachungen erfolgen durch mindestens einmalige Einrückung in das zur Veröffentlichung amtlicher Bekanntmachungen des Gerichts bestimmte Blatt; die Einrückung kann auszugsweise geschehen. Die Bekanntmachung gilt als bewirkt mit dem Ablaufe des zweiten Tages nach der Ausgabe des die Einrückung oder die erste Einrückung enthaltenden Blattes.

Das Gericht kann weitere Bekanntmachungen anordnen.

Die öffentliche Bekanntmachung gilt als Zustellung an alle Betheiligten, auch wenn dieses Gesetz neben ihr eine besondere Zustellung vorschreibt.

§ 111 K. O. Der Gerichtsschreiber hat die Formel des Eröffnungsbeschlusses, den offenen Arrest, die Anmeldefrist und die Termine sofort öffentlich bekannt zu machen.

Die Bekanntmachung ist, unbeschadet der Vorschriften des § 76 Abs. 1, auszugsweise in den Deutschen Reichsanzeiger einzurücken.

An die ihrem Wohnorte nach bekannten Gläubiger und Schuldner des Gemeinschuldners erfolgt besondere Zustellung.

††) § 139 K. O. Die Anmeldung hat die Angabe des Betrages und des Grundes der Forderung, sowie des beanspruchten Vorrechts zu enthalten. Sie kann bei dem

Wegen Hypotheken- und Faustpfandforderungen ist dabei gleichzeitig die abgesonderte Befriedigung zu verlangen*) und zwar mit der Maßgabe, daß ein etwaiger Ausfall zur allgemeinen Konkursmasse angemeldet wird.**)

Auf Verlangen sind die Pfandstücke und Hypothekenbriefe dem Konkursverwalter vorzulegen.***)

Wechselforderungen sind zur Konkursmasse anzumelden†) und daneben Sicherheitsbestellung††) von den übrigen Wechselverpflichteten zu verlangen.

Anleihen bei Geldinstituten und die Deponirung von Inhaberpapieren.

Zur Deckung vorübergehenden Geldbedarfs ist das Verpfänden (Lombardiren) von Inhaberpapieren gegen Gewährung eines Darlehns bei der Reichsbank oder bei privaten Bankinstituten dem Verkaufe der Papiere oft vorzuziehen. Es werden hierdurch die, beim Verkauf und Wiederankauf erwachsenden Unkosten, wie auch möglicherweise Kursverluste vermieden.

Ueber die Rechte und Pflichten des Pfandbestellers sowohl, wie auch über die des Pfandnehmers ist das Nähere in dem Abschnitte von den Faustpfand-Darlehnen zu finden.

Die bei der Reichsbank geltenden und von Privatbanken ähnlich angewandten Bedingungen für Lombarddarlehne auf Inhaberpapiere sind folgende:

Gerichte schriftlich eingereicht oder zum Protokolle des Gerichtsschreibers angebracht werden. Die urkundlichen Beweisstücke oder eine Abschrift derselben sind beizufügen.

*) § 4 K. O. Ein Anspruch auf abgesonderte Befriedigung aus Gegenständen, welche zur Konkursmasse gehören, kann nur in den von diesem Gesetze zugelassenen Fällen geltend gemacht werden.

Die abgesonderte Befriedigung erfolgt unabhängig vom Konkursverfahren.

§ 47 K. O. Zur abgesonderten Befriedigung dienen die Gegenstände, welche der Zwangsvollstreckung in das unbewegliche Vermögen unterliegen, für diejenigen, welchen ein Recht auf Befriedigung aus denselben zusteht.

§ 48 K. O. Gläubiger, welche an einem zur Konkursmasse gehörigen Gegenstand ein durch Rechtsgeschäft bestelltes Pfandrecht haben, können aus den ihnen verpfändeten Gegenständen abgesonderte Befriedigung wegen ihrer Pfandforderung verlangen, zunächst wegen der Kosten, dann wegen der Zinsen, zuletzt wegen des Kapitals.

**) § 153 K. O. Gläubiger, von welchen abgesonderte Befriedigung beansprucht wird, haben bis zum Ablaufe der Ausschlußfrist dem Verwalter den Nachweis ihres Verzichts oder ihres Ausfalls nach Maßgabe des § 64 zu führen. Wird der Nachweis nicht rechtzeitig geführt, so werden die Forderungen bei der vorzunehmenden Vertheilung nicht berücksichtigt.

Zur Berücksichtigung bei einer Abschlagsvertheilung genügt es, wenn bis zum Ablaufe der Ausschlußfrist dem Verwalter der Nachweis, daß die Veräußerung des zur abgesonderten Befriedigung dienenden Gegenstandes betrieben ist, geführt und der Betrag des muthmaßlichen Ausfalls glaubhaft gemacht wird.

***) § 120 K. O. Gläubiger, welche abgesonderte Befriedigung aus einer in ihrem Besitze befindlichen Sache beanspruchen, haben dem Verwalter auf dessen Verlangen die Sache zur Ansicht vorzuzeigen und die Abschätzung derselben zu gestatten.

†) § 139 K. O. (s. 5. Anm. auf voriger Seite).

§ 145 Abs. 1 K. O. Das Gericht hat nach der Erörterung einer jeden Forderung das Ergebniß in die Tabelle einzutragen. Auf Wechseln und sonstigen Schuldurkunden ist von dem Gerichtsschreiber die Feststellung zu vermerken.

††) Artikel 29 W. O. (s. 2. Anm. a. S. 131).

Neben Kaufmannswaaren und Wechsel werden folgende Werthpapiere von der Reichsbank zu $^3/_4$ des Kurswerthes beliehen:

1. Die vom Reiche oder einem deutschen Staate ausgegebenen Anleihen und Schatzanweisungen, sowie die von deutschen Staaten ausgegebenen zinstragenden Prämien-Anleihen, letztere jedoch nicht höher als fünfzehn Mark unter dem niedrigsten Prämiensatze der jedesmaligen nächsten Ziehung,
   von Steuer-Behörden deutscher Staaten ausgestellte Anerkenntnisse über Steuervergütung für ausgeführten bezw. auszuführenden Branntwein und Ausfuhr-Zuschußscheine für Zucker. (Der Verfalltag dieser Papiere ist zu beachten),
   die von dem vormaligen Königreich Hannover ausgegebenen Staatsanleihen,
   Rentenbriefe der preußischen Rentenbanken,
   Königlich Bayerische 4 % Grundrenten-Ablösungs-Schuldbriefe,
   Anhaltische Landrentenbriefe,
   Königlich Sächsische Landrentenbriefe,
   Königlich Sächsische Landeskultur-Rentenscheine,
   Braunschweig-Lüneburg. Landes-Schuldverschreibungen (eingezahlt von der Herzoglichen Leihhaus-Kasse),
   4 % Obligationen der Kreis-Anleihe von Ober-Bayern,
   4 und $4^1/_2$ % Obligationen der Königlichen Bank zu Nürnberg, für welche gewisse Eisenbahnen in Bayern speciell hypothekarisch verpfändet sind.
2. Berliner Pfandbriefe,
   Landschaftliche Central-Pfandbriefe (Preußen),
   Mecklenburgische Ritterschaftliche Pfandbriefe,
   Pfandbriefe der preußischen Provinzial-Landschaften,
   Pfandbriefe des Landschaftlichen Kreditverbandes für die Provinz Schleswig-Holstein,
   Pfandbriefe des Landwirthschaftlichen Kredit-Vereins im Königreich Sachsen zu Dresden,
   Pfandbriefe des Erbländischen Ritterschaftlichen Kredit-Vereins im Königreich Sachsen zu $3^1/_3$, $3^1/_2$ und $3^2/_3$ %,
   Pfandbriefe der Landständischen Bank des Königlich Sächsischen Markgrafthums Oberlausitz.
   Pfandbriefe der Hypothekenbanken auf Aktien:
   Aktien-Gesellschaft für Boden- und Kommunalkredit in Elsaß-Lothringen,
   Bayerische Hypotheken- und Wechselbank in München,
   Braunschweig-Hannoversche Hypothekenbank in Braunschweig,
   Deutsche Grundkredit-Bank in Gotha,
   Deutsche Hypothekenbank-Aktien-Gesellschaft in Berlin,
   Deutsche Hypothekenbank in Meiningen, Pfandbriefe u. Prämien-Pfandbriefe,
   Frankfurter Hypothekenbank in Frankfurt a. M.,
   Hypothekenbank in Hamburg,

Leipziger Hypothekenbank, Hypothekenbank- und Anlehnsscheine Serie B.—F., Serie VII und VIII,
Mecklenburgische Hypotheken- und Wechselbank in Schwerin,
Mitteld. Bodenkredit-Anstalt in Greiz, Reihe I, II, III zu $3^1/_2$ u. 4 %,
Pfälzische Hypothekenbank in Ludwigshafen a. Rhein,
Pommersche Hypotheken-Aktienbank in Berlin,
Preußische Bodenkredit-Aktien-Bank in Berlin,
Preußische Central-Bodenkredit-Aktien-Gesellschaft in Berlin,
Preußische Hypotheken-Aktien-Bank in Berlin,
Preußische Pfandbriefbank in Berlin, Em. XVII und folgende,
Rheinische Hypothekenbank in Mannheim,
Rheinisch-Westfälische Bodenkredit-Bank in Cöln,
Sächsische Bodenkredit-Anstalt in Dresden zu $3^1/_2$ %,
Schlesische Bodenkredit-Aktienbank in Breslau,
Schwarzburgische Hypotheken-Bank in Sondershausen,
Süddeutsche Bodenkredit-Bank in München,
Westdeutsche Bodenkredit-Anstalt in Cöln,
Württembergische Hypothekenbank in Stuttgart,*)

Schuldbriefe der Herzoglich Sächsischen Landrenten-Bank in Coburg auf den Inhaber ausgestellt,
Obligationen der Hannoverschen Landes-Kredit-Kasse oder -Anstalt,
$3^1/_2$ % Obligationen der Herzoglichen Landesbank in Altenburg,
Obligationen der Landes-Kredit-Anstalt in Meiningen,
$3^1/_2$ % Inhaber-Schuldverschreibungen der Landes-Kredit-Kasse des Fürstenthums Schwarzburg-Rudolstadt,
Schuldverschreibungen der Landes-Kredit-Kasse in Kassel,
$3^1/_2$ % Schuldverschreibungen der Landes-Kredit-Kasse in Weimar,
Schuldurkunden des Württembergischen Kredit-Vereins in Stuttgart,
Provinzial-, Kreis-, Stadt-, Deichbau- und andere Obligationen, zu deren Verzinsung und Tilgung die Beiträge im Verwaltungswege gleich den öffentlichen Abgaben erhoben werden, innerhalb der vom Reichsbank-Direktorium dieserhalb festgestellten Grenzen.

3. Dortmund-Gronau-Enscheder Eisenbahn-Stamm-Aktien,
Halberstadt-Blankenburger " "
Kiel-Eckernförde-Flensburger " "
Löbau-Zittauer, Litr. A. (seit 1871 Sächsische verloosbare $3^1/_2$ % Staatsschuldverschreibungen) " "
Lübeck-Büchener " "

*) Die von einzelnen dieser Institute ausgegebenen sogenannten Kommunal-Pfandbriefe bezw. Kommunal-Obligationen sind nicht beleihbar.

Magdeburg-Wittenberger Eisenbahn-Stamm-Aktien
Niederschlesisch-Märkische „ „
Pfälzische Ludwigsbahn
(Ludwigshafen-Bexbach) „ „
Pfälzische Maxbahn „ „
Pfälzische Nordbahn „ „
Dortmund-Gronau-Enscheder Eisenbahn-Stamm-Prioritäts-Aktien,
Löbau-Zittauer, Litr. B. (seit
1871 Sächsische verloosbare
4 proz. Staatsschuldverschreibungen) „ „
Marienburg-Mlawkaer „ „
Ostpreußische Südbahn „ „
Altenburg-Zeitzer Eisenbahn-Prioritäts-Obligationen.
Bergisch-Märkische
3. Serie A., B., C. „ „
Berlin-Potsdam-Magdeburger Litr. A. „ „
Braunschweigische zu $4^1/_2$ % „ „
Eutin-Lübecker zu 4 %, v. 1881, garantirt vom Großherzogthum Oldenburg und vom Freistaate Lübeck „ „
Halberstadt-Blankenburger von 1884, 1888, 1890 und 1885 zu $3^1/_2$ % „ „
Leipzig-Dresdener zu $3^1/_2$ % „ „
Lübeck-Büchener zu 4 %, garantirt v. Freistaate Lübeck „ „
Mecklenburger Friedrich Franz z. $3^1/_2$ % „ „
Ostpreußische Südbahn zu 4 % „ „
Pfälzische Eisenbahnen zu $3^1/_2$ % „ „
Stargard-Küstriner von 1897 zu $3^1/_2$ % „ „

Die Papiere sind auf einem, von der Reichsbank erhältlichen Formular geordnet zu verzeichnen.

Außerdem hat der Verpfänder über empfangene Darlehne Quittungen und über Rückzahlungen Abzahlungszettel auszustellen.

Der Darleiher dagegen erhält einen Pfandschein, auf welchem sämmtliche Darlehne, sowie Abzahlungen und Zinsen vermerkt werden.

Auf der letzten Seite sind demselben folgende Bedingungen aufgedruckt:

A. Allgemeine.

§ 1. Darlehne in Beträgen von weniger als 500 Mark werden in der Regel nicht ertheilt. Nach § 13 Nr. 3 des Bankgesetzes vom 14. März 1875 darf das Darlehn nicht auf länger als 3 Monate ertheilt werden.

§ 2. Das Darlehn kann täglich zurückgezahlt und täglich ohne Kündigungsfrist zurückgefordert werden. Zum Nachweise der Rückforderung genügt die Absendung eines eingeschriebenen Briefes an die Adresse des Darlehnsnehmers.

§ 3. Geräth der Schuldner mit der Rückzahlung in Verzug (§ 2) oder bleiben die Zinsen rückständig (§ 5), so ist die Reichsbank berechtigt, das Pfand unter Beobachtung des § 20 des Bankgesetzes vom 14. März 1875 verkaufen zu lassen, und sich aus dem Erlöse wegen Kapitals, Zinsen und Kosten bezahlt zu machen.

§ 4. Die Reichsbank ist berechtigt, wenn sie es zu ihrer Sicherheit, zum Zwecke des Verkaufs oder aus sonstigen Gründen für angemessen erachtet, das Unterpfand auf Gefahr und Kosten des Verpfänders nach anderen Lagerstellen, sei es am Orte selbst oder außerhalb, bringen und dort aufbewahren oder verkaufen zu lassen.

§ 5. **Die Zinsen sind alle drei Monate und möglichst vor dem Schlusse der Kalender-Quartale zu entrichten.** Wird das Kapital jedoch schon früher vollständig zurückgezahlt, so sind die Zinsen gleichzeitig zu entrichten.

Die Zinsen werden bei Darlehnen gegen Verpfändung von Werthpapieren, wenn sie an den letzten vier Werktagen oder an dem ersten Werktage eines **Monats** entnommen sind, mindestens für **sieben** Tage, wenn sie an den letzten vier Werktagen oder am ersten Werktage eines **Vierteljahrs** entnommen sind, mindestens für **vierzehn** Tage, bei allen übrigen Darlehnen nur bis zum Zahlungstage berechnet. Auf jeden Pfandschein ist mindestens 1 Mark Zinsen zu zahlen. Wird der Zinsfuß der Reichsbank allgemein erhöht oder ermäßigt, so tritt bei allen Darlehnen der neue Zinssatz sofort vom Tage der Einführung an in Kraft.

§ 6. Theilzahlungen sind nur in Beträgen von mindestens 10 vom Hundert der schuldigen Summe, jedoch nicht unter fünfhundert Mark, gestattet.

§ 7. Die Reichsbank behält sich zwar das Recht vor, übernimmt aber keine Verpflichtung, die Legitimation des Inhabers des Pfandscheins oder dessen, der über den Rückempfang des Pfandes quittirt, sowie die Echtheit der Quittung zu prüfen, sondern darf Jeden, welcher den Pfandschein vorlegt, für den rechtmäßigen Eigenthümer halten. Der Verpfänder hat daher den Pfandschein gehörig aufzubewahren, damit das Unterpfand nicht an einen unrechtmäßigen Inhaber ausgeantwortet werde oder ein solcher neue Darlehne darauf aufnehme.

Nach vollständiger Rückzahlung des Darlehns nebst Zinsen wird das Unterpfand, oder im Falle des Verkaufs der dem Verpfänder etwa verbliebene, bei der Reichsbank zinslos aufzubewahrende Ueberschuß nur gegen Rückgabe des quittirten Pfandscheins oder nach gerichtlicher Kraftloserklärung desselben herausgegeben. Die Quittung muß **(ohne weiteren Zusatz)** lauten:

„Das Unterpfand habe ... $\frac{\text{ich}}{\text{wir}}$ zurückerhalten."

(Ort, Datum, Unterschrift.)

§ 8. Alle Zahlungen des Schuldners an Kapital, Zinsen und Kosten werden von der Reichsbank vorschriftsmäßig gebucht, außerdem aber ohne weitere Quittungsertheilung auf dem Pfandschein sowie auf dessen Abschrift (§ 12) eingetragen. Rückzahlungen, welche an einer **Reichsbanknebenstelle** geleistet werden, haben der Reichsbank gegenüber nur dann Gültigkeit, wenn der Zahlende gleichzeitig derjenigen Reichsbankhauptstelle oder Reichsbankstelle, welche den Pfandschein ausgestellt hat, unmittelbar davon Anzeige macht.

§ 9. Reicht das Unterpfand zur vollständigen Befriedigung der Reichsbank nicht aus, so bleibt der persönliche Anspruch wegen des Fehlenden an den Verpfänder vorbehalten, selbst wenn er seine Rechte und Verbindlichkeiten aus dem Pfandschein einem Anderen übertragen sollte.

§ 10. Die auf dem Pfandscheine von der Reichsbank nachgetragenen Veränderungen mit dem Kapital oder dem Unterpfande haben für beide Theile volle Beweiskraft und Verbindlichkeit.

§ 11. Alle Bestimmungen des Pfandscheins gelten für die etwa zugeschriebenen neuen Unterpfänder und Darlehne ebenfalls. Die sämmtlichen Unterpfänder haften für die ganze Forderung der Reichsbank, gleichviel zu welcher Zeit die Zuschreibung neuer Unterpfänder oder Darlehne erfolgt ist, und können nach der Wahl der Reichsbank zusammen oder einzeln zur Berichtigung der Forderung an Kapital, Zinsen und Kosten nach § 3 veräußert werden.

§ 12. Der Verpfänder hat über den Empfang des Pfandscheins auf einer Abschrift davon, welche bei der Reichsbank bleibt, quittirt. Wenn dieser Pfandschein abhanden kommt, so soll gedachte Abschrift mit den darauf von der Reichsbank nachgetragenen Veränderungen für beide Theile volle Beweiskraft und Verbindlichkeit haben.

§ 13. Jede Gefahr der Unterpfänder, insbesondere auch die Kriegsgefahr, trägt allein der Verpfänder.

B. Besondere.

I. Bei Verpfändungen von Staats-, Kommunal-Papieren, Pfandbriefen, Aktien und anderen dergleichen Werthpapieren, sowie auch von Wechseln.

§ 14. Die Reichsbank überwacht nicht, ob die ihr verpfändeten Werthpapiere zur Auszahlung aufgerufen, ausgelost oder gekündigt werden, oder ob sonst eine Veränderung betreffs derselben eintritt. Hierauf zu achten und das Geeignete zu veranlassen ist lediglich Sache des Verpfänders, den auch allein die nachtheiligen Folgen treffen, wenn die nöthigen Maßregeln unterbleiben.

§ 15. Sinkt während der Dauer des Darlehns der Kurs des Unterpfandes um 5 vom Hundert, so ist der Verpfänder verpflichtet, binnen drei Tagen die ursprüngliche Sicherheit dadurch wiederherzustellen, daß er nach Wahl der Reichsbank entweder eine verhältnißmäßige Abschlagszahlung macht, oder das Unterpfand auf das ursprüngliche Verhältniß erhöht, widrigenfalls die Reichsbank, wenn sie nicht die Wiederherstellung der Sicherheit im Rechtswege verfolgen will, jederzeit berechtigt, aber nicht verpflichtet ist, sich aus dem Unterpfande nach § 3 bezahlt zu machen und den etwaigen Ausfall nach § 9 von dem Verpfänder einzuziehen.

§ 16. Wechsel und andere nicht auf jeden Inhaber lautende Papiere müssen mit dem Blanco-Giro des Verpfänders versehen sein, und ist die Reichsbank behufs ihrer Befriedigung berechtigt, solche entweder nach § 3 verkaufen zu lassen, oder auf Gefahr des Verpfänders von den Schuldnern einzuziehen und in jedem Falle das Blanco-Giro auf sich selbst oder einen Dritten auszufüllen. Die Reichsbank behält sich, ohne jedoch irgend eine Verpflichtung oder Gewährleistung deshalb zu übernehmen, das Recht vor, die ihr verpfändeten Papiere, wenn solche auf jeden Inhaber lauten, für die Dauer der Verpfändung außer Kurs zu setzen.

Privatbanken beleihen gute Inhaberpapiere sicheren Schuldnern wohl auch bis zum vollen Kurswerthe, stellen auch nicht derartige Bedingungen, wie die Reichsbank oben in § 5 Abschnitt 2.

Verlangt wird, daß die Papiere bei der Verpfändung in lieferbarem Zustande sich befinden, damit der Darleiher an denselben sich durch Verkauf schadlos halten kann, falls der Schuldner seinen Verpflichtungen nicht nachkommen sollte.

Der nächstfällige Zinsschein darf bei der Verpfändung fehlen. Die später fällig werdenden Zinsscheine werden vom Darleiher am Fälligkeitstermine bezw. kurz vor demselben getrennt und dem Schuldner übergeben oder es wird der Werth dafür dem Konto des Schuldners auf die Zinsen gutgeschrieben.

Die Privatbanken unterscheiden 2 Arten von Lombarddarlehnen und zwar solche:

a) mit täglicher Kündigung in laufender Rechnung (Kontokorrent),*)
b) mit festen Terminen, bei denen also der Rückzahlungstag von vornherein festgesetzt wird.

Ab und zu werden auch Darlehns-Geschäfte bis zu einem gewissen Termine fest und von da ab auf tägliche Kündigung abgeschlossen.

Bei Berechnung der Zinsen wird das Jahr zu 360 Tagen angenommen. Der Verpfändungstag wird nicht mitgerechnet, dagegen der Fälligkeitstag, zuweilen auch umgekehrt.

Bei Darlehnen mit festen Terminen gilt der Monat für 30 Tage, der 31. bleibt also unberechnet, wogegen die 28 Tage des Februar als 30 angenommen werden.

Ist der Rückzahlungstermin ein Sonn- oder Festtag, so verschiebt sich die Fälligkeit auf den nächsten Wochentag, bis zu welchem einschließlich die Zinsen berechnet werden.

Für tägliches Geld**) werden die Zinsen vom Abschlußtage bis zum Rückzahlungstage nach Kalendertagen gerechnet.

Schuld- bezw. Verpfändungsscheine werden meistentheils nicht ausgestellt, sondern der gepflogene Schriftwechsel gilt als Anerkenntniß für das Schuldverhältniß.***)

Der Darlehnsnehmer übergiebt dem Bankinstitut die zu verpfändenden Inhaberpapiere mit einem Nummernverzeichniß, wogegen er eine Empfangsbestätigung, in welcher ebenfalls die verpfändeten Papiere genau verzeichnet sind, von dem Darleiher erhält.†)

---

*) § 355 H. G. B. Steht Jemand mit einem Kaufmann derart in Geschäftsverbindung, daß die aus der Verbindung entspringenden beiderseitigen Ansprüche und Leistungen nebst Zinsen in Rechnung gestellt und in regelmäßigen Zeitabschnitten durch Verrechnung und Feststellung des für einen oder anderen Theil sich ergebenden Ueberschusses ausgeglichen werden (laufende Rechnung, Kontokorrent), so kann derjenige, welchem bei dem Rechnungsabschluß ein Ueberschuß gebührt, von dem Tage des Abschlusses an Zinsen von dem Ueberschusse verlangen, auch soweit in der Rechnung Zinsen enthalten sind.

Der Rechnungsabschluß geschieht jährlich einmal, sofern nicht ein Anderes bestimmt ist.

Die laufende Rechnung kann im Zweifel auch während der Dauer einer Rechnungsperiode jederzeit mit der Wirkung gekündigt werden, daß derjenige, welchem nach der Rechnung ein Ueberschuß gebührt, dessen Zahlung beanspruchen kann.

§ 781 B. G. B. (s. 3. Anm. a. S. 122).

§ 782 B. G. B. Wird ein Schuldversprechen oder ein Schuldanerkenntniß auf Grund einer Abrechnung oder im Wege des Vergleichs ertheilt, so ist die Beobachtung der in den §§ 780, 781 vorgeschriebenen schriftlichen Form nicht erforderlich.

**) Bezeichnung für Lombarddarlehne gegen tägliche Kündigung.

***) § 782 B. G. B. s. oben 1. Anm.

†) § 1 und 2 des Gesetzes betreffend die Pflichten der Kaufleute bei Aufbewahrung fremder Werthpapiere, vom 5. Juli 1896.

§ 1. Ein Kaufmann, welchem im Betriebe seines Handelsgewerbes Aktien, Kuxe, Interimsscheine, Erneuerungsscheine (Talons), auf den Inhaber lautende oder durch Indossament übertragbare, Schuldverschreibungen, oder vertretbare andere Werthpapiere mit Ausnahme von Banknoten und Papiergeld unverschlossen zur Verwahrung oder als Pfand übergeben sind, ist verpflichtet:

1. diese Werthpapiere unter äußerlich erkennbarer Bezeichnung jedes Hinterlegers oder Verpfänders gesondert von seinen eigenen Beständen und von denen Dritter aufzubewahren,

Selbstverständlich sind vorbemerkte Gepflogenheiten nicht allgemein gültig, sie werden in dieser Weise jedoch für gewöhnlich angewandt.

Schließlich sei noch der bei der Reichsbank und der bei Privatbanken zumeist üblichen Berechnungsweisen durch Anführung nachstehender Beispiele Erwähnung gethan.

I. Die Reichsbank berechnet auf dem Pfandschein, wie folgt:

(Staffelrechnung.)

Datum		Darlehne	Zu- u. Abgang.		Zinszahl*)	Zinsen	
1892							
Mai	*2*	*55 000*		*bis 14/V. 1892 » 12 Tage 4%*	*6600*		
„	*14*	*30 000*	*ab*				
		25 000		*„ 24/V. „ » 10 „*	*2500*		
„	*24*	*15 000*	*zu*				
		40 000		*„ 1/VI. „ » 8 „***)*	*3200*		
Juni	*1*	*70 000*	*zu*				
		110 000		*„ 7/VI. „ » 6 „*	*6600*		
„	*7*	*10 000*	*zu*				
		120 000		*„ 11/VI. „ » 4 „*	*4800*		
„	*11*	*10 000*	*zu*				
		130 000		*„ 22/VI. „ » 11 „*	*14 300*		
„	*22*	*20 000*	*ab*				
		110 000		*„ 29/VI. „ » 7 „*	*7 700*		
„	*29*	*20 000*	*ab*				
		90 000		*„ 30/VI. „ » 1 „*	*900*		
				***) Zinsen für 3. Mai / 30. Juni 1892*	*46 600*	*517*	*78*

2. ein Handelsbuch zu führen, in welches die Werthpapiere jedes Hinterlegers oder Verpfänders nach Gattung, Nennwerth, Nummern oder sonstigen Unterscheidungsmerkmalen der Stücke einzutragen sind; der Eintragung steht die Bezugnahme auf Verzeichnisse gleich, welche neben dem Handelsbuche geführt werden. Die Eintragung kann unterbleiben, insoweit die Werthpapiere zurückgegeben sind, bevor die Eintragung bei ordnungsmäßigem Geschäftsgange erfolgen konnte.

Etwaige Rechte und Pflichten des Verwahrers oder Pfandgläubigers, im Interesse des Hinterlegers oder Verpfänders Verfügungen oder Verwaltungshandlungen vorzunehmen, werden durch die Bestimmung unter Ziffer 1 nicht berührt.

§ 2. Eine Erklärung des Hinterlegers oder Verpfänders, durch welche der Verwahrer oder Pfandgläubiger ermächtigt wird, an Stelle hinterlegter oder verpfändeter Werthpapiere der im § 1 bezeichneten Art gleichartige Werthpapiere zurückzugewähren oder über die Papiere zu seinem Nutzen zu verfügen, ist, falls der Hinterleger oder Verpfänder nicht gewerbsmäßig Bank- oder Geldwechslergeschäfte betreibt, nur gültig, soweit sie für das einzelne Geschäft ausdrücklich und schriftlich abgegeben wird.

Wird der Verwahrer oder Pfandgläubiger ermächtigt, an Stelle hinterlegter oder verpfändeter Werthpapiere der im § 1 bezeichneten Art gleichartige Werthpapiere zurückzugewähren, so finden die Bestimmungen des § 1 keine Anwendung.

*) Die Zinszahl ist das Produkt aus Kapital × Tagen. Kommen durchweg am Ende 2 Nullen vor, so wird durch deren Weglassung die in Anm. 2 erwähnte Division durch 100 vorweg ausgeführt.

**) Die Zinsen sind das Resultat aus Zinszahl × Zinsfuß : 360 × 100. Ist die Division durch 100 durch Fortlassung der 2 letzten Stellen der Zinszahlen bereits erfolgt (siehe Anm. 1), dann ist der Divisor 360.

***) Die Reichsbank berechnet die wirklichen Kalendertage, also für Mai 31 Tage, während die Privatbanken durchweg jeden Monat zu 30 Tagen anzunehmen pflegen.

II. Privatbanken bedienen sich der Rechnungsauszüge (Kontokorrente) und zwar zumeist der folgenden beiden Arten:

Soll **Kur- und Neumärkische Ritterschaftliche Darlehnskasse für die Kreis-Sparkasse NN.** **Haben**

Datum.	Veranlassung.	Beginn der Verzinsung.	Tage	Zinszahlen.	Betrag.	Datum.	Veranlassung.	Beginn der Verzinsung.	Tage	Zinszahlen.	Betrag.
1892						1892					
Januar 24	An Zahlung	Januar 24	66	13200	20000 —	März 3	Per Giroüberweisung	März 3	27	2700	10000 —
„ 26	„	„ 26	64	28800	45000 —	„ 6	„	„ 6	24	2400	10000 —
„ 30	„	„ 30	60	}	10000 —	„ 7	„	„ 7	23	2300	10000 —
„ 31	„	„ 31	60	} 15000	15000 —	„ 22	„	„ 22	8	800	10000 —
Februar 20	„	Februar 20	40	4000	10000 —	„ 31	„			56500	
„ 23	„	„ 23	37	3700	10000 —						
März 31	Zinsen 3%-Zinszahlen 56500				470 80						
	Soll			64700	110470 80					64700	40000 —
	ab Haben				40000 —						
	bleibt Soll				70470 80	p. 31. III	1894				

Irrthum vorbehalten.

Berlin, den 1ten April 1892.

Kur- und Neumärkische Ritterschaftliche Darlehns-Kasse.

Anmerkung. Bei dieser Kontokorrentrechnung (nach progressiver Methode) ist der Abschlußtag (31. März 1892) die Grundlage. Die Zinstage ermittelt man durch Zusammenzählen der Tage vom Beginne der Zinsverpflichtung für jeden Kapitalposten bis zum Abschlußtage. Wegen Ermittelung von Zinszahlen und Zinsenresultat verfährt man wie in 1. und 2. Anm. zu Seite 163, und berechnet letzteres aus der Differenz der Zinszahlen (56500).

Debet — **Sparkasse NN. in Konto-Korrent mit der Bank für Handel und Industrie.*)** — **Kredit**

Datum.	Veranlassung.	Beginn der Verzinsung.	Tage	Zinszahlen.	Betrag.	Datum	Veranlassung.	Beginn der Verzinsung.	Tage	Zinszahlen.	Betrag.
1892				Epoche 1. I. 1892		1892					
Januar 24	An Zahlung	Januar 24	24	4800	20000 —	März 3	Per Giroüberweisung	März 3	63	6300	10000 —
„ 26	„	„ 26	26	11700	45000 —	„ 6	„	„ 6	66	6600	10000 —
„ 30	„	„ 30	30	} 7500	10000 —	„ 7	„	„ 7	67	6700	10000 —
„ 31	„	„ 31	30		15000 —	„ 22	„	„ 22	82	8200	10000 —
Februar 20	„	Februar 20	50	5000	10000 —	„ 31	70000 Mk. (Rohsaldo)	„ 30	90	63000	—
„ 23	„	„ 23	53	5300	10000 —	„ 30	Saldo				70470 80
März 31	Zinsen zu 3 %			56500	470 80						
				90800	110470 80					90800	110470 80
April 1	An Saldovortrag	März 31	—	—	70470 80						

S. E. & O.**)

Berlin, den 1ten *April* 1894.

Bank für Handel und Industrie.

*) Dieser Berechnung (retrograde Methode) wird ein beliebig zu wählender Anfangszeitpunkt, Epoche genannt (hier der 1. Januar), zu Grunde gelegt, und von demselben ab sind die Zinszahlen von den einzelnen Posten und dem Kapitalbestand am Abschlußtage (Rohsaldo) im Soll sowohl, als auch im Haben zu berechnen. Die Kapitalien im Haben ergeben die Zinszahlen für das Soll und umgekehrt diejenigen im Soll die für das Haben. Die aus den Summen der Zinszahlen beider Seiten sich ergebende Differenz ist der Zinsenberechnung in der vorstehend erläuterten Weise zu Grunde zu legen.

Tritt eine Aenderung des Zinsfußes ein, so erfolgt bei Eintritt dieses Ereignisses die Zinsenberechnung zum alten Satze bis dahin, während zukünftig der abgeänderte Zinsfuß gilt. Von den zum alten Satze berechneten Sollzinsen werden Zinseszinsen bis zum Abschluß des Kontokorrents nicht berechnet.

**) Heißt salvo errore et ommissione zu deutsch „mit Vorbehalt von Irrthum und Auslassung."

Angenehm für Sparkassen ist der Umstand, daß sie der Sorge für die sichere Aufbewahrung der Inhaberpapiere bei deren Hinterlegung als Pfandobjekt überhoben sind.

In Fällen, in denen ein Grund zur Hinterlegung nicht vorliegt, ist es für diejenigen Sparkassen, deren Aufbewahrungsräume und Behälter nicht genügende Sicherheit bieten, besonders mit Rücksicht darauf, daß nach dem B. G. B. eine Außerkurssetzung von Inhaberpapieren nicht zulässig ist, rathsam, die Inhaberpapiere der Reichsbank oder einem sicheren Bankinstitute zur Aufbewahrung zu übergeben.*)

Natürlich berechnen diese Institute für ihre Mühewaltung eine Provision, die indessen nicht bedeutend ist.

Bei der Reichsbank gelten für die Aufbewahrung nachstehende Vorschriften:

Die Reichsbank nimmt Werthpapiere und Dokumente **jeder Art** in Verwahrung. Die Uebergabe kann auch durch einen Beauftragten oder durch die Post erfolgen. Wollen Behörden, Körperschaften, Stiftungen, Anstalten, Gesellschaften oder Handelsfirmen von der Einrichtung Gebrauch machen, so bedarf es dieserhalb erst einer besonderen Verständigung. — Mehrere einzelne Personen, höchstens aber drei können gemeinschaftlich Papiere niederlegen, wenn sie den Niederlegungs-Antrag (Deklaration) mit folgendem Zusatz einreichen: „Ueber die hinterlegten Werthpapiere, sowie die eingehenden Gelder, kann jeder Einzelne von uns verfügen und quittiren". Ueber jede Gattung von Papieren wird ein besonderer Depotschein ertheilt; für eine jede ist daher ein besonderer Niederlegungs-Antrag einzureichen. Die Depotscheine werden Namens des Komtors ausgestellt und von drei Vorstandsbeamten unterschrieben. Die Nummern der Papiere werden auf den Depotscheinen nicht verzeichnet. — Nur bei verloosbaren Papieren kann der Niederleger eine Abschrift des Nummern-Verzeichnisses dem Niederlegungs-Antrage beifügen, welche er im Falle der Annahme des Depots mit dem Depotschein abgestempelt zurückerhält. — Den Niederlegern ist gestattet, ein beliebig zu wählendes Paßwort verschlossen einzureichen, ohne dessen Angabe die Auslieferung des Depots versagt werden kann (vgl. Bed. Nr. 10). Da das Paßwort nur beachtet werden kann, sofern der Depotschein mit einem darauf bezüglichen Vermerke seitens des Komtors versehen ist, so empfiehlt sich, dasselbe sogleich bei der Niederlegung der Papiere einzureichen. — Die Aufbewahrung der Papiere erfolgt unter nachstehenden

Bedingungen:

1. Die Reichsbank übernimmt für die sichere und getreue Aufbewahrung der ihr übergebenen Papiere die gesetzliche Gewähr und außerdem die Verpflichtung:
   a) die zu den Papieren gehörigen Zins- und Gewinnantheilscheine, wenn sie in Berlin oder am Sitze einer Zweiganstalt der Reichsbank zu einem festen Kurse in Reichswährung eingelöst werden, an den Fälligkeitstagen einzuziehen, anderen Falles dieselben an der Berliner Börse verkaufen zu lassen;
   b) die in der Allgemeinen Verloosungstabelle des Deutschen Reichs- und Königlich Preußischen Staatsanzeigers während der Dauer der Aufbewahrung erscheinenden Ziehungs- bezw. Verloosungslisten und Bekanntmachungen über Kündigung oder Konvertirung von Papieren nachsehen zu lassen und die danach zur Rückzahlung gelangenden Stücke an den festgesetzten Zeitpunkten zur Einlösung vorzulegen bezw. die beantragte Konvertirung zu besorgen, auch die Stücke, wenn sie in Berlin oder am Sitze einer Zweiganstalt der Reichsbank zu einem festen Kurse in Reichswährung nicht eingelöst werden, an der Börse verkaufen zu lassen.

   Die Benachrichtigung der Niederleger über Kündigungen und Konvertirungen erfolgt durch gewöhnliche Briefe oder, wenn es sich um ganze Gattungen oder Serien von Werthpapieren handelt, durch den Deutschen

*) §§ 1 und 2 des Gesetzes, betreffend die Pflichten der Kaufleute bei Aufbewahrung fremder Werthpapiere (s. 4. Anm. zu S. 162).

Reichs- und Königlich Preußischen Staats-Anzeiger, sowie andere geeignete öffentliche Blätter nach Wahl der Reichsbank. In jedem Falle ist die Reichsbank ermächtigt, in Ermangelung besonderer Anträge oder Erklärungen der Niederleger, das Interesse der Letzteren nach bestem Ermessen wahrzunehmen, insbesondere angebotene Konvertirungen für deren Rechnung zu besorgen;

c) die nach a. und b. eingehenden Beträge in Berlin bei dem Komtor für Werthpapiere spätestens am dritten Werktage, bei den Reichsbankanstalten spätestens am achten Werktage nach Fälligkeit zur Verfügung des Niederlegers zu stellen;

d) die neuen Zins- und Gewinnantheilscheine rechtzeitig abheben zu lassen, wenn die betreffende Anweisung (Talon) mit den Papieren niedergelegt ist oder die Abhebung gegen Vorzeigung der Papiere selbst erfolgen kann;

e) vollgezahlte Interimsscheine in endgültige Stücke umzutauschen;

f) das mit den niedergelegten Papieren jetzt oder später etwa verbundene Bezugsrecht auf neue Papiere geltend zu machen, und die weiteren Einzahlungen auf nicht vollgezahlte Papiere für den Niederleger zu leisten, wenn derselbe solches spätestens 8 Tage vor Ablauf der dazu festgesetzten Zeitpunkte schriftlich beantragt und den erforderlichen Geldbetrag mit den Gebühren (vgl. Nr. 2) gleichzeitig einzahlt.

Der Verkauf an der Börse (a. und b.) erfolgt 8 Tage vor Fälligkeit der in Europa zahlbaren und 14 Tage vor Fälligkeit der an außereuropäischen Plätzen zahlbaren Zinsscheine bezw. Papiere.

2. Für die mit diesen Leistungen verbundene Mühwaltung und Gefahr ist für das Jahr eine Gebühr von $^1/_2$ vom Tausend, bei im Auslande ausgestellten Papieren von $^3/_4$ vom Tausend — also 50 beziehungsweise 75 Pfennig für je angefangene 1000 Mark des Nennwerthes der Papiere — mindestens aber 2 Mark bei Loospapieren und Inhaberpapieren mit Prämien, sowie bei im Auslande ausgestellten Papieren mindestens 3 Mark für jeden Depotschein zu entrichten. Läßt sich der Werth eines Dokuments in einer bestimmten Geldsumme nicht abschätzen, so beträgt die Gebühr 15 Mark für das Jahr. Das Jahr wird von dem **Ersten des Monats, in welchem die Niederlegung stattfindet,** bis **zum Ersten des entsprechenden Monats im nächsten Jahr** gerechnet. — Für die Erhebung und Auszahlung von baaren Geldern bei verloosten, gekündigten oder konvertirten Papieren (1. b.), ferner für die Geltendmachung des Bezugsrechts und für Einzahlungen (1. f.) berechnet die Reichsbank außer den Auslagen an Porto, Mäklergebühr ꝛc. $^1/_8$ vom Hundert (mindestens aber 50 Pfennig) der zu leistenden bezw. zu erhebenden Zahlungen. Für die Abhebung neuer Zins- und Gewinnantheilscheine, sowie für den Umtausch der Interimsscheine (1. d. e.) werden nur die baaren Auslagen berechnet.

3. Die Gebühren sind ohne Rücksicht auf die Dauer der Aufbewahrung für je ein volles Jahr im Voraus zu entrichten. Sie werden aus dem Guthaben entnommen und in dessen Ermangelung durch Postvorschuß eingezogen. Ist auch hierdurch die Zahlung nicht zu erreichen, so wird die Rücknahme des Depots verlangt (vgl. Nr. 15). Wegen der rückständigen Gebühren darf sich die Reichsbank aus dem Depot ohne gerichtliches Verfahren, nöthigenfalls mittels Verkaufs nach § 20 des Bankgesetzes bezahlt machen.*)

---

*) § 20 des Reichsbankgesetzes. Wenn der Schuldner eines im Lombardverkehr (§ 13 Ziffer 3) gewährten Darlehns im Verzuge ist, ist die Reichsbank berechtigt, ohne gerichtliche Ermächtigung oder Mitwirkung das bestellte Faustpfand durch einen ihrer Beamten oder durch einen zu Versteigerungen befugten Beamten öffentlich verkaufen, oder, wenn der verpfändete Gegenstand einen Börsenpreis oder Marktpreis hat, den Verkauf auch nicht öffentlich durch einen ihrer Beamten, oder durch einen Handelsmakler, oder, in Ermangelung eines solchen, durch einen zu Versteigerungen befugten Beamten zum laufenden Preise bewirken zu lassen, und sich aus dem Erlöse wegen Kapital, Zinsen und Kosten bezahlt zu machen. Dieses Recht behält die Bank auch gegenüber anderen Gläubigern und gegenüber der Konkursmasse des Schuldners.

4. Die gezahlten Gebühren werden in keinem Falle zurückerstattet.
5. Nachtheile, welche durch unrichtige Bezeichnung der Papiere oder unrichtige Eintragung der Nummern in die Niederlegungsanträge entstehen, sind von der Reichsbank nicht zu vertreten. Insbesondere erfolgt das Nachsehen der Verloosungen ꝛc. (1. b.) lediglich nach Maßgabe der Eintragungen in den Anträgen.
6. Irrthümer, welche bei der Ausstellung der Depotscheine vorgekommen sind, müssen sofort bei Empfang derselben gerügt werden.
7. Die Depotscheine lauten auf den Namen und sind nicht übertragbar. Werden sie trotzdem übertragen oder verpfändet, oder werden die Depots gerichtlich gepfändet, so ist die Bank berechtigt, die Papiere auf Gefahr und Kosten des Niederlegers bei der öffentlichen Hinterlegungsstelle zu hinterlegen.
8. Die Zinsen von Hypothekenbriefen können bei der Kasse des Komtors für Werthpapiere in Berlin oder bei einer Reichsbankanstalt auf Giro-Konto des Komtors für Werthpapiere für Rechnung des Niederlegers unter Angabe der Nummer des Depotscheins eingezahlt werden. Es ist Sache des Niederlegers, die Schuldner zur Zahlung an die Reichsbank anzuweisen.
9. Die Niederleger müssen in dem Niederlegungsantrage angeben, ob die eingehenden Zinsen bei einer Zweiganstalt der Reichsbank, durch Uebertragung auf ein Giro-Konto oder durch Baarzahlung an der Kasse des Komtors erhoben werden sollen. — Abänderungen in dieser Beziehung, sowie ein Wechsel hinsichtlich der ursprünglich gewählten Bankanstalt oder des bezeichneten Giro-Kontos sind spätestens 4 Wochen vor Fälligkeit derjenigen Zinsscheine, bei welchen die neue Art der Abhebung in Kraft treten soll, mittels besonderen Schreibens anzuzeigen widrigenfalls die Auszahlung in der früher beantragten Weise erfolgt. Die Erhebung an mehreren Orten ist nicht zulässig. Die Erhebung kann auch durch einen Bevollmächtigten oder durch die Post erfolgen. Im letzteren Falle hat der Niederleger seinem Antrage die Quittung über den Betrag, den er abheben will, beizufügen. Die Absendung des Geldes geschieht an die von dem Niederleger angegebene Adresse. Beträgt das Guthaben mehr als 300 Mark, so kann dasselbe in Theilen abgehoben werden, aber nicht unter 150 Mark. Die Abhebung der Zinsscheine in natura ist nur bei im Auslande ausgestellten Papieren zulässig, wenn dies **bei der Niederlegung derselben** ausdrücklich gewünscht wird.
10. Jedes einzelne Depot kann nur im Ganzen zurückgenommen werden. Die Herausgabe erfolgt nur gegen Rückgabe des auf der Vorderseite mit Quittung: „Das vorstehende Depot habe ich zurückerhalten. Ort, Datum, Unterschrift" versehenen Depotscheins oder, wenn er verloren ist, nach gerichtlicher Kraftloserklärung desselben. Soll die Auslieferung nicht an den Niederleger, sondern an eine bestimmte andere Person oder Firma erfolgen, so ist dem Komtor vorher schriftlich Nachricht zu geben. Die Legitimation des Inhabers des Depotscheins, sowie die Gültigkeit und Echtheit der Quittung zu prüfen, ist die Bank zwar berechtigt und wird von dieser Befugniß jedenfalls dann Gebrauch machen, wenn der Ueberbringer des Depotscheins das etwa eingereichte Paßwort nicht anzugeben vermag; eine Verpflichtung zu einer solchen Prüfung übernimmt sie aber nicht, sie behält sich vielmehr das Recht vor, das Depot an Jeden herauszugeben, der ihr den Depotschein überbringt. — Bei Ausloosungen wird über den Ueberrest nach Rückempfang des quittirten Depotscheins ein neuer Schein, und zwar für den bereits bezahlten Zeitraum kostenfrei, ertheilt.
11. Die Versendung der hinterlegten Papiere, sowie der Anweisungen (Talons), Zins- und Gewinnantheilscheine (1. d und e), ebenso die Versendung von Depotscheinen, Dokumenten, Wechseln, Checks und Anweisungen durch die Post geschieht auf Gefahr und Kosten des Niederlegers, bei Depotscheinen, Talons, Wechseln, Checks, Anweisungen und Hypotheken-Dokumenten ꝛc. mittels „eingeschriebenen" Briefes, bei den übrigen Werthschaften unter voller Werthangabe, wenn der Niederleger nicht etwas Anderes ausdrücklich beantragt hat. Baare Geldsendungen werden stets voll deklarirt.

Ziffer 12 behandelt die hier nicht interessirende Hinterlegung für Mündel.

13. Soll zur Erhebung der Zinsen und Gewinnantheile eine dritte Person berechtigt sein, so ist dies in einer von jener Person mitvollzogenen, bei dem Komtor niederzulegenden Erklärung auszusprechen. — Desgleichen bedarf es der Niederlegung einer besonderen Vollmacht nach bestimmtem Muster, sofern eine dritte Person befugt sein soll, für den Niederleger Erklärungen rechtsgültig abzugeben und über die Depots und Zinsen ꝛc. verfügen und quittiren zu können.

Ziffer 14 behandelt die Hinterlegung von Heirathsgut für Offiziere und interessirt hier ebenfalls nicht.

15. Der Reichsbank steht jederzeit frei, die Rücknahme des Depots zu verlangen, ohne Gründe dafür anzugeben, und wenn die Rücknahme binnen 14 Tagen nach Absendung schriftlicher Aufforderung nicht erfolgt, die Papiere auf Gefahr und Kosten des Niederlegers bei der öffentlichen Hinterlegungsstelle zu hinterlegen.

16. Die Reichsbank behält sich vor, die Niederlegungs-Bedingungen zu verändern. Die Veränderung ist in den zu öffentlichen Bekanntmachungen des Reichsbank-Direktoriums bestimmten Blättern und durch Aushang im Komtor für Werthpapiere vor dem 15. November bekannt zu machen, wenn die neuen Bestimmungen schon für das nächste Kalenderjahr hinsichtlich der vorhandenen Depots Geltung haben sollen.

Zur Beachtung. Sofern die in Verwahrung gegebenen Papiere nach den Bestimmungen über den Lombard-Verkehr dazu geeignet und nicht nach Nr. 14 der Bedingungen gesperrt sind, kann der Niederleger bei der Reichs-Hauptbank, sowie bei den Zweiganstalten der Reichsbank gegen Verpfändung der Papiere unter gleichzeitiger Niederlegung des Depotscheins Lombard-Darlehne erhalten. Er muß jedoch die Lombardmäßigkeit der Papiere durch eine Bescheinigung des Komtors für Wertpapiere nachweisen, welche auf Verlangen jederzeit ertheilt wird.

Baar-Depositen.

Die Reichsbank nimmt baares Geld an, ohne es zu verzinsen. Das darüber ertheilte Quittungsbuch ist nicht übertragbar. Die erste Einlage muß mindestens 150 Mk. betragen. Alle, auch die späteren Einlagen, müssen durch 10 theilbar sein. Ein- und Auszahlungen werden ausschließlich von der Bank eingetragen. Diese Vermerke haben volle Beweiskraft, sowohl dem Einleger als der Bank gegenüber. Kann das Quittungsbuch nicht vorgelegt werden, so beweisen an dessen Stelle die Bücher der Bank.

Die Rückzahlung der Einlagen erfolgt auf Wunsch jederzeit. Sie kann sich auf einen Theil des Guthabens beschränken; derselbe darf aber nicht unter 50 Mark betragen und muß durch 10 theilbar sein.

Die Reichsbank ist berechtigt, den deponirten Betrag durch eingeschriebenen Brief zu kündigen. Bei Rückzahlung des Kapitals oder eines Theils desselben ist die Reichsbank zur Legitimationsprüfung berechtigt, aber nicht verpflichtet.

Der Verlust oder das Abhandenkommen des Quittungsbuches ist der Reichsbank sogleich schriftlich anzuzeigen. Weitere Zahlungen erfolgen alsdann nur gegen den Nachweis rechtskräftiger Kraftloserklärung.

Verschlossene Depositen.

Bedingungen,

unter welchen die Reichsbank verschlossene Depositen in Verwahrung nimmt, soweit der vorhandene Raum es gestattet.

1. Die Reichsbank nimmt von dem Inhalt der Depositen keine Kenntniß.
2. Die Depositen müssen mit dem Vor- und Zunamen beziehungsweise der Firma des Niederlegers deutlich bezeichnet und dergestalt verschlossen sein, daß ohne Verletzung eines Siegels nichts herausgenommen werden kann.
3. Die Reichsbank haftet für das Depositum höchstens bis zum Werthsbetrage von Fünftausend Mark, außer wenn dasselbe zu einem höheren Werthe angegeben und die hierfür bestimmte Versicherungsgebühr neben dem Lagergelde entrichtet ist. Für höhere Gewalt oder inneren Verderb ist die Reichsbank in keinem Falle verantwortlich.

4. Das Lagergeld beträgt bei Depositen
bis zu 30 cm Breite und Höhe, 40 cm Länge und 10 kg Gewicht 10 Mk., darüber hinaus:
bis zu 60 cm Breite und Höhe, 70 cm Länge und 25 kg Gewicht 20 Mk., bei noch größeren:
bis zu 100 cm Länge, Breite und Höhe oder einem Gewicht von mehr als 25 kg . . . . 30 Mk.
für das Jahr. Depositen von mehr als 100 oder weniger als 15 cm Länge, Breite und Höhe werden nicht angenommen.
Die Versicherungsgebühr beträgt für jedes angefangene Tausend des über Fünftausend Mark hinaus angegebenen Mehrwerths (Nr. 3) 25 Pfg. für das Jahr.
In beiden Fällen läuft das Jahr vom Tage der Niederlegung ab, diesen eingerechnet.
5. Lagergeld aus Versicherungsgebühr sind bei der Niederlegung und sodann alljährlich im Voraus zu entrichten. Bei nachträglicher Versicherung im Laufe des Depositionsjahres ist für das letztere die volle Versicherungsgebühr zu zahlen. Geht das Lagergeld nicht pünktlich ein, so darf die Reichsbank, anstatt zu klagen, das Depositum auf Gefahr und Kosten des Niederlegers bei der öffentlichen Hinterlegungsstelle hinterlegen. So lange die Versicherungsgebühr rückständig ist, haftet die Reichsbank nicht für den angegebenen Mehrwerth (Nr. 3 und 4). Die Verpflichtung des Niederlegers zur Zahlung der Versicherungsgebühr wird dadurch nicht aufgehoben.
6. Die Annahme und die Herausgabe von verschlossenen Depositen findet nur während der Vormittags-Geschäftsstunden statt. Das Depositum kann aber nur gegen Rückgabe des quittirten Depositalscheins oder nach gerichtlicher Kraftloserkläruug desselben zurückgenommen werden. Liefert der Niederleger das Depositum binnen acht Werktagen wieder ein, so ist nur eine Zuschlagsgebühr von einer Mark zu entrichten. Auch die letztere fällt weg, wenn die Zurücknahme an einem der letzten fünf Werktage des Depositionsjahres (Ziffer 4) erfolgt ist.
7. Soll eine andere Person statt des Niederlegers oder neben demselben, oder soll bei mehreren Niederlegern jeder derselben zur Zurücknahme des Depositums befugt sein, so ist dies bei der Einlieferung zu beantragen. Will der Deponent sein Depot gegen Rückgabe des von ihm selbst quittirten Depotscheins durch einen Beauftragten abholen lassen, so ist darüber eine schriftliche Mittheilung an die betheiligte Bankanstalt erforderlich.
Uebrigens behält sich die Reichsbank in allen Fällen das Recht vor, das Depositum an jeden Vorzeiger des Depositalscheins ohne weitere Prüfung seiner Legitimation oder der Echtheit und Gültigkeit der Quittung auszuliefern.
8. Die verhältnißmäßige Erstattung des Lagergeldes oder der Versicherungsgebühr findet nicht statt.

Giroverkehr der Reichsbank.

Für Kassen, an deren Sitz die Reichsbank Zweigstellen hat, ist die Einführung des Giroverkehrs, sowohl der Ersparung von Porto, als auch sonstiger, aus Nachstehendem ersichtlicher Vortheile halber, zu empfehlen.

Durch Begebung zeitweilig disponibler Kassenbestände auf das Girokonto ist die Sparkasse in der Lage, sich des, mit der eigenen Aufbewahrung verbundenen Risikos zu entledigen.

Zahlungen an Girokonto-Inhaber, gleichviel, ob dieselben am Orte selbst oder auswärts wohnen, werden kostenlos durch Ueberweisung auf deren Konto Muster 69 mittelst „rothen Checks" geleistet.

Zahlungen an Nichtinhaber von Girokonten können durch Vermittelung der Reichsbank in der Weise geleistet werden, daß man solchen Empfangsberechtigten „weiße Checks" ausfertigt, auf die Seitens der Reichsbank Zahlung erfolgt. Auch die eigenen Abhebungen der Girokonto-Inhaber sind durch weiße Checks auszuführen. Muster 76

Zahlung wird an jeden Ueberbringer der Checks geleistet.

Bestimmungen für den Giro-Verkehr der Reichsbank bei den Reichsbank-haupt- und Nebenstellen.

1. Die Anträge auf Eröffnung eines Kontos sind an diejenige Reichsbankanstalt zu richten, zu deren Bezirk der Antragsteller seinem Wohnsitze nach gehört.
2. Wird der Antrag genehmigt, so erhält der Antragsteller außer den nöthigen Formularen ein Konto-Gegenbuch, in welches seitens der Reichsbank alle von ihm oder für ihn baar oder durch Verrechnung eingehenden Gelder eingetragen werden. Andere Bescheinigungen werden nicht ertheilt.
3. Baare Einschüsse, bei der Reichsbank zahlbare Checks und Wechsel, desgleichen angekaufte Wechsel und ertheilte Lombard-Darlehne werden dem Giro-Konto sofort gutgeschrieben.
4. Die der Reichsbank zur Einziehung übergebenen Wechsel, Anweisungen, Rechnungen und sonstigen Papiere müssen quittirt sein und mit einem besonderen Verzeichnisse eingereicht werden, zu welchem die Bank die Formulare liefert. Auf den letzteren ist die Zeit, bis wann die Ablieferung der Papiere an die Bank erfolgen muß, für jede Reichsbankanstalt genau angegeben.

   Der Gesammtbetrag der in dem Verzeichnisse angegebenen Einzugspapiere wird in dem Konto-Gegenbuch vor der Linie sofort eingetragen. Die endgültige Gutschrift erfolgt erst nach Eingang, in der Regel aber noch an dem zur Einziehung bestimmten Tage.

   Unbezahlt gebliebene Papiere erhält der Konto-Inhaber gegen seine Quittung spätestens am Vormittage des auf den Einziehungstag folgenden Werktages zurück. Für jedes Stück ist von ihm eine Gebühr von 20 Pfennig zu entrichten. Auf die Protestirung der Wechsel läßt sich die Bank nicht ein.
5. Die Einziehung von Werthpapieren u. s. w. übernimmt die Reichsbank nur an den besonders bekannt zu machenden Orten, an welchen sich ein Bedürfniß dafür geltend macht.

   Die Werthpapiere u. s. w. sind der Bank mit besonderem Verzeichnisse zu übergeben. Jedes Packet muß versiegelt und mit der Angabe der Namen des Einlieferers und des Empfängers, sowie des nach dem Verzeichnisse dafür zu erhebenden Geldbetrages versehen sein.

   Die Verrechnung der Beträge erfolgt nach den Bestimmungen in Absatz 2 der Nr. 4.
6. Ueber sein Guthaben kann der Konto-Inhaber in beliebigen Theilbeträgen jederzeit verfügen, aber, abgesehen von den Bestimmungen unter Nr. 8, nur durch Checks auf Formularen, welche ihm die Bank geliefert hat. Verfügungen anderer Art werden nicht beachtet.

   Baare Abhebungen erfolgen durch weiße Checks, welche auf eine bestimmte Person oder Firma mit dem Zusatze „oder Ueberbringer" lauten. Die Bank zahlt den Betrag an den Ueberbringer ohne Legitimationsprüfung, auch wenn der Check an eine bestimmte Person girirt ist.

   Soll der Check nur zur Verrechnung mit der Reichsbank oder einem Konto-Inhaber benutzt werden, so muß er gekreuzt, d. h. auf der Vorderseite mit dem quer über den Text geschriebenen oder gedruckten Vermerke versehen werden: „Nur zur Verrechnung". In diesem Falle darf die Bank den Betrag nicht baar auszahlen.

   Zu den Uebertragungen auf Konten an demselben oder an einem anderen Bankplatze sind die rothen Check-Formulare bestimmt. Sie müssen auf den Namen ausgestellt werden und sind nicht übertragbar. Werden die für Uebertragungen auf einen anderen Bankplatz bestimmten rothen Checks in der Zeit von 4 bis 4½ Uhr Nachmittags eingeliefert, so ist für jede Ueberweisung eine

Gebühr von 50 Pfennig, bei Einlieferung nach $4^{1}/_{2}$ bis 5 Uhr eine solche von 1 Mark zu entrichten.

Für jede zurückgezogene Ueberweisung wird eine Gebühr von 1 Mark erhoben.

7. Die Check-Formulare werden jedem Konto-Inhaber nach Bedarf in Heften von mindestens 50 Stück gegen Quittung von der Bank geliefert. Er ist verpflichtet, die Formulare sorgfältig aufzubewahren, und trägt alle Folgen und Nachtheile, welche aus dem Verluste oder sonstigem Abhandenkommen dieser Formulare entstehen, wenn er nicht die sein Konto führende Bankanstalt rechtzeitig von dem Abhandenkommen schriftlich benachrichtigt hat, um die Zahlung an einen Unberechtigten zu verhindern.

Ebenso ist der Konto-Inhaber der Bank dafür verantwortlich, wenn er die in den Check-Formularen offen gelassenen Stellen nicht so ausfüllt, daß eine Fälschung unmöglich ist, oder wenn er von der auf der rechten Seite der weißen Checks befindlichen Zahlenreihe nicht diejenigen Zahlen vor der Ausgabe abtrennt, welche den Betrag des Checks übersteigen. Checks, welche geschriebene Zusätze zwischen den vorgedruckten Zeilen enthalten, werden zurückgewiesen.

Verdorbene Check-Formulare sind mit dem Firmastempel oder dem Namen des Konto-Inhabers versehen an die Reichsbank zurückzuliefern.

8. Wechsel, aus welchen ein Konto-Inhaber zu einer Zahlung verpflichtet ist, sind bei der Reichsbank oder einem anderen Bankhause, welches mit der Reichsbank ausweislich des bei ihr aufgelegten Verzeichnisses in täglicher Abrechnung steht, zahlbar zu machen und rechtzeitig zu avisiren. Im Besitze der Reichsbank befindliche Wechsel, welche weder bei ihr noch einem der in diesem Verzeichnisse genannten Bankhäuser zahlbar gemacht oder nicht rechtzeitig avisirt sind, müssen baar bezahlt werden.

Eingelöste Papiere, werden dem Konto-Inhaber gegen Empfangsbescheinigung ausgeliefert.

9. Verfügt der Konto-Inhaber über mehr, als sein Guthaben beträgt, so lehnt die Bank nicht blos die Zahlung ab, sondern behält sich auch vor, den Verkehr mit ihm sofort gänzlich abzubrechen. Verfügt er über sein ganzes Guthaben, so drückt er damit die Absicht aus, sein Konto zu schließen. Bei Schließung des Kontos sind sämmtliche unbenutzt gebliebenen Check-Formulare an die Reichsbank zurückzuliefern.

10. Die Giro-Gelder werden nicht verzinst.

11. Die Konto-Gegenbücher sind möglichst oft, mindestens aber monatlich einmal zur Abstimmung vorzulegen.

Jährlich am 7. Juli und 31. Dezember werden sämmtliche Konten abgeschlossen und der Bestand aufs Neue vorgetragen.

12. Die Reichsbank erwartet, daß die Konto-Inhaber von denen ihnen vorstehend unter Nr. 4 und 8 eingeräumten Befugnissen regelmäßig Gebrauch machen, die Giro-Einrichtung aber nur für sich selbst oder für andere Konto-Inhaber nicht für dritte Personen benutzen und ein der Mühewaltung entsprechendes baares Guthaben halten werden. Sie behält sich das Recht vor, den Vertrag ohne Weiteres durch schriftliche Benachrichtigung aufzuheben, wenn dieser Erwartung nicht entsprochen wird, oder wenn sie aus anderen Gründen die Aufhebung für angemessen erachtet.

Außerdem können die vorstehenden Bestimmungen nach 14 Tage vorhergegangener öffentlicher Ankündigung in den nach § 30 des Reichsbankstatuts bestimmten Blättern jederzeit abgeändert werden.

13. Vor Eröffnung des Kontos hat sich der Konto-Inhaber mit diesen Bestimmungen durch Vollziehung des unter denselben vorgedruckten Vermerks einverstanden zu erklären. Die Unterschriften der übrigen Personen, welche als Geschäftstheilhaber oder sonst zur Zeichnung des Namens oder der Firma des Konto-Inhabers berechtigt sind, müssen bei der Reichsbank niedergelegt werden. Für Prokuristen oder Bevollmächtigte sind außerdem besondere Vollmachten nach den bei der Reichsbank eingeführten Formularen niederzulegen. Alle der Reichsbank mitgetheilten Unterschriften und Vollmachten bleiben so lange giltig, bis der das Konto führenden Bankanstalt schriftlich von dem Erlöschen Anzeige gemacht worden ist.

Bestimmungen
für den beschränkten Giroverkehr der Reichsbank bei den Reichsbank-Nebenstellen.

1. Anträge auf Eröffnung eines Kontos sind an die Reichsbanknebenstelle zu richten, welche dasselbe führen soll.
2. Uebersteigt eine bei der Reichsbanknebenstelle zum Zwecke der Gutschrift geleistete Einzahlung den Betrag von 5000 Mark, so ist sie der Reichsbank gegenüber nur dann gültig, wenn der Kontoinhaber am Tage der Einzahlung der der Nebenstelle vorgesetzten Bankanstalt davon schriftliche Mittheilung macht.
3. Mit der kostenfreien Einziehung von Wechseln oder anderen Papieren, welche am Sitze der Nebenstelle zahlbar sind, befassen sich die Reichsbanknebenstellen nicht.
4. Baare Abhebungen erfolgen durch weiße Checks, welche auf eine bestimmte Person oder Firma mit dem Zusatze „oder Ueberbringer" lauten und zwar sowohl bei der Nebenstelle, soweit deren Bestände dies gestatten, als auch bei der derselben vorgesetzten Bankanstalt. Die Bank zahlt den Betrag an den Ueberbringer ohne Legitimationsprüfung, auch wenn der Check an eine bestimmte Person girirt ist.
5. Wünscht der Kontoinhaber die Einlösung eines weißen Checks bei der vorgesetzten Bankanstalt, so hat er denselben der Nebenstelle zuvor behufs der nöthigen Buchung zum Abstempeln vorzulegen.

   Giro-Uebertragungen auf Grund rother Checks in Beträgen von 3000 bis 150000 Mark werden der Bestimmungsanstalt unmittelbar — ohne Vermittelung der vorgesetzten Bankanstalt von der Nebenstelle überwiesen, Summen von mehr als 50000 Mark jedoch nur, wenn gegen die Ueberweisung Wechsel- oder Lombardgeschäfte gemacht werden, aus welchen der Reichsbank ein mindestens zehntägiger Zinsgewinn erwächst.
6. Wechsel, aus welchen ein Konto-Inhaber zu einer Zahlung verpflichtet ist, sind bei der Reichsbanknebenstelle, oder der derselben vorgesetzten Bankanstalt, oder bei einem mit dieser Letzteren ausweislich des bei ihr aufgelegten Verzeichnisses in täglicher Abrechnung stehenden Bankhause zahlbar zu machen und rechtzeitig zu avisiren. Im Besitze der Reichsbanknebenstelle befindliche Wechsel, welche nicht bei ihr zahlbar gemacht oder nicht rechtzeitig avisirt sind, müssen baar bezahlt werden.
7. Halbjährlich einmal sind die Konto-Gegenbücher der Nebenstelle zur Uebersendung an die derselben vorgesetzte Bankanstalt behufs Prüfung der Eintragungen einzureichen.
8. Vor Eröffnung des Kontos hat sich der Kontoinhaber mit den Bestimmungen durch Vollziehung des unter denselben vorgedruckten Vermerks einverstanden zu erklären. Die Unterschriften der übrigen Personen, welche als Geschäftstheilhaber oder sonst zur Zeichnung des Namens oder der Firma des Konto-Inhabers berechtigt sind, müssen bei der Reichsbanknebenstelle und bei der derselben vorgesetzten Bankanstalt niedergelegt werden. Für Prokuristen oder Bevollmächtigte sind außerdem besondere Vollmachten nach den bei der Reichsbank eingeführten Formularen bei der Reichsbanknebenstelle niederzulegen. Alle der Reichsbank mitgetheilten Unterschriften und Vollmachten bleiben so lange giltig, bis der Reichsbanknebenstelle, sowie der derselben vorgesetzten Bankanstalt schriftlich von dem Erlöschen Anzeige gemacht worden ist.

Nichtinhaber von Girokonten können Einzahlungen auf die Konten der Girokunden machen.

Hierfür gelten folgende Vorschriften:

An allen Bankplätzen können baare Einzahlungen jeden Betrages von Personen, welche kein Giro-Konto besitzen, zur Gutschrift auf das Konto eines auswärtigen Girokunden geleistet werden Die Gebühr beträgt 10 Pfennig für jede 1000 Mark oder einen überschießenden Theil derselben, mindestens aber 30 Pfennig für jede Einzahlung. Erfolgt eine derartige Einzahlung während der Geschäftszeit von

$12^1/_2$ bis 1 Uhr Vormittags bezw. $3^1/_2$ bis 4 Uhr Nachmittags, so ist für jede Einzahlung noch eine besondere Gebühr von 50 Pfennig, nach 4 bis 5 Uhr von 1 Mark zu entrichten.

Eingehende Postanweisungsbeträge für Nichtkonten-Inhaber können dem Giro-Konto eines Anderen überwiesen werden. Wird eine Einzahlung von Nichtkonten-Inhabern mit der Post eingesandt, so wird dafür, gleichviel ob dieselbe für ein Konto am Empfangsorte oder für ein auswärtiges Konto bestimmt ist, eine Gebühr von 1 vom Tausend, mindestens aber 50 Pfennig für jeden gutzuschreibenden oder zu überweisenden Einzelbetrag erhoben.

Uebersteigt eine bei einer Reichsbanknebenstelle zum Zwecke der Gutschrift oder bei einer der unter Nr. 3 genannten Bankanstalten zur Auszahlung an Dritte geleistete Einzahlung den Betrag von 5000 Mark, so ist die über die Einzahlung ausgestellte Quittung für die Reichsbank nur dann verpflichtend, wenn der Einzahler von der erfolgten Einzahlung noch an demselben Tage der der Nebenstelle vorgesetzten Bankanstalt schriftliche Mittheilung macht.

Die bei den Reichsbanknebenstellen in Barmen und Heilbronn geleisteten Einzahlungen unterliegen dieser Bestimmung nicht.

Bei allen Reichsbankhauptstellen und Reichsbankstellen, bei der Reichsbankkommandite in Insterburg, sowie bei den Reichsbanknebenstellen in Barmen und Heilbronn werden Summen jeden Betrages zur Auszahlung an Dritte bei einer der vorstehenden Bankanstalten gegen Empfangsbescheinigung angenommen.

Auf besonderen Antrag ertheilen die Reichsbankhauptstellen, die Reichsbankstellen und die Reichsbankkommandite in Insterburg Geld-Anweisungen auf einander, deren Stempel jedoch der Antragsteller zu tragen hat.

Geschäfte der vorstehenden Art werden auch von den zum Ankauf von Wechseln berechtigten Reichsbanknebenstellen vermittelt.

An Gebühren wird berechnet: für jede Einzahlung oder Anweisung von Summen bis zu 2500 Mark 50 Pfennig, bei höheren Beträgen 1 Pfennig mehr für jede angefangenen oder vollen 50 Mark.

Für solche Einzahlungen, welche von $12^1/_2$ bis 1 Uhr Vormittags, oder von $3^1/_2$ bis 4 Uhr bezw. 4 bis 5 Uhr Nachmittags, erfolgen, wird außerdem noch die unter Ziffer 2 angegebene besondere Gebühr erhoben.

Zahlmittel.

Es sind in Zahlung zu nehmen:

1. die deutschen Reichs-Kassenscheine zu 5, 20 und 50 Mark,*)
2. die Noten der Reichsbank zu 100 und 1000 Mark,*)
3. die deutschen Reichsmünzen nach Maßgabe des Münzgesetzes vom 9. Juli 1873,**)
4. die deutschen Einthaler-Stücke einschließlich der bayerischen Marien- und Sieges- bezw. Friedens-Thaler,
5. die österreichischen, vom Jahre 1857 bis 1867 geprägten Vereinsthaler.***)

*) Privaten gegenüber findet ein Zwang zu ihrer Annahme nicht statt (§ 5 des Gesetzes vom 30. April 1874 und § 2 des Gesetzes vom 14. März 1875).

Dagegen werden sie bei allen Kassen des Reiches und der Bundesstaaten in Zahlung genommen, gegen baares Geld eingelöst aber nur von der Reichshauptkasse (zu 1) bezw. der Reichsbank (zu 2).

**) Nach Artikel 9 des Münzgesetzes ist Niemand verpflichtet, Reichs-Silbermünzen im Betrage von mehr als 20 Mark und Nickel- und Kupfermünzen von mehr als 1 Mark, in Zahlung zu nehmen.

***) Nur die Einthaler-Stücke, die Oesterreichischen Vereins-Doppelthaler sind in Deutschland außer Kurs gesetzt.

Die Verpackung des Metallgeldes geschieht allgemein folgendermaßen:

	Beutel		Rollen			
Doppelkronen	10 000	Mark.	2000	oder	1000	Mark.
Kronen	10 000	„	1000	„	500	„
Halbe Kronen	10 000	„				
5-Markstücke (Silber)	1 000	„			200	„
2- „ „	1 000	„			100	„
1- „ „	1 000	„	100	„	50	„
50-Pfennigstücke „	1 000	„	100	„	50	„
20- „ (Silber)	500	„			20	„
20- „ (Nickel)	200	„	20	„	10	„
10- „	100	„	10	„	5	„
5- „	100	„	10	„	5	„
2- „	50 u. 20	„	2	„	1	„
1- „	20	„	2	„	1	„

Die Einthalerstücke werden in Beutel zu 1500 Mark oder in Rollen zu 150 Mark verpackt.

Die Beutel sind mit dem Dienstsiegel zu verschließen und mit einer Papierfahne zu versehen, worauf die Geldsumme, die Münzsorte, das Gewicht, der Name der Kasse, sowie der Name desjenigen Beamten, welcher die Verpackung besorgt hat, vermerkt steht.

Bei Goldbeuteln ist außerdem das Nettogewicht der Doppelkronen oder Kronen anzugeben.

Die Beutel müssen von grauer fester Leinwand und doppelt (mit einer sogenannten Kappnaht) genäht sein. Bei der Verpackung kommt die Naht nach innen. Der zur Verpackung dienende Bindfaden, wird um den Kropf des Beutels festgebunden, dann durch denselben hindurchgezogen und demnächst an die Fahne mit dem Dienststempel angesiegelt.

Für die Rollen wird

bei Goldmünzen rosafarbenes Papier,
„ Silbermünzen weißes „
„ Nickelmünzen blaues „
„ Kupfermünzen schmutzig graues Papier verwendet; die Rollen werden in folgender Weise überschrieben:

„........................ Mark in Stücken zu .... (Münzsorte)

Kreis-Sparkasse ...."

Geldrollen werden in der Regel nicht versiegelt.

Die Verpackung des Papiergeldes geschieht in folgender Weise:

a) Reichskassenscheine in Packeten
von 20 Stück zu 50 Mark = 1000 Mark
„ 50 „ „ 20 „ = 1000 „

von 100 Stück zu 5 Mark = 500 Mark
„ 20 „ „ 5 „ = 100 „

b) der Banknoten in Packeten
von 20 Stück zu 1000 Mark = 20 000 Mark
„ 20 „ „ 500 „ = 10 000 „
„ 50 „ „ 100 „ = 5 000 „

Die Packete werden von einem Papierstreifen zusammengehalten, auf welchem der Betrag, die Geldsorte, die Anzahl der Stücke und der Name der Sparkasse verzeichnet steht.

Ueber die Behandlung nachgemachter, verfälschter oder nicht mehr umlaufsfähiger Reichsmünzen, Thalerstücke, Reichskassenscheine und Banknoten sind folgende, für die Kassen der Reichsbank gegebenen Bestimmungen den Sparkassen zur Nachachtung zu empfehlen:

a) Falschstücke.

1. Nachgemachte und verfälschte Stücke sind anzuhalten.
2. Wird ein eingehendes Falschstück als solches von dem Kassenbeamten ohne Weiteres erkannt, so hat derselbe sofort der zuständigen Gerichts- oder Polizeibehörde Anzeige zu machen und das angehaltene Falschstück vorzulegen.
3. Erscheint die Unechtheit eines Stückes zweifelhaft, so ist dasselbe, nachdem dem bisherigen Inhaber eine Bescheinigung über den Sachverhalt ertheilt worden, an die hierfür maßgebende Behörde einzusenden. Es ist dieses für Reichsmünzen das Metalldepot des Reiches bei der Königlichen Preußischen Münzstätte in Berlin, für Reichskassenscheine, die Reichs-Schulden-Verwaltung — Königliche Preußische Hauptverwaltung der Staatsschulden, Berlin, für Reichsbanknoten das Reichsbank-Direktorium, Berlin W., Jägerstraße 34/36.

Die betreffende Behörde wird diese Stücke einer Untersuchung unterwerfen und

im Falle der Echtheit den Werth der einsendenden Kasse zur Aushändigung an den Einzahler zusenden bezw. überweisen, im Falle der Unechtheit das Falschstück an die einsendende Kasse zurückgeben, damit dieselbe in Gemäßheit der Vorschrift unter 2 verfahre.

b) Gewaltsam ꝛc. beschädigte Stücke.

1. Reichsmünzen. Gewalsam oder in gesetzwidriger Weise beschädigte, echte Reichsmünzen sind, auch wenn sie am Gewicht keine Verringerung erfahren haben, gleichfalls anzuhalten.

Liegt der Verdacht eines Münzvergehens (§ 150 Str. G. B.) gegen eine bestimmte Person vor, so ist in der unter a2 angegebenen Weise zu verfahren. Liegt ein solcher Verdacht nicht vor, so ist das Münzstück durch Zerschlagen oder Einschneiden für den Umlauf unbrauchbar zu machen und alsdann dem Einzahler zurück zu geben.

Das vorstehende Verfahren findet keine Anwendung

auf Münzen, deren schadhafte Beschaffenheit von Mängeln bei der Ausprägung herrührt,

ferner auf Münzen, deren Beschädigung so geringfügig ist, daß hierdurch ihre Umlaufsfähigkeit nicht beeinträchtigt wird.

Die Ersatzleistung für Münzen, deren schadhafte Beschaffenheit von Mängeln der Ausprägung herrührt, erfolgt durch das Münzmetalldepot. Sind Münzen nur durch Zufall, z. B. bei einer Feuersbrunst, beschädigt worden, so bleibt es dem Besitzer überlassen, die, etwa zum Umlauf nicht mehr geeigneten Stücke anderweitig — bei einem Goldschmied — nach dem Metallwerth zu verkaufen.

2. Für beschädigte Reichs-Kassenscheine wird von der Reichs-Schuldenverwaltung Ersatz geleistet, wenn das vorgelegte Stück zu einem echten Reichskassenscheine gehört und mehr als die Hälfte eines solchen beträgt.

3. Für beschädigte Reichsbanknoten hat das Reichsbank-Direktorium Ersatz zu leisten, wenn der vorgelegte Theil mehr als die Hälfte der Banknote ausmacht oder, wenn der Nachweis geführt wird, daß der, nicht mehr vorhandene Theil vernichtet ist.

c) Abgenutzte Reichsmünzen.

Reichsgoldmünzen, welche in Folge längeren Umlaufs und Abnutzung am Gewicht soviel eingebüßt haben, daß sie das Passirgewicht (§ 9 des Gesetzes vom 4. Dezember 1871, Artikel 2 des Münzgesetzes vom 9. Juli 1873) nicht mehr erreichen, sowie Reichs- Silber-, Nickel- und Kupfer-Münzen, welche zufolge längeren Umlaufs und Abnutzung an Gewicht oder Erkennbarkeit erheblich eingebüßt haben, werden von allen Reichs- und Landes-Kassen zum vollen Werth angenommen und für Rechnung des Reiches eingezogen.

Die Versendung von Geld und Werthpapieren durch die Post und die Transportversicherung.

Die Versendung von Werthpapieren oder Geld erfolgt in Briefen oder Packeten mit Werthangabe.

Geld kann auch mittelst Postanweisung versandt werden und zwar bis 800 Mark auf eine Anweisung.

Das Porto hierfür beträgt:

10 Pf. bis 5 Mark
20 „ „ 100 „

30 Pf. bis 200 Mark
40 „ „ 400 „
50 „ „ 600 „
60 „ „ 800 „

Für die Bezeichnung und Verpackung von Werthbriefen und Werthpacketen sind die nachstehenden Bedingungen der Reichspostordnung vom 11. Juni 1892 maßgebend:

§ 7. I. Wenn der Werth einer Sendung angegeben werden soll, so muß derselbe bei Briefen in der Aufschrift, bei anderen Sendungen in der Aufschrift der Begleitadresse und des zugehörigen Packets ersichtlich gemacht werden.

II. Die Angabe des Werths hat in der Reichswährung zu erfolgen. Der angegebene Betrag soll den gemeinen Werth der Sendung nicht übersteigen.

III. Bei der Versendung von kurshabenden Papieren ist der Kurswerth, welchen dieselben zur Zeit der Einlieferung haben, bei der Versendung von hypothekarischen Papieren, Wechseln und ähnlichen Dokumenten derjenige Betrag anzugeben, welcher voraussichtlich zu verwenden sein würde, um eine neue rechtsgültige Ausfertigung des Dokuments zu erlangen oder um die Hindernisse zu beseitigen, welche sich der Einziehung der Forderung entgegenstellen würden, wenn das Dokument verloren ginge. Entspricht die Werthangabe den vorstehenden Regeln nicht, so kann die Sendung zur Berichtigung zurückgegeben werden. Aus einer irrthümlich zu hohen Werthangabe darf ein Anspruch auf Erstattung des entsprechenden Theiles der Versicherungsgebühr nicht hergeleitet werden.

IV. Der Vermerk über Postnachnahme gilt nicht als Werthangabe. Nachnahmesendungen werden daher nur dann als Werthsendungen behandelt, wenn auf der Sendung außer dem Nachnahmebetrage ausdrücklich ein Werth angegeben ist.

V. Ueber Sendungen mit Werthangabe wird eine Einlieferungsbescheinigung ertheilt.

§ 10. I. Briefe mit Werthangabe (Gold, Silber, Papiergeld, Werthpapiere &c.) müssen mit einem haltbaren Umschlage versehen und mit mehreren, durch dasselbe Petschaft in gutem Lack hergestellten Siegelabdrücken dergestalt verschlossen sein, daß eine Verletzung des Inhalts ohne äußerlich wahrnehmbare Beschädigung des Umschlags oder des Siegelverschlusses nicht möglich ist.

II. Geldstücke, welche in Briefen versandt werden, müssen in Papier oder dergleichen eingeschlagen und innerhalb des Briefes so befestigt sein, daß eine Veränderung ihrer Lage während der Beförderung nicht stattfinden kann.

III. Schwerere Geldsendungen sind in Packete, Beutel, Kisten oder Fässer fest zu verpacken.

IV. Sendungen bis zum Gewicht von 2 kg dürfen, sofern der Werth bei Papiergeld nicht 10 000 Mark und bei baarem Geld nicht 1000 Mark übersteigt, in Packeten von starkem, mehrfach umgeschlagenem und gut verschnürtem Papier eingeliefert werden.

V. Bei schwererem Gewicht und bei größeren Summen muß die äußere Verpackung in haltbarem Leinen, in Wachsleinwand oder Leder bestehen, gut umschnürt und vernäht, sowie die Naht hinlänglich oft versiegelt sein.

VI. Geldbeutel und Säcke, welche nicht in Fässern ꝛc. versandt werden, können in dem Falle aus einfacher starker Leinwand bestehen, wenn das Geld darin gehörig eingerollt oder zu Päckchen vereinigt, enthalten ist. Andernfalls müssen die Beutel aus wenigstens doppelter Leinwand hergestellt sein. Die Naht darf nicht auswendig und der Kropf nicht zu kurz sein. Da, wo der Knoten geschürzt ist, und außerdem über beide Schnurenden muß das Siegel deutlich ausgedrückt sein. Die Schnur, welche den Kropf umgiebt, muß durch den Kropf selbst hindurchgezogen werden. Dergleichen Sendungen sollen nicht über 25 kg schwer sein.

VII. Die Geldkisten müssen von starkem Holz angefertigt, gut gefügt und fest vernagelt sein, oder gute Schlösser haben; sie dürfen nicht mit überstehendem Deckel versehen, die Eisenbeschläge müssen fest und dergestallt eingelassen sein, daß sie andere Gegenstände nicht zerscheuern können. Ueber 25 kg schwere Kisten müssen gut bereift und mit Handhaben versehen sein.

VIII. Die Geldfässer müssen gut bereift, die Schlußreifen angenagelt und an beiden Böden dergestalt verschnürt und versiegelt sein, daß ein Oeffnen des Fasses ohne Verletzung der Umschnürung oder des Siegels nicht möglich ist.

IX. Bei Packeten mit baarem Geld in größeren Beträgen muß der Inhalt gerollt sein. Gelder, welche in Fässern oder Kisten zur Versendung gelangen sollen, müssen zunächst in Beutel oder Packete verpakt werden.

§ 32. I. Die Einlieferung solcher Sendungen, über welche die Postanstalt einen Einlieferungsschein auszustellen hat, wird durch den ertheilten Schein bewiesen; der Einlieferer hat sich daher nicht zu entfernen, ohne diesen Schein in Empfang genommen zu haben. Vermag der Absender diesen Schein nicht vorzulegen, so wird die Einlieferung als nicht geschehen erachtet, wenn dieselbe nicht aus den Büchern oder Karten ersichtlich ist oder nicht in anderer Weise überzeugend nachgewiesen wird.

§ 33. I. Wünscht der Absender einer Packetsendung ohne Werthangabe, einer Einschreibsendung oder einer Sendung mit Werthangabe eine von dem Empfänger auszustellende Empfangsbescheinigung (Rückschein) zu erhalten, so muß ein solches Verlangen durch die Bemerkung „Rückschein“

in der Aufschrift ausgedrückt sein; auch muß der Absender sich namhaft machen oder angeben, an wen der Rückschein abzuliefern ist.

II. Sendungen gegen Rückschein müssen vom Absender frankirt werden. Für die Beschaffung des Rückscheins ist außer dem Porto rc. eine Gebühr von 20 Pf. vom Absender ebenfalls im Voraus zu entrichten.

III. Die Weigerung des Empfängers, den Rückschein zu vollziehen, gilt als eine Verweigerung der Annahme der Sendung.

§ 35. I. Der Absender einer Postsendung kann dieselbe zurücknehmen oder deren Aufschrift abändern lassen, solange die Sendung dem Empfänger noch nicht ausgehändigt ist. Bei Sendungen mit Werthangabe über 400 Mark ist das Verlangen einer Abänderung der Aufschrift nicht zulässig.

II. Die Zurücknahme kann erfolgen am Ort der Aufgabe oder am Bestimmungsort, ausnahmsweise auch an einem Unterwegsorte, insofern dadurch keine Störung des Dienstes herbeigeführt wird.

III. Die Zurückgabe geschieht an denjenigen, welcher ein von derselben Hand, von welcher die Aufschrift der Sendung geschrieben ist, ausgefertigtes Doppel des Briefumschlages oder der Begleitadresse rc. und den Einlieferungsschein, sofern ein solcher über die Sendung ertheilt ist, abgiebt.

IV. Ist die Sendung bereits abgegangen, so hat derjenige, welcher sie zurückfordert oder eine Abänderung ihrer Aufschrift wünscht, sich als Absender auszuweisen (III) und den Gegenstand bei der Postanstalt des Abgangsortes schriftlich so genau zu bezeichnen, daß derselbe unzweifelhaft als der verlangte zu erkennen ist.

V. Die hierauf bezüglichen Verlangen werden entweder brieflich oder telegraphisch von der Postanstalt auf Kosten des Absenders ausgefertigt und abgesandt. Letzterer hat dafür zu entrichten:

1. wenn die Uebermittelung brieflich erfolgt, die Taxe für einen einfachen Einschreibbrief;
2. wenn die Uebermittelung auf telegraphischem Wege geschieht, die Taxe des Telegramms nach dem gewöhnlichen Tarif.

VI. Ist die Sendung noch nicht abgegangen, so wird von der Postanstalt das Franco bei Rückgabe des Briefumschlages oder der Begleitadresse erstattet.

VII. Ist die Sendung bereits abgesandt, so finden hinsichtlich der Portoerhebung für die Rückbeförderung dieselben Bestimmungen wie bei einer gewöhnlichen Rücksendung (§ 45 VIII) mit der Maßgabe Anwendung, daß das Rückporto eintretenden Falls nach der wirklich zurückgelegten Beförderungsstrecke berechnet wird.

§ 37. I. Hat der Siegel- oder sonstige Verschluß einer Sendung sich gelöst, so wird derselbe von dem Postbeamten unter Beidrückung des Postsiegels und Hinzufügung der Namensunterschrift des Postbeamten wiederhergestellt.

II. Ist durch die gänzliche Lösung des Siegels oder anderweiten Verschlusses einer Sendung mit baarem Geld oder mit geldwerthen Papieren die Herausnahme des Inhalts der Sendung möglich geworden, so wird vor Herstellung des Verschlusses erst festgestellt, ob der angegebene Betrag der Sendung noch vorhanden ist.

IV. Hat nach den vorstehenden Bestimmungen ein anderweiter Verschluß der Sendung stattgefunden, so ist — wenn es sich um Briefe mit Werthangabe oder um Packete mit oder ohne Werthangabe handelt — bei Ankunft der Sendung am Bestimmungsort der Empfänger davon in Kenntniß zu setzen und zu ersuchen, zur Eröffnung der Sendung in Gegenwart eines Postbeamten im Postdienstzimmer innerhalb der zu bestimmenden Frist sich einzufinden. Etwaige Erinnerungen, welche der erschienene Empfänger bei Eröffnung der Sendung gegen deren Inhalt erhebt, sind in die Verhandlung aufzunehmen, durch welche der Befund festgestellt wird. Leistet der Empfänger dem Ersuchen keine Folge, oder verzichtet derselbe ausdrücklich auf Eröffnung der Sendung, so ist mit deren Bestellung und Aushändigung nach Maßgabe der folgenden Vorschriften zu verfahren.

V. Die Postbeamten müssen sich jeder über den Zweck der Eröffnung hinausgehenden Einsicht der Sendung enthalten; auch muß über die geschehene Eröffnung eine Verhandlung aufgenommen werden, in welcher die Veranlassung der Maßregel, der Hergang bei derselben und das Ergebniß niederzuschreiben sind.

VI. Sendungen mit Drucksachen oder mit Waarenproben zum Zweck der Prüfung über die Zulässigkeit des ermäßigten Portos zu öffnen und einzusehen, sind die Postbeamten auch ohne weiteres Verfahren befugt.

Das Porto für Werthbriefe beträgt bei Entfernungen bis zu 10 Meilen 20 Pf., auf weitere Entfernungen 40 Pf.

Für Werthpackete kommt zunächst das gewöhnliche Packetporto in Ansatz.

Außer diesen Sätzen sind für jede angefangene 300 Mark der deklarirten Werthsumme 5 Pf. Versicherungsgebühr, mindestens jedoch 10 Pf. zu bezahlen.

Zur Ersparung von Porto empfiehlt sich, für diejenigen Sparkassen, welche größere Geld- und Inhaberpapiere-Sendungen und -Empfänge zu bewältigen haben, die Versicherung derselben bei dem „internationalen Verbande zur Transportversicherung von Post- und Eisenbahn-Werthsendungen".

Der Verband besteht aus einer Anzahl von Versicherungsgesellschaften, deren jede für sich, aber unter Mithaft der anderen Gesellschaften, Versicherungen abschließt.

Hierzu gehören u. a.:

Berliner Land- und Wasser-Transport-Versicherungsgesellschaft in Berlin,
Deutsche Transport-Versicherungsgesellschaft in Berlin,
Deutscher Lloyd, Transport-Versicherungs-Aktien-Gesellschaft in Berlin,

Düsseldorfer allgemeine Versicherungsgesellschaft für See-, Fluß- und Land-Transport in Düsseldorf,
Foncière, Pester Versicherungs-Anstalt in Budapest,
Fortuna, allgemeine Versicherungs-Aktien-Gesellschaft in Berlin,
Frankfurter Transport- und Glas-Versicherungs-Aktien-Gesellschaft in Frankfurt am Main.
k. k. priv. Assicurazioni Generali in Triest,
Kölnische Unfall-Versicherungs-Aktiengesellschaft in Köln,
Magdeburger allgemeine Versicherungs-Aktien-Gesellschaft in Magdeburg,
Rheinisch-Westfälischer Lloyd in M.-Gladbach,
Schlesische Feuer-Versicherungs-Gesellschaft in Breslau,
Viktoria zu Berlin, allgemeine Versicherungs-Aktien-Gesellschaft in Berlin,
Wiener Rückversicherungs-Gesellschaft in Wien.

Vertreter (Agenten) einer oder der andern Gesellschaft findet man wohl in allen Städten und sind von ihnen die speciellen Bedingungen erhältlich.

Hauptsächlich ist vorgeschrieben, daß der Versand der versicherten Valoren mittelst der Staatspost resp. derjenigen Transportunternehmungen geschieht, deren sich der Staat zur Beförderung der Post bedient, oder an welche der Staat die Beförderung derselben übertrugen hat.

Ueber den Verschluß der Sendungen gelten im allgemeinen die seitens der Reichspost ausgegebenen Vorschriften.

Spätestens am Tage des Versands der versicherten Valoren sind dieselben, sofern sie einen Werth von 4000 Mark und darüber haben, von dem Versicherungsnehmer dem Empfänger durch gesondert abzusendenden Brief zu avisiren. Bei Beziehungen resp. Versendungen von einem auswärtigen nach einem dritten (auswärtigen) Platze hat der Versicherungsnehmer den betreffenden Absender entsprechend mit solcher Avisirung zu beauftragen.

Gerathen Effekten, Wechsel oder dergl. in Verlust, so ist der Identitätsnachweis durch Angabe der Gattungen, Serien und Nummern zu führen.

Die Gefahr für die Versicherer beginnt mit dem Zeitpunkte, wo die versicherten Valoren der Postanstalt gegen eine postamtliche Quittung übergeben werden und endigt, sobald dieselben von der Postverwaltung am Bestimmungsorte abgeliefert sind.

Die zu versichernden Sendungen resp. Beziehungen hat der Versicherungsnehmer Tag für Tag unter fortlaufender Nummer und in chronologischer Ordnung in Uebereinstimmung mit seinen sonstigen Handlungsbüchern in ein, nur zu diesem Zwecke bestimmtes, von der Versicherungsgesellschaft paraphirtes und gestempeltes Versicherungs-Journal nach den vorgezeichneten Kolonnen einzutragen.

Diese Eintragung in das Versicherungs-Journal hat zu erfolgen bei **Versendungen vor deren Aufgabe zur Post, bei Beziehungen, sowie bei Sendungen von einem auswärtigen nach einem dritten (auswärtigen) Platze bei Ertheilung der Versand-Ordre.**

Der Versicherungsnehmer hat die Eintragungen spätestens 24 Stunden nach deren Einschreibung der Gesellschaft bezw. dem, ihm von dieser zu bezeichnenden Agenten entweder durch Vorlegung des Versicherungs-Journals oder durch Franco-Einsendung von Auszügen aus dem Versicherungs-Journale mitzutheilen.

Bei der Eintragung in das Versicherungs-Journal bezw. in das Aufgabe-Formular (den Auszug) genügen in der Regel die summarische Bezeichnung der Valoren-Gattungen, nämlich ob Inhaberpapiere, Zinsscheine, Papiergeld ꝛc. und die Bestimmung der Versicherungssumme, d. h. die Angabe, wie hoch jede dieser Gattungen versichert werden bezw. ob Kosten und imaginairer Gewinn als mitversichert gelten sollen.

Die Gesellschaften übernehmen insofern eine weitgehendere Verantwortlichkeit, wie die Reichspost, indem sie die Gefahren der höheren Gewalt (vis major) insoweit solche nicht abwendbar sind, von der Ersatzleistungsverpflichtung nicht ausschließen.

Trotzdem ist die Versicherungsgebühr niedriger, als bei der Reichspost.

Die Valoren werden in zwei Klassen eingetheilt:

I. Klasse. Effekten (geldwerthe Papiere), Wechsel und Checks.

II. Klasse. Coupons, Papiergeld, Edelsteine, Gold und andere edle Metalle.

Die Versicherungsgebühr innerhalb Deutschlands für die erste Klasse beträgt bei Entfernungen bis zu 375 Kilometern (50 Meilen) 5 Pf., bei weiteren Entfernungen 7 Pf. für je 1000 Mark.

Für die II. Klasse werden dementsprechend 7 und 10 Pf. berechnet.

Für die Werthbezeichnung der Postsendungen ist in der Regel vorgeschrieben, daß

Sendungen der Klasse I bis 400 000 Mark mit 600 Mark,
" " " II
a) bis 40 000 " " 600 "
b) über 40 000 " bis 400 000 Mark mit 5 % des Werthes

zu deklariren sind.

Statut.

§ 1. Name, Sitz und Zweck.

Die für den Kreis NN. errichtete Sparkasse führt den Namen: „Kreissparkasse NN." und hat ihren Sitz in der Stadt NN.

Sie hat den Zweck:

1. Jedermann, sowie Korporationen, Stiftungen, Krankenkassen und dergl. zur sicheren verzinslichen Anlegung von Ersparnissen oder sonstiger Gelder (§ 7),
2. zur Erlangung von Darlehnen,

Gelegenheit zu geben (§ 12).

§ 2. Verhältniß der Sparkasse zum Kreise.

Die Kreissparkasse besteht als ein selbstständiges Institut unter Garantie des Kreises.

Alle Verbindlichkeiten der Sparkasse bilden eine Kreislast und werden wie eine solche getragen, wenn jemals das eigene Vermögen der Sparkasse zur Erfüllung der, von ihr eingegangenen Verpflichtungen nicht ausreichen sollte.

§ 3. Vorstand.

Die Verwaltung wird durch einen Vorstand geführt, welcher aus dem jedesmaligen Landrath des Kreises oder Landrathsamtsverweser — bei Vakanz des Landrathsamtes — als Vorsitzenden und aus 2 Beisitzern besteht, die vom Kreistage auf 6 Jahre gewählt werden.

Zum Beisitzer ist jeder unbescholtene Kreiseingesessene, welcher nicht bereits dem Vorstande einer anderen öffentlichen Sparkasse angehört oder Mitglied des Vorstandes oder Aufsichtsrathes eines Vorschuß- oder Credit-Vereins ist, wählbar.

Der Vorsitzende wird in Behinderungsfällen durch den, dem Dienst- bezw. Lebensalter nach ältesten Kreis-Deputirten vertreten, bei dessen Behinderung tritt der zweite Kreis-Deputirte ein.

Im Falle der Behinderung beider Kreis-Deputirten tritt der, vom Vorstande ein für alle Mal zu bezeichnende Beisitzer ein, in dessen Stelle als Beisitzer einer der Stellvertreter einzuberufen ist.

Für die beiden Beisitzer wählt der Kreistag zwei Stellvertreter.

Wegen deren Wahlperiode und Wählbarkeit gilt das, im 2. Abschnitte dieses Paragraphen bezüglich der Beisitzer Gesagte.

Der Vorstand vertritt die Kreissparkasse bei allen gerichtlichen und außergerichtlichen Geschäften, auch bei solchen, zu denen die Gesetze eine Special-Vollmacht verlangen. Insbesondere ist er befugt, Gelder aus Hinterlegungsstellen in Empfang zu nehmen, Sachen und Grundstücke zu erwerben, zu veräußern und aufzulassen, Eintragungen und Löschungen aller Art in Grundbüchern zu bewilligen und zu beantragen.

Der Vorstand ist befugt, nicht nur sich für einzelne Fälle durch andere Personen vertreten zu lassen, sondern auch gewisse, häufig wiederkehrende Rechtshandlungen ein für alle Mal dem Vorsitzenden oder einem Beisitzer allein zu überlassen.

Macht der Vorstand von dieser allgemeinen Befugniß Gebrauch, so ist sein desfallsiger Beschluß nach § 17 bekannt zu machen.

Der Vorsitzende vertritt den Vorstand nach Außen, verhandelt Namens desselben mit Behörden und Privatpersonen, führt den Schriftwechsel und zeichnet alle Schriftstücke Namens des Vorstandes.

Die Versammlungen des Vorstandes werden an dem dazu vom Vorsitzenden bestimmten Orte und auf Einladung des Vorsitzenden abgehalten.

Der Vorstand ist beschlußfähig nur, wenn alle drei Mitglieder bezw. die Stellvertreter der Behinderten an der Berathung Theil nehmen.

Die Beschlüsse werden mit Stimmenmehrheit gefaßt.

Dem Vorsitzenden steht jedoch das Recht zu, gegen einen, so zu Stande gekommenen Beschluß binnen acht Tagen Berufung einzulegen.

Die Mitglieder des Vorstandes dürfen keine Darlehne und zwar weder gegen Wechsel, noch gegen hypothekarische Sicherheit bei der Sparkasse aufnehmen und sich nicht für solche Darlehne verbürgen. Unter besonderen Verhältnissen ist die Aufnahme eines Darlehns gegen hypothekarische Sicherheit durch Mitglieder des Vorstandes mit Genehmigung des Königlichen Regierungs-Präsidenten zulässig.

Die Legitimation des Vorstandes geschieht durch eine, vom Landrathe ausgestellte und mit dem Siegel des Landrathes versehene Bescheinigung, daß die darin benannten Personen den derzeitigen Vorstand der Sparkasse des N. N. Landkreises bilden.

Der Vorsitzende oder der dazu beorderte Beisitzer hat die Kasse allmonatlich einmal, der Vorstand alljährlich mindestens einmal zu revidiren. Die Nebenstellen können nach Ermessen des Vorstandes jederzeit revidirt werden, wozu derselbe sich eines Beamten oder sonstiger Vertrauenspersonen bedienen kann.

§ 4. Ausstellung der die Sparkasse verpflichtenden Urkunden.

Alle Urkunden müssen, wenn sie die Kreissparkasse verpflichten sollen, in Gemäßheit des § 137 der Kreis-Ordnung von dem Landrathe und 2 Mitgliedern des Vorstandes unterschrieben und mit dem Siegel des Landrathes versehen sein. Ausgenommen hiervon sind diejenigen Urkunden, welche aus Rechtshandlungen herrühren, die dem Vorsitzenden oder einem Beisitzer ein für alle Mal überlassen sind und diejenigen in § 6 näher bezeichneten Urkunden, zu deren Vollziehung die Beamten befugt sind.

§ 5. Aufsichtsbehörde.

Die gesammte Geschäftsführung der Sparkassen-Verwaltung wird vom Kreis-Ausschuß überwacht.

Der Kreis-Ausschuß hat die Befugniß, die Sparkasse, sowie die Nebenstellen jederzeit außerordentlich zu revidiren, er kann die Revision entweder in pleno vornehmen oder durch ein oder mehrere Mitglieder ausführen lassen.

Zu allen wichtigen, von Aufsichtswegen zu erlassenden Anordnungen, Statutenänderungen, Erlaß von Dienstanweisungen und dergl., ferner zur Wahl der Kassenbeamten und über die, dem Kreistag in Vorschlag zu bringenden Anstellungs- und Besoldungsbedingungen pp. hat der Kreis-Ausschuß den Vorstand anzuhören.

§ 6. Beamte, deren Dienstgeschäfte, Pflichten und Befugnisse.

Die Kassengeschäfte werden bei der Kreis-Sparkasse insbesondere von einem Rechnungsführer (Rendant) und einem Gegenbuchführer (Kontroleur), bei den Nebenstellen durch deren Verwalter, auf Grund des Statuts und der Dienstanweisung, unter Leitung des Vorstandes besorgt.

Die Wahl und Anstellung der Beamten erfolgt durch den Kreis-Ausschuß, die Feststellung der Anstellungsbedingungen durch den Kreistag.

Bei der Kreis-Sparkasse quittiren Rechnungsführer und Gegenbuchführer über die Einlagen der Sparer, die Zinsen für die ausgeliehenen Kapitalien, sowie sonstige, zur Kasse fließende bezw. zurückfließende Gelder, auch über die von der Post oder sonstigen Behörden eingehenden Geld- und Werthsendungen.

Ferner haben diese Beamten die Checks im Giroverkehr mit der Reichsbank und die Vermerke über ausgezahlte Einlagen in den Sparbüchern zu vollziehen, auch die Hinterlegungsscheine über die Unterpfänder oder sonstwie hinterlegte Werthe auszustellen.

Der Rendant und bei dessen Behinderung der Kontroleur, ist zur Vertretung der Kasse bezüglich der in § 873 des Bürgerlichen Gesetzbuches vorgeschriebenen Einigung wegen Eintragung von Hypotheken und Grundschulden für die Kasse befugt.

Bei den Nebenstellen dürfen Namens der Kreis-Sparkasse Einlagen bis zur Höhe von . . . Mk. seitens der Untereinnehmer gegen vorläufige Quittung in Empfang genommen werden.

Binnen 4 Wochen, vom Tage der Einzahlung gerechnet, — jedoch nicht vor Ablauf einer Woche — ist das mit dem Eintragungsvermerk seitens der Sparkasse versehene Sparbuch gegen Rückgabe der vorläufigen Quittung beim Untereinnehmer abzuholen.

Mit Ablauf dieser Frist verliert die vorläufige Quittung ihre Beweiskraft gegen die Kreis-Sparkasse und der Inhaber kann, Falls der bescheinigte Betrag nicht zur Sparkasse gekommen ist, seine Ansprüche nur noch gegen den Untereinnehmer geltend machen.

Die Untereinnehmer sind ferner befugt, Kündigungen von Spareinlagen mit verbindlicher Wirkung für die Kreis-Sparkasse entgegen zu nehmen und einen Vermerk über die erfolgte Kündigung in das betreffende Sparbuch einzutragen.

Endlich dürfen die Untereinnehmer bis zur Höhe von Mk. . . . Rückzahlungen von Spareinlagen gegen beglaubigte Quittung für Rechnung der Kreis-Sparkasse bewirken und hierauf bezügliche Vermerke in die betreffenden Sparbücher eintragen.

Zu diesen Rückzahlungen kann nach Bedürfniß bei den einzelnen Nebenstellen ein sogenannter eiserner Fonds, dessen Höhe der Kreis-Ausschuß für jede Stelle festsetzt, angelegt werden.

Die Beamten haben über die Dienstgeschäfte gegen Jedermann das unverbrüchlichste Stillschweigen zu beobachten, welche Verpflichtung mit dem Scheiden aus dem Amte nicht erlischt.

§ 7. Spar-Einlagen und Sparmarken.

Die Kreis-Sparkasse nimmt unter den statutenmäßigen Bedingungen Einlagen im Betrage von 0,50 Mark bis 3000 Mark an.

Ob und unter welchen abweichenden Bedingungen (geringerer Zinsfuß, Kündigung, Rückzahlung) höhere Einlagen anzunehmen sind, — gleichviel ob dieselben auf einmal oder durch Nachzahlungen angeboten werden -- bestimmt der Vorstand.

Zur Beförderung des Sparens kleinerer Beträge ist die Sparkasse berechtigt, Sparmarken im Werthe von 10 Pf. auszugeben und dieselben, zu je 30 Stück auf einer Karte gesammelt, als baare Einlage anzunehmen.

Einlagen können auch mit der Bestimmung gemacht werden, daß die Rückzahlung erst erfolgen soll:

a) an einem bestimmten, wenigstens 5 und höchstens 30 Jahre hinausliegenden Termin;
b) bei Eintritt eines, innerhalb gleicher Frist zu erwartenden, bestimmt zu bezeichnenden Ereignisses;
c) nachdem das Guthaben eine bestimmte Höhe erreicht hat.

Soll im Falle zu b. das Ereigniß bei einer dritten Person eintreten (Großjährigkeit, Heirath, Tod derselben) so kann die Einlage nur für diese geschehen, so daß sie der Sparkasse gegenüber als Einleger gilt und demgemäß auch das Sparbuch auf ihren Namen zu lauten hat.

Die Zahlung sämmtlicher aufgelaufenen Zinsen erfolgt in diesen Fällen, sofern nicht von vornherein etwas anderes vereinbart ist, erst bei der Rückzahlung des Kapitals am Tage der Fälligkeit desselben. Letztere tritt in dem Falle zu b. spätestens mit Ablauf des 30. Jahres nach erfolgter Einzahlung und stets mit dem Tode desjenigen ein, in dessen Person das betreffende Ereigniß stattfinden soll.

Die Bestimmung des § 9 Absatz 3 findet hier keine Anwendung.

Die Rückzahlung der Einlagen erfolgt bis einschließlich 100 Mark sogleich, bei Beträgen von mehr als 100, einschließlich 300 Mark nach 4 wöchentlicher und bei höheren Beträgen nach 3 monatlicher Kündigung.

Ohne Kündigung werden im Laufe von vier Wochen nicht mehr, als 100 Mark, und im Laufe von drei Monaten nicht mehr, als 300 Mark, gezahlt.

Die erfolgte Kündigung wird von den Kassenbeamten in dem Sparbuche vermerkt.

Gekündigte Beträge von mehr als 500 Mark ist der Sparkassen-Vorstand befugt, schon vor dem Fälligkeitstermin ohne Zinsvergütung für den Rest der Kündigungsfrist zurückzahlen zu lassen.

Werden gekündigte Einlagen eine Woche nach Eintritt der Fälligkeit nicht abgehoben, dann gilt die Kündigung für zurückgezogen.

Die Kündigungsbedingungen können vom Vorstand ganz oder theilweise mit dem Rechte jederzeitigen Widerrufs außer Kraft gesetzt werden.

Am Jahresschluß wird eine Nachweisung von den, am 31. Dezember unter Zurechnung der Zinsen bis dahin, auf den einzelnen Konten (Sparbüchern) vorhandene Spareinlagen in der in § 17 vorgeschriebenen Weise veröffentlicht. Diese Nachweisung zeigt neben der № des Sparbuches das Guthaben. Die Namen der Einleger werden nicht veröffentlicht.

Differenzen sind unter Vorzeigung des Sparbuches innerhalb vier Wochen nach Erscheinen der Nachweisung beim Vorstande anzuzeigen.

§ 8. Verzinsung der Spareinlagen.

Die Kreissparkasse gewährt dem Einleger 3 % Zinsen unter Berücksichtigung der Vorschriften des § 7 Absatz 2.

Der Kreistag ist ermächtigt, je nach der Lage des Geldmarktes diesen Zinsfuß bis zu 5 % zu erhöhen oder bis zu 2 % zu ermäßigen.

Falls die Erhöhung des Zinsfußes jedoch über 4 % hinausgeht, ist hierzu die Genehmigung des Königlichen Regierungs-Präsidenten einzuholen.

Jede Veränderung des eingeführten Zinsfußes ist in der, durch § 17 vorgeschriebenen Weise öffentlich bekannt zu machen.

Von sämmtlichen Einlagen wird jede volle Mark verzinst.

Es werden aber nur volle Kalendermonate in Anrechnung gebracht.

Bei der Zinsenberechnung sich ergebende Pfennig-Bruchtheile bleiben außer Ansatz.

Am Jahresschlusse werden auf jedem Konto die aufgelaufenen Zinsen dem Kapitale zugeschrieben und mit diesem weiter verzinst.

Im Sparbuch werden die aufgelaufenen Zinsen bei Gelegenheit einer neuen Einzahlung oder einer Abhebung vermerkt.

Es steht dem Sparer indeß frei, das Sparbuch auch behufs Eintragung der Zinsen besonders vorzulegen.

Wenn ein Interessent sich von der letzten Präsentation seines Sparbuches an binnen 30 Jahren nicht bei der Kasse meldet, so hört von dieser Zeit die weitere Verzinsung seines Guthabens auf.

§ 9. Sparbücher.

Wer Geld in die Sparkasse einlegt, erhält ein, auf seinen Namen lautendes Sparbuch, welchem dieses Statut und eine Verzinsungstabelle beigeheftet sind.

Die Sparbücher werden unter fortlaufenden Nummern ausgestellt und sind auf dem Titelblatte vom Vorsitzenden und den Mitgliedern des Vorstandes zu vollziehen und mit dem Siegel des Landrathes zu versehen.

Jeder Einleger erhält in der Regel nur ein Sparbuch.

Alle Eintragungen und Vermerke in demselben erfolgen unter Beisetzung des Datums und der Unterschriften der beiden Kassenbeamten.

Jede Ein- und Auszahlung wird in dem Sparbuche vermerkt und dieses, sofern es sich um eine Theilabhebung des Guthabens handelt, dem Vorzeiger wieder ausgehändigt.

Einlagen, welche ohne besondere Genehmigung des Vorstandes von demselben Gläubiger auf ein zweites Buch gemacht sind, ist die Sparkasse befugt, sofort ohne Kündigung und ohne Gewährung von Zinsen zurückzuzahlen.

Jeder Inhaber eines Sparbuches ist zur eigenen Sicherung gegen Irrthum oder Betrug verpflichtet, jederzeit auf Ersuchen des Kreis-Sparkassen-Vorstandes oder Kreis-

Ausschusses, sein Sparbuch zur Einsicht zwecks Vergleichung der Eintragungen in demselben mit denjenigen in den Büchern der Kasse, der auffordernden Stelle vorzulegen. Alle, durch die Nichtbefolgung dieser Vorschriften erwachsenden Nachtheile hat der betr. Einleger allein zu tragen.

Die Kreis-Sparkasse ist berechtigt, aber nicht verpflichtet, bei der Vorlegung eines Sparbuches die Legitimation des Inhabers zu prüfen.

Sie kann gültig Zahlungen an jeden Inhaber eines Sparbuches leisten.

Derjenige, welchem sein Sparbuch durch Zufall vernichtet oder verloren gegangen ist, hat den Verlust unverzüglich, nachdem er ihn bemerkt, der Kasse anzuzeigen, welche davon Notiz auf dem betreffenden Sparkonto nimmt, ohne verpflichtet zu sein, die Berechtigung des Antragstellers zu prüfen.

Vermag der Verlierer die gänzliche Vernichtung des Sparbuches auf eine, nach dem Ermessen des Vorstandes überzeugende Weise darzuthun, so wird ihm ohne Weiteres auf Grund der Kassenbücher ein neues Buch ausgefertigt und dasselbe auf dem Titelblatte als zweite Ausfertigung bezeichnet.

Ein gleicher Vermerk ist in die Bücher der Sparkasse einzutragen.

In gleicher Weise ist zu verfahren, wenn ein Sparbuch theilweise vernichtet ist. In diesem Falle wird der übriggebliebene Theil desselben zum Archive der Kreis-Sparkasse genommen.

In beiden Fällen hat derjenige, der die Ausstellung des neuen Sparbuches beantragt, seine Berechtigung zu diesem Antrage zu erbringen.

Jeder Einleger kann sich gegen Auszahlung der Spargelder an einen unbefugten Dritten dadurch sichern, daß er bei der Kasse in sein Sparbuch den Vermerk eintragen läßt, daß die auf dieses Sparkonto eingezahlten Beträge nur allein ihm, oder seinem legitimirten Erben oder Bevollmächtigten, oder einer andern, namentlich zu bezeichnenden Person auszuzahlen sind (Sperrvermerk).

Die Auszahlung von Spargeldern geschieht in diesem Falle nur nach erfolgter Feststellung desjenigen, der das Sparbuch vorlegt.

Als genügende Legitimation ist es anzusehen, wenn der das Buch Vorzeigende durch eine, dem Vorsitzenden oder einem der Kassenbeamten persönlich bekannte, zuverlässige und dispositionsfähige Person recognoscirt wird und letztere die Recognoscirung auf dem Sparbuche bezw. auf einer, im Falle theilweiser Rückzahlung eigens auszustellenden Quittung durch Namensunterschrift bescheinigt.

In allen übrigen Fällen muß das verloren gegangene Sparbuch nach Vorschrift der Nr. 15 des Reglements, die Einrichtung des Sparkassenwesens betreffend, vom 12. December 1838 (Gesetz-Sammlung 1839, Seite 5) und der §§ 1003 ff. der Civilprozeß-Ordnung vom 17. Mai 1898 gerichtlich aufgeboten und für kraftlos erklärt werden.

Diejenigen Einleger, deren Guthaben 30 Mark und mehr beträgt, haben für Benutzung des Sparbuches 30 Pfg. zu entrichten, welche bei der letzten Auszahlung in Abzug gebracht werden.

Wird das ganze Guthaben abgehoben, so hat der Sparbuchinhaber das mit Quittung versehene Sparbuch der Kreissparkasse zurückzugeben.

Jedem Inhaber eines Sparbuches ist auf Erfordern das für ihn angelegte Konto zur Einsicht vorzulegen.

§ 10. Einlagen-Geschäftsverkehr unter Benutzung der Post.

Einzahlungen, Kündigungen und Rückzahlungen können auch unter Benutzung der Post erfolgen.

Bei der Einsendung von Geld zu einer ersten Einlage ist genau anzugeben, auf wessen Namen das Sparbuch ausgestellt werden soll und wo die betreffende Person wohnt. Das Sparbuch wird dann dem Interessenten oder dem vom Einsender besonders benannten Empfänger unter Werthangabe zugesandt.

Bei weiteren Einlagen und bei Kündigungen ist das Sparbuch stets mit einzusenden. Dasselbe wird nach erfolgter Eintragung der Einlage, beziehungsweise des Kündigungsvermerks in vorgeschriebener Weise zurückgesandt.

Will der Inhaber eines Sparbuches den abzuhebenden Betrag durch die Post zugesandt haben, so hat er mit dem Sparbuche zugleich eine, den gesetzlichen Vorschriften entsprechende Quittung, deren Unterschrift durch einen öffentlichen Beamten unter Beidrückung des Amtssiegels beglaubigt ist, an die Sparkasse einzusenden.

Von der Kasse wird ihm sodann der quittirte Betrag nebst dem Sparbuche, in welchem die abgehobene Summe abgeschrieben ist, unter Werthangabe zugesandt. Wünscht der Einleger die Absendung des Geldes an eine andere Person, so ist dieses auch in der Quittung zu vermerken.

Wird der ganze Betrag erhoben, so hat der Inhaber des Sparbuches in dem letzteren selbst die vorstehend vorgeschriebene Quittung niederzuschreiben und das Buch an die Sparkasse einzusenden, worauf er den Betrag durch die Post zugestellt erhält. Das Sparbuch wird in diesem Falle nicht zurückgesandt.

Alle Portokosten trägt der Interessent.

Etwaige Reklamationen wegen Ausbleibens oder Unrichtigkeit einer Kassensendung sind bei dem Vorstande anzubringen und zwar binnen einer Frist von vier Wochen seit dem Tage der Absendung des betreffenden Antrages.

Die Sendungen gehen auf Gefahr des Interessenten.

§ 11. Uebertragung der Einlagen auf andere Sparkassen.

Das Guthaben von Personen, welche ihren Aufenthaltsort ändern, wird unter nachstehenden Bedingungen von der Sparkasse des bisherigen auf die, des neuen Aufenthaltsortes übertragen.

Der Sparer hat seinen Antrag auf Uebertragung des Guthabens bei einer der beiden betheiligten Sparkassen anzubringen und erhält über das, von ihm einzureichende Sparbuch eine Bescheinigung. Gegen deren Rückgabe wird ihm von der Sparkasse des neuen Aufenthaltsortes ein neues Buch über sein Guthaben mit einer Abrechnung ausgehändigt.

Die Verzinsung der Einlagen wird durch die Uebertragung nicht unterbrochen. Erfolgt die Uebertragung spätestens am 15. des Monats, so hat die Sparkasse des neuen Aufenthaltsortes die bei ihr üblichen Zinsen für den laufenden Monat zu vergüten, erfolgt sie später, so trifft diese Verpflichtung die andere Sparkasse.

Die Einzahlung bei der Post oder auf Giro-Konto bei der Reichsbank gilt als Zeitpunkt der Uebertragung. Die Kosten der Uebertragung fallen bis zur Höhe von 50 Pfg. der Sparkasse des neuen Aufenthaltsortes, etwaige Mehrkosten dem Sparer zur Last. Die Uebertragung kann nur stattfinden, wenn diese Bestimmungen bei beiden betheiligten Sparkassen gelten.

§ 12. Anlage der Geldmittel.

Die Gelder der Kreissparkasse werden durch den Vorstand verwandt bezw. ausgeliehen:

a) zum Ankauf von Inhaber-Papieren, welche von dem deutschen Reiche oder von dem preußischen Staate emittirt oder garantirt, oder welche unter Autorität des preußischen Staates von Korporationen oder Kommunen ausgestellt und mit einem für alle Male bestimmten Satze verzinslich sind;

b) an Provinzen, Kreise, Stadt- und Landgemeinden, Kirchengemeinden und sonstige leistungsfähige, mit Korporationsrechten ausgestattete Komunalverbände des preußischen Staates. Jedoch sind für diese Darlehne bestimmte Amortisationsfristen festzusetzen und darf zu denselben niemals mehr als ein Viertel des Gesammtbestandes der Sparkasse verwendet werden;

c) gegen hypothekarische Verpfändung von ländlichen und städtischen Grundstücken, soweit solche Sicherheit bieten. Diese Sicherheit wird angenommen bei ländlichen Grundstücken innerhalb der ersten $^2/_3$ und bei städtischen innerhalb der ersten Hälfte des durch eine gerichtliche Taxe festgestellten Werthes, oder bei Liegenschaften innerhalb des 25fachen Grundsteuer-Reinertrages, bei Gebäuden aber innerhalb des $12^1/_2$fachen Gebäudesteuer-Nutzungswerthes resp. innerhalb der ersten Hälfte der Summe, mit welcher dieselben bei einer öffentlichen Societät gegen Feuersgefahr versichert sind. Soweit diese Sicherheit durch den Werth von Gebäuden dargeboten wird, darf die Beleihung nur erfolgen, wenn und solange dieselben bei einer öffentlichen Societät oder bei einer soliden Privat-Versicherungs-Gesellschaft, welche sich für den Fall des Brandschadens zur Sicherung der Rechte der Hypothekengläubiger verpflichtet, mindestens in Höhe des angenommenen Werthes gegen Feuersgefahr versichert sind;

d) gegen Verpfändung von Hypotheken- oder Grundschuld-Forderungen mit der unter c. verlangten Sicherheit oder von Inhaber-Papieren der unter a. dieses Paragraphen gedachten Art oder von Spareinlagen. Die Beleihung der Inhaberpapiere oder Sparbücher anderer Sparkassen ist nur bis zu neun Zehnteln des Kurswerthes oder des Guthabens, niemals aber höher, als bis zu neun Zehnteln des Nominalwerthes, die Beleihung von Hypotheken- oder Grundschuldforderungen ist bis zur Höhe von vier Fünfteln des Betrages zulässig;

e) auf Wechsel oder Schuldscheine, wenn zwei geeignete Personen für Kapital, Zinsen und Kosten als Bürgen, Selbstschuldner solidarisch mit eintreten. Ausnahmsweise können derartige Darlehne auch gegeben werden, wenn nur ein Bürge eintritt. Zu Darlehnen dieser Art darf übrigens niemals mehr, als ein halb des Gesammteinlagebestandes, verwendet werden. Ueber die Höhe der einzelnen Darlehne, sowie über die Annahme der vorgeschlagenen Bürgen entscheidet der Vorstand nach Maßgabe einer, vom Kreis-Ausschusse dem Vorstande übergebenen, von ersterem nach Bedarf zu ergänzenden oder abzuändernden Kreditliste;

f) auch können disponible Gelder bei landschaftlichen Darlehns-Kassen, der Reichsbank oder einem, unter staatlicher Aufsicht verwalteten Bank-Institut, angelegt werden.

Dem Vorsitzenden steht es frei, in geeigneten Fällen, in denen eine Beschleunigung wünschenswerth erscheint, über die unter c—f bezeichneten Geschäfte selbstständig zu befinden und die Genehmigung des Vorstandes nachträglich einzuholen. Die Rechtsgültigkeit des, vom Vorsitzenden abgeschlossenen Geschäfts wird hierdurch nicht berührt.

Der Vorstand kann für gewisse Geschäfte ein für alle Mal gültige Bedingungen vorschreiben.

§ 13. Rechnungslegung.

Für jedes Jahr ist von den Beamten nach Ablauf desselben eine besondere Rechnung aufzustellen und spätestens bis zum 1. Mai dem Vorstande einzureichen. Diese Rechnung wird vom Vorstande begutachtet und, nachdem sie kalkulatorisch geprüft, vom Kreis-Ausschusse bezw. einer dazu gewählten Kommission revidirt. Nach Erledigung der gezogenen Erinnerungen gelangt dieselbe an den Kreistag, welcher über die Ertheilung der Decharge beschließt.

Die Ergebnisse der Rechnung werden alljährlich öffentlich bekannt gemacht (§ 17).

§ 14. Reingewinn und Reservefonds.

Der nach Bestreitung der Verwaltungskosten und Sparprämien (§ 15) verbleibende Reingewinn bildet einen Reservefonds behufs Deckung etwaiger Ausfälle.

Der Reservefonds muß, ehe der Reingewinn anderweit verwendet werden kann unbedingt fünf Prozent der Passivmasse betragen. Wenn dieser Prozentsatz erreicht ist, so kann von den etwaigen ferneren Jahresüberschüssen die eine Hälfte mit jedesmaliger Genehmigung des Regierungs-Präsidenten zu gemeinnützigen öffentlichen Zwecken im Interesse des Kreises verwendet werden, es muß jedoch die andere Hälfte dem Reservefonds solange zugeschlagen werden, bis dessen Höhe auf zehn Prozent der Passivmasse angewachsen ist.

§ 15. Sparprämien.

Von dem sich jährlich ergebenden Reingewinn werden drei Prozent als Sparprämien an Gesinde, Arbeiter, Handwerkslehrlinge und Gesellen, welche seit mindestens fünf Jahren bei der Sparkasse Spareinlagen gehabt haben, vertheilt.

Die Berechtigten werden zur Meldung alljährlich durch öffentliche Bekanntmachung (§ 17) aufgefordert. Nach Prüfung der eingegangenen Meldungen durch den Vorstand wird die zur Verfügung stehende Summe auf die Anzahl der geeigneten Bewerber vertheilt.

Die Prämien-Beträge sind auf volle Mark abzurunden und dürfen im Einzelnen dreißig Mark nicht übersteigen.

Die eingereichten Sparbücher werden den Sparern nach Gutschrift der Prämien zurückgegeben.

§ 16. Anleihen der Kasse.

Bei vorübergehendem Geldbedarf ist der Vorstand ermächtigt, Darlehne von der Reichsbank, landschaftlichen Darlehnskassen oder sonstigen soliden Geldinstituten aufzunehmen und dafür Werthpapiere nach Bedarf in Pfand zu geben.

§ 17. Oeffentliche Bekanntmachungen und Aushang im Kassenlokale.

Alle öffentlichen Bekanntmachungen, welche in diesem Statute vorgeschrieben sind, erfolgen durch das NN. Kreisblatt und durch Aushang im Kassenlokal.

Durch ständigen Aushang in oder vor dem Kassenlokale sind ferner bekannt zu machen:

„die für Abfertigung des Publikums bestimmten Geschäftsstunden;

die Namen derjenigen Beamten, nebst Mustern ihrer Unterschrift, welche gültig zu quittiren befugt sind (§ 6);

der allgemeine Einlagenzinsfuß und die für Einlagen über 3000 Mark festgesetzten Bedingungen, sowie die Bestimmung über die, etwa zeitweilig außer Kraft gesetzte Kündigungsverpflichtung für Einlagen (§ 7);

die für bestimmte Ausleihungen festgesetzten Bedingungen (§ 12)."

§ 18. Abänderungen des Statuts.

Das vorliegende Statut kann durch Beschluß des Kreistages abgeändert werden. Die Aenderungen bedürfen aber der Genehmigung des Ober-Präsidenten der Provinz und müssen zweimal in Zwischenräumen von je vier Wochen bekannt gemacht werden (§ 17), bevor sie verbindliche Kraft erlangen.

In dieser Bekanntmachung ist zugleich ausdrücklich hervorzuheben, daß die Aenderungen mit einem bestimmt zu bezeichnenden Tage in Kraft treten und von da ab auch für alle seitherigen Sparkassen-Interessenten Anwendung finden, welche nicht vorher ihre Einlagen gemäß § 7 gekündigt resp. zurückgezogen haben.

§ 19. Aufhebung der Kreis-Sparkasse.

Der Kreistag ist ermächtigt, die Aufhebung der Sparkasse zu beschließen. Ein solcher Beschluß unterliegt der Genehmigung des Ober-Präsidenten und ist nach Ertheilung derselben drei Mal unter Aufkündigung der Guthaben zu einem, vom Tage der ersten Publikation mindestens drei Monate entfernt liegenden Zeitpunkte bekannt zu machen.

Die Guthaben, welche in Folge solcher Kündigung bei Ablauf der gestellten dreimonatlichen Frist nicht zurückgenommen sind, werden nicht weiter verzinst, sondern auf Gefahr und Kosten der Empfangsberechtigten hinterlegt. Die Bestände des Reservefonds aber werden nach Beschluß des Kreistages mit Genehmigung des Ober-Präsidenten für öffentliche Zwecke im Interesse des Kreises verwendet.

§ 20. Aufsichtsrecht der Staatsbehörde.

Die Sparkasse unterliegt der Aufsicht der Staatsbehörde nach Maßgabe der gesetzlichen Bestimmungen.

§ 21. Inkrafttreten des Statuts.

Das vorstehende Statut tritt zwei Monate nach der Verkündigung im Kreisblatte in Kraft.

NN., den . . ten . . . .

Der Kreistag des Landkreises NN.

Das vorstehende Statut für die Kreis-Sparkasse NN. zu NN. wird hierdurch auf Grund des § 52 des Zuständigkeitsgesetzes vom 1. August 1883 von mir bestätigt.

NN., den . . ten . . . .

(L. S.)

Der Oberpräsident.

Verzeichniß der Muster und Formulare.

(Das Recht des Nachdrucks behalten sich Verfasser und Verleger vor.)

Muster — Seite

1. Geschäfts-Journal . . . . . 194—195
2. Allgemeiner Termin-Kalender zum Geschäfts-Journal 196
3. Periodischer Termin-Kalender . . . 197
4. Acten-Verzeichniß 198
5. Porto-Kontrole 199
6. Inventarien-Verzeichniß 199
7. Verwaltungskostenanschlag 200
8. Tresor-Notizbuch 200
9. Vorläufige Quittung für Nebenstellen . 201
10. Quittung " " . 201
11. Tagebuch " " . 202
12. Lieferzettel " " . 203
13. Unterpfanddarlehns-Belag 204
14. Einnahme- und Ausgabetagebuch 205—207
15. Einlagen-Konto 208
16. Inhaberpapierebuch 209
17. Gemeindedarlehnsbuch 210
18. Hypothekenbuch . . . . . . 211—214
19. Unterpfanddarlehnsbuch 215
20. Bürgschaftsdarlehnsbuch 216
21. Buch von den sonstigen Einnahmen und Ausgaben . . . . 217—223
22a. Spareinlagen-Kontrole 224
22b. Einlegernamensverzeichniß . . . 224
23. Inhaberpapierelagerbuch 224
24. Postbuch 225
25. Kassen-Uebersicht 226
26. Jahresrechnung über Spareinlagen . 227
27. " " Inhaberpapiere . 228
28. Jahresrechnung über Gemeindedarlehne, Hypotheken, Unterpfand-Darlehne und Bürgschafts-Darlehne 228
29. Jahresrechnung über Grundstückeverwaltung, Anleihen bei Geldinstituten, Verwaltungskosten und verschiedene Ausgaben, verschiedene Einnahmen ꝛc. 229—230
30. Abschluß 231
31. Sparbuch 232
32. Sparkarte 232
33. Sparmarkenkontrole 233
34. Schlußnote 233
35. Antrag auf eine erste Eintragung in das Reichsschuldbuch 234
36. Verzeichniß zu vorigem Antrage . . 235
37. Hypotheken-Darlehnsantrag 236
38. Mittheilung über die Bewilligung eines Hypothekendarlehns 237
39. Schuld- und Verpfändungsurkunde über ein Hypothekendarlehn 238
40. Ueberreichung einer Schuld- und Verpfändungsurkunde an das Amtsgericht 239
41. Empfangs-Bestätigung 239
42. Abtretungs-Erklärung 240
43. Ueberreichung einer Abtretungserklärung nebst Hypothekenbrief an das Grundbuchamt 241
44. Erklärung über eine Vorrechtseinräumung 241
45. Erklärung über Mitverpfändung eines Grundstückes 242
46. Entpfändungs-Erklärung 242
46a. Löschungsbewilligung 242
47. Tilgungsplan 243
48. Schuldurkunde über ein Gemeindedarlehn 244
49. Faustpfand-Hinterlegungs-Schein . . 244
50. Schuld- und Verpfändungs-Urkunde über ein Pfandscheindarlehn 245
51. Pfandschein . . . . 246—247
51a. Verzeichniß der verpfändeten Werthstücke 245
52. Sola-Wechsel 248
53. Quittung über Pfandscheindarlehn . . 248
54. Ablieferungsschein 248
55. Schuldschein mit Bürgen 248
56. Gezogener Wechsel an fremde Ordre . 249
57. " " " eigene " . 249
58. Domicilwechsel 250
59. Domicilirter Solawechsel mit Aval . 250
60. Prozeß-Vollmacht 251
61. Darlehnsklage im Urkundenprozeß . . 251
62. Klage im Wechselprozeß 252
63. Gesuch um Zahlungsbefehl 252
64. Ladung nach erhobenem Widerspruch gegen einen Zahlungsbefehl 253
65. Gesuch um Vollstreckungsbefehl . . . 253
66. Zwangsverwaltungsantrag 254
67. Subhastationsantrag 254
68. Anmeldung einer Forderung mit abgesonderter Befriedigung zur Konkursmasse 255
69. Rother Check 255
70. Weißer Check 255

Geschäfts-
der
Kreis-Spar-
für

Lfd. Nr.	Ein-gegan-gen	Da-tum der Sache	Einsender	Inhalt
1	1./1.	28./12.	*Hans Binding Maibaum*	*ersucht um Gewährung von 5000 Mk. Hypotheken-Darlehn. 2 Anlagen.*
2	2./1.	1./1.	*Gemeindevorstand Snuase*	*kann 500 Mk. Tilgungsrate zum 1. 1. 93 nicht zahlen und bittet um Aufschub bis 1. 2. 93.*
3	2./1.	2./1.	*Rentier Vogt Grunau*	*581/92. Vorgang. ersucht um Bewilligung weiterer 600 Mk. Unterpfand-Darlehn auf das bei der Kasse befindliche Unterpfand*
4	2./1.	1./1.	*Wittwe Steffen Damerau*	*672/92. Vorgang. nimmt die bewilligten 8000 Mk. Hypotheken-Darlehn an.*
5		4./1.	*Registratur*	*689/92. Vorgang. Frl. Wilhelmine Siefert-Elbing zahlt 700 Mk. Hypotheken-Darlehn ab und bittet um Erlass der Kündigungsfrist.*
6		5./1.	*Vorlage*	*590/92. Vorgang. Hypothekenantrag des Besitzers Wilhelm Kuhn-Serpin.*
7	7./1.	5./1.	*Kreissparkasse Marienburg*	*598/92. Vorgang. überweist das Guthaben der Eleonore Schuhmacher in Bartkamm über 492,70 Mk.*
8	8./1.	7./1.	*Peter Wohlert Trunz*	*fragt an, ob und unter welchen Bedingungen er 400 Mk. Bürgschafts-Darlehn erhalten kann.*
9	8./1.	7./1.	*Gertrud Block Fischau*	*ersucht um Gewährung von 1200 Mk. Unterpfand-Darlehn. 3 Anlagen.*
10		8./1.	*Registratur*	*Michael Kater in Stuba überreicht sein Sparbuch Nr. 6742 der Kreissparkasse Heiligenbeil und ersucht um Ueberweisung des Guthabens auf unsere Kasse.*

Journal

Muster 1.

kasse N. N.

1893.

Datum der Verfügung	Adressat	Bezeichnung der Verfügung	Datum des Abganges	Aktenzeichen Theil	Aktenzeichen Nr.	Aktenzeichen Band	Bemerkungen
3./1.	*Vorstands-Mitglieder*	*Umlaufschreiben urschriftlich gegen Rückgabe zur Aeusserung*	4./1.				Termin 10./1. erledigt siehe Nr. 12.
4./1.	*Zur*	*Sitzung*					
5./1.	*Zahlungs-*	*Anweisung*					
6./1.	*wieder*	*vorzulegen 1. 2. 93*					
6./1.	*1. Einnahme-Anweisung* *2. Zur Sitzung*						
7./1.	*Zahlungs-*	*Anweisung*					
9./1.	*1. Einsenderin* *2. Eleonore Schuhmacher Bartkamm*	*Empfangsbestätigung* *Uebersendung des Sparbuches*		B. I	11	I	Copirt S. 61. Copirt S. 62.
9./1.	*Einsender*	*Mittheilung*		B. I	9	I	Copirt S. 63.
9./1.	*Syndikus*	*urschriftlich gegen Rückgabe zur Aeusserung 3 Anlagen*	10./1.				Termin 15./1. erledigt siehe Nr. 19.
9./1.	*Kreissparkasse Heiligenbeil*	*Ersuchen um Ueberweisung des Guthabens 1 Anlage*	11./1.	B. I	11	I	Copirt S. 64. Termin 21./1. erledigt siehe Nr. 24.

Muster 2.

Allgemeiner Termin-Kalender

zum

Geschäfts-Journal

der

Kreis-Sparkasse N. N.

für 1893.

Tag	Januar	Februar	März	April	Mai	u. s. w.
1ten						
2 „						
3 „						
4 „		12				
5 „						
6 „			40			
7 „						
8 „		18				
9 „				89		
10 „	1					
11 „						
12 „			53			
13 „						
14 „		20			256 253	
15 „	9				408/92	
16 „						
17 „						
18 „			61			
19 „						
20 „						
21 „	10					
22 „					262	
23 „		33				
24 „					251	
25 „						
26 „			72			
27 „						
28 „						
29 „		35			281	
30 „						
31 „						

Erläuterung. Die Journalnummer einer Sache wird unter dem Datum, bis zu dem die Beantwortung bezw. Erledigung der Angelegenheit erwartet wird, eingetragen und nach erfolgter Erledigung gestrichen. Die nicht gestrichenen Nummern sind daher diejenigen der unerledigten Sachen.

Muster 3.

Periodischer Termin-Kalender
der
Kreis-Sparkasse N. N.

Bezeichnung des Termins	Der Termin ist bedingt durch	Gegenstand des Termines
Januar		
5.	*§ 2 der Dienstanweisung*	*Vorlage zur Anberaumung einer Vorstandssitzung*
15.	*§ 26 der Dienstanweisung*	*Anmahnung der Zinsen-Rückstände für Oktober/Dezember*
20.	*§ 2 der Dienstanweisung*	*Vorlage zur Anberaumung einer Vorstandssitzung*
Februar		
5.	*§ 2 der Dienstanweisung*	*Vorlage zur Anberaumung einer Vorstandssitzung*
15.	*§ 15 Abs. 2 des Statuts*	*Bekanntmachung zur Betheiligung an der Sparprämien-Vertheilung*
20.	*§ 2 der Dienstanweisung*	*Vorlage zur Anberaumung einer Vorstandssitzung*
März		
5.	*§ 2 der Dienstanweisung*	*Vorlage zur Anberaumung einer Vorstandssitzung*
20.	*§ 2 der Dienstanweisung*	*Vorlage zur Anberaumung einer Vorstandssitzung*
April		
5.	*§ 2 der Dienstanweisung*	*Vorlage zur Anberaumung einer Vorstandssitzung*
15.	*§ 26 der Dienstanweisung*	*Anmahnung der Zinsen-Rüskstände für Januar/März*
20.	*§ 2 der Dienstanweisung*	*Vorlage zur Anberaumung einer Vorstandssitzung*

und so weiter.

Muster 4.

Akten-Verzeichniß

der

Kreis-Sparkasse N. N.

Nr.	Inhalt	Band (Volumen)	Angefangen am	Geschlossen am
	Abschnitt A. General-Akten.			
1	*Generelle Verfügungen und Bestimmungen*	*I*	*1. Oktober 1885*	
	Abschnitt B. Special-Akten.			
	Theil I. Allgemeines.			
1	*Vorstandssitzungen*	*I* *II*	*1. Oktober 1885* *11. Dezbr. 1892*	*12. Novbr. 1892*
2	*Kassenabschlüsse*	*I*	*31. Oktober 1885*	
3	*Ausserordentliche Kassenrevisionen*	*I*	*28. März 1886*	
9	*Bürgschafts-Darlehne*	*I*	*1. Januar 1886*	
11	*Spareinlagen*	*I*	*31. Oktober 1885*	
	Theil II. Hypotheken-Sachen.			
1	*Franz Korsch-Tolkenit*	*I*	*15. Novbr. 1885*	
2	*Valentin Jahn-Zeyersvorderkampen*	*I*	*11. Dezbr. 1885*	*2. Januar 1892*
3	*Emil Horst-Ellerwald V. Trift*	*I*	*2. Januar 1886*	
	Theil III. Darlehen an Gemeinden, Genossenschaften und Korporationen.			
1	*Gemeinde Fischerskampe*	*I*	*1. Februar 1886*	*31. März 1894*
2	*Entwässerungs-Genossenschaft Gr.-Michelau*	*I*	*1. April 1886*	
3	*Gemeinde Jungfer*	*I*	*10. Mai 1886*	
	Theil IV. Sparkassen-Nebenstellen.			
1	*Tolkenit*	*I* *II*	*1. Novbr. 1885* *20. Oktbr. 1890*	*11. Oktober 1890*
2	*Jungfer*	*I*	*11. Dezbr. 1885*	
3	*Zeyer*	*I*	*2. Januar 1886*	
4	*Gr.-Mausdorf*	*I*	*1. April 1886*	
5	*Trunz*	*I*	*4. Juli 1887*	
6	*Streckfus*	*I*	*10. Mai 1889*	

Muster 5.

Porto-Kontrole

der **Kreis-Sparkasse N. N.** für 18.........

Datum	Journal-Nr.	Betrag Mk.	Betrag Pf.	Datum	Journal-Nr.	Betrag Mk.	Betrag Pf.	Datum	Journal-Nr.	Betrag Mk.	Betrag Pf.
2. Januar	*24*	—	*10*								
4. "	*32*	—	*20*								
4. "	*Nebenstelle N. N.*	*3*	*40*								
u. s. w.											

Muster 6.

Inventarien-Verzeichniß

der **Kreis-Sparkasse N. N.**

Lfde. Nr.	Bezeichnung	Bemerkungen
	I. Bibliothek.	
1	*Die Preuss. Grundbuch-Gesetze von C. Mathis*	
2	*Die Preuss. Stempelabgaben von Cl. A. Severin*	
3	*Wohnungsanzeiger von Elbing für 1887 von Meissner*	
4	*Geschäftsverkehr mit der Reichsbank von R. Telschow*	
5	*Verzeichniss der Inhaber von Girokonten*	
6	*Wohnungsanzeiger von Elbing für 1888 von Meissner*	
	u. s. w.	
	II. Mobilien und Bureau-Geräthschaften.	
1	*1 einthüriger Geldschrank*	
2	*1 zweithüriger Geldschrank*	
3	*1 Stehpult nebst Sessel für den Rendanten*	
4	*1 Stehpult nebst Sessel für den Kontroleur*	
5	*Rohrstühle*	
6	*1 Zähltisch*	
7	*Kleiderständer*	
8	*1 Briefwaage*	
9	*1 Sopha*	
10	*1 Tafelwaage*	
	u. s. w.	

Muster 7.

Verwaltungs-Kostenanschlag

für die Kreis-Sparkasse N. N.

für ....

Vorschlag des Sparkassen-Vorstandes Mk.	Pf.	Vorschlag des Kreis-Ausschusses Mk.	Pf.	Festsetzung durch den Kreistag Mk.	Pf.	Gegenstand	Bemerkungen
						I. Besoldungen.	
3900	—	*3900*	—	*3900*	—	*N. N. Rechnungsführer, Gehalt*	*Bis zum 1. Juli jährl. 3600 Mk., von da ab jährlich 4200 Mk. lt. Gehaltsscala.*
600	—	*600*	—	*600*	—	*Wohnungsgeldzuschuss*	
600	—	*600*	—	*600*	—	*Kassenausfall-Entschädigung*	
						N. N. Gegenbuchführer, Gehalt	
						u s. w.	
120	—	*120*	—	*120*	—	**II. Portokosten.**	
						u. s. w.	

Der vorstehende Verwaltungs-Kostenanschlag, mit .... Mk. abschließend, ist durch Kreistagsbeschluß vom ....ten.......................... festgestellt.

...., den ....ten.......................................

Der Kreis-Ausschuß.

Muster 8.

Tresor-Notizbuch

der Kreis-Sparkasse N. N.

Datum 1895		Gegenstand (nähere Bezeichnung der herausgegebenen Werthstücke)	Mk.	Pf.
Oktober	*1*	*Hypothekenbriefe Hoppenau Bd. II Bl. 16 Nr. 43 Abthl. III Nr. 5 u. 6*	*5000*	—

Muster 9.

Auf die umseitig abgedruckten Bestimmungen aus § 6 der Statuten wird besonders hingewiesen.

Vorläufige Quittung.

Buchstäblich: Mark Pf. Spareinlage

hat .... eingezahlt

und das Sparbuch № .... übergeben.[1])

.............................., den ....ten .... 18.....

Der Untereinnehmer der Kreis-Sparkasse N. N.

Anmerkung [1]): Bezieht sich die Einzahlung auf ein neu auszufertigendes Buch, dann sind die Worte „und bis übergeben" zu streichen.

Rückseite. Binnen 4 Wochen, vom Tage der Einzahlung ab, jedoch nicht vor Ablauf einer Woche, ist das mit dem Eintragungsvermerk seitens der Sparkasse versehene Sparbuch gegen Rückgabe der vorläufigen Quittung beim Untereinnehmer abzuholen.

Mit Ablauf dieser Frist verliert die vorläufige Quittung ihre Beweiskraft gegen die Sparkasse und der Inhaber kann, falls der bescheinigte Betrag nicht zur Sparkasse gekommen ist, seine Ansprüche nur noch gegen den Untereinnehmer geltend machen.

Muster 10.

Quittung.

Geschrieben: .... Mark .... Pf.

sind mir von meinem Guthaben auf Conto № .... von der Sparkasse N. N.

durch den Untereinnehmer .... gezahlt.

.............................., den ....ten .... 18.....

Vorstehende Unterschrift wird beglaubigt.

.............................., den ....ten .... 18.....

(Siegel)

Muster 11.

Kreis-Sparkasse Elbing.

Tagebuch

des Untereinnehmers **Lange** in Tolkemit.

Lfde. Nr.	Datum	Nr. des Sparbuches	Des Einzahlers bezw. Empfängers Name	Wohnort	Einnahme Mk.	Pf.	Ausgabe Mk.	Pf.	
1	2. 1. 94		Kreis-Sparkasse	Elbing	300	—	—	—	eiserner Bestand
2	3. 1. 94	2481	Ehm	Tolkemit	150	—	—	—	
3	4. 1. 94	1796	Albrecht	"	—	—	50	—	
4	6. 1. 94	neu	Virchow, Leo	Cadinen	125	—	—	—	
5	"	3172	Waldhardt	Tolkemit	—	—	40	—	
6			Kreis-Sparkasse	Elbing	—	—	185	—	Ueberschuss
					575	—	275	—	
				ab Ausgabe	275	—			
				Bestand	300	—			
7	10. 1. 94	1862	Sassenhagen	Tolkemit	—	—	45	—	
8	14. 1. 94	1789	Schröter	Neukirch-Höhe	—	—	47	50	
9	18. 1. 94	neu	Reimer, Franz	Birkau	100	—	—	—	
10	23. 1. 94	2855	Berlin	Tolkemit	—	—	50	—	
					400	—	142	50	
				ab Ausgabe	142	50			
				Bestand	257	50			
11	24. 1. 94	2839	Neubert	Panklau	—	—	35	—	
12	"	2783	Pfalzgraf, Dr.	Tolkemit	—	—	50	—	
13	"	neu	v. Przewoski	Conradswalde	47	—	—	—	
14	25. 1. 94		Kreis-Sparkasse	Elbing	42	50	—	—	Ergänzung des Bestandes

und so weiter

Muster 12.

Kreis-Sparkasse N. N.

Lieferzettel

des Untereinnehmers **Lange**-Tolkemit.

Datum der Einzahlung	Nr. des Sparbuches	Der Einzahler Name	Wohnort	Betrag Mk.	Pf.
3. 1. 94.	*2481*	*Ehm*	*Tolkemit*	*150*	—
6. 1. 94.	*neu*	*Virchow, Leo*	*Cadinen*	*125*	—
			zusammen	*275*	—

Tolkemit, den 8. Januar 1894.

Der Untereinnehmer
(Unterschrift).

„Zweihundertfünfundsiebenzig Mark .... Pf.“ sind abgeführt.

Elbing, den 9. Januar 1894.

Kreis-Sparkasse N. N.
(Unterschriften).

Rückseite.

Ablieferung.

	Mk.	Pf.
a) in baar	*185* Mk.	— Pf.
b) in Quittungen		
1. Nr. 6	*50* „	„
2. „ 7	*40* „	„
3. „	„	„
4. „	„	„
5. „	„	„
6. „	„	„
7. „	„	„
8. „	„	„
9. „	„	„
10. „	„	„
wie vorseitig	*275* Mk.	— Pf.

Rechnungsjahr 1892. **Muster 13.**

Belag №............
Hauptbuch Band........
Ursprungsbelag №..........
der Rechnung für..........

Unterpfanddarlehn.

Antragsteller: *Fritz Kuhn-Dörbeck.*

Zinsfuß: *5%* **Beantragte Darlehnssumme Mk.** *10 000.*

Unterpfand: *15 000 Mk. Hypothek auf Dörbeck Band I Blatt 16 Nr. 43 Abthl. III Nr. 2.*

212 Thl. Grundsteuerreinertrag × 25 = 15 900 Mk.
Voreingetragen Abthl. III Nr. 1 300 „
15600 Mk.

4/5 der Forderung = 12 000 Mk.

Datum des Antrages: *2. Februar 1892.*
Gutachten des Syndikus: *Kein Bedenken*
2. Februar 1892 N. N.

Beleihungsgrenze: *Zwölftausend* Mark

Bewilligte Darlehnssumme: *Zehntausend* Mark

Ort *den 2. Februar 1892.*

Der Vorsitzende des Kreis-Sparkassen-Vorstandes. Die Vorstandsmitglieder.

Das Darlehn ist gezahlt am: *2. April 1892.*

Weitere Vermerke, Anträge u. dergl.	Verfügungen des Vorstandes und des Vorsitzenden.
Zu heute werden weitere tausend Mark beantragt *Ort den 3. April 1892.* *N. N. N. N.* *Rechnungsführer. Gegenbuchführer.* *Heute sind achttausend Mark abgezahlt.* *Ort den 1. Oktober 1892.* *Der Rechnungsführer Der Gegenbuchführer* *N. N. N. N.*	*Genehmigt am 3. April 1892.* *Der Vorsitzende Die Mitglieder* *N. N. N. N.*

Kapital Mk.	Pf.	Zu- oder Abgang	Zinsensollberechnung bis zum Jahresschluß Datum	Tage-anzahl	Betrag Mk.	Pf.
10000	—		2. Februar	329	456	94
1000	—	zu	3. April	268	37	22
11000	—				494	16
8000	—	ab	1. Oktober	90	100	—
3000	—				394	16

Muster 14.

Kreis-Sparkasse N. N.

Einnahme- und Ausgabebuch

für das Jahr 1892.

Enthält:

Dreihundert mit fortlaufender Nummer bezeichnete Blätter.

N. N., den 31. December 1891.

Der Vorsitzende des Kreis-Sparkassen-Vorstandes.

N. N.

Monat *Januar 1892.* **Einnahme**

Lfde. Nr.	Hinweis auf das Hauptbuch	Datum	Des Einzahlers bezw. Empfängers: Name	Wohnort	Geldbetrag ℳ	₰	Davon entfallen auf: Spareinlagen ℳ	₰	Zinsen ℳ	₰	Inhaberpapiere ℳ	₰	Gemeinde- u. dgl. Darlehn ℳ	₰	Hypotheken ℳ	₰	Unterpfand-Darlehne ℳ	₰	Bürgschaftsdarlehne ℳ	₰
1	2	3	4	5	6		7		8		9		10		11		12		13	
				Uebertrag	80612	18	76776	18	18	—					1000	—	2100	—	100	—
211	2060	14	Kuhnewski	Elbing	100	—	100	—												
212	2111		Diegner	Tolkemit																
213	B 18		Albrecht	Tolkemit	7	50			7	50										
214			(vgl. Nr. 219)																	
					80719	68														
215	S	15	Nebenstelle	Lenzen	10	-														
216	S		Kuch, Rechnungsführer	Elbing																
217	2812 S		Battrée (Sparmarkenkarte)	Elbing	1	—	1	—												
[1] 218	S		Bestand von 1891 (vgl. Tagebuch für 1891 S.)		10612	81														
			u. s. w.		111343	49														
219			Berichtigung vgl. Nr 213 u. s. w.																	
[2]			Summa Ende Januar 1892		190312	12	142980	—	32	—			10000	—	2000	—	3000	-	1000	—
			ab die Ausgabe		180116	10														
			Bestand		10196	02														

Revidirt am 31. Januar 1892. Nachgerechnet
u. s. w. der Kalkulator.

Der Vorsitzende des Kreis-Sparkassenvorstandes N. N.

Lfde. Nr.	Hinweis auf das Hauptbuch	Datum	Name	Wohnort	Geldbetrag ℳ	₰	Spareinlagen ℳ	₰	Zinsen ℳ	₰	Inhaberpapiere ℳ	₰	Gemeinde- u. dgl. Darlehn ℳ	₰	Hypotheken ℳ	₰	Unterpfand-Darlehne ℳ	₰	Bürgschaftsdarlehne ℳ	₰
[3] 242			Gemeinde	Succasse																
			u. s. w.																	
616	J S		Deutsche Bank	Berlin																
712	J S		Zinsscheine 4% N. N. Stadt-Obligationen		200	—			33	30										
750			Schlichting	Hoppenau																
810	U		Kuhn	Dörbeck	81	94			81	94										
820	3569		Neumann, Frdr.	Möskenberg	1000	-	1000	—												
2016	B S		Schulz	Elbing	6	—			2	—										
2610			Will	Baumgart	166	67														
3612			Wechsel-Zinsenüberzahlung von Schulz (vgl. Tagebuch 1893 Nr.)																	
3710	H S		Hypothekenzinsen von Baumgart Bd. I Nr. 63		8	67			8	67										
			u. s. w.																	
			Summa Ende 1892		2953873	03	2500588	29	101983	75	62095	—	73301	67	48891	42	78994	—	21400	—
			ab die Ausgabe		2921853	20														
			Bestand		32019	83	auf S. Nr. in das Tagebuch für 1893 übertragen am 15.													

Revidirt am 15. Januar 1893 Nachgerechnet
der Kalkulator.

Der Vorsitzende des Kreis-Sparkassenvorstandes N. N.

Anm. 1. Hier ist angenommen, daß das Tagebuch für 1891 am 15. Januar 1892 abgeschlossen ist.
Anm. 2. Diese Summe wäre für Februar vorzutragen, oder der Summe für März zuzusetzen, falls jeder Monat für sich abgeschlossen werden soll (zu vergl. S. 14, 1. Anm.)

Ausgabe

Davon entfallen auf:										Tagesabschluß und Bemerkungen
Sonstige Einnahmen ℳ ₰	Geld-Betrag ℳ ₰	Spareinlagen ℳ ₰	Spareinlagenzinsen ℳ ₰	Inhaberpapiere ℳ ₰	Gemeinde u. dergl. Darlehne ℳ ₰	Hypotheken ℳ ₰	Unterpfanddarlehne ℳ ₰	Bürgschaftsdarlehne ℳ ₰	Sonstige Ausgaben ℳ ₰	
14	15	16	17	18	19	20	21	22	23	24
										14. Januar 1892.
618 —	75214 —	46494 —			10000 —	15000 —	2000 —	2000 —	720 —	Einnahme 80719,68 ℳ
										Ausgabe 76714,12 „
	1000 —	1000 —								Bestand 4005,56 „
	500 —						500 —			daz. Best. lt. 28210,— „
	76714 12									Tageb. 1891
10 —	10 —								10 —	zusammen 32215,56 „
	50 —								50 —	
	1 —								1 —	15. Januar.
										Einnahme 111343,49 ℳ
10612 81										Ausgabe 76775,12 „
	76775 12									Bestand 34568,37 „
							ab 500 —	zu 500 —		
31300 12	180116 10	94696 10		10000 —	40000 —	20000 —	2000 —	2500 —	10920 —	

14	15	16	17	18	19	20	21	22	23	24
	10000 —				10000 —					
	10775 20			10600 —					175 20	
166 70										
	6000 —					6000 —				
4 —	400 —							400 —		
166 67										
	4 —								4 —	
	8 67								8 67	
66618 90	2921853 20	2001210 —	3850 —	170600 —	313038 18	196200 —	92110 —	90100 —	54745 02	

Januar 1893.

Anm. 3. Die folgenden Eintragungen erstrecken sich auf die nächsten Monate und stehen im Zusammenhang mit den Probeeintragungen in den Mustern zu den Hauptbüchern, deshalb ist das Datum in Sp. 3 nicht ausgefüllt. Die lfde. Nr. in Spalte 1 stimmt mit den in den Hauptbuchmustern verzeichneten Tagebuchnummern überein.

Muster 15. *№ 3569.*

1) *Neumann, Friedrich-Möskenberg.*

Datum	Zu- oder Abgang	Kapital Mk.	Pf.	Zahl der Monate	Zinsen zu 3% Mk.	Pf.	Datum	Zu- oder Abgang	Kapital Mk.	Pf.	Zahl der Monate	Zinsen zu 2% Mk.	Pf.
1892							*1892*						
4. April		*1000*	—	*8*	*20*	—	*4. April*		*200*	—	*8*	*2*	*66*
24. Oktober	*ab*	*98*	*34*	*3*	—	*73*	*24. Oktober*	*ab*	*200*	—	*3*	*1*	--
		901	*66*		*19*	*27*			—	—		*1*	*66*
2. Dezember	*zu*	*30*	—		—	—	*desgl.*	*ab*	—	—		*1*	*66*
		931	*66*		*19*	*27*						*hebt sich*	
	zu	*19*	*27*										
1893		*950*	*93*	*12*	*28*	*50*							
2. Januar	*ab*	*450*	—	*12*	*13*	*50*							
		500	*93*		*15*	—							
18. Oktober	*zu*	*100*	—	*2*	—	*50*							
		600	*93*		*15*	*50*							
25. Oktober	*ab*	*100*	—	*2*	—	*50*							
		500	*93*		*15*	—							
desgl.	*ab*	*100*	—	*3*	—	*75*							
		400	*93*		*14*	*25*							
8. Dezember	*ab*	*400*	*93*	*1*	*1*	—							
					13	*25*							
desgl.	*ab*				*13*	*25*							
					hebt sich								

Angenommen, daß bei Abrechnung dieses Kontos ein Irrthum vorgekommen wäre:

Datum	Zu- oder Abgang	Kapital Mk.	Pf.	Zahl der Monate	Zinsen Mk.	Pf.	
		400	*93*		*14*	*25*	
8. Dezember	*ab*	*400*	*93*	*1*	—	*50*	*50 Pf. sind an Zinsen zu viel ausbezahlt,*
					13	*75*	*wieder eingezogen und bei sonstigen Einnahmen*
desgl.	*ab*				*13*	*75*	*(vergl. S.) der Kasse zugeführt.*
					hebt sich		

[1]) Hier ist angenommen, daß die Kasse Einlagen bis 1000 Mk. mit 3%, darüber mit 2% verzinst.

Muster 16.

Inhaberpapierebuch.

4% N. N. Stadtobligationen (Zinsscheine 1. April und 1. Oktober fällig).

Datum	Tagebuch №		In Inhaberpapieren angelegtes Kapital zum Nennwerth	Ankaufswerth	Kurswerth	Zinsen	Datum	Tagebuch №		Erlös für veräußerte Inhaberpapiere zum Nennwerth	Ankaufswerth	Kurswerth	Zinsen
Die Kasse soll erhalten (Soll)							Die Kasse hat erhalten (Haben)						
1	2	3	4a	4b	4c	5	6	7	8	9a	9b	9c	10
1892 März 1	616	angekauft zu 106	10000 —	10600 —	10600 —		1892 März 26	712	am 1. April fäll. Zinsscheine (166,70 Mk. als Erstattung von Stückzinsen unt. durchlauf. Posten vereinnahmt)				33 30
		März = 30 Tage (3 Pf. Abrundung aus der Bankrechnung herrührend)				33 30							
		II. Quartal				100 —	Septbr. 24	2017	am 1. Okt. fällige Zinsscheine				200 —
		III. Quartal				100 —							233 30
		IV. Quartal				100 —							
		Kurs am 31. Dezember 1892 = 105,90 = Verlust			ab 10								
			10000 —	10600 —	10590 —	333 30							
		ab	—	—	—	233 30							
1893			10000 —	10600 —	10590 —	100 —	1893						
		I. Quartal				100 —	April 1	812	am 1. April fäll. Zinsscheine				200 —
		II. Quartal				100 —	August 2	2012	verkauft zu 106,50 Mk. am 1. d. Mts.	5000 —	5300 —	5325 —	66 70
August 2		Kursgewinn von d. am 1. d. Mts. verkausserten Effecten			zu 30 —		Oktober 2	2810	am 1. Okt. fällige Zinsscheine				100 —
		Juli = 30 Tage von 10000 Mk. = (+ 3 Pf. Abrundung aus der Bankrechnung)				33 37				5000 —	5300 —	5325 —	366 70
		August/Septbr. = 60 Tage v 5000 Mk.				33 33							
		IV. Quartal von 5000 Mk.				50 —							
		Kurs am 31. Dezbr. 1893 = 105,70 = Verlust (gegenüber d. Kurs v. 31. XII. 1892)			ab 10 —								
			10000 —	10600 —	10610 —	416 70							
		ab	5000 —	5300 —	5325 —	366 70							
			5000 —	5300 —	5285 —	50 —							
1894		u. s. w.											

Gemeinde-Darlehnsbuch.

Muster 17.

(Darlehne an Gemeinden, Kreise, Genossenschaften pp.)

Schuldner: *Gemeinde* ***Succasse.***
Zinsfuß: *4 %.* **Kündigungsfrist:** *6 Monate.*
Bezeichnung der Schuldurkunde: *15. Januar 1892.*

Sonstige Bemerkungen: *Gemeindebeschluss vom 18. November 1891 bestätigt vom Kreisausschusse zu Elbing unterm 2. Dezember 1891. Alljährig am 2. Januar sind 1000 Mark abzuzahlen.*

Die Kasse soll erhalten (Soll)					Die Kasse hat erhalten (Haben)				
Datum	Tagebuch №		Kapital	Zinsen	Datum	Tagebuch №		Kapital	Zinsen
1	2	3	4	5	6	7	8	9	10
1892					*1892*				
Januar 16	*242*		*10000 —*	*— —*	*April 1*	*416*			*83 33*
		16. Januar / 30. März 1892 = 75 Tage		*83 33*	*Juni 16*	*717*			*100 —*
					Septbr. 29	*1512*			*100 —*
		II. Quartal		*100 —*	*Dezbr. 30*	*2108*		*1000 —*	*100 —*
		III. „		*100 —*				*1000 —*	*383 33*
		IV. „		*100 —*					
			10000 —	*383 33*					
		ab	*1000 —*	*383 33*					
			9000 —	*— —*					
		I. Quartal		*90 —*					
		u. s. w.							

Hypothekenbuch.

Schuldner: *Wilhelm Schlichting in Hoppenau.*
Zinsfuß: *4%*. **Kündigungsfrist**: *3 Monate.*
Hypothekenbezeichnung: *Hoppenau Band II Blatt 16 No. 43 Abtheilung III No. 5 : 3000 Mk. und No. 6 : 3000 Mk.*

Die Kasse soll erhalten (Soll)					Die Kasse hat erhalten (Haben)				
Datum	Tagebuch №		Kapital	Zinsen	Datum	Tagebuch №		Kapital	Zinsen
1	2	3	4	5	6	7	8	9	10
1892					1892				
April 2	750		6000 —	— —	Juni 30	1050			59 33
		2. April / 30. Juni = 89 Tage		59 33	Oktober 3	2111			59 33
					Dezbr. 27	3216			60 67
		III. Quartal		60 —					179 33
		IV. „		60 —					
			6000 —	179 33					
		ab	- —	179 33					
1893			6000 —	— —	1893				
		I. Quartal		60 —	März 25	822			60 —
		II. „		60 —	Juli 2	1809			60 —
		1. Juli / 20. Septbr. 6000 Mk. = 80 Tage		53 33	Septbr. 20	3020		1000 —	60 —
		21/30. Septbr. 5000 Mk. = 10 Tage		5 55	Dezbr. 27	4009			50 —
		IV. Quartal		50 —	ab Ueberzahlung; für 1894 vorzutragen (durch Irrthum)			1000 —	230 —
			6000 —	228 88					1 12
		ab	1000 —	228 88				1000 —	228 88
					1894				
1894			5000 —	— —	Januar 2	3	Ueberzahlung v. 1893		1 12
		I. Quartal		50 —	April 7	918			48 88
		II. „		50 —	Juli 1	1912			50 —
		III. „		50 —	Oktober 1	2017			50 —
		IV. „		50 —	Dezbr. 12	2812			50 —
			5000 —	200 —					200 —
		ab	— —	200 —					
1895		zu übertragen	5000 —	— —					

Werthberechnung: *330 Mk.* **Grundsteuerreinertrag** × *25 = 8250 Mk.*
— „ **Taxwerth** *= — „*
— „ **Gebäudesteuernutzungswerth** × *= — „*
ab: *9 Mk. Zins kapitalisirt* × *18 = 162 „*

Beleihungsgrenze *8088 Mk.*

Die Kasse soll erhalten (Soll)					Die Kasse hat erhalten (Haben)				
Datum	Tagebuch №		Kapital	Zinsen	Datum	Tagebuch №		Kapital	Zinsen
1	2	3	4	5	6	7	8	9	10
1895		Uebertrag	5000 —	— —	1895		Uebertrag	— —	— —
		I. Quartal		50 —	April 2	712			50 —
		II. „		50 —	Juli 17	1920			50 —
		III. „		50 —	Oktober 1	2100		5000 —	50 —
			5000 —	150 —				5000 —	150 —
		ab	5000 —	150 —					

hebt sich

geschlossen 1895

Am 15. Oktober 1892 ist das Grundstück von der Kasse im Subhastationsverfahren erworben.

Schuldner: (*Heinz Michael—Baumgart.*)

Zinsfuß: *4 %.* **Kündigungsfriſt**: *3 Monate.*

Hypothekenbezeichnung: *Baumgart Band I Nr. 63 Abthl. III Nr. 1 und 2 = 11000 Mk. bezw. 1000 Mk.*

Die Kaſſe ſoll erhalten (Soll)					Die Kaſſe hat erhalten (Haben)				
Datum	Tagebuch №		Kapital	Zinſen	Datum	Tagebuch №		Kapital	Zinſen
1	2	3	4	5	6	7	8	9	10
1892		Uebertrag v. S. . . .	12000 —		1892				
		I. Quartal		120 —	Jan. 29	612			100 —
		II. „		120 —	Jan. 10	3710	(vgl. S. des Buches von den sonst. Einnahmen und Ausgaben)		8 67
		III. „		120 —	1893				
		IV. „		120 —					
			12000 —	480 —					108 67
		ab		108 67					
1893			12000 —	371 33	1893 Jan. 3	2914			851 33
		I. Quartal		120 —					
		II. „		120 —					
		III. „		120 —					
		IV. „		120 —					
			12000 —	851 33					851 33
		ab		851 33					
1894			12000 —	— —					
		u. ſ. w.							

(Die Werthberechnung nach dem Grundſteuerreinertrag ꝛc. würde über dem Kopfe der nächſten Seite zu verzeichnen ſein und zwar der Ausführung der vorigen Seite entſprechend.)

Muster 19.

Unterpfand-Darlehnsbuch.

Schuldner: *Fritz Kuhn, Besitzer in Dörbeck.*

Zinsfuß: *5 %*. **Kündigungsfrist**: *täglich.* *Datum d.* **Schuldscheines**[1] / **Pfandscheines** *2. Februar 1892.*

Unterpfand: *Hypothek auf Dörbeck Band I Bl. 16 No. 43 Abthl. III No. 2 = 15000 Mk.*

Werthberechnung: *212 Thlr. Grundsteuerreinertrag × 25 = 15900 Mk.*
ab voreingetragen Abth. III No. 1 = 300 „
15600 Mk.

4/5 der Forderung = 12000 Mk.

Die Kasse soll erhalten (Soll)

Datum	Tagebuch №		Kapital	Zinsen
1	2	3	4	5
1892				
Februar 2	416		10000 —	— —
		2. Februar / 31. März = 59 Tage		81 94
April 3	2611		1000 —	— —
		10000 Mk. 1/2. April = 2 Tage		2 78
		11000 Mk. 2. April / 30. Juni = 88 Tage		134 44
		11000 Mk. III. Quartal		137 50
		3000 Mk. IV. Quartal		37 50
			11000 —	394 16
		ab	8000 —	394 16
1893			3000 —	— —
		I. Quartal		37 50
			3000 —	37 50
		ab	3000 —	37 50
			hebt sich	

Die Kasse hat erhalten (Haben)

Datum	Tagebuch №		Kapital	Zinsen
6	7	8	9	10
1892				
April 3	810			81 94
Juli 4	2210			137 22
Oktober 1	4016		8000 —	137 50
Januar 2	4610			37 50
(1893)			8000 —	394 16
April 1	716		3000 —	37 50

Anm. 1. Nicht Zutreffendes zu durchstreichen.

Muster 20.

Bürgschafts-Darlehnsbuch.

Schuldschein / Wechsel [1]) datirt vom:

Schuldner: *Michael Schulz-Elbing (Bezogener)*
Bürgen: *Hermann Schröter-Elbing (Aussteller)* — *1. Dezbr. 1892* [2])
Peter Hinz-Elbing (Girant) — *1. März 1893* [2])
Zinsfuß: *6 %.* — *1. Juni 1893.*
Rückzahlungstermin *1. März 1893.* [2]) *1. Juni 1892.* [2]) *1. Septbr. 1893.*

Die Kasse soll erhalten (Soll)					Die Kasse hat erhalten (Haben)				
Datum	Tagebuch №		Kapital	Zinsen	Datum	Tagebuch №		Kapital	Zinsen
1	2	3	4	5	6	7	8	9	10
1892			400 –	– –	1892				
Dezbr. 1	2016	Dezbr. = 30 Tage		2 –	Dezbr. 1	2016			2 –
			400 –	2 –	1893				
		ab		2 –	Jan. 2	17	Vorhineinzinsen von 1892	– –	4 –
1893			400 –	– –	März 1	720		100 –	4 50
					Juni 1	1621		200 –	1 50
		Januar/Februar = 60 Tage		4 –	Sept. 1	1892		100 –	– –
		März/Mai v. 300 M. = 90 Tage		4 50				400 –	10 –
		Juni/August v. 100 M. = 90 Tage		1 50					
			400 –	10 –					
		ab	400 –	10 –					
			hebt sich!						

[1]) Nicht Zutreffendes zu durchstreichen.
[2]) Die erloschenen Daten sind zu durchstreichen.

Muster 21.

Buch

von den

sonstigen Einnahmen und Ausgaben.

Soll-Einnahme		Einnahme	Datum		Tagebuch №	Ist-Einnahme	
1		2	3		4	5	
		Baumgart, Grundbuch Band I					
			1892				
166	*67*	*Will, Peter-Baumgart. Pacht* *Vom 1. November 1892 ab für 1000 Mk. jährlich verpachtet* *Die Pachtraten sind vierteljährlich nachträglich zu zahlen*	*Dezbr.*	*28*	*2610*	*166*	*67*
166	*67*					*166*	*67*
			1893				
1000	—	*Will, Peter-Baumgart, Pacht*	*April*	*1*	*1000*	*250*	—
			Juli	*5*	*1718*	*250*	—
			Septbr.	*20*	*1996*	*250*	—
			Dezbr.	*17*	*2820*	*250*	—
1000	—					*1000*	—
		dagegen Ausgabe				*937*	*53*
		Mithin Ueberschuss für 1893				*62*	*47*
			1894				
1000		*Will, Peter-Baumgart, Pacht*					
		u. s. w.					

Anmerkung: Zusammenstellung der
von sämmtlichen Grund-

stückeverwaltung.

Soll-Ausgabe		Ausgabe	Datum		Tagebuch №	Ist-Ausgabe	
6		7	8		9	10	
No. 63 (vergl. S. des Hypothekenbuches)			*1892*				
380	*—*	*Hypothekenzinsen (jährlich 480 Mk.)*	*Januar (1893)*	*10*	*3710*	*8*	*67*
33	*10*	*Gemeindekasse Baumgart, Steuern jährlich 66,20 Mk. rückständig seit 1. Juli d. J.*	*Oktober*	*20*	*1812*	*16*	*55*
			Novbr.	*17*	*1988*	*16*	*55*
124	*90*	*Stroh, Rechtsanwalt, Kosten für die Vertretung und verauslagte Gerichtskosten im Subhastationsverfahren*	*Oktober*	*27*	*1919*	*124*	*90*
538	*—*					*166*	*67*
166	*67*	*ab Ist-Ausgabe*					
371	*33*	*bleibt Rest an Hypothekenzinsen*	*1893*				
480	*—*	*Hypothekenzinsen für 1893*	*Januar*	*3*	*2914*	*851*	*33*
66	*20*	*Gemeindekasse Baumgart, Steuern*	*Febr.*	*20*	*917*	*33*	*10*
			Novbr.	*11*	*2619*	*33*	*10*
20	*—*	*Pächter Will, Reparaturkostenerstattung*	*Oktober*	*3*	*2096*	*20*	*—*
937	*53*					*937*	*53*
			1894				
480	*—*	*Hypothekenzinsen*					
		u. s. w.					

Einnahmen und Ausgaben
stücken erfolgt an jedem Jahresschlusse,

II. Abschnitt: Anleihen bei Geldinstituten.

Datum		Tagebuch №	Einnahme		Ausgabe		Zu- und Abgänge an Kapital		Zu- und Abgänge an Zinsensoll		Tageanzahl	Bemerkungen
1		2	3		4		5		6		7	8
Kur- und Neumärkische Ritterschaftliche Darlehnskasse Berlin.												
1892											Bis 1. Juli 1892	*Unterpfand: 60000 Mk.*
*) *Mai*	*2*	*299*	*30000*	—			*30000*	—	*200*	—	*60*	*nom. 3½% Preuss. Consols*
gilt vom	*1*											*Zinsfuss 4%*
Mai	*15*	*1416*	*20000*	—			*20000*	—	*104*	*44*	*47*	*zu*
gilt vom	*14*						*50000*	—	*304*	*44*		
Juni	*19*	*1647*			*10000*	—	*10000*	—	*12*	*22*	*11*	*ab*
gilt vom	*20*						*40000*	—	*292*	*22*		*Am 1. Juli 1892 fällige Zinsen dem Kapital zugeschrieben.*
Juli	*1*						*292*	*22*			Bis 1. Januar 1893	
							40292	*22*	*805*	*84*	*180*	
Septbr.	*30*	*2540*			*20000*	—	*20000*	—	*200*	—	*90*	*ab*
gilt vom	*1/X*						*20292*	*22*	*605*	*84*		*Am 1. Januar 1893 fällige Zinsen dem Kapital zugeschrieben.*
			50000	—	*30000*	—	*605*	*84*			Bis 1. Juli 1893	
1893							*20898*	*06*	*417*	*96*	*180*	
Januar	*10*	*212*			*20898*	*06*	*20898*	*06*	*392*	*74*	*170*	*ab*
gilt vom	*11*								*25*	*22*		
					25	*22*			*25*	*22*		*ab*
									hebt sich			

*) Anm.: *) Hier ist angenommen, daß der Posttransport einen Tag in Anspruch genommen hat.

III. Abschnitt: Verwaltungskosten und sonstige Ausgaben.

Soll nach dem Verwaltungs-Kostenanschlag		Gegenstand	Datum		Tagebuch №	Ausgabe	
1		2	3		4	5	
		1892 I. Gehälter	Januar	2	2	1050	—
3600	—	N. N. Rechnungsführer, Gehalt } vierteljährig im Voraus	April	1	1019	1050	—
600	—	Wohnungsgeldzuschuss	Juli	1	1810	1200	—
600	—	Kassenausfallentschädigung	Oktober	1	2812	1200	—
300	—	Gehaltszulage vom 1. Juli 1892 ab jährlich 600 Mk.					
		Sa. 4800 Mk.					
		u. s. w.					
8200	—	Sa. Gehälter für 1892				8200	—
		II. Portokosten					
120	—	Portoerstattung f. I. Quartal	Juli	4	1162	30	75
		u. s. w.					
		III. Bankprovisionen.					
300	—	Deutsche Bank für Ankauf von 10000 Mk. 4% Consols	März	1	1016	8	50
		u. s. w.					
		IV. Sonstige Ausgaben.					
		u. s. w.					
		Zusammenstellung für 1892					
		I. Gehälter				8200	—
		II. Portokosten				120	—
		III. Bankprovisionen				270	—
10104	12	zusammen				10006	12
10006	12	ab Ausgabe					
98	—	Rest					

IV. Abschnitt: Verschiedene Einnahmen.

Datum		Tagebuch №	Gegenstand	Einnahme ℳ	₰
1		2	3	4	
1892			A.		
Jan.	15	218	Bestand aus dem Vorjahre	10612	81
			B. Erlös für aufgehobene Sparbücher		
			Im Januar lt. Tagebuch Nr. 4, 12, 18 u. s. w. = 20 Stück	6	—
			Im Februar lt. u. s. w. = 14 Stück	4	20
			u. s. w.		
1892			C. Sonstige Einnahmen		
Dez.	8	2918	Erstattung auf Sparbuch Nr. 3569 zuvielgezahlten Guthabens	—	50
			u. s. w.		

Datum		Tagebuch №	Gegenstand	Einnahme ℳ	₰
1		2	3	4	
			Zusammenstellung für 1892		
			A. Bestand aus dem Vorjahre	10612	81
			B. Erlös von Sparbüchern	72	—
			C. Sonstige Einnahmen	170	—
			Summa	10854	81

V. Abschnitt: Durchlaufende Posten.

Datum	Tagebuch №	Gegenstand	Einnahme	Datum	Tagebuch №	Gegenstand	Ausgabe
1	2	3	4	5	6	7	8
		A. Sparmarkenverkehr.					
1892				1892			
Jan. 15	215	Nebenstelle Lenzen	10 —	Jan. 25	217	Sparbuch 2812 ausgefertigt	1 —
		u. s. w.				u. s. w.	
			980 —				910 —
		ab die Ausgabe	910 —				
		Mithin Ende 1892 Marken im Verkehr f.	70 —				
1893				1893			
Juli 15	1170	Nebenstelle N. N.	15 —	Febr. 18	219	Sparbuch 3012 ausgefertigt	1 —
		u. s. w.				u. s. w.	
			1020 —				1031 —
		dagegen die Ausgabe	1031 —				
		Mithin 1893 mehr eingelöst	11 —				
		dagegen Ende 1892 im Verkehr befindl. Marken =	70 —				
		Mithin Ende 1892 Marken im Verkehr	59 —				
		u. s. w.					
		B. Vorschüsse.					
				1892			
				Jan. 15	216	Kuch, Rechnungsführer	
						eiserner Portovorschuss	50 —
				1893			
						Vortrag	
						u. s. w.	
1892				1892			
Dez. 20	3612	Baarerstattung	5 —	Jan. 15	215	Nebenstelle Lenzen	
						Sparmarkenvorschuss	10 —
							10 —
						ab Ausgabe	5
						Ende 1892 Vorschuss	5 —

V. Abschnitt: Durchlaufende Posten.

Datum		Tagebuch №	Gegenstand	Einnahme		Datum		Tagebuch №	Gegenstand	Ausgabe	
1		2	3	4		5		6	7	8	
			C. Sonstige durchlaufende Posten.								
1892 März	26	1412		166	70	1892 März	1	1016	Stückzinsen f. 50 000 Mk. 4% N. N. Stadtobligationen (vgl. Inhaberpapierebuch S.)	166	70
Dez.	1	2016	Schulz, Michael, Elbing (Wechselzinsen für $\frac{\text{Januar}}{\text{Februar}}$ 1893 vergl. Bürgschaftsdarlehnsbuch S.)	4	—	Jan. 1893	3	3612	(Wieder vereinnahmt im Tagebuch für 1893 S. N.)	4	—
			Summa für 1892	170	70				u. s. w.	170	70

Zusammenstellung der durchlaufenden Posten für 1892.

Gegenstand	Einnahme		Gegenstand	Ausgabe	
A. Sparmarkenverkehr	980	—		910	—
B. Vorschüsse	5	—		60	—
C. Sonstige durchlaufende Posten	170	70		170	70
Summa V durchlaufende Posten für 1892	1155	70		1140	70
dazu Summa:					
IV. Sonstige Einnahmen	10854	81			
III. Verwaltungskosten				10006	12
II. Anleihen bei Geldinstituten	50000	—		30000	—
I. Grundstückeverwaltung	166	67		166	67
u. s. w.			u. s. w.		
Summa: Sonstige Einnahmen für 1892	66618	90	*) Summa: Sonstige Ausgaben für 1892	54745	02

Anm.: *) Diese Summen müssen mit den entsprechenden Summen im Tagebuche (Sp. 14 und 23) übereinstimmen.

Muster 22a.

Spareinlagen-Kontrolle
der
Kreissparkasse N. N.
für ....

Einnahme.

Januar.

Datum	Konto №	Betrag ℳ	₰	u. s. w.
1	2	3		
Uebertrag		76776	18	
14	2060	100	—	
15	2812	1	—	
	u. s. w.			
		142980	—	

Ausgabe.

Januar.

Datum	Konto №	Betrag ℳ	₰	u. s. w.
1	2	3		
Uebertrag		46494	—	
14	2112	1000	—	
	u. s. w.			
		94696	10	

Muster 22b.

Einlegernamensverzeichniß.

Name und Wohnort	Konto-Nr.	Name und Wohnort	Konto-Nr.
A Albrecht, Josef, Elbing	*112*	*B Barwich, Reinhold, Bollwerk*	*131*

Muster 23.

Inhaberpapierelagerbuch.
N. N. 4% Stadtanleihe.

Serie, Littera, Nummer	Anzahl	Nennwerth
1	2	3
Littera A zu 5000 Mk. *Nr. 8354, 8355, 10060*	*3*	*15000*
Littera B zu 2000 Mk. *Nr. 141684, 350261, 359631*	*3*	*6000*
u. s. w.		

Muster 24.

Postbuch.

Laufende Nr.	Datum	Anzahl der Post-anweisungen	Briefe	Werth-packete	Beutel	Fässer	Ge-wicht	Betrag	Ort, woher die Sendung gekommen ist	Anerkennung der Richtigkeit der vorstehenden Eintragungen Seitens der Postanstalt durch Namensbeischrift	Bezeichnung des Einsenders	Nachweis der Vereinnahmung Datum	Tagebuch №	Bemerkungen
1	2	3	4	5	6	7	8	9	10	11	12	13	14	15
	1892													
1	*April 1*	*1*	—	—	—	—	—	*145 40*	*N.*	*(Namens-zeichnung des Postbeamten)*	*N. N.*	*April 1*	*1610*	
2	„ *2*	—	—	—	*2*	—	*8,170*	*20000* —	*N.*		*N. N.*	„ *2*	*1690*	
									u. s. w.					

Rechnungsjahr 1892. **Muster 25.**

Kassen-Uebersicht

der

Kreis-Sparkasse N. N.

vom *15. Januar 1893.*

	Bis zum Abschluß				Mithin				Stand			
	Einnahme		Ausgabe		Mehr-einnahme		Mehr-ausgabe		am Anfang d. Rechnungs-jahres		am Abschlußtage	
	M	Pf	M	Pf	M	Pf	M	Pf	M	Pf	M	Pf
1	2		3		4		5		6		7	
1. Spareinlagen	2500588	29	2001210	—	499378	29	—	—	1768724	45	2268102	74
2. Zinsen[2])	101983	75	3850	—	—	—	—	—	—	—	—	—
3. Inhaberpapiere[1])	62095	—	170600	—	—	—	108505	—	699495	—	808000	—
4. Gemeindedarlehne pp.	73301	67	313038	18	—	—	239736	51	260263	49	500000	—
5. Hypotheken	48891	42	196200	—	—	—	147308	58	682691	42	830000	—
6. Unterpfanddarlehne	78994	—	92110	—	—	—	13116	—	176884	—	190000	—
7. Bürgschaftsdarlehne	21400	—	90100	—	—	—	68700	—	61300	—	130000	—
8. Grundstückeverwaltung	5000	—	4110	—	—	—	—	—	—	—	—	—
9. Bankdarlehen	30000	—	30000	—	—	—	—	—	20000	—	20000	—
10. Verschiedene Einnahmen und Ausgaben Verwaltungskosten[2])	31001	—	20006	12	—	—	—	—	—	—	—	—
11. Durchlaufende Posten	617	90	628	90	—	—	—	—	—	—	—	—
	2953873	03	2921853	20								
ab Ausgabe	2921853	20										
Bestand	32019	83										

Rechnerisch richtig.

N. N., den ....ten 189

N. N., den ....ten 189

Die Kassenbeamten.

Diese Uebersicht stimmt mit der Einnahme und Ausgabe im Tagebuch überein. Der Bestand ist in das Tagebuch für 1893 übertragen.[3])

Der Vorsitzende des Kreis-Sparkassen-Vorstandes.

Bestand	*32019* M.	*83* Pf.
Zwischen Abschl. u. Revision		
Einnahme	— „	— „
Ausgabe	— „	— „
Revisionsbestand	*32019* „	*83* „
und zwar:		
Banknoten u. Kassenscheine	*20110* M.	— Pf.
Goldmünzen	*9450* „	— „
Silbermünzen	*2453* „	— „
Kleine Münze	*6* „	*83* „

Anm. 1. Inhaberpapiere sind in allen Spalten zum Ankaufswerth zu verzeichnen.

„ 2. Die Spalten 4—7 sind nicht auszufüllen.

„ 3. Die Bemerkung bezügl. Uebertragung des Bestandes auf das neue Jahr hat natürlich nur in der letzten Uebersicht zu erfolgen. Außerdem finden an dieser Stelle oder umseitig etwaige bei der Revision gemachte Ausstellungen Aufnahme.

Kreis-Sparkasse N. N. **Muster 26.**

Jahresrechnung
für 1892.

(Ort) .... den ......ten .... 189.......

Der Rechnungsführer. Der Gegenbuchführer.

Die Einlegerguthaben sind in Gemäßheit des § 7 des Statuts öffentlich bekannt gemacht. Die von den Einlegern erhobenen Einwendungen haben Erledigung gefunden. Sämmtliche in der Rechnung aufgeführte Kapitalausstände sind mit den Werthpapieren und Schuldurkunden am Jahresschlusse verglichen und richtig belegt gefunden.

(Ort) .... den ......ten .... 189.......

Der Vorstand der Kreis-Sparkasse.

I. Spareinlagen.

Nummer des Sparbuches	Einlagenbestand ℳ	₰	Zugeschriebene Zinsen ℳ	₰	Zusammen ℳ	₰
1	2		3		4	
1	62	21	1	86	64	07
5	512	02	12	01	524	03
6	1800	–		–	1800	–
9	12	10		36	12	46
10		–	18	–	18	–
			u. s. w.			
3569	931	66	19	27	950	93
Seiten-Summe						

Nummer des Sparbuches	Einlagenbestand ℳ	₰	Zugeschriebene Zinsen ℳ	₰	Zusammen ℳ	₰
1	2		3		4	
	22610	32	512	—	23122	32
Dazu S. 42	31710	—	814	10	32524	10
„ „ 41			u. s. w.			
„ „ 40						
„ „ 39						
u. s. w.						
Summa I	2268102	74	42110	20	2310212	94
Dazu erhobene Zinsen (vgl. Tagebuch-Seite)			3850	—		
Sollzinsen für 1892			45960	20		

Hierzu die Beläge Nr. 1 bis incl. 209.

Muster 27.

Jahresrechnung.

Laufende Nr.	Laufende Nr. der Vorrechnung	Hauptbuchband und Seite	Zinsfuß	Zinsen: Soll		Zinsen: Haben		Zinsen: Rest		Kapitalbestand am Jahresschlusse zum: Ankaufswerth		Kapitalbestand am Jahresschlusse zum: Nennwerth	Kapitalbestand am Jahresschlusse zum: Kurswerth		Am Jahresschlusse zu verzeichnender: Kursgewinn		Am Jahresschlusse zu verzeichnender: Kursverlust		Belagsnummern	a) Bezeichnung des Papiers b) Zinsenfälligkeit c) Kurs
1	2	3	4	5		6		7		8		9	10		11		12		13	14
										II. Inhaberpapiere.										
1	3	I 4	4	4233	33	4233	33	--	—	116100	—	110000	116490	—	940	—	—	—	210/211	a) Preuss. Consols b) 2. Januar, 1. Juli c) 105, 90
2	--	I 26	4	333	30	233	30	100	—	10600	—	10000	10590	—			10	—	212/213	a) Preuss. Consols b) 1. April, 1. Oktbr. c) 105, 90
												u. s. w.								
Summe II				28400	—	26100	—	2300	—	808000	—	800000	810000	—	4100	—	2100	—		
															2100	—	ab			
															2000	—	reiner Gewinn			

Muster 28.

Jahresrechnung.

Laufende Nr.	Laufende Nr. der Vorrechnung	Hauptbuchband und Seite	Zinsfuß	Zinsen: Soll		Zinsen: Haben (bezahlte Zinsen)		Zinsen: Rest		Kapitalbestand am Jahresschlusse		Belagsnummern	Bemerkungen
1	2	3	4	5		6		7		8		9	10
						III. Gemeindedarlehne.							
1	2	I 2	4	400	—	400	—			10000			
29	30	31	$4\frac{1}{2}$	765	61	765	61			16731	78		$1\frac{1}{2}$ % Tilgung, vergl. Plan Bel. Nr. 131 bei der Rechnung für 1886; halbjährliche Rente 570 Mk., fällig 1. Juli und 1. Jan. nachträglich.
										u. s. w.			
Summe III				19000	--	19000	--	--	--	50000	-		
						IV. Hypotheken.							
1	18	I 18	5	200	—	150	—	50	--	4000	--		
				u. s. w.									
220	--	II 12	4	179	33	179	33	—	--	6000	--	221	
Summe IV				39610	—	38200	—	1410	--	83000	--		
						V. Unterpfanddarlehne.							
1	21	I 180	5	105	—	105	—			2100	--		
				u. s. w.									
118	--	II 76	5	394	16	394	16			3000	--	252	
Summe V				8620	10	8402	—	218	10	19000	—		
						VI. Bürgschaftsdarlehne.							
1	112	I 192	6	45	—	45	—				—	312	P. Kunz, G. Salwey, C. Kuhn.
				u. s. w.									
83	—	II 112	6	2	—	2	—			400	—	344	Dr. Roth, Dr. Sy. E. Valentin.
Summe VI				10281	75	10281	75	—	—	13000	—		
dazu „ V				8620	10	8402	--	218	10				
„ IV				39610	—	38200	—	1410	—				
„ III				19000	—	19000	—	—	—				
„ II				28400	—	26100	—	2300	—				
Gesammtzinsen				105911	85	101983	75	3928	10				
ab				3927	10	vorjährige Restzinsen von 1891							
				101984	75	reines Zinsensoll für 1892.							

Muster 29.

Jahresrechnung.

Lfde. Nr.	Gegenstand	Belagsnummern	Einnahme Soll	Einnahme Ist	Einnahme Rest	Ausgabe Soll	Ausgabe Ist	Ausgabe Rest
1	2	3	4	5	6	7	8	9
	VII. Grundstückeverwaltung.							
1	Pacht für Baumgart Nr. 63 von Will jährl. 1000 M. vom 1. Novbr. 1892 ab	410	166 67	166 67				
2	Hypothekenzinsen vgl. Abschnitt IV Nr.					380 —	8 67	371 33
3	Steuern	411/412				33 10	33 10	
4	Rechtsanwaltsgebühren, Gerichtskosten pp.	413/418				124 90	124 90	
5	Thiel, Miethe für Elbing Bd. I. Bl. 42. jährl. 12000 M. vom 1. Novbr. 1892 ab	419	2000 —	1900 —	100 —			
6	Hypothekenzinsen vgl. Abschnitt IV Nr.					1200 —	1200 —	
	u. s. w.				u. s. w.			
	Summe VII		5100 —	5000 —	100 —	4900 —	4110 —	790 —
	ab vorjährige Reste		100 —					
	reines Soll für 1892		5000 —			4900 —		
	ab Soll-Ausgabe		4900 —					
	Gewinn		100 —					
	VIII. Anleihen bei Geldinstituten.							
7	Lt. Kontoauszug für das I. Halbjahr							
	{ Vorjähriger Rest					20000 —		
	{ für 1892	431		30000		30000 —	10000 —	
	{ Zinsen					292 22		
8	Lt. Kontoauszug für das II. Halbjahr	432					20000 —	
	{ Zinsen					605 84		
	Summe VIII (Zinsenaufwand 898,06 M.)			30000 —		50898 06	30000 —	20898 06
	IX. Verwaltungskosten und verschiedene Ausgaben.	434	*(Voranschlag)*					
9	Rechnungsführer N. N.	435				4800 —	4800 —	
	u. s. w.							
10	Kreis-Kommunal-Kasse N. N. aus dem Geschäftsgewinn für 1891		u. s. w.			10000 —	10000 —	
	Summe IX					20104 12	20006 12	98 —
	X. Verschiedene Einnahmen.							
11	Kassenbestand von 1891			10612 81				
12	Erlös für eingelöste Sparkassenbücher	433		101 —				
	u. s. w.							
	Summe X			31000 —				
	ab vorjähriger Kassenbestand			30612 81				
	Mithin Gewinn			387 19				

Jahresrechnung.

Lfde. Nr.	Gegenstand	Belags-nummern	Einnahme Soll	Einnahme Ist	Einnahme Rest	Ausgabe Soll	Ausgabe Ist	Ausgabe Rest
1	2	3	4	5	6	7	8	9
	XI. Durchlaufende Posten.							
	A. Sparmarkenverkehr.							
13	Ende 1891 im Verkehr (vergl. vorjährige Rechnung)					71 —		
14	Im laufenden Jahre verkauft		[1]	212 —		212 —		
15	„ „ „ eingelöst	436/507					213 —	
	(71 Karten zu 3 M.)			212 —		283 —	213 —	70 —
	B. Vorschüsse							
	Vorschuss-Reste vom Vorjahre:							
16	N. N. Rechnungsführer		50 —		50 —			
17	N. N. Untereinnehmer	508	20 —	10 —	10 —			
	Laufendes Jahr:							
18	N. N. Untereinnehmer	509	20 —		20 —		[2] 20 —	
19	Gerichtskosten	510	10 20	10 20			[2] 10 20	
			100 20	20 20	80 —		30 20	
	C. Sonstige durchlaufende Posten.							
20	Stückzinsen von 4% Preuss. Consols (vgl. Abschnitt I lfde. Nr. 2)	212/213		166 70			166 70	
21	Auf 1893 entfallende Zinsen			220 —			220 —	
				386 70			386 70	
	dazu „Ist", Abschnitt B.			20 20			30 20	
	„ „ „ A.			211 —			212 —	
	Summe (wie in der Schluss-Uebersicht)			617 90			628 90	

Anm. 1. Der Erlös für Sparmarken stellt zugleich Sollausgabe Sp. 7 dar.

„ 2. Gezahlte Vorschüsse stellen zugleich Solleinnahme dar.

Muster 30.

Abschluß Ende 1892.

Vermögen.			Schulden.		
Inhaberpapiere nom. 800000 Mk.	808000	[1]	*Spareinlagen*	2310212	94
Gemeindedarlehne	500000	—	*Rückständige Zinsen für Spareinlagen* [2]	—	—
Hypotheken	830000	—	*Ausgaberückstände der Grundstückeverwaltung*	790	—
Unterpfanddarlehne	190000	—	*Schulden an Geldinstitute*	20898	06
Bürgschaftsdarlehne	130000	—	*Verwaltungskostenrückstände*	98	—
Zinsenrückstände von vorstehenden Kapitalanlagen	3928	10	*In Umlauf befindliche Sparmarken*	70	—
Einnahmerückstände aus Grundstücken	100	—			
Der Kasse zu erstattende Vorschüsse	80	—			
Baarbestand	32019	83			
	2494127	93		2332069	—
ab Schulden	2332069	—			
Gewinn-Ueberschuss, den Reservefonds darstellend	162058	93			
Am Ende des Vorjahres war Reservefonds	124549	37			
Somit Zunahme im Jahre 1892 (vergl. Gewinn unten)	37509	56			

Gewinn.			Verlust.		
Sollzinsen für 1891 von ausstehenden Kapitalien	101984	75	*Sollzinsen von den Spareinlagen*	45960	20
Kursgewinn bei Inhaberpapieren	2000	—	*„ „ „ Bankanleihen*	898	06
Gewinn bei der Grundstückeverwaltung	100	—	*Verwaltungskostensoll*	10104	12
Sonstige Einnahmen	387	19	*Ueberweisung an den Kreis*	10000	—
	104471	94		66962	38
ab Verlust	66962	38			
ergiebt Reingewinn (nach Ablieferung von 10000 Mk. Ueberweisung an den Kreis).	37509	56			

Anm.: [1]) Hier ist der Ankaufswerth eingestellt, weil der Kurswerth diesen übersteigt.

Anm.: [2]) Kommt nur bei den Vierteljahresabschlüssen vor.

Muster 31.

(Titelblatt.)

Sparbuch

Nr. 3569

Buchstäblich: *Dreitausendfünfhundertneunundsechszig*

für

Friedrich Neumann

in *Möskenberg.*

Siegel

Der Vorstand
der Kreis-Sparkasse *N. N.*

N. N. — Vorsitzender.

N. N.-N. N. — Beisitzer.

(Einlagebogen verkleinert.)

Bescheinigungen
über erfolgte Einzahlungen und Rückzahlungen.

Datum	zu oder ab	Betrag in Buchstaben	Betrag in Zahlen und Bestand ℳ	₰	Unterschrift des Rechnungsführers	Unterschrift des Gegenbuchführers
4. April 1892		*Eintausend Mark*	*1000*	—	*N. N.*	*N. N.*
4. April 1892	*zu*	*Zweihundert Mark zu 2%*	*200*	—	*N. N.*	*N. N.*
			1200	—		
24. Oktober 1892	*zu*	*2%ige Zinsen bis 1. Oktober 1892*	*1*	*66*	*N. N.*	*N. N.*
			1201	*66*		
24. Oktober 1892	*ab*	*Dreihundert Mark*	*300*	—	*N. N.*	*N. N.*
			901	*66*		
2. Dezbr. 1892	*zu*	*Dreissig Mark*	*30*	—	*N. N.*	*N. N.*
			931	*66*		
2. Januar 1893	*zu*	*3%ige Zinsen 1892*	*19*	*27*	*N. N.*	*N. N.*
			950	*93*		
desgl.	*ab*	*Vierhundertundfünfzig Mark*	*450*	—	*N. N.*	*N. N.*
		u. s. w.	*500*	*93*		

(Anm. Die letzte Seite des Sparbuches ist zur Aufnahme der Kündigungsvermerke einzurichten.)

Muster 32.

Kreis-Sparkasse N. N.

Spar-Karte.

Rückseite der Sparkarte.

1	2	3	4	5	6
7	8	9	10	11	12
13	14	15	16	17	18
19	20	21	22	23	24
25	26	27	28	29	30

Muster 33.

Kreis-Sparkasse N. N.

Sparmarkenkontrole.

Datum			Werth ℳ	₰
1892				
Dezbr.	*28*	*Neu angefertigte Marken*	*1000*	—
„	*31*	*An die Kassenbeamten*	*100*	—
1893			*900*	—
Jan.	*31*	*desgl.*	*78*	*80*
			821	*20*
		u. s. w.		

Muster 34.

Schlußnote.

Schlußnote	Raum für die Stempelmarke	Schlußnote
№		№ ....
den .... 18....		den .... 18....
Von		Von ....
in		in ....
An		An ....
in		in ....
Gegenstand des Geschäfts per Kasse:	perforirt	Gegenstand des Geschäfts per Kasse:
Preis oder Kurs:		Preis oder Kurs:
Werth des Gegenstandes:		Werth des Gegenstandes:
Sonstige Bemerkungen:		Sonstige Bemerkungen:
Vermittelt durch:		Vermittelt durch:

Muster 35.

Reichsbuchschuld.

Antrag
auf erste Eintragung in das **Reichs-Schuldbuch.**

N N., den ....ten .... 18.....

An
die **Reichsschuldenverwaltung**
(Schuldbuchbüreau)
Berlin S. W.
frei. Oranienstraße 92/94.

Die Reichsschuldenverwaltung erhält hierbei die in dem anliegenden Verzeichniß aufgeführten Stück .... Schuldverschreibungen der ....prozentigen Reichsanleihe über zusammen .... Mk., schreibe ....

.... Mark nebst den dazu gehörigen Zinsscheinen über die seit 1. .... 18..... laufenden Zinsen und den Anweisungen zur Abhebung neuer Zinsscheine mit dem Antrage:

1. die gedachten .... Mk. auf den Namen:*) ....

   ....
   in ....
   Kreis ....
   .... Straße Nr. ....
   in das Reichsschuldbuch einzutragen;
2. die fälligen Zinsen durch die Post — durch die .... Kasse in .... Reichsbank-............stelle in .... an d*)...
   ....
   wohnhaft in ....
   Kreis ....
   .... Straße Nr. ....
   zahlen zu lassen

*) Bei phys. Pers. stets Vor- u. Zunamen, Beruf od. Stand.

Muster 36.

Reichsbuchschuld.

Verzeichniß

der mit Antrag de ....

.... vom ....ten.. 18.........

eingelieferten Schuldverschreibungen der ....prozentigen Deutschen Reichsanleihen.

(Zu ordnen nach den verschiedenen Zinsterminen [Januar—Juli, April—Oktober], Jahrgängen und innerhalb dieser Arten nach den Littern, für jede Littera aber nach der Nummerfolge.)

Lfde. Nr.	Anleihe vom Jahre	Litt.	Nummern	Betrag des einzelnen Stücks ℳ	Betrag für jeden Werthabschnitt ℳ	Lfde. Nr.	Anleihe vom Jahre	Litt.	Nummern	Betrag des einzelnen Stücks ℳ	Betrag für jeden Werthabschnitt ℳ

Mit den Schuldverschreibungen müssen die dazu gehörigen Zinsscheine und Anweisungen abgeliefert werden. Nur den Schuldverschreibungen, welche in einem dem Fälligkeitstermine der Zinsen vorangehenden Monat eingereicht werden, sind die nächstfälligen Zinsscheine nicht beizufügen.

Muster 37.

Hypothekendarlehnsantrag.

Kreis-Sparkasse N. N.

N. N., den 5. Januar 1892.
J.-N. Sp. 831.

Zur Vorstands-Sitzung.
N. N., den *5. Januar 1892.*
Der Vorsitzende
des Kreis-Sparkassenvorstandes.
(Unterschrift.)

M. 6000 zu 4 % zur ersten Stelle bei den üblichen Bedingungen bewilligt.
N. N., den 15. Januar 1892.
Der Kreis-Sparkassenvorstand.
(Unterschriften.)

Besitzer Wilhelm Schlichting aus Hoppenau beantragt, *6000 M.* Hypothekendarlehn auf *Hoppenau*, Grundbuch Nr. *43.*

Grundst.-Reinertrag *330 M.*	$\times 22\frac{1}{2} =$	*8250 M.*
Gebäudest.-Nutzungsw.	„ $\times 12\frac{1}{2} =$	„
Feuerversicherungssumme	„ $\frac{1}{2} =$	„
$\frac{\text{gerichtliche}}{\text{landschaftl.}}$ Taxe	*M* $\frac{1}{2}$ *od.* $\frac{2}{3} =$	„
		8250 M.
ab voreingetragene Rechte:		
9 M. Zins × *18 kapitalisirt*		*162* „
	Beleihungsgrenze	*8088 M.*

Als Unterlagen sind beigefügt:
Auszug aus der Grundsteuermutterrolle und einfache Abschrift des Grundbuchblattes.

Der Rendant.
(Unterschrift.)

Muster 38.

Mittheilung über die Bewilligung eines Hypothekendarlehns.

Kreis-Sparkasse
N. N.

N. N., den *15. Januar* 1892.
J. N. Sp. 1891.

Herrn Besitzer Wilhelm Schlichting,

Hoppenau.

Auf den am 5. d. Mts. in unserem Geschäftslokale gestellten Hypothekendarlehnsantrag gehen wir ein und sind zur Hingabe des gewünschten Darlehns von 6000 Mark unter der Voraussetzung bereit, dass es im Grundbuche Ihres Grundstückes Hoppenau Grundbuchnummer 43, abgesehen von dem jährlichen Zins von 9 Mark, die erste Stelle einnimmt. Der Zinsfuss beträgt 4 Prozent für das Jahr. Am 31. Dezember jeden Jahres sind 200 Mark des Kapitals zu tilgen.

Für das Darlehnsgeschäft gelten ferner nachstehende Bedingungen:

Ihnen sowohl, wie der Kasse steht es frei, das Kapital mit dreimonatlicher Frist zu kündigen. Geht das Grundstück in andere Hände über, oder erfolgt die Zinsenzahlung nicht pünktlich (d. i. innerhalb 14 Tagen nach dem Fälligkeitstermine), so ist die Kasse berechtigt, das Kapital ohne Kündigungsfrist sofort zurückzuverlangen.

Die Zinsen sind in vierteljährigen, an den Vierteljahresersten fälligen Nachtragsraten zu entrichten.

Sämmtliche Zahlungen sind frei in unserem Geschäftslokale in deutscher Goldwährung zu leisten.

Die zu dem Grundstücke gehörigen Baulichkeiten müssen dauernd gegen Feuerschaden versichert gehalten werden. Von der Feuerversicherungsgesellschaft ist ein Hypothekensicherungsschein zu erfordern und hierher einzureichen.

Dem der Kasse verbleibenden Restkapitale verbleibt das Vorrecht vor den abgezahlten Raten.

Sie haben Sich und das Pfandgrundstück der sofortigen Zwangsvollstreckung sowohl wegen jeder einzelnen Zins- und Kapitaltilgungsrate, falls solche nicht mindestens innerhalb vierzehn Tagen nach der Fälligkeit bezahlt werden, als auch wegen des Restkapitals selbst bei eintretender Fälligkeit zu unterwerfen und uns zu ermächtigen, Sich im Falle des Verzuges in der Zins- oder Kapital-Zahlung auf unseren Antrag und auf Ihre Kosten weitere vollstreckbare Ausfertigungen der bezüglichen Verhandlungen ertheilen zu lassen, ohne dass wir den Verzug urkundlich nachzuweisen brauchen.

Diese Bedingungen sind in das Grundbuch einzutragen.

Sämmtliche Kosten haben Sie zu tragen.

Das Darlehn halten wir bis zum 1. Juli d. Js. zu Ihrer Verfügung, nehmen aber an, dass auf dasselbe verzichtet wird, falls Sie nicht innerhalb 14 Tagen zu dessen Annahme Sich bereit erklärt haben.

Der Vorstand der Kreissparkasse.

(Unterschrift.)

Vorsitzender.

Muster 39.

Schuld- und Verpfändungs-Urkunde.

Ich, der unterzeichnete *Besitzer Wilhelm Schlichting zu Hoppenau*, bekenne, von der Kreissparkasse N. N. ein baares Darlehn von *6000 Mark, buchstäblich „Sechstausend Mark"*, erhalten zu haben, quittire darüber und verpflichte mich, dieses Darlehn vom *2. April d. Js.* ab mit 4% jährlich zu verzinsen.

Für das Darlehn gelten folgende Bedingungen:

Beiden Theilen steht es frei, das Kapital mit dreimonatlicher Frist zu kündigen. Geht das Grundstück in andere Hände über, oder erfolgt die Zinsenzahlung nicht pünktlich (das ist innerhalb 14 Tagen nach dem Fälligkeitstermine) so ist die Gläubigerin berechtigt, das Kapital ohne Kündigungsfrist sofort zurückzuverlangen.

Die Zinsen sind in vierteljährigen, an den Vierteljahresersten fälligen Nachtragsraten zu entrichten.

Sämmtliche Zahlungen sind frei im Geschäftslokale der Gläubigerin oder deren Rechtsnachfolger in deutscher Goldwährung zu leisten.

Alljährlich am 31. Dezember sind *200* Mark des Kapitals zurückzuzahlen. Dem der Kasse verbleibenden Restkapitale wird das Vorrecht vor den abgezahlten Raten vorbehalten.

Ich unterwerfe mich und das Pfandgrundstück der sofortigen Zwangsvollstreckung sowohl wegen jeder einzelnen Zins- und Kapitaltilgungsrate, falls solche nicht mindestens innerhalb 14 Tagen nach der Fälligkeit bezahlt werden, als auch wegen des Restkapitals selbst bei eintretender Fälligkeit und ermächtige die Gläubigerin, sich im Falle des Verzuges in der Zins- oder Kapitalabzahlung auf Ihren Antrag und auf meine Kosten weitere vollstreckbare Ausfertigung der bezüglichen Verhandlung ertheilen zu lassen, ohne daß sie den Verzug urkundlich nachzuweisen braucht.

Ich verpfände für diese Darlehnsschuld das im Grundbuche von *Hoppenau Nr. 43* für mich eingetragene Grundstück mit daraufstehenden Baulichkeiten und bewillige die Eintragung dieser Verpfändung im Grundbuche auf meine Kosten bei direkter Zustellung des Hypothekenbriefes an die Gläubigerin.

Ich, die mitunterzeichnete *Marie Schlichting, geborene Hübner zu Hoppenau*, trete der vorstehenden Schuld- und Verpfändungserklärung meines Ehemannes hiermit genehmigend bei.

Endlich beantrage ich, der ebenfalls mitunterzeichnete Kreissparkassen-Rendant N. N., als der durch das Statut bestimmte Vertreter der Kreissparkasse zu N. N., die Eintragung der Hypothek und Zustellung des Hypothekenbriefes direkt an genannte Sparkasse.

N. N., den ....ten ....

(Unterschriften.)

(Hierunter notarielle oder gerichtliche Beglaubigung.)

Muster 40.

Ueberreichung einer Schuld- und Verpfändungsurkunde an das Amtsgericht.

Kreis-Sparkasse N. N.

(Ort), den ....ten ....

J.-Nr. ....

Zu den Grundacten N. N. Nr. 43

überreichen wir anliegende Schuld- und Verpfändungsurkunde nebst einem Auszug aus dem Güterrechtsregister, welcher nach Gebrauch an den Grundstückseigenthümer zurückzugeben ist, zur gefälligen weiteren Veranlassung.

An
das Königliche Amtsgericht,
Abtheilung für Grundbuchsachen
zu
N. N.

Muster 41.

Empfangs-Bestätigung.

Ich bestätige der Kreis-Sparkasse N. N. den Empfang des im Grundbuche von *Hoppenau Nr. 43* für diese eingetragenen Hypothekenkapitals von *Sechstausend Mark.*

Hoppenau, den ....ten ....

(Unterschrift.)

Muster 42.

Abtretungs-Erklärung.

Im Grundbuche von *Hoppenau Band II Blatt 16 Nummer 43*, stehen in der *dritten* Abtheilung unter Nummer *5 und 6* für mich, den unterzeichneten *Kaufmann Albert Rachhals zu Elbing*, je *3000* Mark, zusammen *„Sechstausend Mark"*, mit 3½ Prozent jährlich zu verzinsendes Hypothekenkapital eingetragen.

Auf Ansuchen des Pfandgrundstücksbesitzers Herrn *Wilhelm Schlichting zu Hoppenau* bewillige ich zunächst die Eintragung folgender Nebenbedingungen bezüglich meiner soeben bezeichneten Darlehnsforderungen in das Grundbuch und zwar:

Beiden Theilen (dem Schuldner sowohl, als auch dem Gläubiger) steht es frei, das Kapital mit dreimonatlicher Frist zu kündigen. Geht das Grundstück in andere Hände über, oder erfolgt die Zinsenzahlung nicht pünktlich (das ist innerhalb 14 Tagen nach dem Fälligkeitstermine) so ist der Gläubiger berechtigt, das Kapital ohne Kündigungsfrist sofort zurückzuverlangen.

Die Zinsen sind in vierteljährigen, an den Vierteljahresersten fälligen Nachtragsraten zu entrichten.

Sämmtliche Zahlungen sind frei im Geschäftslokale des Gläubigers oder dessen Rechtsnachfolger in deutscher Goldwährung zu leisten.

Alljährlich am 31. Dezember sind 200 Mark des Kapitals zurückzuzahlen. Dem für den Gläubiger verbleibenden Restkapitale steht das Vorrecht vor den abgezahlten Raten zu.

Alsdann trete ich die bezeichneten Hypothekenforderungen von zusammen 6000 Mark nebst den Zinsen seit heute an die Kreissparkasse in N. N. ab und bewillige (und beantrage)[1]) die Umschreibung der Posten nebst Zinsen auf den Namen der Cessionarin, welcher die umgeschriebenen Hypothekenbriefe zuzustellen sind.

Cessionsvaluta habe ich erhalten.

Ich, der mitunterzeichnete *Hofbesitzer Wilhelm Schlichting zu Hoppenau* bewillige und beantrage zunächst die Eintragung der eingangs von Herrn *Rachhals* bereits bewilligten Nebenbedingungen in das Grundbuch.

Ferner erhöhe ich den Zinssatz seit heute um ein halbes Prozent, also auf 4 Prozent jährlich, und unterwerfe mich und das Pfandgrundstück der sofortigen Zwangsvollstreckung, sowohl wegen jeder einzelnen Zins- und Kapitaltilgungsrate, falls solche nicht mindestens innerhalb 14 Tagen nach der Fälligkeit bezahlt werden, als auch wegen des Restkapitals selbst bei eintretender Fälligkeit und ermächtige die Gläubigerin, sich im Falle des Verzuges in der Zins- oder Kapitalzahlung auf Ihren Antrag und auf meine Kosten weitere vollstreckbare Ausfertigung der bezüglichen Verhandlung zu ertheilen zu lassen, ohne daß sie den Verzug urkundlich nachzuweisen braucht.

Ich verpfände für die Nebenbedingungen und den erhöhten Zinssatz das im Grundbuche *Hoppenau Nr. 43* für mich eingetragene Grundstück nebst aufstehenden Baulichkeiten und bewillige und beantrage die Eintragung dieser Verpfändung und der Umschreibung der Post nebst Zinsen auf den Namen der Kreissparkasse N. N. in das Grundbuch auf meine Kosten.

Ich, die mitunterzeichnete *Marie Schlichting geborene Hübner zu Hoppenau*, trete der vorstehenden Erklärung meines Ehemannes, des *Hofbesitzers Wilhelm Schlichting zu Hoppenau*, genehmigend bei.

N. N., den ....ten ....

Unterschriften des Rachhals und der Schlichting'schen Eheleute.

(Hierunter notarielle oder gerichtliche Beglaubigung.)

---

[1]) Diese beiden Worte sind zweckmäßig dann einzufügen, wenn ein anderer Antragsberechtigter (Pfandgrundstücksbesitzer oder Forderungserwerber) die Abtretungserklärung, weil Abänderungen nicht zu documentiren sind, nicht mitvollzieht.

Muster 43.

Ueberreichung einer Abtretungserklärung nebst Hypothekenbrief an das Grundbuchamt.

Kreis-Sparkasse N. N. N. N., den ......ten..............................

Zu den Grundacten *Hoppenau Nr. 43*

überſenden wir anliegend die Hypothekenbriefe über die in *Abtheilung 5 u. 6* eingetragenen *6000 Mark* Hypothekendarlehn nebst Abtretungsurkunde auf uns vom ......ten d. Mts. sowie die Vorrechteinräumungserklärung vom ......ten..............................
zur gefälligen weiteren Veranlassung.

2

1

1

Der Vorstand der Kreis-Sparkasse.

An
das Königliche Amtsgericht,
Abtheilung für Grundbuchsachen,
in
N. N.

Muster 44.

Erklärung über eine Vorrechtseinräumung.

Im Grundbuche von *Hoppenau Nr. 43* steht in der zweiten Abtheilung unter *Nummer 1* für mich, den unterzeichneten *Rentier August Kühn zu Hoppenau,* ein Altentheil auf Grund des § 6 des Vertrages vom *2. September 1897* eingetragen.

Ich räume den in *Abtheilung III* unter *Nummer 5* und *6* eingetragenen Hypothekenforderungen von *6000 Mark* das Vorrecht vor meinem Altentheil ein und bewillige die Eintragung dieser Vorrechtseinräumung in das Grundbuch.

Ich, der mitunterzeichnete *Kreissparkassenrendant N. N.* zu *N. N.* nehme Namens der Kreissparkasse *N. N.* die Vorrechtseinräumung an und beantrage die Eintragung derselben in das Grundbuch.

Ferner stimme ich, der ebenfalls mitunterzeichnete *Hofbesitzer Wilhelm Schlichting zu Hoppenau,* als Besitzer des Pfandgrundstückes der vorstehend erwähnten Vorrechtseinräumung unter Uebernahme der Kosten zu und bewillige und beantrage die Eintragung in das Grundbuch.

Endlich trete ich, die mitunterzeichnete *Marie Schlichting geborene Hübner zu Hoppenau,* der vorstehenden Erklärung meines Ehemannes, des *Hofbesitzers Wilhelm Schlichting zu Hoppenau,* genehmigend bei.

N. N., den ......ten..............................

Unterschriften des zurücktretenden Gläubigers, des Sparkassenvertreters und des Eigenthümers und seiner Ehefrau.

....

....

Hierunter gerichtliche oder notarielle Beglaubigung.

....

Erklärung

Muster 45.

über Mitverpfändung eines Grundstückes.

Im Grundbuche von *Hoppenau Band II Blatt 16 Nummer 43* stehen in der dritten Abtheilung unter Nummer *5 und 6* für den *Kaufmann Albert Bachhals zu Elbing* je *3000* Mk. zusammen *6000* Mk. Hypothekendarlehn nebst Zinsen eingetragen.

Diese Hypothekenforderungen von zusammen *6000* Mk. sind unter Erhöhung des Zinsfußes von $3^1/_2$ auf *4* Prozent jährlich in das Eigenthum der Kreissparkasse N. N. übergegangen.

Ich, der unterzeichnete *Hofbesitzer Wilhelm Schlichting* zu *Hoppenau*, verpfände für oben bezeichnete Hypothekenforderungen nebst Zinsen neben meinem vorgenannten Grundstücke *Hoppenau Band II Blatt 16 Nummer 43* noch das mir ebenfalls gehörige, im Grundbuche von *Hoppenau Band III Blatt 24 Nummer 150* eingetragene Grundstück nebst aufstehenden Gebäuden zu den für die Forderungen bisher gültigen Bedingungen und bewillige die Eintragung dieser Verpfändung im Grundbuche auf meine Kosten bei direkter Zustellung des Hypothekenbriefes an die Gläubigerin.

Ich, die mitunterzeichnete *Marie Schlichting geb. Hübner zu Hoppenau,* trete der vorstehenden Verpfändungserklärung meines Ehemannes hiermit genehmigend bei.

Endlich beantrage ich, der ebenfalls mitunterzeichnete Kreissparkassenrendant N. N., als der durch das Statut bestimmte Vertreter der Kreissparkasse zu N. N., die Eintragung der Mitverpfändung in das Grundbuch und Zustellung des Hypothekenbriefes direkt an genannte Sparkasse.

N. N., den ......ten..................................

(Unterschriften.)

Hierunter notarielle oder gerichtliche Beglaubigung.

Muster 46a.

Quittung und Löschungsbewilligung.

Im Grundbuche von *Hoppenau Nummer 43* stehen in der *dritten Abtheilung* unter *Nummer 5 und 6* für die Kreissparkasse N. N. *6000 Mark*, buchstäblich: *„Sechstausend Mark“*, mit *4* Prozent jährlich zu verzinsendes Hypothekendarlehn eingetragen.

Wir haben dieses Kapital nebst sämmtlichen Zinsen von dem Besitzer des Pfandgrundstückes Herrn N. N. erhalten, quittiren darüber und bewilligen die Löschung im Grundbuche.

N. N., den ......ten..................................

(Siegel.)

Der Vorstand
der Kreissparkasse N. N.

(Unterschriften.)

Der Vorstand der Kreissparkasse N. N. besteht aus den Unterzeichnern vorstehender Urkunde.

N. N. den ......ten..................................

(Siegel.)

Der Landrath.

(Unterschrift.)

Entpfändungs-Erklärung.

Muster 46.

Im Grundbuche des Grundstücks *Hoppenau Nr. 43* stehen in der *dritten Abtheilung* unter *Nr. 5 und 6 6000 Mark,* geschrieben: *„Sechstausend Mark“*, zu *4* Prozent, verzinslich für die Kreissparkasse N. N., eingetragen.

Wegen dieser Forderung von *6000 Mark* nebst Zinsen entlassen wir hiermit die von dem obigen Grundstücke an den *Kaufmann Hermann Barke in Hoppenau* verkaufte Parzelle von *1 ha 2 ar 3* □*m* mit einem Grundsteuerreinertrage von *fünfundzwanzig Mark* aus der Schuld- und Pfandverbindlichkeit und willigen in die pfandfreie Abschreibung dieses Theilstückes von dem verpfändeten Grundstücke auf Kosten des Grundstücksbesitzers.

(Siegel.)

N. N., den ......ten.................................. 18........

Der Vorstand der Kreissparkasse.

(Unterschriften.)

Der Vorstand der Kreissparkasse besteht aus den Unterzeichnern vorstehender Entpfändungserklärung.

N. N., den ......ten.................................. 18........

Der Landrath.

(Siegel.)

(Unterschrift.)

Muster 47.

Tilgungsplan

über das der Gemeinde N. N. von der Kreis-Sparkasse N. N. am *15. Februar 1886* geliehene Darlehn von *19000 Mk.* zu $4\frac{1}{2}$ % jährlichen Zinsen und $1\frac{1}{2}$ % Tilgung, wozu die, durch die fortschreitende Tilgung ersparten Zinsbeträge treten. Zinsentermine sind der *30. Juni* und *31. Dezember* mit der Maßgabe, daß die Raten bereits einen halben Monat vor der Fälligkeit beglichen werden müssen.

Jahr	Am 30. Juni						Am 31. Dezember					
	Zinsen		Abzahlung		Restschuld		Zinsen		Abzahlung		Restschuld	
1886	323	—	107	67	18892	33	425	08	144	92	18747	41
1887	421	82	148	18	18599	23	418	48	151	52	18447	71
1888	415	07	154	93	18292	78	411	59	158	41	18134	37
1889	408	02	161	98	17972	39	404	38	165	62	17806	77
1890	400	65	169	35	17637	42	396	84	173	16	17464	26
1891	392	95	177	05	17287	21	388	96	181	04	17106	17
1892	384	89	185	11	16921	06	380	72	189	28	16731	78
1893	376	47	193	53	16538	25	372	11	197	89	16340	36
1894	367	66	202	34	16138	02	363	11	206	89	15931	13
1895	358	45	211	55	15719	58	353	69	216	31	15508	27
1896	348	82	221	18	15282	09	343	85	226	15	15055	94
1897	338	76	231	24	14824	70	333	56	236	44	14588	26
1898	328	24	241	76	14346	50	322	80	247	20	14099	30
1899	317	23	252	77	13846	53	311	55	258	45	13588	08
1900	305	73	264	27	13323	81	299	79	270	21	13053	60
1901	293	71	276	29	12777	31	287	49	282	51	12494	80
1902	281	13	288	87	12205	93	274	63	295	37	11910	56
1903	267	99	302	01	11608	55	261	19	308	81	11299	74
1904	254	24	315	76	10983	98	247	14	322	86	10661	12
1905	239	88	330	12	10331	—	232	45	337	55	9993	45
1906	224	85	345	15	9648	30	217	09	352	91	9295	39
1907	209	15	360	85	8934	54	201	03	368	97	8565	57
1908	192	73	377	27	8188	30	184	24	385	76	7802	54
1909	175	56	394	44	7408	10	166	68	403	32	7004	78
1910	157	61	412	39	6592	39	148	33	421	67	6170	72
1911	138	84	431	16	5739	56	129	14	440	86	5298	70
1912	119	22	450	78	4847	92	109	08	460	92	4387	---
1913	98	71	471	29	3915	71	88	10	481	90	3433	81
1914	77	26	492	74	2941	07	66	17	503	83	2437	24
1915	54	84	515	16	1922	08	43	25	526	75	1395	33
1916	31	39	538	61	856	72	19	28	550	72	306	---
1917	--	89	306	-					9468	20		
		Dazu	9531	80								
			9468	20								
		überhaupt	19000	—								

Die halbjährig zu zahlende Annuität beträgt 6% von 9000 M. gleich 570 Mark.

Die am 30. Juni 1886 fällige Annuität ist antheilig für 15. Februar bis 30. Juni 1886 berechnet.

Gefertigt

Ort .... den .... 1886.

Die Kassenbeamten.

Genehmigt.

Ort .... den .... 1886.

Der Vorstand der Kreis-Sparkasse.

Ort .... den .... 1886.

Der Gemeindevorstand.

Muster 48.

Schuldurkunde

über ein Gemeindedarlehn.

Die Gemeinde *N. N.* bekennt hiermit, auf Grund des Gemeindebeschlusses vom ...., bestätigt vom Kreisausschuß in *N. N.* unterm .... durch die Unterzeichneten von der Kreissparkasse *N. N.* gegen Aushändigung dieser Schuldurkunde ein baares Darlehn von buchstäblich: .... Mark erhalten zu haben.

Sie verpflichtet sich hiermit, dasselbe vom ....ten.. 18...... ab mit jährlich .... Prozent in vierteljährigen, an den Quartalsersten fälligen Raten zu verzinsen und das Kapital in jährlichen, am Ende jeden Kalenderjahres fälligen Theilzahlungen von je .... Mark, beginnend am 31. Dezember 18...... zurückzuzahlen.

Beiden Theilen steht eine .... monatliche Kündigung des Kapitals frei.

N. N., den ....ten .... 18......

(Siegel.) Unterschriften.

Gemeindevorsteher. Schöffe.

Muster 49.

Faustpfand-Hinterlegungs-Schein.

Herr *N. N.* hat *den Hypothekenbrief Doerbeck Nr. 43 Abtheilung III Nr. 2* über *15000* Mk., buchstäblich *Fünfzehntausend* Mk. — Pf. zum Zwecke der Beleihung der durch ihn verbrieften Forderung hinterlegt.

N. N., den ....ten .... 18......

Kreis-Sparkasse.

(Unterschriften.)

Vorbezeichnetes Unterpfand habe ich zurückerhalten.

N. N., den .... 1..........

Dieser Schein ist bei Rückempfang des Unterpfands zurückzugeben.

Muster 50.

Schuld- und Verpfändungs-Urkunde.

Gegen Aushändigung dieser Urkunde habe ich unter dem heutigen Tage von der Sparkasse des Landkreises *N. N.* ein baares Darlehn von *10000 Mark*, buchstäblich: *„Zehntausend Mark"*, erhalten, quittire über den Empfang desselben hiermit ohne Vorbehalt und verpflichte mich, die gedachte Summe jederzeit ohne besondere Kündigungsfrist zurückzuzahlen, das erhaltene Kapital auch mit 5 Prozent jährlich zu verzinsen und die Zinsen an die gedachte Kasse nach Ablauf jeden Kalendervierteljahres zu zahlen.

Zu mehrerer Sicherheit meiner Gläubigerin, der hiesigen Sparkasse des Landkreises *N. N.*, für Kapital, Zinsen und Kosten jeder Art verpfände ich derselben die auf *Doerbeck Band I Blatt 16 Nr. 43 Abtheilung III Nr. 2* für mich eingetragene Hypothekenforderung von *15000 Mark*.

Den Hypothekenbrief über die verpfändete Forderung habe ich der gedachten Kasse übergeben.

Die Sparkasse des Landkreises *N. N.* hier soll befugt sein, gesetzlich mit dem Pfandobject zu verfahren, falls die Einlösung desselben zu der bestimmten Zahlungszeit nicht erfolgt.

Sie ist auch berechtigt, die Forderung ohne meine Mitwirkung einzuziehen, falls dieselbe fällig werden sollte.

Sämmtliche Zahlungen verpflichte ich mich, frei im Geschäftslokale der Gläubigerin zu leisten.

N. N., den *2. Februar 1892.*

Unterschrift des Darlehnsnehmers.

Muster 51a.

Verzeichniß

der auf Pfandschein *Nr. 112* der Kreis-Sparkasse *N. N.* unter den auf demselben abgedruckten Bedingungen verpfändeten Werthstücke und Forderungen.

Den Pfandschein habe ich empfangen.

N. N., den *2. Februar 1892.*

Unterschrift des Verpfänders.

Es sind:

eingeliefert			herausgegeben	
Datum der Einlieferung	Bezeichnung der Pfandstücke	Kapitals-Betrag ℳ	Datum der Auslieferung	Quittung durch Namensunterschrift
2. Februar 1892	*Hypothekenbrief Doerbeck Band I Blatt 16 Nr. 43 Abthl. III Nr. 2*	*15000*	*1. April 1893*	*Unterschrift des Verpfänders*
desgl.	*Sola-Wechsel mit offener Fälligkeit*	*12000*		

Pfandschein

Muster 51.

Nr. *112.*

Der Herr Fritz Kuhn in Doerbeck hat von der Sparkasse *N. N.* die nachstehend aufgeführten Beträge als Darlehn erhalten und dafür die umseitig verzeichneten Werthstücke und die darin verbrieften Forderungen verpfändet.

Die dem Geschäfte zu Grunde liegenden Bedingungen sind auf der letzten Seite dieses Pfandscheins abgedruckt und haben für beide Theile dieselbe Kraft, als ob sie hier wörtlich aufgenommen wären.

N. N., den *2* ten *Februar 1894.*

Sparkasse N. N.

(Stempel.) (Unterschriften der Kassenbeamten.)

Tagebuch Nr. .... Hauptbuchblatt ....

(Formular der 1. und 2. Seite.)

Datum		Ab- und Zugang	Betrag der dargeliehenen beziehentlich zurückgezahlten Kapitalien ℳ	bezahlte Zinsen: Zeitraum	bezahlte Zinsen: Betrag ℳ	₰	Beglaubigung durch den Rendanten	Beglaubigung durch den Kontrolleur
	1892			1892				
2	Februar		10000	3. Februar			N. N.	N. N.
3	April	zu	1000	31. März	81	94	N. N.	N. N.
				April	137	22	N. N.	N. N.
			11000	Juni				
4	Juli		—	Juli				
1	Oktober	ab	8000	September	137	50	N. N.	N. N.
	1893		3000	Oktober				
2	Januar		—	Dezember	37	50	N. N.	N. N.
1	April	ab	3000	1893				
			geschlossen	Januar				
				März	37	50	N. N.	N. N.

(3. Seite.)

Bezeichnung der, nebst den darauf verbrieften Forderungen, verpfändeten Werthstücke.

Datum		Ab- und Zugang	Betrag des Wechsel-Acceptes ℳ		ℳ
	1892				
2	Februar		12000	Hypothekenbrief Dörbeck Bd. I Bl. 16 Nr. 43 Abthl. III Nr. 2	15000

(4. Seite.)

Bedingungen.

§ 1. Die Sparkasse des Landkreises N. N. gewährt an Personen, für welche ein Lombard-Konto eröffnet ist, baare Darlehne gegen Niederlegung eines Wechselaccepts und Verpfändung von Effekten, Grundschuld- oder hypothekarischen und Spareinlagen-Forderungen.

§ 2. Anträge auf Eröffnung eines Kontos werden von dem Rendanten der Sparkasse entgegengenommen. In dem Antrage sind die zu verpfändenden Effekten zu bezeichnen, Hypotheken und Grundschuldbriefe nebst den zur Prüfung ihrer Sicherheit erforderlichen Urkunden (Taxe, Gebäudesteuerauszug oder dergl.) vorzulegen.

§ 3. Darlehnsnehmer und beziehungsweise deren Prokuristen oder Bevollmächtigte haben ihre Unterschrift und, sofern sie eine Firma führen, die letztere in der Sparkasse zu zeichnen oder in beglaubigter Form zu überreichen.

§ 4. Als Darlehn werden nur durch 100 theilbare Summen von mindestens 100 Mark gewährt. Die Darlehne können jederzeit zurückgezahlt und von der Sparkasse zurückgefordert werden. Abschlagszahlungen in Beträgen, welche obiger Vorschrift entsprechen, sind zulässig.

§ 5. Der Sparkassenvorstand setzt den Zinsfuß für die gewährten Darlehne fest und darf denselben jederzeit ändern. Derartige Aenderungen, welche für die Darlehnsnehmer ohne Weiteres rechtsverbindlich sind, werden denselben nach Wahl des Vorstandes durch einfache schriftliche Mittheilung oder durch das Kreisblatt bekannt gemacht.

§ 6. Die Zinsen sind regelmäßig bis zum 15. des ersten Monats im Kalenderquartal für das abgelaufene Vierteljahr und, wenn das Darlehnskapital vollständig zurückgezahlt wird, gleichzeitig hiermit auf der Sparkasse zu bezahlen.

§ 7. Die zur Verpfändung bestimmten Werthstücke sind der Sparkasse zu übergeben, Effekten mit Talons und den laufenden Kupons; Effekten, welche nicht auf den Inhaber lauten, sind mit einem Blanko-Indossament zu versehen, Hypotheken und Grundschuldbriefe mit beglaubigten Cessionsurkunden zu überreichen. Auf dem zu übergebenden Wechselaccepte, welches an Ordre der Sparkasse über den ganzen Kreditbetrag lauten muß, ist der Zahlungstermin offen zu lassen.

§ 8. Die Sparkasse wird die sämmtlichen Pfandstücke nach den hierfür geltenden Vorschriften in dem für diesen Zweck bestimmten Kassengewölbe unter gehörigem Verschluß aufbewahren. Jede Gefahr der Unterpfänder, insbesondere auch die Kriegsgefahr, trägt allein der Verpfänder.

Sie kontrollirt die etwaige Auslossung, Kündigung 2c. derselben nicht; es ist vielmehr lediglich Sache des Pfandgebers, hierauf zu achten und für die rechtzeitige Herausgabe der Effekten, der Kupons und Talons Sorge zu tragen.

§ 9. Ueber die eingelieferten Pfandstücke ist der Sparkasse ein Verzeichniß, auf welchem auch alle nachgelieferten Stücke zu vermerken und über alle herausgegebenen Stücke, Kupons 2c. Quittung zu leisten ist, vom Verpfänder zu übergeben.

§ 10. Dem Darlehnsnehmer wird ein von der Sparkasse ausgefertigter Pfandschein übergeben, auf welchem diese Bedingungen abgedruckt sind.

Auf dem Pfandschein werden alle von der Sparkasse, sowie von dem Darlehnsnehmer auf Kapital und Zinsen geleisteten Zahlungen, desgleichen die ein- und ausgelieferten Pfandstücke von der Sparkasse vermerkt, und zwar die ersteren mit der Unterschrift von zwei Kassenbeamten. Diese Vermerke haben für beide Theile volle Beweiskraft und Verbindlichkeit, weitere Quittungen werden von der Sparkasse nicht ertheilt.

§ 11. Die sämmtlichen auf einen Pfandschein eingelieferten Pfandstücke haften nach Maßgabe dieser Bedingungen für alle auf demselben eingetragenen Darlehne nebst Zinsen und etwaigen Kosten.

§ 12. Die Sparkasse ist berechtigt, aber nicht verpflichtet, die Legitimation des Pfandschein-Inhabers zu prüfen. Sie darf jeden Inhaber als rechtmäßigen Eigenthümer des Pfandscheins ansehen und demgemäß an ihn sowohl Darlehne darauf gewähren, wie die Pfandstücke ausliefern. Sie ist aber auch befugt, in jedem Falle die Quittung des Pfandschuldners zu verlangen.

§ 13. Der Pfandschuldner ist verpflichtet:

a) das Pfand zu verstärken, wenn der Kurs der verpfändeten Effekten sinkt und das Pfand nicht mehr die ursprüngliche, vorgeschriebene Sicherheit für die gewährten Darlehne bietet.

b) das Darlehn nebst Zinsen auf ergangene Forderung zurückzuzahlen.

Diese Aufforderung erfolgt durch die Aufgabe eines eingeschriebenen Briefes auf der Post oder durch ein Schreiben, dessen Behändigung vom Kassenboten bescheinigt wird.

§ 14. Wenn der Pfandschuldner den ihm in § 13 obliegenden Verpflichtungen innerhalb der gestellten Frist nicht genügt, so ist die Sparkasse befugt, die Effekten nach ihrer Auswahl, soweit dies zu ihrer vollen Befriedigung erforderlich ist, an einer Börse zu verkaufen oder zum Geldkurse selbst zu übernehmen, die Sparbücher, Hypotheken und Grundschuldbriefe und die Forderungen darauf ohne gerichtliches Verfahren durch einen Gerichtsvollzieher zu versteigern oder ohne Mitwirkung des Verpfänders einzuziehen.

Reicht das Pfand zur Deckung nicht aus, so kann wegen des Fehlbetrages das Wechselaccept sofort fällig gemacht und ausgeklagt werden.

§ 15. Nach erfolgter Tilgung der ganzen Pfandschuld ist der Pfandschein quittirt zurückzuliefern und das Pfand eventuell der an dessen Stelle tretende Ueberschuß des Erlöses von der Sparkasse abzuheben.

Geschieht dies nicht innerhalb der gestellten Frist, so übernimmt die Sparkasse keine weitere Verpflichtung bezüglich der Aufbewahrung, ist auch berechtigt, die Pfandstücke oder deren Erlös der Hinterlegungsstelle zu überantworten.

§ 16. Wenn der Pfandschein verloren gegangen ist, so hat der Pfandschuldner denselben gerichtlich aufbieten zu lassen. Auf Grund des ergangenen Ausschlußurtheils wird ihm auf Antrag ein neuer Pfandschein ausgefertigt, welcher vollständig an die Stelle des aufgebotenen tritt.

Der Vorstand

der Sparkasse des Landkreises N. N.

Muster 52.

Sola-Wechsel.

Doerbeck, den *2. Februar 1892.* Für *12000 Mark.*

Am ....ten .... zahle ich gegen diesen meinen Sola-Wechsel an die Ordre der Sparkasse N. N. die Summe von

Zwölftausend Mark.

Valuta habe ich erhalten und leiste Zahlung nach Wechselrecht hier und aller Orten, wo mir dieser Wechsel vorgezeigt wird.

(Unterschrift des Schuldners.)

Muster 53.

Auf Lombard-Pfandschein № *112* heute

Mark *Zehntausend*

empfangen zu haben, bescheinige.

N. N., den *2. Februar 1894.*

(Unterschrift des Darlehnsnehmers.)

Empfänger des Geldes: selbst.

Muster 54.

Auf Lombard-Pfandschein № *112* erfolgen anbei zur Abzahlung

Mark *Achttausend.*

N. N., den *1. Oktober 1892.*

(Unterschrift.)

Muster 55.

Schuldschein

(mit Bürgen).

Gegen Aushändigung dieser Schuldurkunde habe ich unter dem heutigen Tage von der Sparkasse des Landkreises N. N. ein baares Darlehn von *400 Mark*, buchstäblich: *„Vierhundert Mark“*, richtig ausgezahlt erhalten, quittire über den Empfang desselben hiermit ohne Vorbehalt und verpflichte mich, die gedachte Summe nach Ablauf von drei Monaten, von heute ab gerechnet, zurückzuzahlen. Die auf 6 Prozent jährlich verabredeten Zinsen zahle ich bei Rückgabe des Darlehns.

Die mitunterzeichneten Bürgen verpflichten sich für die rechtzeitige Bezahlung der obigen Schuld, sowohl in Bezug auf das Kapital, als auch Zinsen und Kosten jeder Art, selbstschuldnerisch.

N. N., den *1. Dezember 1892.*

Der Schuldner. (Unterschrift.)

Die Bürgen. (Unterschriften.)

Gezogener Wechsel an fremde Ordre. Muster 56.

(Vorderseite).

Angenommen
Bernhard Nickel.

Pr. Holland, den *1. October 1899.* Für Mk. *2000.—*

Am *1. December 1899* zahlen Sie gegen diesen meinen Primawechsel an die Ordre des Herrn *Gustav Dickert* hierselbst die Summe von *Zweitausend Mark.* Werth erhalten und stellen ihn auf Rechnung ohne Bericht.

Herrn *Bernhard Nickel* *Julius Wilms.*
Pr. Holland.

(Rückseite).

Stempelmarke

Für mich an die Ordre des Herrn *Ernst George* hierselbst. Werth erhalten.
Pr. Holland,
den *1. October 1899.*
Gustav Dickert.

Für mich an die Ordre der Kreis-Sparkasse *Pr. Holland.* Werth erhalten.
Pr. Hollond,
den *2. October 1899.*
Ernst George.

Inhalt empfangen.
Pr. Holland,
den *1. December 1899.*
Kreis-Sparkasse.
(Unterschriften)

Gezogener Wechsel an eigene Ordre. Muster 57.

(Vorderseite).

Angenommen
Pr. Holland, 1. Oct. 1899.
Bernhard Nickel.

Pr. Holland, den *1. October* 1899. Für Mk. *2000.—*

Am *1. December* 1899 zahlen Sie gegen diesen meinen Prima-Wechsel an die Ordre von mir selbst die Summe von *Zweitausend Mark.* Werth in mir selbst und stellen ihn auf Rechnung ohne Bericht.

Herrn *Bernhard Nickel* *Julius Wilms.*
Pr. Holland.

(Rückseite).

Stempelmarke.

Für mich an die Ordre der Kreis-Sparkasse *Pr. Holland.*
Pr. Holland,
den *1. October 1899.*
Julius Wilms.

Betrag erhalten.
Pr. Holland,
den *1. December 1899.*
Kreis-Sparkasse.
(Unterschriften)

Muster 58.

Sola-Wechsel.

(Vorderseite).

Sola-Wechsel.

Pr. Mark, den *1. April 1899.* Für *Mark 3000.—*

Drei Monate nach heute zahle ich gegen diesen meinen Sola=Wechsel an die Ordre des Herrn *Emil Klatt* in *Pr. Mark* die Summe von

Mark Dreitausend.

Werth baar erhalten und leiste zur Verfallzeit prompte Zahlung nach Wechselrecht.

Eduard Quintern.

(Rückseite)

Stempelmarke.

Für mich an die Ordre der
Kreis=Sparkasse in *Elbing.*
Werth erhalten.
Pr. Mark
den *15. April 1899.*
Emil Klatt.

Inhalt empfangen
Elbing, den *1. Juli 1899.*
Kreis=Sparkasse.
(Unterschrift.)

Muster 59.

Domicilirter Sola-Wechel mit Aval.

Sola-Wechsel.

Pr. Mark, den *1. April 1899.* Für *Mark 3000.—*

Drei Monate nach heute zahle ich für diesen meinen Sola=Wechsel an die Ordre der Kreis=Sparkasse in *Elbing* die Summe von

Mark Dreitausend.

Werth baar erhalten und leiste zur Verfallzeit prompte Zahlung nach Wechselrecht.

Eduard Quintern.

Zahlbar bei der Kreis-Sparkasse in *Elbing.*

Als Bürge: *Emil Klatt.*

Muster 60.

Prozeß-Vollmacht.

Dem Rechtsanwalt .... in ....
ertheilen wir hierdurch Vollmacht zur Führung des von der Kreis-Sparkasse in ....
.... wider .... wegen .... Mark
bei dem ....-Gerichte zu ....
anzustellenden (angestellten) Prozesses, ...
mit der Ermächtigung zur Empfangnahme von Geldern aller Art, Werthsachen und Dokumenten,
sowie zu .... Vertretung im Konkursverfahren über das Vermögen de.... Gegner.....

.... den .... 189....

Muster 61.

Darlehns-Klage im Urkundenprozeß.

An
das Amtsgericht
in
....

Klage im Urkundenprozeß der .... Sparkasse .... Klägerin wider den .... zu .... Beklagten.

Mit .... Anlagen
Streitgegenstand: Mark ....

Nach der, in Abschrift (Urschrift) überreichten Schuldurkunde vom .... hat der Beklagte von der Klägerin am .... ein baares Darlehn von .... Mark mit der Verpflichtung erhalten, dasselbe mit ......% jährlich zu verzinsen und nach Kündigung (innerhalb .... am ....) zurück zu zahlen.

Beweis über die Echtheit der Unterschrift: Eideszuschiebung.[1])

Dem Beklagten ist das Darlehn laut (abschriftlich) beigefügten Behändigungsscheines am .... gekündigt. Zahlung ist aber nicht (nur in Höhe von .... Mark) geleistet. Die Zinsen sind seit dem .... rückständig.

Klägerin beantragt, im Urkundenprozesse klagend, den Beklagten zur Zahlung von .... Mark nebst ......%igen Zinsen vom .... ab zu verurtheilen.

Zur mündlichen Verhandlung über die vorstehende Klage laden wir den Beklagten hierdurch vor das .... Amtsgericht in .... zu dem, hierbei angesetzten Termine und legen Abschrift dieser Klage bei der Gerichtsschreiberei nieder.

.........., den ......ten ....
.... Sparkasse ....

Anm. [1]) Bei Hypothekenklagen wäre hier zu setzen: Beweis: Abschriftlich beigefügter Hypothekenbrief, dessen Original im Termine vorgelegt werden wird.

Muster 62.

Klage im Wechselprozeß.

An
das Amtsgericht
in
....

Klage im Wechselprozeß der .... Sparkasse .... Klägerin wider den .... in .... Beklagten wegen Mark: ....

Der Beklagte, als Aussteller des, abschriftlich beigefügten Sola-Wechsels vom Datum .... fällig am .... schuldet der Klägerin den Betrag von .... Mark.

Beweis: Wechselurkunde und für die Echtheit der Unterschrift „Eideszuschiebung".

Der Wechsel ist dem Beklagten am Verfalltage vergebens zur Zahlung präsentirt.

Wir klagen im Wechselprozesse und beantragen,

1. den Beklagten kostenpflichtig zu verurtheilen, an Klägerin den Betrag von .... Mark nebst ....% Zinsen vom .... ab zu zahlen.
2. das Urtheil für vorläufig vollstreckbar zu erklären.

Zur mündlichen Verhandlung über vorstehende Klage laden wir den Beklagten vor das .... Amtsgericht in .... zu dem, hierbei angesetzen Termine und legen Abschrift dieser Klage bei der Gerichtsschreiberei nieder.

.............................., den ....ten ....
.... Sparkasse ....

Muster 63.

Gesuch um Zahlungsbefehl.

An
das Amtsgericht
in
....

Gesuch

der .... Sparkasse .... wider den .... in .... um Erlaß eines Zahlungsbefehls in Höhe von .... Mark.

Der .... in .... verschuldet uns an .... den Betrag von .... Mark (nebst ....% Zinsen vom .... ab).

Wir beantragen den Erlaß eines Zahlungsbefehls gegen denselben in vorbezeichneter Höhe.

.............................., den ....ten ....
.... Sparkasse ....

Muster 64.

Ladung nach erhobenem Widerspruch gegen einen Zahlungsbefehl.

An
das Amtsgericht
in
....

In Sachen
der .... Sparkasse ....
Klägerin wider den .... in ....
Beklagten wegen Mark .... Aktenzeichen ....

hat Beklagter gegen den Zahlungsbefehl vom .... am .... Widerspruch erhoben.

Zur mündlichen Verhandlung des Rechtsstreits laden wir daher Beklagten vor das Amtsgericht in .... zum hierbei angesetzten Termine.

Wir werden beantragen:
1. Beklagten zur Zahlung von .... Mark (nebst .... % Zinsen vom .... ab) an Klägerin zu verurtheilen,
2. dem Beklagten die gesammten Prozeßkosten einschließlich der Kosten des Mahnverfahrens aufzuerlegen,
3. das Urtheil für vorläufig vollstreckbar zu erklären.

Unser Gesuch um Erlaß eines Zahlungsbefehls vom .... liegt in Abschrift bei.

.........................., den ....ten ....
.... Sparkasse ....

Muster 65.

Gesuch um Erlaß eines Vollstreckungsbefehls.

An
das Amtsgericht
in
....

Gesuch
der .... Sparkasse .... wider
den .... in ....
um Erlaß eines Vollstreckungs-Befehls über
.... Mark. Aktenzeichen ....

Den beiliegenden Zahlungsbefehl Nr. .... vom ...., welcher laut ebenfalls beigefügter Zustellungsurkunde dem Schuldner am .... behändigt ist, beantragen wir, bei Hinzurechnung der, umseitig berechneten Kosten von .... Mark für vorläufig vollstreckbar zu erklären.

.........................., den ....ten ....
.... Sparkasse ....

Muster 66.

Zwangsverwaltungsantrag.

An
das Amtsgericht
in
....

Antrag der .... Sparkasse .... Gläubigerin wider d.................... in .... Schuldner auf Anordnung der Zwangsverwaltung des im Grundbuche von .... Band Nr...... geführten Grundstückes.

Nach beiliegendem, mit Vollstreckungsklausel versehenen, gegen den nebenbezeichneten Schuldner gerichteten Zahlungsbefehl – Urtheilsausfertigung – schuldet derselbe der .... Sparkasse .... Mk. nebst ....% Zinsen seit dem ....

Wir beantragen, wegen dieser Forderung die Zwangsverwaltung des nebenbezeichneten, dem Schuldner gehörigen Grundstückes anordnen zu wollen.

..........................., den ....ten....................

.... Sparkasse ....

Subhastationsantrag.

Muster 67.

An
das Amtsgericht
in
....

Antrag der .... Sparkasse .... Gläubigerin wider d.................... in .... Schuldner auf Zwangsversteigerung des in .... belegenen, im Grundbuche des Amtsgerichts zu .... unter .... Band .... Nr...... verzeichneten Grundstückes.

Gegen den Besitzer des neben bezeichneten, dem .... gehörigen Grundstückes ist das, in Abtheilung III Nummer .... für die Sparkasse .... eingetragene Hypothekenkapital von .... Mk. nebst .... Mk. rückständigen Zinsen eingeklagt.

Der mit Vollstreckungsklausel versehene Zahlungsbefehl — Urtheilsausfertigung — wird beigefügt und ebenso je ein neuester Auszug aus der Grundsteuermutterrolle und Gebäudesteuerrolle von besagtem Grundstücke.

Wir beantragen:

die Zwangsversteigerung des nebenbezeichneten Grundstückes wegen unserer Forderung einzuleiten.

Aus den, bei Wohldemselben geführten Grundbüchern (aus der anliegenden Bescheinigung[1]) ist ersichtlich, daß das Grundstück und das Eigenthum des in der Vollstreckungsklausel genannten Schuldners im Grundbuche eingetragen sind.

..........................., den ....ten....................

.... Sparkasse ....

Anm. [1]). Falls das Grundbuch nicht bei dem Vollstreckungsgericht geführt wird, ist eine Bescheinigung des zuständigen Grundbuchamtes darüber, daß der Schuldner als Eigenthümer des Grundstückes eingetragen ist, beizubringen.

Muster 68.

Anmeldung einer Forderung zur Konkursmasse wegen abgesonderter Befriedigung.

An
das Amtsgericht
in
....

Forderungsanmeldung der .... Sparkasse
.... zur Konkursmasse des ....
in ....
Aktenzeichen ....

Wir haben von dem Gemeinschuldner zu fordern:

Diese Forderung melden wir zur Masse an und beanspruchen

a) abgesonderte Befriedigung gemäß § 48 der Konkursordnung,

b) Befriedigung gemäß § 64 der Konkursordnung für den Betrag, mit welchem wir bei der abgesonderten Befriedigung ausfallen sollten.

.... den .....ten.............
.... Sparkasse ....

Muster 69.

Formular zu einem rothen Check.

Nr. A. 2342875. Betrag .... Mk. ...... Pf.

Reichsbank

Die Reichsbank wolle dem Konto von .... in ....
bei der Reichsbank .... in ....
Mark
gut schreiben und dafür belasten das Konto von
(Firmen=Stempel)
(Ort) ....
den .... 18.....

Die Person bezw. Firma, auf welche ein rother Check lautet, muß ebenso bezeichnet sein, wie das, bei der Bank geführte betr. Conto, da der Check sonst beanstandet wird. Es empfiehlt sich daher, das, auf Veranlassung des Reichsbank=Directoriums alljährlich erscheinende „Verzeichniß der Inhaber von Giroconten bei der Reichsbank" nebst den Nachträgen dazu zu halten. (Verlag von A. Bath=Berlin).

Muster 70.

Formular zu einem weißen Check.

Nr. 2585127. Mk.

Reichsbank

Die Reichsbank
wolle zahlen gegen diesen Check aus $\frac{\text{meinem}}{\text{unserm}}$ Guthaben
an ....
.... oder Ueberbringer
Mark ....
....
.... den .... 189....

Checks, in welchen der Zusatz „oder Ueberbringer" durchstrichen oder eine Zahlungsfrist angegeben ist, werden nicht bezahlt.

500000
450000
400000
350000
300000
250000
200000
150000
100000
50000
40000
30000
20000
10000
5000
4000
3000
2000
1000
500

Der weiße Check hat außerdem noch das Wasserzeichen „Checkverein." Von der rechtsseitig aufgedruckten Zahlenreihe sind die den Betrag des Checks übersteigenden Zahlen abzuschneiden.

Berichtigungen.

S. 9 Abschnitt „Tageskassenabschluß" drittletzte Reihe 2. Wort statt „abzugebenden" lies abzugebendem.

S. 22 Abschn. „Der Notizkalender" 4. Zeile statt „Bayel" lies „Bagel".

S. 27 Zeilen 28 und 29 von oben Mk. 4000 / „ 210 } zwei Stellen nach links zu rücken.

S. 30 4. Abschnitt letzter Satz: „Der Inkurssetzungsstempel wird vom Vorsitzenden aufbewahrt" fällt weg.

S. 32 4. Abschnitt von unten: statt „Kreditliste noch" lies „Kreditliste nach".

S. 33 im 2. Absatz drittletzte Reihe hinter dem Wort: „Kommission"*) (ein Sternchen setzen); dagegen fällt in der nächsten Reihe hinter „Stelle" das Sternchen weg.

S. 53 5. Zeile von oben 2. Wort statt „folgt" lies „erfolgt".

S. 73 vorletzte Textreihe 5. Wort „dieselbe" zu ersetzen durch „ähnliche".

S. 75 3. Absatz 5. Wort statt „Beimessung" lies „Bemessung".

S. 79 letzte Textreihe fällt hinter „hat" das †) weg.

S. 83 7. Reihe hinter „Gebiete" einschalten „des".

S. 96 vorletzte Reihe der Anm. soll lauten: *) § 1154 Abs. 3 B. G. B. (s. oben erste Anm.).

S. 126 12. Zeile letztes Wort statt „Da" lies „da" und vorher statt eines Punktes ein Komma.

S. 137 2. Zeile drittletztes Wort statt „der" lies „die".

S. 137 3. Zeile vorletztes Wort statt „der" lies „die".

Sachregister.

Abänderung des Statuts 191.

Abgenutzte Reichsmünzen 177.

Ablieferungsschein bei Abzahlung von Unterpfanddarlehnen 118.

Abrechnungs-Verfahren bei An- und Verkauf von Effekten 47; bei Emission von Effekten 51.

Abschluß der Hauptbücher für die Jahres-Rechnung 25; der Tagebücher für die Jahres-Rechnung 25; der Tagebücher für die Revision 23; über die Resultate der einzelnen Rechnungsabtheilungen 26; Vierteljahres- 23.

Abschluß-Strich bei einer unvermutheten Revision 29.

Abschreibung eines Grundstücks-Theiles im Grundbuche 106.

Abtrennung der Zinsscheine der bei der Kasse befindlichen Effekten 8, 44; der Zinsscheine von den bei Banken verpfändeten Effekten 161.

Abtretungserklärung 91, 96, 108; auf Grund einer Löschungsbewilligung 95; Aufnahme der Nebenbedingungen 97; Auszahlung des Gegenwerthes 100, 103; Beglaubigung derselben 96; bei Mitverpfändung weiterer Grundstücke 100; bei Umwandlung einer Sicherungs-Hypothek oder Grundschuld in eine gewöhnliche Hypothek 97; bei Vorrechtseinräumungen 98, 99; bei Vorzugsrechts-Einräumung (s. vor); bei Zinsfußänderung 97, 98; Bestätigung des Valutaempfanges in der 96; Einigung bei 96, 97, 103; Einreichung an's Grundbuchamt 97, 103; Erben bei Ausfertigung einer 93; Erklärung über Kosten 100, 108; Hypothekenbrief dazu 96, 97, 98; Uebergabe der 97, 100, 103, 109; Umschreibung der Forderung im Grundbuche 97, 100; Vollziehung der — durch Vormund und Gegenvormund 92; Vormundschaftsgerichtliche Genehmigung zur 92; zwecks Verpfändung der Forderung (Lombarddarlehn) 118.

Abzahlungsvermerke auf den Belägen 11.

Accept bei Wechseln 123, 124.

Acceptant 124; in Vermögens-Verfall 131; Verjährung des wechselmäßigen Anspruchs gegen den 136.

Acceptiren bei Wechseln 123, 128, 130.

Acceptverweigerung bei Wechseln 128, 131.

Aenderung der Aufschrift einer aufgegebenen Postsendung 180.

Akten-Verzeichniß 5.

Aktien der verstaatlichten Eisenbahnen 42.

Aktien-Gesellschaften 83.

Amortisations-Darlehn (s. Tilgungs-Darlehn); Plan (s. Tilgungs-Plan).

Amtshaftung der Beamten 3.

Amtspflichten der Beamten 2.

Amtsverschwiegenheit der Beamten 2.

Androhung des Pfandverkaufs 141.

Anerkenntniß bei Zahlungen auf nicht vorgelegte Sparbücher 35, 36.

Anfechtungsklage gegen Ausschlußurtheil über verloren gegangene Sparbücher 36.

Ankauf von Inhaberpapieren 44; laut Statut 189.

Ankaufspreis der Inhaberpapiere (s. Ankaufswerth).

Ankaufswerth der Inhaberpapiere bei Aufstellung der Vermögensbilanz 26, 58.

Anlage der Geldmittel 189.

Anleihe bei Bank- (Geld-) Instituten 155, 191; Bedingungen der Reichsbank 155; Bedingungen von Privatbanken 161; Einstellung in die Bilanz 26; Konto-Korrent-Rechnung der Privatbanken 164, 165; laut Statut 191; Staffelrechnung der Reichsbank über 163; Verbuchung 21.

Annahme- bezw. Zahl-Stellen bei größeren Kassen 2, 18.

Annahme-Verweigerung b. Wechseln (s. Accept-Verweigerung); eines Wechsels (s. acceptiren).

Annuität bei Aufstellung von Tilgungsplänen 110, 111; bei Prüfung der Jahresrechnung 32.
Anschaffungswerth der Inhaberpapiere (s. Ankaufswerth).
Anstellung der Beamten 1, 2, 185.
Anstellungsbehörde für die Beamten 1, 185.
Antrag auf Eintragung einer Forderung in das Reichsschuldbuch 63; auf Eröffnung eines Reichsbankgirokontos 171; auf Gewährung eines Darlehns 11; auf Gewährung eines Hypotheken-Darlehns 11, 74.
Anweisung des Vorsitzenden beim Anspruch auf ein Kassen-Mehr 9.
Anweisungen des Vorsitzenden bezw. Vorstandes 10.
Anzeige an den Schuldner bei Unterverpfändungen Seitens des Verpfänders 113, 121, 257.
Aufbewahrung der Unterpfänder 119; — gesonderte, von Sparbuch und Hülle bezw. Kontrol-Marke 34; von Effekten bei Bankinstituten 166; von Werthstücken der Kasse 6, 7; von Zinsscheinbogen und Stücken getrennt 6, 44.
Aufgebot von Hypotheken-Briefen 109; von Inhaberpapieren 60; von Sparbüchern 36, 188; von Wechseln 137.
Aufhebung der Kasse 191; von Sperrvermerken in Sparbüchern 35.
Aufsichtsbehörde 1, 185.
Aufsichtsrecht der Staatsbehörde 191.
Auftrag zu einem Effekten-An- oder Verkaufs-Geschäft 45; zur Revision 29.
Ausfall-Geld für den Rechnungsführer 3.
Ausgabe-Anweisung (s. Anweisung); Rückstände 26.
Ausgabe-Stelle von Inhaberpapieren pp. 59; von Inhaberpapieren (s. Emission).
Aushändigung des quittirten Wechsels 134, 135; von Zinsschein-Bogen 44, 59.
Aushang im Kassenlokale 191; über Namen der Vorstandsmitglieder 1; über Namen und Quittung der Beamten 4.
Ausloosung von Inhaberpapieren 43.
Ausschließung der Hypotheken 101, 103.
Ausschluß-Urtheil über verloren gegangene Inhaberpapiere 61, 62; über verloren gegangene Sparbücher 36, 39.
Aussteller eines Wechsels 123, 128, 130, 131, 136, 137.
Ausstellung der, die Sparkasse verpflichtenden Urkunden 185.
Auszahlung einer abgetretenen Hypothekenforderung 100, 103; einer neu eingetragenen Hypothek 88 ff.
Auszahlungs-Proteste bei Spareinlagen 17, 114.
Außerkurssetzungs-Vermerke 58.
Auszug aus dem Genossenschafts-Register 83, 87; aus dem Güterrechts-Register 79; aus dem Handels-Register 83, 87; aus dem Vereins-Register 82, 87.
a vista (s. bei Sicht).

Baarbestände der Kasse 6.
Banknoten (s. Reichsbank-Noten).
Bayerische Friedensthaler 174; Grundrenten-Ablösungs-Schuldbriefe 42; Marien-Thaler 174; Sieges-Thaler 174.
Beamte, Amtshaftung derselben 3; Amtspflichten derselben 2, 185; Amtsverschwiegenheit derselben 2, 186; Anstellung derselben 1, 2, 185; Befugnisse derselben 185; Besoldung derselben 2; Dienstgeschäfte derselben 8, 185; dienstliche Stellung derselben 2; Dienststunden 4, 191; Ersatzpflicht derselben 37; Geschäftsstunden derselben (s. oben Dienststunden); Nebenämter und Nebenbeschäftigung derselben 4; Quittungsleistung derselben 4, 34, 185, 191; Stellvertretung derselben 3; Wahl derselben 185.
Bedingungen der Reichsbank für Aufbewahren von Werthstücken 166; Diskontiren von Wechseln 138; den Giro-Verkehr 171; Lombarddarlehne auf Inhaberpapiere 155; allgemeine für Ausleihungen 118, 190, 191; für Hypotheken-Darlehne 75; für Versendung von Geld und Werthpapieren durch die Post und für die Transportversicherung 177.
Beglaubigung der Abtretungserklärung 96; Schuld- und Verpfändungs-Urkunde 86; Vorzugsrechts-Einräumung 98.
Behandlung nachgemachten, verfälschten oder nicht mehr umlaufsfähigen Metall- und Papiergeldes 176.
Bei Sicht bezüglich Wechsel 123.
Beisitzer und deren Stellvertreter 184.
Beitreibung von Rückständen, abgesonderte Befriedigung im Konkursverfahren 155; Androhung des Unterpfandverkaufs 141; Anmeldung zur Kokursmasse 154, 155; Anmeldung der Zinsen, Kosten und Vorschüsse im Subhastationsverfahren 148; Antrag auf Einleitung der Zwangsversteigerung 146; Antrag auf Einleitung der Zwangsverwaltung 146; Auswahl aus mehreren verpfändeten Werthstücken 142; Beendigung des Zwangsversteigerungsverfahrens 154; Beitritt zu einem Zwangsversteigerungsverfahren 146; Beschlagnahme des Grundstückes 147; Bestellung eines Verwalters 153; Bietungskaution bei der Zwangsversteigerung 151; Einstellung des Verfahrens 147; Einziehung einer verpfändeten Hypotheken-

forderung 142; Erstattung der Sequestrationsvorschüsse 154; Erwirkung eines vollstreckbaren Titels 142; Faustpfandversteigerung bezw. -Verkauf 140, 141; Festsetzung des geringsten Gebots bei der Zwangsversteigerung 148; Mahnverfahren 143; Prozeß-Vollmacht für den Anwalt 140; Ueberschuß bei Einziehung einer verpfändeten Forderung 143; Ueberweisungsbeschluß als Ersatz für Abtretungserklärung 142; Urkunden-Prozeß 143; Veräußerungs-Verbot 147; Versteigerungsbedingungen 148; Versteigerungs-Termin 148, 149; Vertheilungs-Termin wegen des Verkaufserlöses 151; vollstreckbarer Titel 147; Vollstreckungsbefehl 145; Wechsel-Prozeß 143; Widerspruch gegen einen Zahlungsbefehl 145; Zahlungsbefehl 145; Zwangsverwaltung 146, 153, 154; Zwangsvollstreckung 71, 76, 151; Zuschlag-Ertheilung an den Meistbietenden 151; Zuständigkeit der Gerichte 146.

Beläge aus Effekten-Geschäften 47; bestehend aus: eingelösten Sparbüchern 35; entwertheten Sparmarken 40; zur Jahresrechnung 27; über Kapitalanlagen 11.

Belastung mehrerer Grundstücke 82, 100; von Theil-Grundstücken 82.

Beleihungsgrenze, deren Feststellung 74; laut Statut 189; Prüfung bei der unvermutheten Revision 29; Prüfung in der Jahresrechnung 32.

Benachrichtigung über bevorstehende Pfändungen von Sparguthaben 38; Bewilligung eines Hypotheken-Darlehns 76; Eintragungen in das Grundbuch 88, 97; Eintragung und Löschung von Reichsschuld-Buch-Forderungen 67.

Berichtigungen nach dem Tagesabschlusse 14.

Beschädigte Münzen, Banknoten und Kassenscheine 176, 177; Postsendung 180, 181.

Bescheinigung der vorgesetzten oder Aufsichtsbehörde 83; des Landrathes über den Vorstand 185; über Sparbücher im Uebertragbarkeits-Verkehr 189.

Beschlagnahme von Einlagen-Forderungen 38; von Grundstücken 147.

Beschluß der Verwaltungsorgane über Darlehne 29, 84; des Sparkassenvorstandes 185.

Besoldung der Beamten 2, 185.

Bestätigung des Hypothekenschuldners über die Anzeige von der Unterverpfändung 113, 257; des Schuldners über Empfang des Hypothekendarlehns 88; über Auftrag zum Effekten-An- und Verkaufsgeschäft 45.

Bestands-Aufnahme beim Tageskassen-Schluß 9; bei Revision der Kasse 28, 29; bei Revision der Nebenstellen 31.

Bestimmt domicilirter Wechsel 131.

Beutel zur Geldsendung über Post 178, 179; zur Verpackung des Metallgeldes 175.

Bevollmächtigte 84, 85.

Bewilligung von Hypothekendarlehnen 75.

Bezogener bei Wechseln 123, 126, 128, 131, 132.

Bietungs-Kaution bei Emissionen 51; bei Subhastationen 151.

Blanco-Indossament bei Wechseln 127.

Börsen (s. Fonds-Börsen).

Börsen-Ordnung 44, 52; Berliner 52; Frankfurter 54; Hamburger 56.

Bordereau (Nummern-Verzeichniß).

Bote 2, 3.

Brief-Hypothek 88, 96, 142; mit Werthangabe 177.

Bruchpfennige bei der Berechnung 17, 18, 187.

Buchauszüge für die Vierteljahrs-Abschlüsse 25.

Bücher-Abschluß zur Jahresrechnung 25; zur Monats-Revision 28; zur unvermutheten Revision 29.

Buchführung 12 ff.

Buchhypothek 88, 96, 103, 115, 142.

Buchschuld 63; -Zinsen 63.

Buch von den Gemeindedarlehnen (s. Gemeindedarlehnsbuch); sonstigen Einnahmen und Ausgaben 12, 21.

Bürgen, Eintragung der — in das Inhaltsverzeichniß 20; Eintragung der — in die Jahresrechnung 25; Haftung der — bei Wechsel- pp. Darlehnen 121, 137; laut Statut 190.

Bürgschafts-Darlehne 20, 121; Fälligkeitstag der 122; Prolongation der 122; Rechnungslegung von den 25, 31; Rückzahlungsfrist für die 122; Verbuchung der 20; Zinsen der (Diskont) 8, 122, 128, 137.

Bürgschafts-Darlehns-Buch 12, 18, 20.

Cedent 96.

Cession (s. Abtretungs-Erklärung).

Cessionar 96.

Check im Giro-Verkehr mit der Reichsbank 170, 186.

Darlehne der Vorstandsmitglieder 185; Einstellung in die Bilanz 26.

Darlehns-Anträge 11, 74, 110, 112; -Versprechen 75; -Vertrag bezügl. der Spareinlagen 33, 35.

Decharge-Ertheilung der Jahresrechnung durch den Kreistag pp. 33, 190.

Deponirung von Inhaber-Papieren bei der Reichsbank 166.

Deutsche Einthalerstücke 174; Reichskassenscheine 174; Reichsmünzen 174.

Devisen (aus dem Auslande stammende Wechsel) 137.
Dienstanweisung für die Beamten 2, 185.
Dienstliche Stellung der Beamten 2.
Dienststunden der Beamten 4.
Diskont (Wechselzinsen) 8, 128, 137.
Diskonten (Wechsel) 137, 138.
Diskontiren 138.
Domiciliat bei Wechseln 131.
Domiciliren bei Wechseln 130, 131.
Domicil-Wechsel 130.
Doppel-Kronen 175; -Verschluß Seitens der Beamten 6, 7, 9, 28.
Dreifacher Verschluß Seitens der Beamten 6, 28, 40.
Durchlaufende Posten 15, 19, 20, 21, 22.

Effekten (s. Inhaberpapiere).
Ehren-Accept 130.
Eigene Ordre 123, 126; Wechsel 123, 125, 136, 137.
Eigenthümer-Hypothek 95.
Eingegangene bezw. eingelöste Sparbücher 27, 31, 32, 34.
Einigung bei Abtretungs-Erklärungen über Buch-Hypotheken wegen Ertheilung des Hypothekenbriefes 96, 97, 103; bei Abtretungs-Erklärungen wegen Einräumung des Vorzugsrechts 98; bei Abtretungs-Erklärungen wegen Mitverpfändung weiterer Grundstücke 100; bei Abtretungs-Erklärungen wegen Verpfändung von Buch-Hypotheken 115; bei Abtretungs-Erklärungen wegen Zustellung des Hypothekenbriefes 87.
Einlagen (s. Spareinlagen); -Buch (s. Konto-Karten); -Karten (s. Konto-Karten).
Einlagenzinsen, Berechnung beim Vierteljahresabschluß 24; Einstellung in die Bilanz 26; Einstellung in die Jahresrechnung 25; laut Statut 187; Zuschreibung der 13.
Einleger-Namens-Verzeichniß 12, 22.
Einlieferungsschein über Postwerthsendungen 178, 179.
Einlösung von Inhaberpapieren durch Ankauf oder Kündigung 43; von Wechseln 128, 132, 134; von Zinsscheinen 8, 44.
Einnahme-Anweisung (s. Anweisung); -Rückstände 26; und Ausgabe-Tagebuch (s. Tagebuch der Kasse); Gegentagebuch (s. Gegen-Tagebuch).
Einreden 101, 122.
Einreichung einer Abtretungs-Urkunde an das Grundbuchamt 97, 98; eines Hypothekenbriefes an das Grundbuchamt 91, 97, 98; einer Schuldurkunde an das Grundbuchamt 87.
Einschätzung zur Kredit-Liste 32, 127, 190.
Einstweilige Verfügung 101, 103, 113.
Eintragung der Hypotheken-Forderung in's Grundbuch 77.
Einzel-Hypothekenbriefe 82.
Einzel-Verschluß Seitens des Rechnungsführers 6.
Einzelvormund (s. Vormund).
Einziehung einer Faustpfand-Darlehnsforderung 117, 119, 120, 140 ff.; einer Hypothekenforderung 104, 107, 142; einer Wechselforderung 134, 138.
Eisenbahn-Aktien und Prioritäts-Obligationen 42.
Eiserner Bestand bezw. Fonds der Untereinnehmer 10, 186.
Emission von Inhaberpapieren 50, 57.
Entlastung der Jahresrechnung (s. Decharge-Ertheilung).
Entpfändungs-Erklärung 106.
Entschädigung der Untereinnehmer 10.
Erbbaurecht 73.
Erbschein 93, 112.
Erhebungs-Anweisungen (s. Zinsscheine).
Erlöschen des Pfandrechts an Unterpfändern 117; von Erbscheinen (s. Erbscheine); von Vollmachten 85.
Erlös-Vertheilung im Zwangsversteigerungsverfahren 151.
Erneuerungsschein (s. Zinsschein-Anweisung).
Eröffnung einer beschädigten Postsendung 181.
Ersatzpflicht der Beamten bezw. der Kasse 37, 38.
Erstattungsvorbehalt bei Auszahlung eines Kassen-Mehrs 9.
Erwerbs- und Wirthschaftsgenossenschaften 83.

Fälligkeit der Zinsen (s. Zinsen-Erhebung).
Fälligkeitstag bezw. -Termin; bei Hypotheken-Darlehnen 76, 109; der Tilgungs-Darlehne und Zinsen 110; der Wechsel 131, 132, 137; der Zinsen 8, 19, 76.
Falschstücke 176.
Faustpfand-Darlehne (s. Unterpfand-Darlehne); -Versteigerung (s. Unterpfand-Versteigerung).
Fehlbeträge aus der Grundstücks-Verwaltung 26.
Fehlbetrag beim Tageskassen-Abschluß 9.
Feuerversicherungssumme als Beleihungsmaßstab 189.
Fliegende Konten (s. Konto-Karten).
Fonds (s. Staatsanleihen).
Fonds-Börsen, Effekten-Geschäft bei 44, 52; Wechsel-Geschäft bei 137.
Frankfurter Börsenordnung 54.

Garantieschein der Feuerversicherungs-Gesellschaft (s. Hypotheken-Sicherungsschein).
Gebäudesteuernutzungswerth als Beleihungsmaßstab 189.
Gefährdung von Hypothekenforderungen 75, 103, 119.
Gegenbuchführer (s. Beamte).
Gegen-Tagebuch 8, 9, 12, 15.
Gegenvormund 80, 81, 92.
Geldfässer 178.
Geldkisten 178.
Geldrollen 175.
Geldschrank 6.
Gemeinde-Darlehne 20, 26, 83, 110, 189; -Darlehnsbuch 12, 13, 18, 20; -Vertretung bezw. Versammlung 5, 33.
Genehmigung des Regierungs-Präsidenten zu Darlehnen der Vorstandsmitglieder 185.
Genehmigungs-Urkunde bei Vereins- pp. Darlehnen 82.
Genossenschafts-Darlehne 20, 82, 83, 110.
Gerichtliche Aufbietung von Sparbüchern 36.
Gesammt-Hypothek 82; -Schuldner bei Hypotheken 81; bei Wechseln 121.
Geschäftsanweisung für die Beamten (s. Dienstanweisung); -Fähigkeit 37, 78, 79; -Führung 4; -Gewinn (s. Gewinn); -Journal 5, 9; -Stunden für den öffentlichen Verkehr 4, 9, 28, 191.
Geschäftsunfähige 37, 79, 108.
Gewaltsam beschädigte Geldstücke 176.
Gewinn 12, 18, 19, 26, 27.
Gewölbe der Kasse 6.
Gezogene Wechsel 123, 124, 136.
Girant bei Wechseln 134.
Giroverkehr bei der Reichsbank, Antrag auf Eröffnung eines Girokontos 171; Bedingungen 171; Check (roth und weiß) 170, 171, 186; Konto-Gegenbuch 171.
Grundbuch, Bescheinigung des Richters aus dem 88; Einsicht des 74, 88, 103, 112, 114; Eintragung in das 77, 88.
Grundschuld 71; Umwandlung in Hypothek 72, 97; Verpfändung der 111, 112, 113, 190.
Grundschuldbrief 72, 98.
Grundsteuerreinertrag als Beleihungsmaßstab 112, 189.
Grundstücke der Kasse 20, 21.
Grundstücke-Verwaltung 21, 26, 147, 153.
Güterrechts-Register 78.
Güter-Trennung 78.

Haftbarkeit des Grundstücks-Verkäufers 105.
Hamburger Börsenordnung 56.
Handzeichen 86, 124.
Hauptbuch von den Einlagen (s. Einlagen-Buch).
Hauptbücher 12, 15.
Haupt-Rechnungsführer 2.
Hinterlegung von Spareinlagen bei Aufhebung der Kasse 191; bei Pfändung für Mehrere 39.
Hinterlegungsschein 6, 114, 115, 117, 186.
Hülfsarbeiter 1.
Hülle für Sparbücher 34.
Hypotheken-Brief 89, 90; Aufbewahrung von 6, 7, 90; Aufgebot von 110; Einigung über Ausfertigung und Zustellung eines 87, 97, 103; Einreichung an das Grundbuchamt 91, 97, 106, 107, 109; Einzel- 82; für mehrere Posten 98; Kraftlos-Erklärung von 109; Prüfung des 74, 89, 100; Theil- 99; Uebergabe des 75, 87, 91, 97, 103, 108; Verlust des 109; Vernichtung des 153; Vorlegung bei Kündigung 107; Vorlegung dem Konkursverwalter 155; Vorlegung im Zwangsversteigerungsverfahren 153.
Hypotheken-Buch 12, 13, 18, 20.
Hypotheken-Darlehn 67; an Genossenschaften, Städte, Kreise, Landgemeinden, Vereine 82; Antrag 11, 74; Ausgabe-Anweisung 90; Bestätigung wegen Zinsen und Kündigung 103; Bestätigung über den Empfang des 88; Bewilligung des 74; Bewilligungserklärung 75; Eintragung des 77; Gefährdung des 75, 104, 119; Kündigung 75, 101, 105, 107; Löschung und Löschungsbewilligung 90, 108; Rückzahlung 109; Tilgung 76; Verjährung 103; Zahlung 88, 89, 90, 100, 103. Dokument (s. Hypotheken-Brief); Sicherungsschein 75, 90.

Jahresrechnung 2, 11, 18, 25, 29, 31, 190; -Schluß bezw. Abschluß 14, 18, 19, 20, 25, 27, 187; -Ueberschüsse 190.
Indossament bei Wechseln 127.
Indossant bei Wechseln 127, 136.
Inhaberpapiere 22, 41, 63; Ankaufspreis der 19, 26; Ankauf der 44, 189; Aufbewahrung der 6, 7, 44, 166; Aufgebot der 50, 58, 62; Ausloosung der 43, 62; Außer- und Inkurssetzungsvermerke 58, 166; beschädigte 42; Buchung der 19; Deponirung bei Bank-Instituten 166; Eigenthums-Uebertragung der 41; Einlösung der 43; Emission der 50, 57; Kontrole über Ausloosung, Kündigung und Aufgebot der 50, 62; Konversion der 43, 62; Kraftloserklärung der 50, 58, 59; Kündigung der 43, 58, 62; Kurs der 52, 57, 58; Kurs-Gewinn bei 19, 32, 57; Kurs-Verlust bei 19, 32, 57; Kurs-Werth der 19, 26, 32, 161; Kurszettel für 32, 52 ff.; Lieferbarkeit der 49, 58, 161; Nenn-

werth der 19, 27, 52, 57; Nummernverzeichniß der — bei Ankauf 49, 50, 60; Nummernverzeichniß der — bei Verpfändung 162; Rechnungslegung über 26, 32; Versicherung derselben bei Versendung 181; Verjährung der 43, 62; Verkauf 44, 141; Verlust der 58; Verpfändung der 112, 113, 155, 190, 191; Versteigerung der 140, 142; Verzeichniß kraftlos erklärter pp. 50; Zahlungssperre auf 58, 59; Zinsen-Herabsetzung der 43; -Buch 12, 13, 18, 19; -Lager-Buch 8, 12, 22, 50.
Inhalts-Verzeichnisse 19, 20.
Inkasso bei Wechsel 138.
Inkrafttreten des Statuts 192.
Internationaler Verband zur Transportversicherung von Post- und Eisenbahn-Werthsendungen 181.
Inventar der Kasse 5.
Inventarien-Verzeichniß der Kasse 5, 8.
Ist-Ausgabe 25, 26; -Einnahme 25, 26; -Zinsen (s. Zinsen).
Juristische Person 82, 84.
Jugte bei Inhaberpapieren 58.

Kalkulator 2, 3, 28, 31, 33.
Kapital-Bestände 26, 27.
Karten-Schrank 15.
Kassen-Beamte (s. Beamte); -Bestand 14, 27, 28, 29; -Gehilfe 1, 3, 17; -Revision (s. Revision); -Schreiber 1; -Siegel 5, 6; -Ueberschuß (s. Ueberschuß); -Uebersicht (s. Uebersicht).
Kassiren der eingelösten Sparbücher 34.
Kaution (s. Amtshaftung).
Kautions-Hypothek (s. Sicherungs-Hypothek).
Klage wegen Gefährdung von Hypotheken 104, 105; wegen Wechselforderungen 135, 136.
Kommissionär 45.
Konkurs eines Schuldners 154.
Kontoblatt (s. Kontokarte).
Konto-Gegenbuch im Reichsbank-Giroverkehr 171; -Karte 8, 9, 12, 15, 28, 31, 33, 36, 37, 38; -Korrent 21, 71, 162, 164, 165; -Nummer 22.
Kontrole über Sparmarken 40; des Wechselverfalltages 131; der Werthpapiere wegen Auslosung, Kündigung, Aufgebot, Lieferbarkeit 50, 62.
Kontroleur (s. Gegenbuchführer).
Konversion 43, 62.
Konversions-Prämie 43.
Kopirbuch 5.
Korporations-Darlehne 20, 82.
Kosten der Abtretungserklärung 108; der Beamten-Vertretung 3; der Darlehns-Kündigung 108; des Uebertragbarkeits-Verkehrs 189; für Grundbuch-Operationen 91, 100; für Sparbücher 32, 188.
Kraftloserklärung von Erbscheinen 94; Hypotheken-Briefen 101, 103, 109, 114; Inhaberpapieren 50, 59, 63; Sparbüchern 36, 188; Sparmarken 41; Vollmachten 85; Wechseln 137; Werthpapieren 59, 112; Zinsscheinen 59.
Kreditliste 32, 127, 190.
Kreis-Ausschuß 1, 185, 190; -Darlehne 83, 110, 189; -Obligationen 42.
Kündigung von Hypotheken 101, 107, 108; von Inhaberpapieren 43, 58, 62; von Spareinlagen 10, 186, 187, 188; verpfändeter Hypothekenforderungen 120.
Kündigungs-Frist 75, 105, 107, 108, 186; -Vermerk 11.
Kupons (s. Zinsschein).
Kurs 19, 25, 26, 52 ff., 112, 156, 178, 190; -Gewinn 19, 51, 57; -Makler 46, 53, 55; -Verlust 19, 57, 119, 155; -Werth (s. Kurs); -Zettel 32, 52 ff., 137.
Kurtage 46, 51.

Lagerbücher 18.
Landgemeinde (s. Gemeinde); -Darlehne (s. Gemeinde-Darlehne).
Laufzeit der Wechsel 138.
Legitimation bei gesperrten Sparbüchern 188; der Sparbuch-Inhaber durch Hülle oder Kontrolmarke 34; des Sparkassen-Vorstandes 185.
Legitimations-Prüfung bei Erhebung von Spareinlagen 34, 37, 188.
Lieferbarkeit der Inhaberpapiere 50, 58.
Lieferzettel der Untereinnehmer 10, 31.
Limitirter Auftrag 45.
Löschungs-Bewilligung bezw. Urkunde 90, 91, 95, 106, 108, 109.
Löschung von Vorbehalten bezw. Sperrvermerken auf Sparbüchern 35.
Lombard-Darlehne (s. Unterpfand-Darlehne).
Lombardiren (s. Verpfänden).
Lotterie-Anleihe 43.

Magistrats-Kollegium 1.
Mahnverfahren 143.
Mankogeld (s. Ausfallgeld).
Marien-Thaler 174.
Mark-Bruchtheile bei Berechnung der Spareinlagen-Zinsen 17.
Mehrbestand beim Tages-Kassen-Abschluß 9.
Minderjährige 79, 80, 81.
Mitverpfändung weiterer Grundstücke 100.
Monats-Revision der Kasse 14, 27.
Monats-Schluß 14, 23, 27.
Mündel 35, 92.
Münzvergehen 176.

Nachnahme=Sendungen 178.
Nachrechnungs=Vermerk 28.
Name der Sparkasse 184.
Nebenamt 4.
Neben=Bedingungen bei Hypotheken 97, 107, 109; =Beschäftigung der Beamten 4; =Bücher 12, 22; =Kassen 15; =Stellen; Einrichtung und Befugnisse der 9, 186; Revision der 31; Sparmarken=Verkehr bei 21, 41; =Tagebücher 15.
Nennwerth der Inhaberpapiere 19, 22, 25, 27, 52, 57.
Neuausgabe von Inhaberpapieren (s. Emission).
Nominalwerth (s. Nennwerth).
Noten der Reichsbank 174, 176.
Nothadressat bei Wechseln 132.
Nothadresse bei Wechseln 128.
Notiz=Kalender 8, 12, 22.
Nummer der Konto=Karte 15; des Sparbuches 33, 187.
Nummern=Verzeichniß der erworbenen Inhaberpapiere 49, 50, 60; =Verzeichniß zu verpfändender Inhaberpapiere 162.

Obligationen (s. auch Inhaberpapiere) 42.
Oeffentliche Bekanntmachungen 191.
Oeffnung beschädigter Postsendungen 181.
Oesterreichische Vereins=Thaler 174.

Packet mit Wertinhalt 178 ff.
Partial=Obligationen 42.
Passir=Gewicht der Reichsmünzen 177.
Pensions=Berechtigung der Kassenbeamten 2.
Personal=Kredit (s. Bürgschaftsdarlehne).
Pfändungs=Vormerkungen auf Konto=Karten 37.
Pfändung von Spareinlagen 38, 39.
Pfandbriefe 42.
Pfandrecht 117, 118.
Pfandschein 6, 7, 115, 118; =Abschrift 118, 160.
Pfennig=Abrundung 52; =Bruchtheile (s. Bruchpfennige).
Porto=Kontrole 5, 8; =Kosten 5, 46, 189; für Packete 181; für Postanweisungen 177, 178; für Werthbriefe 181.
Postanweisungen 177.
Post=Auftrag 132; =Buch 12, 22; =Nachnahme 178.
Prämien=Anleihen 43.
Pränumerationszinsen 15, 18, 20, 22.
Präsentation von Wechseln 131, 132, 137.
Preuß. Rentenbriefe 42.
Prioritäts=Obligationen der verstaatlichten Eisenbahnen 42.
Prolongation von Bürgschafts=Darlehnen 122.
Prospekte bei Emission von Inhaberpapieren 51.
Protest=Erhebung bei Wechseln 131, 134, 135, 137.
Provinzial=Obligationen 42.
Provision bei An= und Verkauf von Inhaberpapieren 46; Ankauf von Wechseln 138; für Aufbewahrung von Werthpapieren 166.
Prozeß=Vollmacht 140.
Prüfung der Hypothekenbriefe 29, 89; der Jahresrechnung 31, 190; der Schuldscheine 29; des Unterpfandes 112; von Schuld= und Verpfändungsurkunden 85; von Vollmachten 85; von Wechselunterschriften 127.

Quartal=Abschlüsse (s. Vierteljahres=Abschlüsse); =Zinsen (s. Vierteljahres=Zinsensoll).
Quittirte Wechsel 134, 135.
Quittungen als Beläge 11, 25, 27; über ausgezahlte und zurückempfangene Unterpfanddarlehne 117 ff.; über Einlagenrückzahlungen mittelst der Post 189; über Restguthaben 34; über von Nebenstellen zurückgezahlte Spareinlagen 10, 186; vorläufige, der Untereinnehmer 10, 186.
Quittungs=Formulare für die Untereinnehmer 10; =Leistung Seitens der Beamten 4, 185, 186.

Rasuren 12, 125.
Recepturen (s. Nebenstellen).
Rechnung über An= und Verkauf von Inhaberpapieren 47.
Rechnungsführer (s. Beamte) 1 ff., 8.
Rechnungs=Jahr 190; =Entlastung 33, 190; =Legung 8, 9, 13, 25, 190; =Prüfer (s. Kalkulator); =Prüfung 27, 31; =Revisions=Behörde 33, 190.
Rechte Dritter 95, 113.
Registraturplan 5.
Reichs=Anleihe 42.
Reichsbank=Noten (s. Noten der Reichsbank).
Reichs=Kassen=Scheine 174; =Münzen 174; =Schuldbuch (Staatsschuldbuch) 63.
Reingewinn 27, 190.
Remittent bei Wechseln 123, 126, 127.
Rendant (s. Rechnungsführer).
Renten 43; =Anleihen 43; =Briefe 42, 98; =Schuld 71, 73.
Reserve=Fonds 6, 27, 190, 191.
Rest=Ausgabe 25.
Reste 18, 26.
Rest=Einnahme 25, 26; =Guthabenerhebung 34.
Reste=Kontrole 25.
Rest=Zinsen 24, 26.
Revers des Herstellers von Sparmarken 40.
Revision der Kasse 23, 27, 29, 185; der Nebenstellen 31, 185.
Revisions=Verhandlung 29; Revisions=Vermerk 28.
Revisor 28 ff.

Rückschein bei Postsendungen 179.
Rückscheinverweigerung 180.
Rückzahlung von Spareinlagen 10, 16, 35, 36 ff., 186 ff.; von Unterpfand-Darlehnen 117 ff.

Schlüssel der Kasse 7.
Schlußnote 48, 51.
Schlußschein (s. Schlußnote).
Schlußübersicht 23, 26.
Schriftwechsel der Kasse 8.
Schuldanerkenntniß 122.
Schuldbuch-Forderung, deren Erwerb, Eintragung, Löschung u. dergl. (s. Reichsschuldbuch).
Schulden in der Bilanz 26, 27.
Schuldscheine, Aufbewahrung der 6, 7; Prüfung bei Revision 28, 29.
Schuldschein m. Bürgschafts-Erklärung 121 ff.
Schuld- u. Verpfändungsurkunde über Hypothekendarlehne 77 ff.; Beglaubigung der 86; Berechtigung zur Ertheilung der — von Eheleuten, für Geschäftsunfähige, für juristische Personen u. durch Bevollmächtigte 78 ff.; Einreichung der — an das Grundbuchamt 87; Form der 86; Genehmigung des Vormundschaftsgerichts zu einer 81; Stempel zur 87; von mehreren Personen 81.
Schuld- u. Verpfändungsurkunde über Unterpfanddarlehne 115.
Schuldurkunde für Gemeinde- pp. Darlehne 83, 111.
Schuldverschreibungen 41, 42, 43, 60.
Sequestor (s. Verwalter von Grundstücken).
Sequestration (s. Zwangsverwaltung).
Serie (s. Zinsschein-Reihe).
Serien-Eintheilung der Spareinlagen-Kontrolle 17; Eintheilung der Spareinlagen-Rechnung 18.
Sicherheitsbestellung v. Wechselverpflichteten 131, 155.
Sicherungs-Hypothek 71; -Umwandlung der — in gewöhnliche Hypothek 71, 97.
Sicht bei Wechseln 123.
Siegel der Kasse (s. Kassensiegel).
Sitz der Kasse 184.
Sola-Wechsel 123 ff., 130, 137.
Soll-Ausgabe 21, 25, 26.
Sollbestand (Kassenbestand) 23.
Solleinnahme 21, 25, 26.
Soll-Vortrag 18; -Zinsen 18, 24, 25, 26, 31; -Zinsen-Berechnung (s. Zinsen-Berechnung).
Sonstige durchlaufende Posten (durchlaufende Posten); Einnahmen und Ausgaben (s. Buch von den sonstigen Einnahmen und Ausgaben).
Souche bei Inhaberpapieren 58.
Sparbuch-Nummer 25, 31, 33, 187.
Sparbücher, Aufgebot der 36, 188; Ausfertigung der 33, 34, 40, 187; Hülle für 34; Kosten für 188; Sperrvermerke in 17, 35, 37, 186 ff.; Vergleichen der — bei Prüfung der Jahresrechnung 31, 32; Vergleichen der — bei Revisionen 28; Verlust von 36, 188.
Spareinlagen 33 ff., 186 ff.; Einstellung der — in die Bilanz 26; Kündigung der 10, 186 ff., 191; Nachweisung der 187; Rechnungslegung über 25, 31; Rückzahlung der 10, 16, 186 ff.; Uebertragung von — auf andere Kassen 189; Verpfändung von 112 ff.; Zinsen von 16, 24, 26, 186 ff.
Spareinlagen-Kontrole 12, 17, 22.
Sparkarten 21, 40, 186.
Sparkassen-Beamte (s. Beamte); -Nebenstellen; (s. Nebenstellen).
Sparmarken 40, 186; Aufbewahrung der 6; Revers des Verfertigers der 40; Verbuchung der 21, 26, 27; Vertrieb der 21, 41.
Sparprämien 190.
Sperrvermerke in Sparbüchern 17, 35, 37, 186 ff.
Staatlich garantirte Obligationen der Herzoglichen Landes-Bank von Sachsen-Altenburg 42.
Staats-Anleihen 42; -Schuldbuch 63, 67.
Stadt-Obligationen 42.
Städte-Darlehn 83, 110, 189.
Staffel-Rechnung 163.
Statut 184.
Statuten-Aenderung 185, 191.
Stempelkosten bei An- und Verkauf von Inhaberpapieren 46; bei Schuld- und Verpfändungsurkunden 87, 116; bei Wechseln 127 ff.
Steuerbuch-Auszug 74, 147.
Stücke (s. Inhaberpapiere).
Stück-Zinsen 20, 22, 51.
Stumpf bei Inhaberpapieren 58.
Subscriptionen auf Inhaberpapiere 51.
Syndikus für die Kasse 2, 3, 11.

Tagebuch der Kasse 12 ff.; Abschluß des 9, 14, 22, 29; Revision des 28; Berichtigungen im 12, 14; Führung des 8, 13 ff.; der Untereinnehmer 10, 31.
Tagesabschluß (s. Tageskassen-Abschluß).
Tageskasse 6.
Tageskassenabschluß 4, 9, 14.
Tageskurs der Inhaberpapiere (s. Kurs).
Talons (s. Zinsschein-Anweisungen).
Termin-Kalender (allgem. u. periodisch.) 5, 9.
Testament als Legitimation 36, 92, 94, 112.
Testamentsvollstrecker 93.
Theil-Hypothek 99; -Hypothekenbrief 99; -Schuldverschreibungen 42; -Zahlungen bei Unterpfanddarlehnen 117; Wechseln 134.

Tilgungsdarlehn 32, 76, 110, 189; =Plan 110, 111.
Todter Wechsel 123.
Transport=Versicherung 181.
Trassant bei Wechseln 123.
Trassirter Wechsel 123.
Tresor=Notizbuch des Vorsitzenden 6, 28.
Trockener Wechsel 123.

Ueberschüsse beim Jahresschluß (Bilanz) 27, 190; beim Tageskassen=Schluß 9; bei Versteigerung von Unterpfändern 143.
Uebersicht für die Bilanz 26; Monats=Revision 28; unvermuthete Revision 29.
Uebertragung von Hypotheken=Forderungen 91 ff.; Spareinlagen 189; Wechseln 126 ff.
Ueberweisungs=Beschluß 38, 93, 142.
Ueberzahlungen 18.
Ueberzeichnung bei Emission von Inhaberpapieren 51.
Umschreibung von Hypotheken im Grundbuche 97, 100, 103.
Unbestimmte Domicilwechsel 131.
Ungültige Wechsel 125.
Untereinnehmer (s. Nebenstellen).
Unterpfand=Darlehne 111: Ablieferungsschein über abgezahlte 118; Anmeldung eines — zur Konkursmasse 155; Aufbewahrung des Pfandes 119; Bedingungen der Privatbanken für 161; Bedingungen der Reichsbank für 159; Beleihungsgrenze und Maßstab 29, 112, 190; Bestätigung der Verpfändungsanzeige 113; Brief= und Buchhypothek als Unterpfand 115; Eintragung der Unterverpfändung in das Grundbuch 113 ff.; Erlöschen des Pfandrechts 117; Grundschuld als Unterpfand 72, 111; Hinterlegung des Pfandes 119; Hinterlegungsschein 114, 115; Kündigung einer verpfändeten Forderung 120; Pfandschein über 118, 159; Pfandschein=Abschrift 118; Prüfung des Pfandobjectes 112; Quittungen über gewährte 118; Rückzahlungen verpfändeter Forderungen 120; Schuldbuch=Forderung als Unterpfand 67; Schuld= und Verpfändungsurkunde über das 115; Sicherungs=Hypothek als Unterpfand 71; Teilabzahlungen auf ein 117 ff.; Vereinbarung wegen Rückzahlung einer verpfändeten Forderung 120, 121; Verpfändungsanzeige 113, 121, 157; Verstärkung des Unterpfandes 119; Versteigerung des Unterpfandes 120, 140; Verzeichnis von den verpfändeten Werthstücken 118; Wechsel zum Pfandschein 118; Weiterverpfändung des Unterpfandes 119; Werthverminderung des Unterpfandes 119; Zinsen für das 20; Zinsen für das Pfand 110; Zinsfuß=Aenderung 11.
Unterpfand=Darlehnsbuch 12, 18, 20.
Unvermuthete Revision (s. Revision).
Urkunden=Prozeß 143.
Urlaub der Beamten 3.

Valoren=Versicherung (s. Transport=Versicherung).
Veräußerungsverbot wegen eines beschlagnahmten Grundstückes 147.
Vereinsdarlehn 82.
Verfalltag bei Wechseln 123, 134, 138.
Verhandlung über Vorprüfung der Jahresrechnung 33.
Verjährung bei Hypotheken 103; Inhaberpapieren 43; Spareinlagen und =Zinsen 39 ff.; Wechseln 134 ff.; Zinsscheinen 44.
Verkehr mit dem Publikum 4.
Verloosung (s. Ausloosung).
Verloosungslisten 62.
Verlust (Geschäfts=) 12, 18, 19, 26, 27.
Vermögen 12, 26, 27.
Vermögens=Ueberschuß 27; =Zuwachs 27;
Verpackung des Geldes 175.
Verpfändung von Forderungen 111 ff., 155 ff.; 190.
Verschiedene Einnahmen 21, 27.
Verschlechterung von Grundstücken 103, 107.
Versendung von Geld= und Werthpapieren durch die Post 177.
Versicherungsgebühr für Werthsendungen 181, 183.
Versicherungsjournal für Werthsendungen 182.
Verwalter von sequestrirten Grundstücken 153.
Verwaltungskosten 21; =Rückstände 27; =Soll 27; =Voranschlag bezw. Anschlag 5, 11, 21, 25.
Verwaltungs=Zwangsverfahren 39.
Verzeichniß der Spareinlagen 187; kraftlos erklärter, aufgebotener, gesperrter und abhanden gekommener Werthpapiere 50.
Verzinsungstabelle 187.
Verzugszinsen 109.
Vierteljahres=Abschlüsse 23; =Buchauszüge 23, 28; =Zinsensoll 18.
Vollmacht 84 ff.; 140.
Vollstreckbarer Titel 76, 142, 147.
Vollstreckungsbefehl 145.
Vorarbeiten zur Jahresrechnung 25.
Vorausklage bei Bürgschaftsdarlehnen 122.
Vorbehalt bei Spareinlagen 35, 186, 188.
Vorhineinzinsen (s. Pränumerationszinsen).
Vormänner bei Wechseln 131, 134 ff.
Vormundschaftsgerichtliche Genehmigung 81, 92.
Vormund und Gegenvormund für Minderjährige und Entmündigte 80, 92.

Vorrecht und Vorrechtseinräumung 76, 90, 98, 107.
Vorschüsse 21, 26, 27.
Vorsitzender des Sparkassenvorstandes; Anweisung des 9 ff.; Dienstsiegel des — in den Sparbüchern 34, 187; Revision der Kasse durch den 27, 185; Tresornotizbuch des 6, 28; Verschluß der Wertpapiere durch den 6; Vertretung des 184.
Vorstand der Sparkasse; Befugnisse und Pflichten des 184, 186, 187, 189, 191; Darlehnsbewilligung durch den 74, 185; Legitimation des 185; Rechnungsprüfung durch den 27, 28, 33 190; Revision der Kasse durch den 28, 185; Unterschriftliche Vollziehung der Sparbücher durch den 34, 187; Versammlung des 185; Vertretung der Mitglieder des 184; Verwaltung durch den 1, 4, 184; Wahl des 184.
Vorzugsrechts-Einräumung (s. Vorrechts-Einräumung.)

Wechsel-Accept, Acceptant, acceptiren 123 ff.; Accept-Verweigerung 128, 131; Annahme (s. Accept); Anmeldung zur Konkursmasse 155; Annahmeverweigerung (s. Acceptverweigerung); Aufbewahrung der 6, 8; Aufgebotsverfahren (s. Kraftloserklärung); Aushändigung des quittirten — nach Zahlung 134, 135; Aussteller eines 123 ff.; Aval (s. Wechselbürge); a vista 123; bestimmt Domicilirter 131; Bezogener 123 ff.; Blanco-Indossament 127; Bürge 137; Devisen 137; Diskont 8, 15, 22, 128, 137, 139; Diskonten 137 ff.; Domiciliat 131; Domiciliren 130; Ehren-Accept 130; eigener 118, 123 ff., 136 ff.; eigene Ordre 123, 126; Einziehung der 138; -Fähigkeit 127; -Fälligkeit 131; gezogener 123; Girant 126, 134, 136; Handzeichen auf 124; Indossament (gleichbedeutend mit Giro) 127; Indossant (gleichbedeutend mit Girant); Indossata, Indossat (auch Girat) 127; Inkasso (s. Einziehung); -Klage 135, 143; Kraftloserklärung der 137; Laufzeit der 138; Nothadressat, Nothadresse 128 ff., 132; Präsentation 131 ff.; Protesterhebung 131, 134, 135, 137; -Prozeß (s. Wechselklage); Regreß 127, 131, 134; Remittent 123; Sicht 123; Sola- (s. eigener Wechsel); Theilzahlungen 134; todter (s. eigener Wechsel); Trassant 123; trassirter (s. gezogener Wechsel); trockener (s. eigner Wechsel); Uebertragung des 126 ff.; unbestimmter Domicil- 131; ungültige 125; Verfalltag 22, 123, 134, 138; Verjährung 130; Versteuerung 127; Zahlungsort 124, 128; Zahlungsverweigerung 128, 135; -Zinsen (s. Wechseldiskont).
Werthsendungen 177 ff.
Widerruf von Aufträgen zum An- und Verkauf von Effekten 45; Buchhypotheken 88; Vollmachten 85.
Widerspruch bei Hypotheken 101, 113, 114; wegen Herausgabe neuer Zinsscheine 59;

Zahlmittel 174.
Zahlstelle der Kasse (s. Annahmestelle); zur Einlösung von Zinsscheinen 44.
Zahlungsanweisung 9, 10, 90.
Zahlungsverbote 38, 114.
Zeichnungs-Stelle bei Emissionen 51.
Zeugniß des Nachlaßgerichts 94.
Zinsen bei Grundstückeverwaltung 21; bei Spareinlagen 16 ff., 26, 39, 186, 187; -Berechnungsweise der Banken 162; -Erhebung 8, 119, 122, 128; -Genuß von übertragenen Hypothekenforderungen 102; -Nießbrauchsrecht an Hypothekenforderungen 95; -Rückstände in der Bilanz 26; -Soll in der Bilanz 26; in der Jahresrechnung 25, 31, 32.
Zinsfuß-Aenderung bei Hypotheken 106, 107; bei Inhaberpapieren 43; bei Lombarddarlehnen 159, 165.
Zinsscheine, Abtrennung u. Einlösung bezw. Umsetzung der 8, 44, 119, 161; -Anweisung 44, 58, 59, 167; Aufbewahrung der 6, 7, 44; fehlende 62; -Bogen 44, 58, 59; Neuausgabe bei Zinsfuß-Herabsetzung 43; -Reihe 44; Stempelaufdruck bei Zinsfuß-Herabsetzung 43; Verjährung der 44; Verlust der 59;
Zinsversprechen 128.
Zuständigkeit der Gerichte in Bezug auf die Beitreibung von Rückständen 146.
Zwangsversteigerungsverfahren 146 ff.
Zwangsverwaltung 146, 153 ff.
Zwangsvollstreckung (siehe Zwangsversteigerungs-Verfahren).
Zweck der Sparkasse 184.
Zweifacher Verschluß (s. Doppelverschluß).

Anhalt. Buchdruckerei Gutenberg, e. G. m. b. H., Dessau.

www.ingramcontent.com/pod-product-compliance
Lightning Source LLC
LaVergne TN
LVHW042234300926
849161LV00003B/351